우리 어머님

우리 어머님
－한 가족사에 비긴 현대 한국의 사회와 문화

초판 1쇄 발행 2008. 12. 5
초판 2쇄 발행 2010. 9. 17

지은이   정구복
펴낸이   김경희
펴낸곳   ㈜지식산업사
　　　　본사 ◦ 경기도 파주시 교하읍 문발리 520-12
　　　　　　전화 (031)955-4226~7 팩스 (031)955-4228
　　　　서울사무소 ◦ 서울시 종로구 통의동 35-18
　　　　　　전화 (02)734-1978   팩스 (02)720-7900
　　　　한글문패   지식산업사
　　　　영문문패   www.jisik.co.kr
　　　　전자우편   jsp@jisik.co.kr
　　　　등록번호   1-363
　　　　등록날짜   1969. 5. 8.

책값은 뒤표지에 있습니다

ISBN 978-89-423-3811-5 (03900)

이 책을 읽고 지은이에게 문의하고자 하는 이는
지식산업사 전자우편으로 연락 바랍니다.

우리 어머님

—한 가족사에 비낀 현대 한국의 사회와 문화

정 구 복

지식산업사

어머님과 나
90세의 어머님을 모시고 3시간 동안 독립기념관을 관람했다.
(1997. 8. 13)

할아버님 정태흥(1883~1965)
할아버님은 성품이 인자하고 자상했으며, 손자들이 바르게 자라
도록 정성을 쏟아 보살펴 주셨다.

아버님 정창식(1911~1950)과 어머님 서옥순(1909~2000)
아버지 사진은 30대 중반에, 어머니의 사진은 80대 중반에 찍은 것이다.

어머님의 회갑연 기념사진
친척과 외갓집 어른들이 많이 오셨고, 소박하지만 인정이 넘치는 자리였다. 앞 줄 왼쪽에서 여섯 번째 앉아 있는 이가 어머님이다. 어머니 왼쪽에 큰외숙모, 오른쪽에 둘째 이모, 둘째 외숙모가 앉아 있다. (1969. 10. 23)

차 례

머리말

어머님은 1909년 9월 13일(음력)에 태어나셔서 2000년 12월 24일에 92세로 돌아가셨다. 조선왕조가 멸망하기 바로 전 해에 태어나 가장 변화가 컸던 20세기를 사신 것이다. 아버지는 1911년에 태어나 1950년에 40세로 돌아가셨다. 그리고 두 분은 청양군 장평면 분향리 선산에 함께 모셔졌다. 그곳은 칠갑산 줄기의 마지막 봉우리인 망월산 끝자락이다. 정면 남쪽으로 부여의 낙화암이 있는 부소산이 보이고, 왼쪽으로는 멀리 금강과 오른쪽으로는 금강천이 감싸 흐르고 있으며, 앞은 확 트인 장평들이 평화롭기만 하다.

어머니는 우리 7남매의 어머님이기 때문에 '우리 어머님'이라고 부르겠다. 특히 '우리 어머님'이라고 부르고 싶은 것은 이 책이 내 어머니뿐만 아니라 이 시대를 함께 살았던 우리 모두의 어머니를 그렸기 때문이다. 비록 내 어머니를 구체적으로 서술한다고 하였으나, 모든 이의 어머니에게 공통되는 모습이 너무나 많다. 따라서 이 책에서 사진과 성명, 출생과 사망 연월일 등 구체적 사항만을 바꾸면 바로 독자들 여러분의 어머니 이야기라고도 할 수 있다.

어머니는 나라가 망하는 시기에 태어나 1·2차 세계대전과 6·25 사변 등 세 차례의 전쟁을 겪고, 왕조의 멸망, 이민족의 식민통치, 미군정기, 그리고 대한민국 건국에 이르기까지 급변하는 역사 속에서 한 세기를 사셨다. 어머니는 사회적으로 이름을 남긴 것도 없고, 특별한 활동을 하신 일도 없다. 아주 평범하고 소박한 시골 아낙이셨다. 그럼에도 어머니의 일생을 책으로 쓰는 이유는 다음과 같다.

첫째는 역사의 창조는 한 시대에 살았던 모든 사람의 노력이 합쳐진 것이고, 따라서 '역사의 주체는 평범한 모든 사람'이라고 믿는 내 역사관을 보여주기 위함이다. 어머니는 평범한 여자로써 비록 사회운동이나 정치적 운동에 직접 참여하지 않았다 하더라도, 가정에서는 한 가족을 이끌어 오는 중심이 되었다. 더구나 일제강점기 아래에서 한국 사회를 지탱해 온 저력은 오직 가족에 있었다. 이는 보이지 않는 우리 사회의 원동력이 되었다. 가족은 어느 사회에서나 가장 기초적인 사회집단이다. 그리고 가족은 그 구성원이 성장하기까지 공동의 책임을 지는 사회적 집단이다. 가족은 마르크스가 말한 "능력에 따라 일하고 필요에 따라 부를 사용한다."는 이념을 가장 구체적으로 실현하고 있는 예이다. 그러므로 이런 가족을 이끌어주신 어머니의 힘을 역사 창조의 주역으로 생각해도 크게 잘못은 아니라고 생각한다.

어머니 시대에는 대가족으로 대부분 한 집안에 2~3세대가 함께 살았다. 오늘날은 핵가족으로 바뀌어 가족의 기능이 변했지만 가족의 중요성은 과거, 현재, 미래까지 조금도 변함이 없다. 이런 까닭에서 일연선사는 《삼국유사》를 쓰면서 가정의 효선(孝善) 문제를 하나의 항목으로 다루었고, 동양의 역사서에서는 가족이나 가정의 문제를 중요하게 다루었다.

　서양의 역사학이 들어온 뒤부터는 우리 역사 서술에서 가족이나 가정의 문제는 거의 배제되었고, 특히 큰 사건 중심의 역사에서는 이런 문제가 전혀 다루어지지 않는다. 서양사의 학문적 전통에 전기학(傳記學)이라는 것이 있다. 이는 위대한 사람의 일생을 기술하는 것으로 우리 사회에서도 흔히 볼 수 있다. 그러나 내 어머니처럼 사회적 활동이 거의 없는 경우, 이를 전기로 쓸 수는 없다.

　이 책은 엄격한 의미에서 어머니의 전기가 아니라, 20세기 한국의 '한 가족의 생활사' 내지는 '한국사회문화사'라고 할 수 있다. 요컨대 이 책을 쓰는 목적은 내 어머니 개인을 드러내려는 것이 아니다. 어려운 일제 강점시대 이후 우리 사회의 기초단위였던 가족을 지켜온 주인공으로서, 또 가족의 중심인물로서 어머니가 중요한 구실을 해왔음을 드러내고자 함이다. 마치 큰 전쟁에서 전사한 무명의 용사들도 전쟁의 한 주역이었듯이, 내 어머니는 우리 역사 창조의 주역이었음을 서술하려는 것이다.

　둘째는 역사에서 현대사가 가장 소중하다는 나의 역사관을 보이기 위함이다. 역사에는 과거의 역사가 있고, 현재의 역사가 있으며, 또한 미래의 역사가 있다. 지금까지 역사가는 과거의 역사만을 소중히 여겨왔지만, 일반 사람에게는 과거의 역사보다는 현재의 역사가 더 중요하고, 그보다는 미래의 역사가 더 중요하다고 할 수 있다. 왜냐하면 과거의 역사는 이미 지나가버린 것이고, 현재는 항상 순간적으로 지나쳐 버리지만, 앞으로의 역사에는 희망을 심을 수 있기 때문이다. 앞으로의 역사를 만들기 위해서는 현재의 역사와 과거의 역사는 그 바탕이 된다.

　역사가는 먼 과거의 역사를 연구하고 과거의 진실을 밝히려고 노력하지만, 그 관점과 서술의 태도는 현재적이어야 한다. 역사가는 과거 역사의 학문적 체계화에만 신경을 쏟고 있어 일반 시민에게 역사라는 것이 일상생활과 직결된 것임을 가르쳐주는 일에는 소홀히 하고 있다.

　먼 과거의 것을 연구하는 것도 현재와 연결될 때에만 역사학은 비로소 생명력을 가진다고 생각한다. 과거는 현재와 유리된 것이 아니라 현재와 연결된 것으로 현재의 어머니라고 할 수 있다. 이처럼 현재와 연결된 역사는 역사가가 아닌 일반 모든 사람들이 생활에서 직접 체험하며 실천하고 있는 것이다. 따라서 일반 사람들의 생활에 필요한 역사란 체계 잡힌 어려운 역사책이 아니라, 우리의 지갑 속에 넣고 다니는 지폐처럼 우리의 생활 그 자체의 역사라 할 수 있다.

　모든 사회적·문화적 문제는 어느 날 갑자기 생긴 것이 아니라 오랜 시간 동안 가랑잎이나 솔잎이 쌓이듯이 생긴 것이다. 따라서 사회적·문화적 문제에 대한 정확한 진단은 시간에 따라 이해하는 역사학적 해석을 통해서만 정확히 얻어진다. 이 책은 내 어머니에 대한 이야기를 중심으로 현재 우리 사회가 안고 있는 각종 문제점을 성찰할 수 있도록 그 배경을 서술한 것이다. 글의 이면 속에 있는 나의 깊은 뜻을 독자들은 읽어 주시기를 바란다.

　셋째는 모든 개인은 누구든 자신이 살고 있는 시대가 처한 환경의 영향을 크게 받는다는 것을 밝히고자 한다. 모든 사람의 활동은 시대적 상황을 크게 벗어날 수 없다. 사람이 타고난 운명대로

생을 마치는 것, 경제적 부를 누리거나 굶주리는 것, 교육을 받거나 못 받는 것, 심지어는 형무소의 죄수가 되는 것까지도 그렇게 된 데에는 개인적인 원인이나 노력보다는 자기가 살고 있는 시대의 영향을 더 많이 받는다는 평범한 진리를 어머니의 한 삶을 통하여 구체적으로 보여 주고자 하였다.

특히 시대가 크게 변하는 시기일수록 개인에게 미치는 역사의 힘은 더욱 크다고 할 수 있다. 마치 홍수에 쓸려 내려가는 나뭇잎처럼 말이다. 물론 개인 가운데는 홍수에 덜 떠내려가는 바윗돌 같은 이도 있겠지만, 거의 대부분의 사람들은 역사의 흐름 속에 함께 떠내려가는 존재이다. 따라서 인간은 어느 누구든 역사의 산물이며, 그 일부라고 할 수 있다. 개인의 일생은 역사를 떠나서 이해할 수 없다.

그러나 한 인간은 그가 산 시대의 산물이면서도 그 시대의 역사를 만들어가는 주체라는 사실 또한 틀림이 없다. 비록 거대한 역사를 움직이는 데 평범한 나의 힘이 뭐 그리 크게 쓰이겠느냐고 생각하는 사람이 있겠지만, 그 약한 존재들이 하나씩 하나씩 뒷전으로 다 물러나고 나면 이 역사를 창조하는 주인공은 있을 수 없게 된다. 이는 마치 거대한 만리장성이나 백두산에서 조그마한 돌을 하나씩 빼어내고 흙 한 줌씩을 파내기 시작하여, 모두 파내고 나면 결국 남는 것은 아무 것도 없게 되는 것과 같다. 이처럼 시대의 산물인 나의 어머니를 통해 국가의 역사와 개인의 역사를 연결해 보려고 노력하였다. 국가의 기능이 개인에게 얼마나 큰 힘을 발휘하는가를 그려보려고 하였다.

넷째는 역사가 우리 일상생활에 쓸모 있는 실용적인 학문이라는 점을 일깨워 주기 위함이다. 역사를 모르면 한 개인이 한 인간으로 성숙할 수 없고, 역사를 무시하는 나라는 국가의 지속적인 유지가 어렵다. 역사를 존중해 온 나라는 역사를 이어 나왔고, 탄탄한 문화와 사회의 발전과정을 밟아 왔다. 그런데 안타깝게도 오랜 역사를 가지고 있으면서도 우리처럼 역사를 가볍게 보거나 홀대하는 나라는 세계에서 찾아보기 어렵다.

그리고 역사는 인간학의 가장 중심적인 분야라고 말할 수 있다. 역사는 인간 집단의 문화를 다루는 학문이고 인간의 모든 지식과 행동이 담겨져 있는 사상의 창고이다. 인간의 모든 활동은 역사에 남고 역사를 통해서만 인간과 문화가 변화·발전한 과정을 살필 수 있다. 역사란 우리가 살아가는 것 그 자체이며, 역사를 안다는 것은 인간이 문화적으로 철이 드는 일이라 할 수 있다.

이처럼 역사는 사람들과 밀접한 관련을 가진 기초학문임에도 불구하고, 앞에서 말했듯이 우리나라에는 역사를 등한시하고 있는 풍조가 아주 짙다. 대부분 일반 시민들이 역사는 자신과 관련이 없는 것으로 알고 있다. 이렇게 잘못된 역사의식은 바뀌어야 한다. 이렇게 된 데에는 일반 사람의 탓이 아니라 기본적으로 과거와 현재의 역사가에게 더 큰 책임이 있다. 일반 국민을 역사 속으로 끌어들이려는 역사가의 노력이 부족하였기 때문이다.

역사학에 대한 내 전문적 연구가 나의 가까운 친인척에게 조금도 관심을 끌지 못하고 있다. 그래서 나는 회갑을 맞이하여 가까운 친인척에게 역사 지식을 전하기 위해서, 친숙한 주제를 택하고 쉬운 내용으로 우리 어머니의 일생을 책으로 썼다. 이것은 모든 사람들이 진솔한 삶의 이야기를 쓸 수 있다는 선례를 보여주기 위함이다. 현대의 역사를 쓰는 일은 반드시 역사학자만의 전유물이 아니다. 누구나 현대의 역사가가 될 수 있다. 일기를 쓰고, 편지를 모으는 일이나, 회상기와 일대기를 꾸밈이 없이 쓰는 것은 바로 훌륭한 역사기록을 남기는 일이다.

더구나 오늘날처럼 모든 사람이 글을 자유롭게 쓸 수 있는 사회에서는 이 책처럼 자기 부모의 이야기, 또는 자신의 가족과 주변 이야기를 마음만 먹으면 누구나 쉽게 쓸 수 있다. 그 예를 보이기 위함이 이 책을 쓰는 또 다른 목적이다.

다섯째는 역사가들이 시대를 구분하여 고대, 고려시대, 조선시대로 나누지만 역사는 흐르는 강물처럼 끊임없이 지속된다는 것을 밝히기 위함이다. 내 어머니와 내 의식 속에는 알든 모르든 저 먼 원시시대나 삼국시대, 고려시대, 조선시대, 그리고 현대의 의식이 함께 침전되어 복합적임을 발견하였다. 그런 의식은 우리의 잠재의식으로 남아 있다가 문득 행동으로 나타난다. 그래서 나는 어머니의 일대기 속에서 현재 한국인이 지니고 있는 역사의 오랜 잠재적인 무의식을 찾으려 하였다.

나는 이제 어머님의 은혜를 갚을 길이 달리 없다. 부모님에 대한 은혜는 태산과 같고, 하늘과 같아서 아무리 갚으려 해도 이를 다 갚을 수 없다. 김소운 시인이 "나의 어머니가 비록 문둥병 환자일지라도 나는 나의 어머니를 클레오파트라와 바꾸지 않겠다."고 한 말이나, 전쟁 중에서도 어머니를 한 시도 잊지 않은 충무공 이순신처럼, 우리 어머니와 아버지들은 우리 각자에게는 가장 소중한 존재이고 가장 존경스런 분들이다.

어머님이란 단지 어머니만을 뜻하지 않는다. 어머니와 일심동체가 되어 가정을 이끌어 온 아버님을 포함한 부모의 대명사로 사용하였다. 어머니를 주제로 삼은 것은 아버지를 일찍 여의었기 때문이다. 대부분의 어머니들이 그렇듯이 우리 어머니는 7남매를 위해서 당신의 일생을 불사르며 사셨다. 당신 자신을 위한 삶이란 전혀 생각해보지도 않으셨다. 모든 활동의 목적과 삶 전체의 의미를 부모, 남편과 가족, 그리고 자식에 두셨다. 이 점은 어쩌면 너무나 숭고하고 진실되어 성스럽다고 표현해야 할 정도이다.

이렇게 소중한 어머니건만 당신이 아픔을 느끼실 때 자식인 나는 그 아픔을 대신할 수 없었고, 병고에 시달리는 모습을 애처롭게 바라만 보면서 인간의 한계와 무능을 실감하였다. 그리고 어머님이 세상을 뜨신 뒤에야 어머니의 구심적 역할이 얼마나 큰가를 새삼 깨닫게 되었다. 항상 어머니 앞에서 우리들은 언제나 어린아이와도 같았다. 어머니가 살아 계실 때에는 멀리서라도 자주 전화를 걸었고 자주 만날 수 있던 형제자매들이건만, 이제는 차츰 멀어지는 것만 같고, 외갓집과도 점점 멀어지고 있는 느낌이 든다. 어머님의 자리가 얼마나 큰 것인지 거듭 실감하게 된다.

나는 돌아가신 부모님에 대한 그리움의 한 자락을 표하고자, 부모님을 모시고 살고 있는 모든 이들이 부모에게 효도를 극진하게 할 것을 당부하고자 이 책을 쓴다. "나무가 고요히 머물고자 하나 바람이 그치지 않고, 자식이 봉양하고자 하나 어버이는 기다려주지 않는다.(樹欲靜而風不止 子欲養而親不待)"는 《한시외전(韓詩外傳)》의 경구를 되새기기 바란다.

'어머니'라는 우리말을 전하는 가장 오래된 문헌기록은 고려 숙종 대인 1103년에 송나라 사신 손목(孫穆)의 《계림유사(鷄林遺事)》

이다. 이에서 '모(母)'를 '了秘(료비)'로 읽었다. '了秘(료비)'는 '에미'라는 발음을 뜻하고, 훈민정음으로 번역된 《월인천강지곡(月印千江之曲)》에서는 '어마니', 최세진이 지은 《훈몽자회(訓蒙字會)》에는 '에미'라고 쓰고 있다.

그러나 '어머니'라는 말은 몇 만 년 전 순수한 우리말이 만들어질 때부터 끊임없이 써 온 가장 친숙한 말이다. 어머니는 아기가 처음 배우는 '엄마'라는 말에서 나왔다. 우리말의 '엄마'나 영어의 'mother', 독일어의 'Mutter'도 '아빠'라는 말과 함께 어린애가 맨 처음 배우는 말이다.

웃어른인 할아버지한테 어머니가 당신을 가리켜 부를 때나, 할아버지가 내 어머니를 우리들에게 지칭할 때에는 '에미'라고 한다. 그리고 어머니는 한자로는 '모(母)'라고 적는다. 이는 자식에게 젖을 먹이는 모습을 본뜬 글자이다. 이 글자는 이외에도 크다, 무겁다, 근본, 땅을 뜻하기도 한다.

중국에서 어머니의 존칭은 '천지(天只)'라고 하는데 이는 《시경》의 '모야천지(母也天只)'라는 전고(典故)에서 나온 말로 '어머니는 하늘이다'라는 뜻이다. 유교적 전통으로는 살아있는 어머니를 '모'라고 부르고, 살아있는 아버지는 '부(父)'라고 일컫는다. 돌아가신 아버지는 '고(考)' 또는 '선고(先考)'라고 부르고, 돌아가신 어머니는 '비(妣)' 또는 '선비(先妣)'라고 일컬으나, 한국어로는 살아계실 때에도 어머니, 아버지이고 돌아가신 뒤에도 어머니, 아버지이다.

나를 낳아주신 분도 어머니이고 처음으로 접하는 인간도 어머니이다. 젖을 먹여 키우는 사람도 어머니이다. 아버지는 어머니의 기둥으로서 가족의 경제를 위해서 온갖 힘을 다 바친다. 어머니는 자식의 양육과 가정 살림을 도맡아 한다.

공자는 '부모의 상복을 3년 동안 입는 것은 세 살까지 부모의 품에서 벗어나지 못하기 때문이라'고 말했다. 그러나 오늘날의 부모는 자식이 30세가 넘도록 보살펴주고 자식에 대한 무한 책임을 지고 있다. 현재는 나를 포함하여 거의 모든 사람이 부모가 돌아가시면 3일 내지는 49일 만에 탈상을 한다. 그리고 부모는 응당 그렇게 봉사만 해야 한다고 생각하고 있다. 자기 자식을 돌보기에 여념이 없고, 늙은 부모는 답답하다고 홀대하기도 한다. 이는 《명심보감(明心寶鑑)》의 〈팔반가〉가 잘 비유하여 말해주고 있다.

어머니의 은혜를 가장 잘 표현하고 있는 작품 가운데 불교의 《부모은중경(父母恩重經)》이 있다. 이 경에는 어머니가 자식에게 베푸는 한량없는 마음이 구구절절 잘 표현되어 있다. 유교의 경전인 《효경(孝經)》은 부모에게 효도함을 하늘과 땅의 이치라고 했고, 효는 개인 행동의 기본으로서 천하를 다스리는 요체라고 강조하고 있다.

충남 청양 칠갑산 자락에서 자란 시골뜨기인 내가 대학의 교수로 성장하게 된 데에는 내 노력보다 어머님의 힘이 더 중요한 바탕이 되었다. 내가 역사학을 전공한 사람으로서 어머니의 삶을 통해 현대사를 한번 정리해야겠다는 생각을 가진 것은 30여 년 전부터이다. 이 책을 쓰겠다는 말을 어머님 생전에 말씀드렸고, 가까운 사람들에게 더러 이야기하곤 하였다. 어머님은 시골의 평범한 아낙이기에 연보와 같은 기록도 없고 여기에 쓰는 내용은 지극히 가족적이고 사소한 일들이다.

나는 어머니한테서 틈틈이 지난날의 기억을 더듬어 이야기해주시는 것을 듣고 메모를 해두었다. 어머니의 연세가 많아지면서 어머니의 기억력이 되살아나게 할 수 있는 일은 바로 어머니한테서 지난 이야기를 듣는 일이라고 생각하여, 돌아가시기 20년 전부터 기회가 있을 때마다 자주 여쭈어 메모해 두었다.

어머니가 돌아가시고 지금까지 8년 동안, 꿈에서라도 어머님을 뵙고 싶어서 밤늦도록 사진을 보고 어머니에 대한 글을 하루 종일 다루어 보아도 어머니는 꿈에 나타나지 않으신다. 아마도 어머니는 편안히 깊은 잠에 드신 것 같다. 어머니가 돌아가시자 내 마음의 고향을 영영 잃은 것 같았다.

가끔 어머니와 아버지 연세쯤으로 보이는 노인을 만나면 나는 부모님 생각을 한다. 어머님이 살아 계시던 동안 내가 가장 부러웠던 것은 양친 부모를 함께 모시는 이들이었다. 어머니가 90세를 넘도록 살아 계실 적에 우리 형제자매들이 내심 걱정한 것은 7남매 가운데 누가 어머니보다 먼저 가는 불효를 저지르지 않을까 하는 것이었다. 그러나 다행히도 그런 일은 없었다.

비록 어머니의 일생이라고는 하지만 7남매 가운데 나와 어머니의 관계를 중심으로 쓰지 않을 수 없었다. 이는 절대로 나를 내세우고 싶어서가 아니라 어쩔 수 없었기 때문이다. 이것은 앞으로 자라는 세대들이 부모와 자식의 관계를 어떻게 세워가야 하는가를 보여주려는 의도가 작용하였다. 다시 말하면 이 책은 역사기록을 남기겠다는 자료로서의 목적보다는 정신적·도덕적 교훈을 주려는 목적의식이 더 깊이 깔려 있다는 게 솔직한 표현일 것이다.

이 책에는 어머니에게서 들은 이야기와 내가 체험한 일, 그리고 가족에 관계되는 문헌자료, 호적의 제적등본 등을 가능한 대로 많이 이용하였다. 비록 어머니가 사회 변화에 적극적으로 영향을 미친 바는 없지만, 사회 변화로부터 영향을 많이 받았기 때문에 되도록 사회의 큰 변화나 사건을 배경으로 서술하려고 하였다. 이를 배제하면 이 책은 한낱 가족의 이야기에 지나지 않기 때문이다.

이 책에서는 날조하거나 근거 없는 글쓰기는 되도록 하지 않으려 했다. 사실 그대로를 적으려고 힘썼다. 어머니와 나의 관계를 쓸 때도 밝히기를 싫어하는 사람이 있으면 의도적으로 뺐다. 그것은 꼭 밝혀야 할 일이 아닐 뿐만 아니라 모두 나와 가까운 당사자들과 관련된 문제임을 의식했기 때문이다. 그러나 내 자신에 관한 문제는 될 수 있는 대로 숨기지 않고 쓰도록 노력했다.

그러나 이 책을 출판하면서 두려운 생각이 앞선다. 이는 모든 당대사를 쓰면서 부딪치는 문제가 이 책을 쓰는 데에도 똑같이 생긴다는 점이다. 어머니의 일생을 설명하기 위하여 등장시켜야 하는 친인척에 대한 설명에 혹 잘못 서술되거나, 부족한 서술, 숨겼으면 하는 일들도 있을 것이다. 이런 경우 당사자들에게 대단히 미안하게 생각하며 양해를 구하고 싶다.

'우리 어머니의 일생'에 대한 이야기는 이 땅에 살고 있는 모든 사람들의 어머니에 해당되는 일일 뿐만 아니라, 가깝게는 바로 내 형수님, 제수씨, 누님과 누이동생, 그리고 내 아내의 이야기도 되듯이, 사회의 뒷전에서 남편을 위해서 묵묵히 헌신하는 우리나라 모든 여성들의 숨은 노고에 대한 이야기도 된다. 가족을 위해서 남모르는 그늘에서 열심히 살아준 가정주부의 고마움을 알아주어야 한다는 점을 강조한 것이다. 이 책을 읽으시는 분은 자신의 어머니라는 생각으로 읽어주시기 바란다.

이제는 아무리 불러보아도 대답이 없는 어머니와 아버지의 영전에 이 책을 바친다. 어버이가 불행하게 사신 이유는 당신들에게 근본적인 책임이 있는 것이 아니라 시대를 잘못 만났기 때문이다. 곧 불행한 시대에 태어나셔서 일생을 고생만 하시며 살아가신 부모님이 다음 세상에서는 좋은 인연을 만나서 마음껏 교육도 받으시고 개인의 즐거움도 누리시며, 자신을 위한 삶의 목표를 세워 행복하게 살아보시기를 부처님께 지극 정성의 마음으로 기원 드린다.

이 책은 나의 회갑 때에 만들어 가족과 나눠 가졌던 것을 나의 정년퇴직에 맞추어 보완하였다. 이 책을 출판해주신 지식산업사의 김경희 사장님과 꼼꼼히 교정을 보아 주신 서정혜 양, 그리고 나의 생질 민경수 군, 전경목 교수, 정수환 박사, 김남일 박사에게도 충심으로 감사를 드린다.

2008년 8월
경기도 성남시 청계산 자락 운중동
한국학중앙연구원 연구실에서

1. 가계를 설명하기 위해 책 마지막 부분에 '가족사항'을 두었다. 숫자가 표시된 사람은 '가족사항'에서 자세한 설명을 찾아볼 수 있다. 가족사항에 언급한 가계는 외가와 친가로, 고모와 이모의 경우 모두 4촌까지 다루었고, 주로 2003년도까지의 내용만 실었다.

3. 상식에 관한 것은 '사랑방 나들이' 역사적 내용은 '역사의 상식'이라는 난을 따로 만들어 보충 설명하였다.

4. 필요한 경우 사투리를 사용하였고, 그 뜻을 괄호 안에 넣었다.

5. 직계 선조에게만 존칭을 썼고, 다른 사람에게는 원칙적으로 존칭을 생략하였다. 그리고 '어머니'와 '어머님'이란 두 가지 표현을 섞어 사용하였다.

6. 각주는 원칙적으로 달지 않았으나 필요하다고 생각되는 사항은 괄호 안에 보충해 넣기도 했다.

7. 인용한 비문(碑文)은 본문에 맞게 한글로 고쳐 썼고 한자는 괄호 안에 병기하였다.

1. 어머니의 출생

오래된 나라, 조선왕조가 쓰러질 때 태어나다

우리 어머니는 조선(당시 대한제국)이란 나라가 멸망하기 바로 전해(1909)에 태어나셨다. 한 개인의 운명을 결정하는 데 가정이 중요한 구실을 하지만, 더 큰 틀을 결정짓는 것은 나라와 시대라고 할 수 있다. 그리스의 철학자 플라톤은 "개인은 죽어도 괜찮지만 나라가 망하면 세상이 몰락하고 무너진다."고 했다.

나라가 평안하고 융성·발전할 때에 태어나면 개인이 그 혜택을 제대로 받지만, 나라의 운명이 고달프고 어려우면 대개 개인과 가족의 생활 또한 고달프고 어렵다. 어머니의 일생 동안 나라가 여섯 번 바뀌었다. 어머니는 대한제국, 일제강점기, 미군정, 대한민국, 인공치하를 거쳐, 마지막에는 대한민국의 국민으로 사셨다.

어머니가 태어난 당시 나라의 이름은 '대한제국'이었으나, 실은 조선왕조 말기였다. 어머니가 태어나기 10여 년 전부터 조선은 스스로를 황제의 나라[帝國]라고 하였다. 1894년 동학혁명군을 진압해 달라는 요청으로 출병한 청나라와 일본 군대 사이의 전쟁이 우리나라 안에서 일어났다. 이것이 '청일전쟁'인데, 여기서 패배한 청국세력이 국내에서 물러나자, 조선왕조는 드디어 독자적인 연호를 세우고 왕을 황제라 일컫고, 나라 이름을 대한제국으로 바꾸었다(1897). 그러나 이는 명분과 허울에 불과할 뿐이었고, 이때 나라는 일본의 식민지라는 큰 홈통 속으로 점점 빠져 들어가고 있었다.

어머니가 태어나신 해는 마지막 황제 순종 3년(1909), 바로 조선왕조라는 옛 가옥이 쓰러져가는 때였다. 나라가 없는 백성은 아무도 거들떠보지 않는다. 오죽하면 찬밥 신세인 상갓집 개만도 못하다는 속담이 나왔겠는가? 평생 교육의 혜택도 전혀 받지 못했고, 생업에 대한 어떤 보장도 받지를 못했다. 또한 국가 발전에 대한 희망도 가지지 못했다. 모든 백성이 황야에 버려진 고아와 같았다. 이는 당시 우리 할아버지, 할머니, 아버지, 어머니가 그랬다는 말이다.

나라를 잃자 스스로 생명을 끊은 사람도 있고, 조국의 독립을 위해서 사랑하는 가족과 정든 고향 그리고 모든 재산을 버리고 외국 땅으로 망명을 떠난 애국지사도 있었다. 어머니의 부모는 이런 적극적인 독립투사는 아니었다. 그렇지만 이 땅의 평범하고도 선량한 대다수 백성의 한 사람으로, 나라를 잃어 인간으로서의 기본권까지 상실한 피해자였다.

식민지로 전락하는 것은 국가적인 책임이 더 크다. 그리고 무엇보다 정치를 제대로 하지 못한 18·19세기 지배층의 책임이 가장 크다. 친일파를 논하기 전에 왕실과 그 지도자들에게 책임을 먼저 물어야 한다. 조선왕조 500년 동안 의리와 도덕을 강조해 왔던 일반 유학자들은 나라가 망하는 것을 보고 망하지 않은 나라가 없다고 자포자기하거나 무기력하게 주저앉았다.

　조선후기의 국내외 상황과 조선왕조 멸망의 원인

　동양과 서양은 16세기 이전에는 서로 교류가 없이 지냈다. 동서양의 역사와 문화가 따로따로 진행되었다. 서양과 동양이 서로 교류하게 된 것은 이른바 지리상의 발견으로 서양인의 장거리 항해술이 발전했기 때문이다. 그리고 당시 서양에는 민족국가가 출현하여 절대군주들은 해외 무역을 적극 권장하였다. 이들 배에는 새로운 대포가 장착되었고, 기독교의 전파라는 종교의식이 더해져 선교사들이 앞장섰다. 이런 해외교역은 산업혁명으로 더욱 활발해졌다. 19세기에는 아프리카, 아메리카를 식민지로 만드는 제국주의가 서양 각국에서 경쟁하듯 치열하게 일어났다.

　16세기 중엽에 중국 명나라에 서양인들이 도래하여 서양의 학문과 기독교 경전을 한문으로 소개하였고, 우리나라는 이들 책을 통해서 서양의 소식을 접하게 되었으며, 이런 학문을 '서학(西學)'이라 칭했다. 우리나라에서는 책을 통해 성경을 공부하고 이승훈이 청나라 북경의 천주교 성당에 스스로 가서 영세를 요구하자, 선교사들은 이를 보고 하나님이 주신 나라라고 하면서 깜작 놀랐다. 그러나 천주교의 전파는 유교의 예제와 충돌하여 19세기 초부터 국가적으로 금하게 되었다. 이는 쇄국정책의 바탕이 되었다.

　한편 16세기 중엽 일본은 네덜란드 상인이 나가사키에 도래하여 상관을 열어 활발한 교역을 하게 되었다. 그리하여 서양의 총포기술이 일본에 도입되었고, 이를 무기로 이용하여 16세기 말 도요토미 히데요시는 무신들이 나누어 지배하던 일본을 통일하였다. 그는 그 통일의 여세를 몰아 명나라를 정벌한다는 핑계로 조선을 침략하였다. 이것이 바로 7년 동안 지속된 전쟁인 임진왜란(1592~1598)이다. 이 전쟁은 일본군 연 30만 명, 명나라 군대 연 10만 명, 조선의 군대와 의병 연 17만 명이 참여한 대 국제전이었다. 이로 말미암아 명나라는 곧 만주족의 청나라에 의해 멸망되고, 조선은 두 차례 만주족의 침입을 받았다. 일본은 도쿠가와 막부정권이 들어섰다. 도쿠가와 막부는 가톨릭의 전파를 막기 위해 이후 200년 동안 쇄국정책을 펼쳐 서양과의 교류가 중단되었다.

서양의 제국주의가 동양에 밀려와 인도는 1857년 영국의 식민지가 되었다. 청나라는 17~18세기 동안 강역을 최대로 넓히고 문화를 발전시킨 나라였으나 1840년에 인도의 아편을 중국에 수출하는 것을 이유로 영국과 이른바 아편전쟁을 치렀다. 청나라는 남경이 함락되자, 결국 남경 조약을 맺어 수습했다. 그러나 청나라는 동양적인 전통 문화를 고수하여 서양문화의 수용에 극히 보수적이었다.

19세기의 조선은 역사상 가장 불안한 상태였다. 서양의 선박이 이따금씩 동서남 해안에 출몰하면 이를 낯모르는 선박이라고 하여 '이양선(異樣船)'이라고 불렀다. 천주교를 믿는 사람은 사형을 당하곤 했다. '조선왕조는 멸망하고 천지가 개벽하리라'는 소문이 민간에 떠돌았다. 이 때 하늘님을 믿어야 한다는 동학이 만들어졌다. 조선이 세계에 대한 정보를 입수하는 것은 오직 청나라를 통해서였을 뿐이다. 그렇게 믿던 청나라가 패하였다는 것은 조선인에게는 더욱 충격적인 사건이었다.

1860년대에는 진주민란 등 삼남지방에 민란이 빈번히 일어났다. 지배층은 서양인을 금수로 단정하여 배척하였고, 나라는 겨우 왕실을 유지할 정도였다. 국가를 어떻게 끌고 갈 것인가에 대한 대안을 전혀 세우지 못하고 있었다. 정치, 경제, 군사, 행정의 여러 면에서 가장 열악한 상태였다.

1847년 일본은 영국·프랑스에게 오키나와(沖繩)를 개항하였고, 1854년에는 미국과 수교조약을 체결하였다. 그리고 이어서 러시아와 네덜란드, 영국 등과 수호통상조약을 체결하여 서양문명을 재빨리 수용하였다. 1868년에는 막부정권을 붕괴시키고 정권을 천황에게 돌리는 명치유신을 단행하여 신문물 수용에 적극적이었으며, 그 결과 서양 따라잡기에 성공한 첫 사례가 되었다.

당시 우리나라에도 서양 선박이 와서 통상을 요구하였으나, 1864년부터 대원군이 집권하여 10년 동안 쇄국정책을 고집했다. 일본이 정치·경제·사회적으로 급속한 발전을 이룩하고 있을 때, 조선은 오리무중 속에서 방황하고 있었다. 조선은 1876년 일본과 통상조약을 체결한 뒤, 1882년 미국·영국·독일·러시아·프랑스와 국교를 맺었다. 당시 정권은 보수파가 잡아서 국가의 운영은 새로운 방향을 잡지 못했다. 서양은 당시 조선을 '은둔국'이라고 부를 정도이었다. 국가 운영자들의 식견과 안목에서 보수적 성향이 강하였다.

지배층이 국제 정세에 어두웠고, 근대화를 성공적으로 이룩하지 못한 것이 조선왕조가 멸망한 첫째 이유이며, 당시 강한 나라가 약한 나라를 식민화했던 제국주의의 팽창을 국제적으로 공인하였던 것이 둘째 원인이다. 셋째의 멸망 원인은 당시 사상의 보수성이다. 조선 후기의 지배사상은 성리학이었는데 다른 학문을 용납 못하는 자폐증에 걸려 있었고, 새로운 것을 수용하지 않아 보수성이 강하였다. 성리학 이외의 학문을 인정하지 않았다.

세계의 거센 파도가 밀려오는데, 우리나라는 그저 방어적인 태도로 일관했다. 그 결과 성리학은 사회를 개조하는 데 실패하고, 사회를 이끌어가는 주도권마저 상실하게 되었다. 마침내 성리학은 사회사상으로서도 송두리째 폐기되는 결과를 초래하였다.

어머니의 이름

어머니의 호적 이름은 서옥순(徐玉順)이다. 그러나 그 이름은 평생 동안에 공식적으로 몇 번 사용되었을 뿐, 별로 쓰인 적이 없다. 이는 이 시대 모든 여자들의 경우와 거의 같다. 이름을 부르지 않는 관행은 남자의 경우도 마찬가지였다. 양반의 경우 이름은 어려서나 부를 뿐이었고, 성인이 되는 14살쯤에 관례(冠禮)를 치르면 이름 대신 '자(字)'를 지어 불렀다. 자는 이름과 비슷한 뜻을 가진 글자로 지었다. 여자의 경우 아예 이름을 짓지 않고 호적에 올린 경우도 있었다.

여자이건 남자이건 양반의 경우 택호(宅號)로 불렸다. 어머니가 17살에 시집을 온 뒤로 시댁에서는 친정 마을인 공주군 우성면 어천리의 고유 이름인 여우내라는 동네 이름을 따서 "여우내댁", "여우내 아주머니" 등으로 불렸고, 친정에서는 시댁이 있는 충청남도 청양군 청남면 대흥리 갓점 마을을 따서 "갓점댁", "갓점 고모", "갓점 이모" 등으로 불렸다. 이웃집 사람들에게는 자식들의 이름에 따라 "누구, 누구 어머니"라고 불렸다. 이름은 단지 호적에 신고된 것일 뿐이었다.

택호는 조선시대부터 널리 사용되어 여자나 남자의 별칭으로 사용되어 왔다. 택호는 벼슬을 한 경우에는 그 벼슬 이름을 따서 부르기도 했고, 생원이나 진사 시험에 합격한 집안은 성을 붙여, "김 진사댁", "이 생원댁" 식으로 사용되었다. 일반 평민들은 사는 곳에 따라 부른 택호가 가장 일반적이라 할 수 있다. 택호는 반드시 마을 이름에서 따오는 것이 아니라 때로는 군이나 면의 이름에서 따오기도 하였다.

외할아버지는 달성 서씨 병철(1874~1935)이고, 외할머니는 결성 장씨(1879~1918)[1]이다. 달성은 대구의 옛 이름이고, 결성은 현재의 홍성군 결성면으로 고려조부터 조선조까지는 결성현이었다. 현(縣)은 작은 고을로 신라와 고려와 조선의 행정 단위였다. 신라에서는 군 아래의 행정단위였으나 조선조에 들어와서는 군과 같은 행정단위였다. 종5품 현령이 파견되는 현과, 종6품 현감이 파견되는 현이 있었다. 종4품 군수가 파견되는 군보다 작은 고을이 현이었다. 이 당시 현의 크기는 대체로 오늘날의 면 4~5개가 합쳐진 규모였다.

조선시대의 이러한 군현제도는 1896년에 모두 군(郡) 체제로 개편되었다. 군은 크기에 따라 등급을 매겨 1등 군으로부터 4등 군으로 구분되었다. 1914년 일제 식민통치기에 종래 전국의 317군이 218군으로 통폐합되고, 면과 리도 통폐합되는 대대적인 행정개혁이 실시되었다.

외할아버지는 공주군 우성면 어천리(버든열 : '버들여울'이라는 뜻)에 사셨고, 외할머니는 청양군 정산면 덕성리('덕재'라고 불리는 마을)에 사셨다. 어천리와 덕성리는 비록 군은 다르지만 10리 정도 떨어진 가까운 곳이었다. 우리 어머니는 넷째로 태어났고 딸 가운데서는 둘째였다. 위로는 큰언니, 큰오빠, 둘째 오빠가 있었다.

어머니는 1909년(己酉) 9월 13일에 충청남도 공주군(현재 공주시) 우성면 어천리(魚川里) 292번지 여우내(원래는 '어우내'이나 '여우내'로 불림)에서 태어났다. 어머니는 기유(己酉)년 생으로 '유'자 해에 태어난 사람을 닭띠라고 한다.

사랑방 나들이1

닭띠에 대한 상식

유(酉) 자는 방위로는 서쪽을 뜻하고, 시간으로는 오후 5시에서 7시 사이를 의미한다. 그리고 유 자의 해에 태어난 사람을 닭띠라고 한다. 닭은 개와 양처럼 인간이 최초로 사육한 동물 가운데 하나이다. 기원전 600~700년 전부터 사육해 온 것으로 알려지고 있다.

닭은 머리에 관(벼슬)을 쓰고 있다고 하여 문(文)을 상징하고, 발톱이 있어 무(武), 적을 만나면 물러서지 않고 싸운다는 뜻에서 용(勇), 먹을 것이 있으면 주위에 알린다고 해서 인(仁), 늘 시간을 정확히 알린다는 뜻에서 신(信)이라는 다섯 가지 덕을 갖추었다고 한다. 《세종실록(世宗實錄)》과 《국조오례의(國朝五禮儀)》에는 닭은 동방의 생물로 인(仁)을 상징하기 때문에 봄·여름 제사에 제물로 사용한다고 씌어 있다. 또한 닭은 알을 많이 낳으므로 다산(多産)을 상징하고 다자다복(多子多福)의 뜻을 가지고 있다. 그리고 닭은 태양의 새로서 하늘과 땅의 소식을 알리는 심부름꾼으로 여겨졌다.

제주도의 무속설화 〈천지왕 본풀이〉에 따르면 천지개벽을 예고하는 일을 닭이 알렸다고 한다. 곧 이 세상이 처음 열릴 때에 천황(天皇)닭이 목을 들고, 지황(地皇)닭이 날개를 치고, 인황(人皇)닭이 꼬리를 치며 크게 우니, 먼동이 트기 시작했다고 한다. 또한 신라의 혁거세 신화와 알영·김알지 신화에 좋은 일을 미리 알리는 닭의 역할이 나타나고 있다. 그래서 신라 초기에는 나라 이름도 '계림(鷄林)'이라 하여 닭이란 낱말이 사용되었다. 고구려 무용총의 천장 벽화에는 닭의 형상이 조각되어 있다.

오랫동안 전해온 이야기인 〈선녀와 나무꾼〉도 닭과 연관이 있다. 수탉이 하늘을 향해 목을 길게 빼고 우는 것이 나무꾼이 하늘에 올라간 선녀를 그리워하여 우는 것을 형상화하였다는 것이다. 또한 〈지네와 장터〉에도 닭의 이야기가 나온다. 황해도 장연에 계림사라는 절이 있었는데, 이상하게도 하룻밤을 지내면 승려가 한 사람씩 사라지는 것이었다. 그래서 그 절의 승려들이 대단히 두려워하였다. 어느 날 한 도승이 지나다가 흰 닭을 많이 기르면 그 변괴가 사라질 것이라고 말했다. 그래서 흰 닭을 구해서 길렀는데 어느 날 보니 닭의 부리에 피가 묻어 있었다. 이상히 여기고 닭이 흘린 핏자국을 따

라가 보았더니, 한 발이 넘는 지네가 죽어 있었다. 그 뒤로 그 절에
서 승려가 사라지는 일이 없어졌다고 한다.

호 적

어머니의 큰언니 이름은 정식(廷植)[2]이다. 내 큰 이모는 1899년
에 태어나셨다. 그런데 외할아버지의 제적등본을 조사해보니 둘째
외삼촌 정기(廷麒), 그리고 어머니(玉順), 그 다음인 셋째로 기록되
어 있었고 장녀라고 되어 있었다. 큰 외숙은 출생하여 곧바로 외
할아버지의 형님 댁에 양자로 보내면서 출생신고를 아예 외할아버
지의 호적에 올렸다. 큰이모의 출생신고는 1918년(대정 7) 3월 10
일에 하였으며, 그해 4월 5일에 출가하여 제적된 것으로 되어 있
다. 곧 결혼을 하여 혼인신고를 하려고 보니, 호적에 올라 있지 않
음을 발견하고 이름을 지어 그 자리에서 호적에 올리고 혼인신고
를 하였음을 제적등본의 사유 난에서 확인할 수 있었다.

큰 이모님은 17살, 큰 이모부는 16살이 되던 1915년에 결혼하였
다. 그러므로 결혼하고 3년 만인 1918년에 결혼 신고를 했다. 이처
럼 뒤늦게 호적에 올렸기 때문에 우리 어머니를 장녀로 올렸다가
어머니를 2녀로 정정한 사실을 외할아버지의 제적등본에서 확인
하였다. 여기서 딸을 호적에 올리는 일을 이처럼 소홀히 하였음을
확인할 수 있었다. 이 당시에는 호적초본을 열람하거나 발급받는
일이 거의 없었기 때문에 큰 이모를 시집보낼 때까지 20년 동안
큰 이모가 호적에 누락되었다는 사실을 전혀 모르고 지냈다.

큰 이모부는 공주군 탄천면 송학리 408번지에 살던 함양 박씨

영두(朴永斗)의 둘째 아들 박홍식이다. 그런데 큰 이모부의 제적등 본에는 1915년에 결혼한 사실이 1932년에 이루어진 것으로 잘못 신고되어 있다. 이는 외할아버지 제적등본에서 큰 이모가 제적된 날과 맞지가 않는다. 이는 아마도 이모부의 호적을 새로 정리하면 서 생긴 오기가 아닌가 싶다.

일제의 상흔으로 얼룩진 우리들의 제적등본
– 조선시대와 근대 이후 호적의 차이점

호적이 전산화되기 전에 우리들의 아버지와 할아버지의 제적등 본을 떼어보면, 누구의 것이든 일본의 지배를 받았던 뼈아픈 상흔 이 누덕누덕 붙어 있는 것을 볼 수 있다. 한 사람의 집 앞 대문에 일생 동안 게양한 국기가 일고여덟 번이나 바뀌었다는 이야기가 우 리나라의 기구한 운명을 웅변으로 말해주듯이, 우리들의 호적 대장 원본에는 일제 지배의 서글픈 흔적이 그대로 남아 있다.

즉, 연대가 개국(開國, 1894년을 개국 503년, 1895년을 개국 504년으로 칭 하였다), 건양(建陽, 1896), 광무(光武, 1897~1906), 융희(隆熙, 1907~1910) 로 우리 식의 연호가 사용되면서, 호적의 출생과 사망이 연호로 기 록되었다. 일제 강점기에는 일본의 연호인 명치(明治), 대정(大正), 소화(昭和)가 사용되다가 단기(檀紀)로 일괄 고쳐졌고 다시 서기로 고쳐졌다. 창씨 개명한 사실과 광복 후 조선 성명으로 복구된 사실 이 대부분 사람의 호적에 보이고 있다.

조선왕조에서는 3년마다 호구조사가 이루어졌는데 본인의 신고로 호적이 새로이 작성되었다. 호적신고에는 호주의 직함·본관·성명이 기록되고, 호주의 아버지·할아버지·증조할아버지·외할아버지를 4조(祖)라 하여 그 직함과 이름을 써 넣었다. 그리고 아내의 성·이름·본관을 기록하고, 아내의 아버지·할아버지·증조할아버지·외할아버지를 기록하였으며, 호주와 함께 사는 사람을 적어 넣었다. 따라서 자식들을 상세히 기록한 사람도 있고, 자식조차 기록에서 누락시킨 사람도 있다. 그러나 자기 집에 소속한 노비의 경우, 함께 살고 있는 노비는 물론 다른 군현에 살고 있는 노비까지 한 명도 빼놓지 않고 명단에 실었다. 노비는 재산으로 취급되었기 때문에 소중하게 생각하였다.

당사자가 직접 신고하는 서류를 '호구단자'라고 한다. 양반은 호구단자를 직접 작성하여 제출하였지만, 일반 평민이나 노비 등은 당사자가 직접 신고하기보다는 동장·이장이나 향리·유향소 직임을 가진 사람들이 써서 제출하였다. 조선시대의 호적은 3년마다 다시 작성되므로, 한 해마다 나올 수 있는 변동사항을 기록하지 않았다. 다시 말하여 호적에 새로운 변동사항을 기록할 수가 없었다. 그래서 호주가 죽은 후에야 70살 먹은 아들이 갑자기 새 호적에 나타나는 경우도 있었다. 양반들은 딸을 아예 호적에 올릴 생각을 하지 않았고, 아들도 올리지 않은 경우가 많았다. 관직을 사칭한 경우도 많이 있음을 고문서 조사를 통해 실제로 확인하였다.

그런데 1896년에 새로운 〈호구조사규칙〉이 제정되었다. 그러나 이 제도는 이전 왕조의 호적과 같이 세금과 역을 부과하는 대장으로 작성되었다. 1909년 3월 법률 제3호로 근대적인 민적법(民籍法)이 발효되어 현재의 호적법과 깊은 관계를 가진 법으로 바뀌었다. 민적법은 일본의 호적법에 한국의 전통을 더하여 만든 것으로 가족의 변동사항을 추가해 기재하도록 되어 있다. 즉 본관과 가족적 신분의 발생·변동·소멸, 다시 말하면 출생·사망·호주변경·혼인·이혼·양자·파양·개명 등이 연속적으로 기록되었다. 이 같은 연속적인 호적의 변동사항은 제적등본을 통하여 확인할 수 있다.

앞에서 말했듯이 우리들 선대의 호적에는 일제 지배의 뼈아픈 상흔이 진하게 깃들어 있는데, 그 예를 나의 외할아버지와 증조할아버지 제적등본을 통하여 설명해 보겠다.

일제 초기에 민적부가 작성되면서 1874년생인 외할아버지의 출생을 개국 연호로 계산해 실었다. 즉 '개국 483년'으로 기록되어 있다. 원래 개국 연호는 1894년과 1895년에만 사용되었는데, 이를 소급해 환산하여 썼다. 일제 강점기에는 조선의 연호를 명치·대정·소화 등의 연호로 바꾸어 썼으며, 해방 후 단군기원을 사용하면서 모든 연대가 단기로 고쳐졌다가, 1962년에는 서력기원을 쓰면서 서력으로 환산되었다. 그뿐 아니라, 한국인의 성명이 1940년 3월부터 7월까지 창씨 개명되었다가, 1946년 10월 22일 미군정령 223호 '조선성명복구령'에 따라 모두 옛날 성과 이름으로 바뀌었다. 이는 거의 모든 집안의 사람에게 공통된 현상이었다. 다만 많은 사람들이 호적상에 기록된 자신의 내력을 까맣게 모르고 있을 뿐이다. 지금의 제적등본은 전산화되어 이런 사실이 모두 삭제되어 나오고 있다. 이는 구 호적 대장을 통해서만 확인된다.

큰 오빠가 양자로 감

어머니의 큰 오빠 이름은 정봉(廷鳳)[3]이다. 내 큰 외숙은 큰 이모가 태어난 2년 뒤인 1901년에 둘째로 태어났으나, 태어나자마자 큰아버지(徐丙奭, 1871~1935) 댁의 호적에 올려졌다. 어머니의 큰아버지는 같은 어천리이지만 여우내에서 3킬로미터 정도 떨어져 있는 버든열에 살고 있었기 때문에 어머니와 함께 자라지 않았다. 큰집에서 대를 이을 아들을 낳지 못하였기 때문에 외할아버지는 큰아들을 낳자마자 형님 댁에 양자로 보냈다.

어머니가 들려주신 이야기에 따르면, 어린 아기가 엄마를 하도 찾아서 외할머니의 큰 동서인 한(韓) 씨가 아기를 업고 십 리나 되는 먼 길을 걸어 왔다고 한다. 그런데 밭에서 이를 본 외할머니는 전혀 본 체도 하지 않고 완강히 따돌려 보냈다고 하여 주위 사람들에게 지독한 사람이라는 평을 받았다 한다. 여기서 외할머니 성

큰 외숙부와 큰 외숙모 (서주석 씨 제공)

품의 일단을 읽을 수 있다.

법제도에서도 그렇지만 가정의 관례로 생각해 볼 때, 아들을 낳아 양자를 주려면 생모의 동의를 받아야 하는 것이 보통이다. 하지만 당시 사정으로 미루어 보아 생모의 의사와는 관계없이 생부의 뜻에 따라 입양시켰음을 짐작할 수 있다. 설령 생모가 동의하였다고 해도 가문의 위세와 양반의 체통 때문에 어쩔 수 없이 한 것이므로, 생모의 자유의사에 따른 흔쾌한 동의는 아니라고 생각한다. 이처럼 당시 여성들의 발언권은 가정 안에서 그지없이 약하였다.

사랑방 나들이 3

조선왕조 가문의 유지와 양자의 사례

조선 후기에 종가의 제사를 끊어지게 할 수 없다는 통념이 굳어진 것은 주자학의 영향이었다. 주자학은 학문적 계통을 도통(道統), 왕실의 계통을 왕통(王統), 한 가족의 계통은 종통(宗統)이라 하여, 계통의 단절을 있을 수 없는 일로 여겼다. 만약 이것들이 끊어졌을 때 이를 잇게 해주는 것을 대단히 큰 덕으로 여겼다. 또 국가의 계통을 정통(正統)이라고 하여 이를 대단히 중시하였다.

주자학은 송나라 주희(朱熹)가 세운 학문이라 하여 주희를 높여 '주자(朱子)'라 부르고 인간의 본성(本性)과 우주의 이치(理致)를 중심으로 연구한다는 뜻에서 '성리학(性理學)'이라고도 부른다. 주자학은 송나라에서 체계화한 유학이라는 뜻으로 '송학(宋學)' 또는 '신유학(新儒學)'이라고도 한다. 본래의 유학은 공자가 정립한 학문으로 인간의 생활과 정치 등을 논한 학문이다. 유학은 현실 생활을 주로 다루었고 인(仁), 덕(德), 예(禮)를 강조한 학문이다. 그런데 성리학은 송나라 주희가 도교와 불교 철학을 빌어 유학을 철학화한 것으로, 고려 말에 원나라를 통하여 우리나라에 수용되었다. 성리학의 이념은 조선 왕조 500년을 지배해 온 이데올로기였으나, 사회통념으로 실현된 것은 17세기 이후부터였다.

16세기 초에 광산 김씨 김해는 태어난 지 1주일 만에 종조부의 양자로 들어갔다. 즉, 김해는 손자 항렬에서 아들로 입양된 것이다. 후계자를 양자로 세울 경우, 조선조에는 그 신청서를 예조에 올려 그 허락을 받아야 했다. 20여 년 후 김해의 양자 신청서가 예조에 올라갔을 때 조정에서 대신회의를 거치는 중대 문제가 되었다. 그 이유는 손자 항렬을 아들로 만들었기 때문이었다. 여러 차례 중신회의를 거친 끝에 이 사례까지만 인정하고, 앞으로는 허용하지 않겠다는 선에서 합의를 보았다. 그렇게 결정된 큰 이유는 이미 양자로 들어와 그가 제사를 받들어 온 사실을 뒤집을 수 없다는 점과 왕실에서 이전에 손자 항렬을 양자로 맞이한 것을 모두 되돌릴 수 없다는 점이 중요한 이유가 되었다.

조선시대의 헌법과 같은 《경국대전(經國大典)》의 입후(立後)조에는 양자를 할 경우 양부와 생부가 동의하여야 했고, 양부에게 적실과 첩실 모두에서 아들이 없어야 했으며, 생부의 차자 이하이어야 양자로 삼을 수 있도록 규정했다. 《경국대전》의 법 체제는 1894년 갑오개혁으로 폐지되었다. 내 큰 외삼촌이 태어난 것은 1901년이므로 새로운 법제가 적용되지만, 외할아버지는 큰아들을 자신의 호적에 올리기도 전에 아예 형님의 출생으로 호적신고를 하였다.

앞에 나온 김해의 경우에서도 알 수 있듯이, 조선시대에는 양자를 들이려면 호주가 예조에 청원서를 제출하여 예조 판서의 허락을 받도록 되었다. 양자의 허락을 받은 문서를 입후입안(立後立案)이라고 한다. 이런 법제가 있었지만 이를 어기고 장자를 형님에게 양자로 준 것은 17세기 말 전북 부안 김씨 집안을 포함하여 여러 집안에서 많이 발견된다.

부안 김씨 우반동의 고문서에는 양자를 특이하게 들인 예가 보이고 있다. 할아버지 김명열은 둘째 아들 김문의 장자 수종을 큰아들 김번의 아들로 삼게 하였다. 입후문서는 양자의 친아버지와 양아버지가 작성하여 예조에 올렸다. 이 문서에서는 김문의 장자를 차자라고 거짓으로 문서를 꾸몄다. 더구나 이 경우 수종의 생부 김문은 이미 사망하여 그 생모가 남편을 대신하여 양자에 합의하였음을 서명하였다. 죽은 남편의 제사를 이을 아들이 없었지만 큰집의 제사를 받들게 하기 위하여 아들을 큰집에 양자로 보냈다.

그런데 김번은 동생의 독자인 수종을 양자로 맞아들인 뒤 전처가 죽고 후처를 새로 얻어 두 아들을 낳았다. 후처라도 정실부인이었으므로 종통을 잇는 데에는 조금도 문제가 없었다. 그러나 김번은 양자를 파하지 않고 자신의 큰아들을 동생의 제사를 받들게 하기 위하여 동생에게 양자로 주었다. 양자를 통하여 형제가 자신의 아들을 서로 맞바꾼 셈이다.

예조의 허락을 이미 받은 양자를 취소하기가 복잡하였기 때문인지, 양자를 파하는 법제가 없었기 때문인지 그 이유는 분명히 알 수 없지만, 친아들을 낳았음에도 양자를 파하지 않았다. 아마 이미 양자로 삼은 조처를 뒤집을 수 없다는 판단이 주된 원인이라고 생각한다.

이렇듯이 큰집의 종통을 이어야 한다는 사회적 통념이 부녀자들의 자유의사를 짓밟았다. 가통을 잇는다는 것은 선대의 제사를 받드는 것을 끊이지 않게 한다는 뜻이다. 유교에서 가장 덕스러운 일은 망한 나라의 제사를 다시 이어주는 일과 끊어진 집안의 제사를 다시 이어주는 일이라고 강조되었다. 조선 숙종 때에는 이미 망한 명나라 황제와 그 아버지 신종의 제사를 지내 주었다. 신종은 임진왜란 때에 군대를 보내 우리나라를 구해주었기 때문이었다.

이런 가통계승 의식은 세계에서 보기 드문 우리만의 전통이다. 바로 여기에서 남아선호사상이 나왔다. 이는 오늘날에는 크게 약화되었지만, 아직도 끈질기게 남아 있다. 아들을 못 낳아 가문의 제사를 끊어지게 하는 것은 조선 후기 여자가 시댁에서 쫓겨날 수 있는 일곱 가지 조건[七去之惡] 가운데 하나였다.

어머니의 생일과 구한말의 상황

우리 어머니가 태어나신 때는 1909년 9월 13일(양력 11월 25일)이었다. 어머님은 자신의 생일을 30여 세가 될 때까지 9월 14일로 알고 있었으나, 외갓집에 갔다 오신 할아버지로부터 "네 생일이 13일로 기록되어 있더라."는 이야기를 듣고 생일을 제대로 알게 되었다. 어머니 생일을 챙겨주는 일은 어려서부터 없었다.

1910년 8월 대한제국은 멸망해 일본제국주의의 식민지가 되었다. 10여 년 전부터 온 민족에게 개화와 자주독립을 위한 애국계몽운동을 불러일으키던, 우리의 모든 언론활동과 교육부흥운동도 엄격하게 규제되어 막을 내렸다.

나라의 독립을 쟁취해야 한다는 생각을 가진 애국투사들은 가족과 재산과 모든 것을 버리고 해외로 망명하여, 일제와 투쟁하는 고난의 길을 걸었다. 오랜 문화와 역사를 가진 나라가 외국의 식민 지배를 받으면서 산다는 것은 독립투사들에게는 받아들일 수 없는 일이었다. 독립투사들은 국가의 소중함을 겨우 10년 전에 깨닫고 교육을 통하여 민족국가를 건설하려고 온갖 힘과 정성을 바쳤던 우국지사들이었다.

역사의 상식 2 **애국계몽운동**

애국계몽운동은 일제 침략에 맞서 나라를 구하고자 애국과 개화와 교육을 권장한 민족운동을 말한다. 국내에서는 식민지가 되면서 크게 제약을 받았으나, 만주지역에서는 이후에도 계속되었다. 운동의 주역은 대부분이 개화의 필요성을 깨달은 유학자들이었다. 이들로부터 개화의 필요성과 나라 사랑의 정신, 그리고 남녀노소를 가리지 아니하고 신교육을 받아야 한다는 운동이 전국적으로 확산되었다. "아는 것이 힘이다"라는 구호가 외쳐지고, 한문 대신 한글을 국문자로 사용하고, 교육열이 이때부터 전 국민에게 크게 확산되기 시작하였다. 애국계몽 운동가들은 개화와 교육을 통한 근대적인 민족국가를 만들어야 한다는 신념을 가지고 민족국가의 건설, 교육, 산업발전을 강조한 실천적 지식인들이었다. 언론과 강연을 통해서 국민을 계몽하는 데 힘썼고 지역마다 학회를 설립하고 학회지를 출간하였다.

애국계몽운동은 재야 학자들에 의하여 요원의 불꽃처럼 활활 타올랐다. 그 대표적인 학자로 단재 신채호(1880~1936), 위암 장지연(1864~1921), 백암 박은식(1859~1925), 월남 이상재(1850~1927), 석농 유근(1861~1921), 한서 남궁억(1863~1939), 송재 서재필(1864 ~1951), 우남 이승만(1875~1965), 도산 안창호(1878~1938), 권동진(1861~1947), 위창 오세창(1864~1953), 우강 양기탁(1871~1938), 무원 김교헌(1868~1923), 백범 김구(1876~1949), 석주 이상룡(1858~1932), 홍암 나철(1863~1916), 운정 윤효정(1858~1939), 보재 이상설(1870~1917), 백천 주시경(1876~1914), 최광옥(1879~1911), 송촌 지석영(1855~1935) 등이었다. 그리고 전국에서

1천 명 이상의 유학자들이 이 운동에 동참했다.

이들은 모두 어려서 한문으로 된 유학 경전을 공부했다. 이들은 세상이 새롭게 변한다는 추세를 깨닫고, 유교식 소양과 가치관에서 과감히 벗어나 새로운 개화운동에 헌신하였다. 1894년의 갑오경장에서 조선왕조의 헌법과 같은 기능을 했던 《경국대전》 법제를 폐기하였다. 이제 모든 국민이 법 앞에 평등한 사회로 개혁되었다. 양반, 평민, 노비로 법 앞에 차별받던 조선왕조의 신분제가 해체된 것이었다. 모든 사람이 양반으로 승격되어 평등사회가 이루어졌다. 이는 우리나라의 특수한 역사 사실이다.

이 운동의 불을 지핀 사람은 서재필(1864~1951)이었다. 그는 일찍이 1884년 갑신정변에 참여하였다가 역적으로 몰렸다. 미국으로 망명하여 고학해서 의사가 되었다. 조국이 개혁의 추세에 들어섰다는 이야기를 듣고 1896년 1월 귀국하였다. 그는 독립협회를 조직하여 순 국문과 영어로 쓴 《독립신문》을 발간하였다. 이는 국민의 눈을 뜨게 하는 데 크게 이바지하였고, 세계의 소식과 개화에 대한 새로운 지식 정보를 제공하였다. 신문이 발간되어 지방에 퍼지면 여러 사람이 돌려 읽었다. 그리고 독자들이 의견을 쓰는 독자 투고도 활발하였다. 이어서 만민공동회가 종로에서 개최되어 중요한 국정을 발표했다. 우리 역사에서 최초의 민주·민권·민중적인 공개집회였다. 이는 민중의 힘이 정치에 반영될 수 있는 첫 시작이었다.

그리고 1894년 청일전쟁에서 청나라가 패하자 청나라는 더 이상 한국에서 영향력을 행사하지 못하게 되었다. 이를 계기로 국가의 자주독립이라는 민중의 주장이 새로운 여론으로 형성되었다. 그동안 지속되었던 중국에 대한 사대를 포기하고 자주 독립을 하자는 것은 우리 역사에서 문화적·의식적으로 엄청난 대변혁이었다. 독립협회는 처음으로 국민 성금을 모아 영은문(迎恩門)을 헐어내고 그 자리에 독립문을 세웠다.

이 무렵 우리 국민은 하나의 동포라는 '민족주의'가 형성되었다. 지금까지 오랜 역사를 통하여 민족의 실체는 형성되어 왔지만 민족을 위한 정치는 아직 없었다. 그것은 민족 안에서 신분적 차별이 심하였기 때문이다. 외족으로부터 침략을 당할 때에만 민족의식이 나타났다가 외침이 끝나면 민족의식은 다시 정치의 수면 아래로 가라앉아 버렸다.

민족주의의 형성으로 이때부터 '2천만 동포'라는 말이 널리 사용되었다. 근대 국민국가와 자주 독립 국가를 건설하기 위해서 전 민족이 힘을 합쳐야 한다는 주장이 여론화되었다. 남녀노소·지역·당색을 따지지 말고 온 민족이 모두 힘을 합쳐야 한다고 했다. 각 지방에서 교육과 계몽을 위한 학회가 줄지어 조직되고, 학회지와 《독립신문》, 《황성신문》, 《대한매일신보》 등을 통하여 전 국민에게 개화와 자주 독립의식을 심으려는 운동이 전국에 산불처럼 활활 타올랐다. 이 당시의 구호는 "개화"와 "자주" 그리고 "아는 것이 힘이다"였다. 또 이 때는 사회 교육이 큰 비중을 차지했다. 개화의 필요성을 깨달은 사람이 한두 명만 있는 곳이면 서당이 신식학교로 변신했다. 그래서 나라가 망하기 전까지 3천여 개의 신식학교가 세워졌다. 우리 국민의 높은 교육열은 이때부터 불타오르기 시작했다. 이 시기에 동학과 기독교가 민중의식을 높이는 데 크게 기여하였다. 무엇보다, 기독교 선교사의 역할이 컸고, 일부 지식인은 기독교로 전향하여 종교운동을 통하여 민권운동과 민족운동을 이루려고 하였다.

　　1898년 이승만은 중추원의 설립을 주장하였다. 그런데 황국협회에서 왕권을 뺏으려는 행위라고 무고(誣告)하여 종신형을 받아 복역하다가 1904년 민영환의 주선으로 출옥하였다. 6년 동안 계속된 감옥생활은 그가 독서를 통하여 새로운 세계의 역사와 서양의 문물을 공부하는 계기가 되었다. 그는 미국 문명의 발달을 책을 통하여 알고 선교사의 주선으로 미국 유학을 떠났다. 조지워싱턴 대학, 하버드 대학, 프린스턴 대학 등 일류대학에서 학사, 석사, 박사학위를 받았다. 그의 이런 학위와 국제적인 안목과 식견은 이후 1950년대까지 민족의 대표적인 지도자로 인정되었다.

　　김구는 열여덟 살에 동학에 입문하고, 을미사변에 격분하여 1896년 2월 명성황후 시해에 가담하였던 일본군 중위 쓰치다(土田壤亮)를 맨주먹으로 때려죽였다. 그해 7월에 체포·수감되어 사형이 확정되었으나, 고종의 특사로 사형집행을 면제받아 1898년 봄에 출옥하였다. 한때 예수교에 입문하여 교육운동을 벌였고, 1911년 총독 데라우치 마사타케(寺內正毅) 암살모의 혐의로 17년 형을 받았으나 감형되어, 1914년 가출옥하여 상해로 가서 대한민국 임시정부를 이끌며 시종일관 독립운동 지도의 중심적 역할을 하였다.

이처럼 근대화를 향한 전 국민적인 노력은 나라가 일제의 식민지로 전락하면서 중단되었다. 이런 운동은 일본의 식민정책에 배치되었기 때문이다. 이런 상황에서 우국지사들은 나라의 독립을 되찾기 위해서 일신의 행복과 기득권을 포기하고 조국을 떠나 해외로 망명을 해야 했다. 그러나 거의 대부분의 인민은 이 땅을 버릴 수가 없어 일제의 식민 지배를 받으며 조국에서 견뎌내야 했다. 나의 외갓집과 본집도 그 많은 민중의 한 가닥이었다.

여우내

어머니의 친정은 공주군 우성면 어천리였다. 어천리는 공주시의 북서쪽으로 청양군과 경계 지역에 있는 작은 농촌마을이다. 어천리는 행정에 따른 이름이고, 사람들은 '여우내'라고 하였다. 우성면은 1913년 12월에 일제가 전국의 행정구역을 전반적으로 통폐합할 때 우정면(牛井面)과 성두면(城頭面)이 합쳐진 것이다. 그리고 어천리는 이 때 성두면의 건천리·하어리와, 금강 건너에 있고 현재는 탄천면인 반탄면의 소명리·운암리, 그리고 현재는 청양군인 목면의 석화동(石火洞)·건천동(乾川洞)이 합쳐져 새롭게 바뀐 것이다.

이 가운데 하어리(下漁里)는 18세기 영조 때 편찬된 전국 군현별 지리서인《여지도서(輿地圖書)》와, 정조 때 편찬된 전국 인구통계서인《호구총수》에 '어은동리(魚隱洞里)'로 기록되어 있다. 그리고 어천리(魚川里)는 여우내의 한자식 표현이다. 여우내의 아랫마을인 버든열을 특별히 아래 하(下) 자를 붙여 '하어리'로 일컬은 점에서, 여우내는 예전에는 '어은동'으로 불리었음을 짐작할 수 있다. 그리

어머니의 고향인 충청남도 공주군 우성면 어천리의 위치

고 여우내라는 우리말 이름에서 '어은동(魚隱洞)'이라는 한자 이름
이 생겼다고 해석할 수 있다. 그러나 현재는 어은동이 아니라 어
천리라 불리게 되었으며, 여우내와 버든열 두 자연부락으로 이루
어졌다.

여우내 마을은 남쪽·북쪽·동쪽이 산으로 둘러싸여 있고 겨우
서쪽만 트여 있어 마을을 드나들 수 있는 통로는 오직 서쪽으로
나 있는 외길뿐이다. 아주 조용하고 평화로운 마을로 1910년대 당
시에는 40여 호가 살았다. 그런데 1960년대에는 70여 호로 늘고,
지금은 30여 호가 살고 있다. 공주시 우성면 공수원에서 흘러오는
내[川]와 청양군 목면 안심리에서 흘러오는 내가 마을 서쪽 입구

여우내 전경 (2001년 찍음)

에서 합쳐져 약 2킬로미터 정도 흘러내려 금강에 합쳐진다. 여우
내에서 내를 건너면 몇몇 외딴 집이 있는데, 이 마을을 돌파골(석
화동)이라 부른다.

여우내 마을 입구에서 안으로 들어가면 큰 정자나무가 서 있다.
그 정자나무 윗집이 바로 어머니가 태어나신 집이다. 이 집은 외
할아버지가 버든열에서 이 마을로 이사를 오신 뒤 1901년에 지은
집으로 100년 정도 되었다. 그 뒤로 둘째 외숙이 살았고, 지금은
넷째 외숙이 살고 있다. 그리고 외할아버지의 사촌인 은진 할아버
지 댁과 단평 할아버지 댁이 이 동네에 살고 있었다.

버든열은 달성 서씨(현재는 '대구 서씨'라고 부른다)의 동족촌으로
금강 가에 있다. 버든열은 동·서·북 삼 면이 모두 산으로 둘러싸
여 있고, 오직 남쪽으로만 길이 나 있으며 그 앞에는 금강 물이 유
유히 흐르고 있다.

2. 불우한 유년시절

어머니의 어린 시절

　어머니가 두 살 되던 해(1910)에 우리 민족은 나라를 잃었다. 일본은 우리나라를 식민지로 만든 뒤 토지조사사업을 실시해 막대한 국유지를 차지했다. 일제의 토지조사사업은 1910년부터 시작하여 1918년에 끝낸 것으로 알려지고 있으나, 사실은 나라가 망하기 전부터 모든 국유지를 역둔토(驛屯土)로 파악하고, 1909년부터 역둔토 실지조사를 시작하였다. 그리고 1912년부터는 '토지조사령', '조선민사령', '부동산등기령', '부동산증명령'을 잇달아 실시하여 전국적인 조사사업이 1918년에 완료되었다. 이는 부동산 소유를 등기제라는 근대적인 방법으로 개선하고자 한 것이라지만, 속셈은 일제의 토지 점유와 식민지 경영을 위한 발판 마련이었다. 그 결과, 많은 국유지와 미개간지가 일본총독부의 소유가 되어 일본인 농장으로 불하(拂下)되었다. 구한말에 궁중과 중앙 관서의 토지가 둔토와 역토라는 명목으로 전국 각지에 널리 있었다. 비록 조세권은 각 궁이나 관서에 있었으나 실제로는 민전이었다. 그런데 토지 조사사업으로 이들 토지 가운데 일부가 국유지로 편입되어 일본인의 손으로 넘어갔다.

게다가 1908년에는 산림법을 제정·공포하여 전국의 산림을 국유화하였다. 원래 조선왕조는 산림과 천택(川澤)은 인민이 공유하는 재산이라 하여 소유권을 개인에게 주지 않았다. 다만 양반이 묘소를 씀으로써 배타적 점유권을 가지고 있었는데, 이것이 토지조사사업 과정에서 소유권을 인정받게 되었다. 이는 우리 집안 종산의 소유과정을 통해서 확인할 수 있다. 우리 집안은 청양군 대치면 장곡리, 정산면 마치리, 장평면 분향리에 총 100만여 평 규모의 산을 가지고 있다. 이를 소유하게 된 것은 단지 그곳에 선조의 묘소가 있었기 때문이었다. 바로 1918년 토지조사사업 때에 우리 집 종손 명의로 등기를 한 것이다.

1911년 8월에는 총독이 제1차 조선교육령을 반포하여 일본어를 보급해 우리 민족을 충량한 일본 신민으로 만들고자 하였고, 저급한 실업교육을 주로 실시하여 노동력 착취를 꾀하였다. 이 때문에 3천여 개의 신식학교가 교원과 시설 등이 제대로 갖추어지지 않았다는 이유로 폐교 조치되고 겨우 690개 학교만 남게 되었다.

1910년대는 조선총독부의 총독에 현역 대장이 임용되어, 헌병이 치안을 담당하는 무단통치의 식민체제로 들어갔다. 우리 민족의 자유는 극도로 제한되었고 많은 조선인이 교육의 대상에서 제외되었다. 게다가 딸은 교육을 시킬 필요가 없다고 생각하는 전근대적인 사고방식이 뿌리 깊어 여성들은 교육의 기회를 전혀 갖지 못했다.

조선민적법이 반포된 것은 1909년이나 실시된 것은 1911년부터이다. 각 면에는 면사무소와 헌병이 치안을 담당하는 주재소(지금의 경찰 파출소)가 설치되었다. 이런 행정 변화를 처리하기 위한 수단으로 1913년 12월에 전국의 군현명(郡縣名)과 행정리(行政里)의 개편이 이루어졌다. 현재 우리나라 지방 행정구역의 골간은 이 때에 이루어진 것이다. 조선조에 있던 두세 개의 군현을 하나로 합치고, 면도 두세 개를 합쳐서 하나로 고치고, 행정부락도 크게 정리되었다. 한 개 행정리에 예전 대여섯 개 자연촌락이 합쳐졌다.

어머님이 어렸을 때 외갓집의 가정 형편은 이웃에 견주어 넉넉한 편이었다. 외갓집에서 논을 몇 마지기나 소유했는지를 어머님의 기억으로는 알 수 없지만, 외할아버지가 마름[舍音]을 하고 있었고, 머슴을 두 명이나 두었으며, 큰 농우 두 마리를 기르고 있었다는 이야기를 통해 부농이었음을 짐작할 수 있다. 마름은 조선 후기부터 나타나는 농장 관리인 또는 농토 관리인을 말한다.

여우내 일대에는 외할아버지의 매부인 김종문 씨가 소유한 땅이 많았다. 김종문 씨는 강경에 살고 있었으므로 공주군 일대의 소작인 관리를 외할아버지에게 맡겼다. 소작인은 논밭을 경작하여 그 수확물의 반을 지주에게 내야 하는데, 이를 받아들이는 일을 마름이 담당했다. 수확물을 거짓으로 보고하여 도조를 적게 내려하는 사람이나, 게을러서 농사를 잘못 지은 이는 마름이 그 경작권을 빼앗아 다음 해 다른 사람에게 주곤 했다. 그런데 외할아버지는 되도록 후하게 대하여 소작인들로부터 인심을 얻었다고 한다. 그리고 당시 마름은 중간 지주층이라 할 정도로 농촌에서 경제적으로 여유가 있었다.

1918년은 어머니가 10살이 되는 해였다. 어머니는 집안의 식사를 마련하는 일을 도왔다. 그 때 식구가 외할아버지, 외할머니, 큰

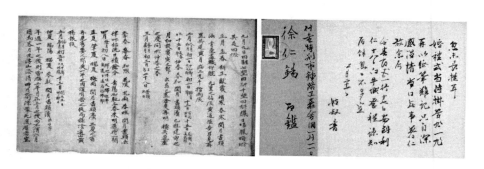

큰 외숙(좌)과 둘째 외숙(우)의 글씨 (서주석 씨와 서인석 씨 소장)

언니 내외분, 둘째 오빠와 그해 3월에 시집온 둘째 올케, 그리고 3살 아래인 일곱 살 먹은 남동생, 네 살 먹은 여동생, 그리고 어머니까지 아홉 명이었고, 머슴 두 명까지 계산하면 열한 명이었다. 이 대 식구의 밥을 외할머니가 지어야 했다. 그리고 큰 농우 2마리를 키우고 있어 집안 일이 여간 힘든 게 아니었다.

큰언니는 17살 때인 1915년에 버든열에서 금강 건너편에 있는 탄천면 송학리로 출가하였다. 그러나 3년 동안 친정에서 살았다. 이모부가 처가살이를 한 셈이다. 외할아버지는 한문 선생을 집에 모셔 놓고 양자로 간 자기 친아들인 큰 외숙과, 그리고 둘째 아들인 작은 외숙과 이모부 세 사람에게 한문 교육을 시켰다.

일찍 어머니를 여의다

1918년 5월 22일 늘 하던 대로 어머니는 아침 설거지를 마치고 4살 먹은 여동생과 함께 같은 동네에 살고 있던 당숙 댁(단평 아주머니 댁)에 가서 놀고 있는데 빨리 집으로 오라는 전갈을 받았다.

그 순간 어머니의 머리 속에는 불길한 예감이 스쳐지나갔다고 한다. 심부름을 온 사람이 헐레벌떡 숨이 가쁘게 달려왔기 때문이다. 세 달 전부터 외할머니가 병환으로 누워 있었다.

급히 집에 와보니 안방에 식구들이 모여 있는 것을 보고 그 순간 큰일이 닥쳤다는 생각이 들었다고 한다. 외할아버지가 어머니 보고 "어미를 한번 불러 보라!"고 하기에 외할머니의 손을 잡고 "엄니! 엄니!" 하고 불렀더니, 외할머니는 감았던 눈을 사르르 뜨면서 눈물을 흘렸다고 한다. 외할머니는 말 한마디 제대로 못하였다. 그 눈가에 힘없이 흐르는 눈물은 너희 어린 삼 남매를 두고 차마 이 세상을 떠날 수 없다는 뜻과, 내가 죽으면 동생들을 네가 잘 보살펴 주라는 당부 등, 마지막 작별을 고하는 슬픈 사연이 섞인 진한 눈물이었을 것이다.

어머니의 손을 잡았던 외할머니의 손이 스르르 풀렸다. 집안 어른들이 그만 물러나라고 하여 뒤로 물러섰다. 그 뒤로 몇 시간이 지나 외할머니는 다시는 영영 돌아올 수 없는 길을 떠나고 말았다. 1918년에 외할머니는 향년 39살의 젊은 나이로 돌아가셨다.

한 가정의 안주인인 주부의 죽음은 그 집에 커다란 변화를 몰고 오는 법이다. 외할머니의 죽음에 가장 큰 충격을 받은 것은 바로 10살 먹은 어머니였다. 집안의 모든 허드렛일을 도맡아 해야 했고, 더구나 어린 두 동생을 보살펴야 했다. 세 살 아래인 남동생 정룡이는 간질을 앓고 있는 중증 장애인이고, 4살 난 여동생은 아무 것도 모르는 말 그대로 철부지 아이였다.

외할머니가 돌아가시기 석 달 전인 1918년 2월에 둘째 오빠인 내 외삼촌 서정기[4]는 13살 때에 관례를 치렀고, 3월에 14살 되는

둘째 외숙부와 둘째 외숙모 (서인석 씨 제공)

외숙모와 결혼을 하였다. 이는 가계를 이어갈 손을 보기 위하여 행해지던 조선조의 조혼 풍습이었다. 1894년 갑오개혁에서 법령으로 아무리 조혼 풍속을 금하였지만, 실제로 지켜지지 않고 일제 초에도 그대로 이어지고 있었음을 확인할 수 있다.

새 올케인 내 둘째 외숙모는 파평 윤씨로 친정에서 한글을 배워 옛날이야기 책을 아침저녁으로 즐겨 읽으셨다고 한다. 조용하고 차분한 성격을 가진 분이시다.

1918년 3월 함께 살던 큰 이모부가 자기 집으로 돌아갔다. 서당 공부를 하던 큰 이모부는 담배를 피우다가 훈장에게 들켜서 꾸중을 듣고 본가로 돌아갔다고 한다. 그러나 이것이 근본적인 원인은 아닌 듯하다. 외할머니의 건강이 좋지 않았고, 더구나 새 며느리를 맞이한 처가에 계속 머물기가 민망했던 것이 주된 원인이 아니었을까 생각된다.

그러나 큰 이모부에게는 서당 교육을 그만 둔 것이 오히려 전화위복이 되었다. 큰 이모부는 다음 해(1919) 공주군 이인면에 있었

큰 이모와 큰 이모부 앞줄에서 아이를 안고 있는 분이시다. (이종태 씨 제공)

던 이인 심상소학교 4학년에 편입하여 1년 동안 학교를 다니고 졸업을 했다. 당시 심상소학교는 5년제였다. 그 뒤 곧바로 충청남도에서 3명을 공채하는 금융조합 서기 시험에 합격하여 금융조합 서기로 취직을 하였다. 큰 이모부는 그 뒤 이인 금융조합 이사장으로 정년퇴임하였다. 큰 이모와 큰 이모부는 4녀를 낳고 막내로 아들을 낳았으나 그 아들은 곧바로 죽었다.

외할머니의 탈상은 3개월 만에 치러졌다. 원래 조선왕조의 예법으로는 남편보다 먼저 죽은 부인의 경우 1년 상을 치러야 했으나, 나라가 망한 후라서 간편한 예법을 취했다. 그리고 당시 44세의 외할아버지는 그해 10월에 청양군과 이웃하고 있는 부여군 은산면에 살던 18살의 처녀를 재취로 맞이하였다. 신부는 큰 딸보다 2살 아래였다. 이런 결혼이 가능했던 것은 외갓집의 경제력이 넉넉했기 때문이었다.

초례청에서 외할아버지의 혼인식을 마칠 무렵, 어느 집안 아저씨가 어머니에게 새어머니와 정들이라는 뜻에서 "엄니라고 한번 불러보라"고 하니까, 그 말은 들은 새댁이 눈물을 흘렸다고 한다. 자신의 처지가 안 되어서 그랬을 것이다. 어머니는 쑥스러워서 새댁을 보고 '엄니'라는 말이 성큼 나오지 않았다고 한다.

계모는 전주 이씨로 이름은 화춘(花春)이다. 슬하에서 2남 1녀를 낳았으니 내 셋째 외숙[5]과 셋째 이모[6], 넷째 외숙[7]이다.

어머님의 어린 시절, 외할아버지는 아들들에게는 한문교육을 시켰으나 딸들에게는 전혀 공부를 시키지 않았다. 어머니뿐만 아니라 이모들 모두 배울 기회가 없어 한글을 깨우치지 못했다. 또한 이 당시 일제의 지배를 받았고 여자가 학교 교육을 받을 기회는 거의 없었다. 그래서 어머니는 학교 친구가 한 명도 없다. 어머니가 일생 동안 가까이 지낸 사람은 인척이나 이웃집 사람뿐이다. 어머니가 뒷날 외할아버지에 대한 서운한 감정으로 "어렸을 때 한글도 가르쳐 주지 않았다."는 말씀을 하시는 것을 듣곤 하였다. 그 뒤로 어머니는 한글을 배워 '가'에 기역 하면 '각'이라고 하며 떠듬떠듬 간단한 한글은 읽으셨다.

어머니는 오직 집에서 밥 짓고 빨래하는 등 집안 살림을 돌볼 뿐이었다. 외갓집은 동네 입구에 있는 물레방아를 소유하고 있었는데 물이 많지 않아서 가물 때에는 물레방아를 돌릴 수 없었다. 그러면 사람의 힘으로 디딜방아를 찧어야 했다. 어머니는 보통 디딜방아를 셋이서 품앗이로 찧었는데, 하루에 보리 열두 말을 찧었다고 한다.

3·1운동

어머님이 11살이었던 1919년에 3·1운동이 일어났다. 당시 조선 총독부의 총독으로 현역 군인이 임명되어 헌병에 의하여 다스려졌기 때문에 이 때를 '무단 식민통치기'라고 불렀다. 삼엄한 군사 통치 아래에서 '대한독립 만세'와 태극기가 신호탄이 되어 평화적인 만세운동이 전국적으로 번져나갔다. 이를 '기미년 독립만세운동'이라 한다. 대한독립 만세운동은 기차의 선로를 따라, 그리고 사람들이 모여드는 시장을 통해 전국으로 번져 나갔다.

기독교·천도교·불교의 모든 종교인이 이 운동에 함께 참여하였다. 그러나 33인의 대표자 가운데 응당 참여했어야 할 유학자는 한 사람도 보이지 않았다. 그들은 고종을 위해서 상복을 입어야 옳은지를 따지고만 있었다. 하지만 시위 군중 속에는 지방 유학자의 참여가 있었다고 생각된다. 시위의 주동은 학생과 지식인과 민중이었다. 이후 지방으로 확산되어 6개월 동안 지속되었다. 3·1운동은 평화적인 대규모 민족운동으로 우리 역사에서 전무후무한 시위운동이었다.

3·1운동이 일어나게 된 간접적 배경은 미국 대통령 윌슨이 1918년 1차 세계대전을 종결짓는 파리 강화회담에서 발표한 '민족자결주의의 원칙'이었다. 1차 세계대전이 끝나자 미국 대통령 윌슨은 당시 패전국의 식민지 국가들에게 각자 민족자결권에 따라 독립되어야 한다고 강조하였다. 이 소식이 전 세계적으로 퍼지고 있었고 우리나라도 독립을 쟁취하자는 논의가 민족지도자들 사이에서 자연스럽게 나왔다. 그런 움직임은 2월 8일 동경 유학생

의 독립선언서 제창 운동으로 시작되었다.

그리고 1907년 네덜란드 헤이그에서 열렸던 만국평화회의에 밀사를 파견해 독립을 호소하게 했다는 이유로 일제가 강제로 퇴위시켜 덕수궁으로 유폐되었던 고종이 1919년 1월 22일에 갑자기 승하하였다. 이 때 일본인이 독살했다는 소문이 나돌았는데 장례가 치러지는 날인 3월 3일을 계기로 독립만세운동이 계획되었다. 곧 고종의 죽음과 일제의 혹독한 식민통치, 그리고 한말의 애국계몽운동으로 심어진 민족의식이 독립운동을 일으키게 된 직접적 배경이 되었다.

민족의 지도자 손병희(1861~1922) 등 33인이 종로 탑골공원(지금의 파고다 공원)에서 독립을 선언하려다가, 민중이 흥분하여 사고가 날 것을 염려해 3월 1일 오후 2시에 중국 음식점인 태화관에서 독립선언서를 낭독하였다. 독립선언서는 최남선(1890~1957)이 지었고, 공약 3장은 한용운(1879~1944)이 썼다. 민족대표 33인은 천도교, 기독교, 불교 계통의 종교 지도자들이 모두 참여했다는 점에서 중요한 역사적 의미를 가진다. 나라에 위기가 닥칠 때마다 각 종교인들이 화합하는 역사적 전통을 처음으로 세운 것이었다.

그러나 독립운동은 사전에 조직적으로 준비되지 못했다. 고종의 인산에 구름같이 지방에서 올라온 조문객과 학생을 통해 입에서 입으로 전파되었고, 오직 태극기와 "대한독립 만세"라는 구호가 미리 연락되지 못한 군중을 모으고 운동에 끌어 들이는 구실을 하였다.

3·1 독립만세운동은 3월에서부터 8월 말까지 전국 218개 군 가운데 211개 군에서 1천 5백여 회에 걸쳐 연인원 2백만 명이 참가했다. 당시 총인구 2천만 명 가운데 10분의 1이 독립운동에 참여

한 셈이다. 3·1운동은 우리 역사에서 볼 수 없었던 거족적 민족운동이었다. 특히 평화적인 민족운동이었으나 헌병의 발포와 구타 등으로 말미암아 일부 폭력화하기도 하였다.

일본은 3·1 운동을 무자비하게 저지했다. 경기도 화성군 향남면 제암리 만행사건이 그 대표적인 사건이다. 4월 5일 발안 장날에 제암리 청년들이 주재소 앞에서 대한독립 만세를 외치자, 헌병들이 심하게 매질하여 많은 이들이 상처를 입고 돌아왔다. 그러나 지역주민들이 밤마다 제암리 뒷산에 올라가 봉화를 올리며 만세운동을 계속하였다. 그러자 4월 15일 보병 제78 연대 소속 아리타 중위 등 30여 명이 몰려와 전날 주민에게 심한 매질한 것에 대해 사과하겠다고 15세 이상 남자 신도를 교회로 모이게 하였다. 21명의 신도가 이를 곧이곧대로 믿고 모이자, 헌병들이 나가 밖에서 문에 못질을 하고 석유를 뿌려 불을 지르고 총을 쏘아대었다. 남편을 살려달라고 애원하는 두 아낙의 목을 베어 볏짚을 쌓아 불을 질렀고, 민가 32채에 불을 질러 모두 태우는 등 천인공노할 만행을 저질렀다. 조선인 가운데 누구도 이를 수습할 엄두를 내지 못했다.

그런 상황 속에서 4월 17일 캐나다 의료선교사 스코필드 박사가 이 소식을 듣고 찾아와 유해를 수습하여 공동묘지 입구에 묻었다. 1982

3·1운동순국기념탑
경기도 화성시 향남면 제암리에 있다.

옥중에 갇혔던 당시의 유관순 열사

년에 발굴 작업을 통해 유해가 수습되어 안장되었으니, 바로 사적 제299호 제암리 3·1 운동 순국유적지이다.

또 다른 만행사건으로 유관순 열사를 들 수 있다. 유관순은 현재 천안시 병천면 용두리에서 아버지 유중권과 어머니 이소제 사이에서 4남 1녀 가운데 둘째로 1904년에 태어났다. 1916년 기독교 감리교 공주 교구의 미국인 여 선교사의 도움으로 이화학당 교비생(校費生)으로 입학하여, 1919년에는 고등과 1학년이었다. 서울에서 3·1운동에 참가하였다가 휴교가 되어 고향으로 돌아와, 교회와 청신학교를 찾아가 서울에서 벌어진 독립만세 운동에 대해 알려 주었다. 그리고 연기·청주·진천의 기독교인과 유림계를 모아, 1919년 음력 3월 1일(양력 4월 1일) 아우내 장터에서 만세 시위를 이끌었다. 수천 명의 군중이 모인 가운데 16세의 유 열사가 '대한독립만세'를 먼저 외치자 만세 운동이 불같이 일어났다.

유관순의 아버지와 어머니는 일본 헌병의 총칼로 피살당하고, 열사는 공주 지방법원에서 주동자로 무자비한 고문을 받았으나 굴하지 않았다. 유관순은 징역 3년 형을 선고 받았다. 그러나 이에 불복하여 항소하였고, 경성 복심법원에서 재판을 받을 때 법정에서 독립만세를 외치고 일제의 한국침략을 규탄하다가 법정모욕죄가 더해져, 징역 7년 형을 받고 서대문 형무소에 수감되었다. 형무소 안에서도 만세를 부르다가 모진 악형을 받아 1920년 10월 12일

유관순 기념관 충청남도 천안시 병천면 탑원리 252번지에 있다. ⓒ유관순 기념관

옥사하니, 이 때 나이가 열일곱이었다.

이틀 뒤 이 소식을 들은 이화학당 프라이 교장과 월터 선생이 시체를 달라고 요구하였으나, 일본은 이를 줄곧 거부하였다. 그러다 국제 여론에 호소하겠다고 하니, 그제서야 마지못해 시체를 인도했다. 석유 상자 속에 든 시신은 여러 토막으로 이미 참살되어 차마 볼 수 없는 상태였다. 1962년 유 열사에게 대한민국건국훈장 국민장이 추서되었고, 천안시 병천면 탑원리 252번지에 추모각이 세워졌다.

3·1운동의 결과로 독립운동의 구심체인 대한민국 임시정부가 상해에 세워졌다. 이는 대한민국의 법통이 되었고 그해 중국의 5·4운동이 일어나는 계기를 마련하였다. 중국의 5·4운동은 북경대 학생 3천 명이 천안문 광장에 모여 일으킨 민중집회로 시작되었다. 이는 중국을 민주체제로 바꾸기 위한 운동이었고, 1919년 1차

세계대전을 종결지은 프랑스 베르사이유 회담에서 독일이 차지했던 산둥반도의 지배권을 일본이 넘겨받은 것에 대한 반발이었다.

또한, 진독수(陳獨秀)는 그가 창간한 잡지인 《신청년》을 통해서 공자교(孔子教)를 비판하고, 구어체 문학을 주창하였는데, 이에 힘입어 민주와 과학이라는 새로운 문화운동이 일어나고 있었다. 북경대학의 총장 채원배(蔡元培)가 호적(胡適), 유복(劉復), 이대교(李大釗), 노신(魯迅), 주작인(周作人) 등 새로운 사상을 가진 교수들을 대거 초빙하여, 북경대학은 그 당시 신문화 운동의 중심지가 되었다. 1911년에는 신해혁명으로 만주족이 세운 청 왕조를 붕괴시켰으나, 군벌인 원세개와 단기서 등이 정치를 장악하여 공화제를 이루지 못하였다. 그들은 자신들의 정권을 유지하기 위해 일본의 차관을 받아들여, 굴욕적인 조약을 맺었다.

1919년 3·1운동의 소식은 3월 5일부터 중국 신문인 《상해신보》(晨報 : 새벽신문이란 뜻)와 《북경신보》(申報 : 널리 알리는 신문이라는 뜻)를 통해서 날마다 실렸다. 처음에는 조선에서 폭도가 일어났다고 기사를 썼으나 곧 독립운동으로 표현을 바꾸었다. 북경대학교 학생들은 3·1 운동이 평화적인 대규모 민중운동이란 점에 충격을 받고 토론회를 벌였고, 이는 중국 민중을 깨우쳐야 한다는 문화운동을 일으키는 직접적 계기가 되었다. 이는 중국 학자들이 직접 기사로 쓴 내용이다.

비록 독립을 이루어내지는 못했지만 거국적 독립운동을 일으키는 한국 민중의 힘에 중국 대학생들은 자극을 받았다. 북경대학교 학생들이 3·1운동의 기사에 대하여 토론을 벌여 신문 《매주평론》 3월 22일자에 〈조선독립운동의 감상〉이란 글을 실었는데, 3·1운동을 '세계혁명사의 신기원'이라고 평했다.

5월 4일 북경대학교 학생 3천 명이 천안문 광장에 모여 "우리 주권을 지키자!", "우리 땅 청도를 돌려받자!"라는 구호를 외치며 시위운동을 벌였고 이 운동은 전국적으로 확산되었다. 5·4운동의 두 번째 진원지는 상해였다. 상해에서는 한국 유학생 30여 명과 중국 지식인 300여 명이 상해 양강학당에 모여 궐기대회를 갖고 중국의 문제를 제창하였다. 그리고 중국은 한국의 독립을 지원해야 한다는 공론을 이끌어 냈다. 상해에 대한민국의 임시정부가 설치된 것도 이런 것과 관련이 있다.

3·1운동의 씨앗은 바로 1900년대부터 시작된 의병운동, 애국계몽운동이었다. 곧 1900년대의 민족주의 운동은 당시 지식인의 주류를 이루던 유학자들이 주동이 되었다는 점에 커다란 역사적 의미가 있다. 그들은 이제 더 이상 유교적인 보수사상에 얽매어서는 안 되고, 서양 문물을 받아들이지 않고는 나라를 구할 길이 없음을 깨달았다. 그래서 교육과 산업을 통하여 국가를 부강하게 하여야 한다는 개화사상에 동참하여 애국계몽운동을 일으킨 것이다.

애국계몽운동의 대상은 양반만 아니라 일반 민중을 포함하여 '동포'라고 불렸던 민족이었다. 동포 속에는 양반뿐만 아니라 일반 서민, 지역적 차별을 받는 자나, 성적 차별의 대상인 여자도 포함되었다. 이들에게 새로운 교육을 통하여 서양의 신지식을 배우고, 산업을 일으켜 부강한 국가를 건설하자는 사상을 국민에게 전파하였다. 이 계몽운동은 국민으로 하여금 새로운 국가관을 세우는 데 크게 기여하였다.

이렇게 역사적인 사건인 3·1운동에 대해 어머님에게 들어보려고 여쭈어 보았으나, 어머님은 당시 11살의 어린 나이였기 때문에 기억하지 못하셨다.

3·1 운동에 대한 외국인의 값진 찬사

대대적인 3·1 독립운동이 평화적으로 일어난 것을 지켜본 세계적인 지성인이자 시인인 인도의 타고르는 다음과 같은 시를 지었다.

일찍이 아시아의 황금시대에 등불의 하나였던 코리아!
그 등불 다시 한 번 켜지는 날에
너는 동방의 밝은 빛이 되리라!
마음에 두려움 없고, 머리는 높이 쳐들린 곳
지식은 자유스럽고, 세계가 좁은 담벽으로 조각나지 않은 곳
진실의 깊은 소리에서 말씀이 솟아나는 곳
지성의 맑은 흐름이 굳어진 습관의 모래벌판에 길 잃지 않는 곳
무한히 퍼져나가는 생각과 행동으로 우리들의 마음이 인도되는 곳
그러한 자유의 천당으로 나의 마음의 조국 코리아여 깨어나소서!

이 얼마나 세계의 지식인들에게 희망과 용기를 준 의미 깊은 시인가? 동양의 정신세계, 마음으로 자유와 평화를 구가하는 아름다운 꽃망울이 한국에서 터지고 있음을 인도의 시성(詩聖) 타고르는 3·1 운동을 통해 보았던 것이다. 마음의 조국인 코리아의 희망을 외쳤던 타고르!

3·1 운동에 대한 가상 토론 모임

나라를 잃은 인민들이 어느 사랑방에서 모여 '나라는 나에게 어떤 의미가 있는가?'에 대한 토론회를 열었다고 가상해 봅니다. 여기에 등장하는 인물은 모두 가상입니다. 그리고 시간과 장소 또한 가상입니다. 단지 생각할 수 있는 내용은 당시의 자료들을 통하여 모은 것입니다.

  장소: 우성면 어천리 여우내 외갓집 사랑방
  주제: 국가의 독립에 대한 좌담
  일시: 1919년 3월 14일 월요일 밤 9시

  김 씨(등장인물 1) : 오늘 우성면 장에 갔다가 공주에서 온 친구로부터 술을 한잔 마시면서 놀라운 이야기를 들었습니다. 지난 11일에 공주 장터에서 사람들이 대한독립 만세를 부르기 시작하여, 삽시간에 그 숫자가 수천 명에 이르렀다고 합니다. 조국의 독립을 이루고자 하는 시위운동이 맹렬히 일어났으니, 우리도 다음 장날에는 만세 운동을 벌여서 독립운동을 일으킵시다! 나라를 잃은 국민은 이 길밖에 다른 길이 없습니다. 우리가 일본으로부터 독립을 해야 저 지긋지긋한 주재소 헌병들의 지배에서 벗어날 수 있고, 앞으로 태어날 후손들에게도 책임을 다하는 것입니다.

  조 씨 (등장인물 2) : 나는 원래 배운 것도 없고, 지식도 없어 잘 모르겠습니다만, 독립이 무얼 의미하는지 그리고 만세만을 부른다고 해서 독립이 과연 이루어지는지 모르겠습니다.

박 씨(등장인물 3) : 나도 배우지 못해서 아는 것은 없습니다만 국가란 우리의 삶의 울타리라고 생각합니다. 어느 사람의 집인들 울타리가 없겠습니까? 울타리를 부수고 무단으로 넘어오는 사람은 힘으로 막아내야죠. 우리가 힘이 부족해서 집을 송두리 채 일본에 빼앗긴 것과 같습니다. 집을 빼앗기고도 이를 내놓으라고 소리도 못지른다면 과연 주인으로서 구실을 다했다고 할 수 있겠습니까? 우리도 태극기를 만들어 가지고 가서 독립만세를 마음껏 불러 봅시다! 우리의 힘이 모아지면 독립을 이룰 수도 있을 것이고 지금 당장에 독립을 쟁취하지 못한다고 해도 뒷날 독립을 할 수 있는 바탕을 마련할 수 있다고 생각합니다.

이 씨 (등장인물 4) : 나도 아무 것도 모릅니다. 혹 잘못된 말이 있으면 잘 깨우쳐 주시기 바랍니다. 국가라는 게 무엇입니까? 세금이나 걷어가고, 부역에나 동원해갔는데 지금은 십여 년 전보다 그 부담이 적어졌으니, 지금이 오히려 살기가 좋아지지 않았나요. 그런데 우리가 굳이 독립만세를 불러야 될 이유를 잘 모르겠습니다.

김 씨 : 아마 이 씨처럼 그런 생각을 하는 사람도 있을 것입니다만 이는 아주 잘못된 생각입니다. 예를 들어, 부자집 종으로 사는 것이 비록 당장 생명을 부지하고 음식이 풍부하다고 좋아할지 모르나 언제까지나 종노릇만 할 수는 없잖아요. 식민지 아래에서는 앞으로 우리의 국가를 세울 희망을 가질 수도 없고, 자유가 없기 때문에 자손 대대로 일본의 종노릇을 하게 됩니다. 따라서 그대로 있을

수 없습니다. 이런 식민지에 안주하는 것은 후손에게 엄청난 죄를 짓는 것입니다. 또 비유하여 말하자면, 강도가 나의 집을 빼앗고 아버지를 죽이고 엄마를 겁탈하고는, 그 자식들한테 너희들을 잘 먹여 살릴 터이니 나를 아버지라고 부르라고 하는 것과 같습니다. 그 집의 어린아이가 어렸을 때에는 소견이 없고 힘이 약해 어쩔 수 없이 참을 수밖에 없겠지만, 그 애가 점점 커져서 독립할 힘이 생기면 아버지를 살해한 이를 복수하는 게 당연한 것과 같습니다. 그러므로 우리들과 자손들의 미래를 위해서 독립된 우리나라를 세우는 것이 우리들이 해야 할 역사적 임무입니다. 이 씨의 자손들이 언제까지 지금의 이 씨와 같은 존재라고 할 수는 없잖습니까?

이 씨 : 잘 알았습니다. 좁은 소견을 깨우쳐 주셔서 참 감사합니다.

박 씨 : 다음 장날까지 태극기를 많이 만들어 가는 것도 독립운동에 큰 도움이 된다고 생각합니다. 그동안 열심히 만들도록 합시다.

모두가 "그렇게 합시다." 하고 헤어졌다.

태극기

태극기는 1882년 박영효가 일본에 수신사로 갈 때에 처음 도안해 사용하였다. 흰 바탕은 평화를 상징한다. 중앙에 있는 원은 우주, 만물의 생성원리인 태극(太極)을 나타낸다. 빨간색은 하늘을 상징하는 양(陽)을, 청색은 땅을 상징하는 음(陰)을 뜻한다. 태극기의 가로의 길이는 원의 지름의 3배이며 세로의 길이는 지름의 2배이다. 4괘의 길이는 원지름의 2분의 1이다. 깃대 위에 달린 깃봉은 무궁화를 상징한다.

주위의 검은 4괘는 변화의 원리를 뜻한다. ☰(건괘)는 양이 극성한 태양(太陽)이며, 맞은편에 있는 ☷(곤괘)는 음이 극성한 태음(太陰)이다. 건괘에서 좌측으로 ☲(리괘)는 양 속에서 음이 자라나는 소음(少陰)이며, 곤괘를 지나 ☵(감괘)는 음속에서 양이 자라나는 소양(少陽)을 뜻한다.

태극기는 천·지·인의 생성과 변화라는 철학적 원리를 담고 있다. 태극은 하나이면서 둘이고, 둘이면서 하나임을 뜻한다. 태극의 도상은 7세기 말 신라 신문왕 때 세운 감은사지 석각에서 발견되어 오랫동안 내려오는 우리 민족의 사상이었음을 확인할 수 있다. 이처럼 태극기는 우리 민족의 우주관, 세계관, 역사관, 인생관이 복합적으로 어우러져 숭고한 의미를 담고 있다는 점에서 참으로 자랑스럽다.

3. 결혼과 고된 시집살이

어머님의 결혼

어머니가 17살이 되던 해(1925) 봄에 중매쟁이가 집에 드나들었다. 중매쟁이는 여우내 맞은편 동네 돌파골[石火洞]에 살던 어머님의 당숙인 단평 할아버지의 바깥사돈이었다. 그는 말주변이 좋았고 거짓말을 잘하여 중매를 잘 하기로 소문이 났다. 청양군 청남면 대흥리 갓점[笠店]은 영일 정씨의 동족촌으로 30여 호가 사는데 타성은 두세 집밖에 없었다. 이곳을 그가 알게 된 것은 장날에 적곡면 미당리에 사는 어느 술친구로부터 들어서라고 한다. 그런데 그는 외할아버지에게 마치 자기가 잘 알고 있는 것처럼 거짓말을 했다.

자기가 그 동네 신랑감을 아는데 동갑내기 청년이 세 사람 있다고 하였다. 그 가운데 아버지가 비록 집은 가난하지만 얼굴이 제일 밝아 보였고, 눈망울이 초롱초롱하다고 하여 가장 좋다고 말했다. 이 말을 그대로 듣고 외할아버지가 결정하였다고 한다. 외할아

어머니의 시댁인 충청남도 청양군 청남면 대흥리 갓점의 위치

버지는 제가 복이 있으면 잘 살 것이라고 생각하였다. 사람은 태어날 때 이미 제 복을 가지고 태어난다고 생각한 것이다. 사윗감을 한 번 직접 보지도 않고, 중신애비의 말만 듣고서 혼인을 결정하였다. 그해 3월에 중신애비가 사주를 받아 가지고 왔는데 술에 취해 여우내 냇물을 건너다가 물에 빠뜨리는 바람에 사주단자는 흠뻑 젖어 있었다.

　사주단자 보자기는 안방 바닥에 놓아 두어 며칠 동안 나뒹굴었다. 어느 날 내 둘째 외숙모가 어머니에게 "작은 아씨! 이것이 정서방 사주단자이니 한번 보시지!"라고 해서 어머니가 살짝 떠들어 보았다. 사주 보자기는 거무스레한 헌옷을 뜯어서 만들었고, 신아대(대나무의 한 종류로 가늘고 길다)에 집에서 물들인 색실을 감았고, 이를 하얀 모시 헝겊으로 쌌다. 색실의 물감이 물에 젖어 퍼져서

영 볼품이 없었다. 그래서 어머니는 한심한 생각이 들어서 눈물을 흘리고 있었다. 그때 마침 부엌에서 들어오다가 이를 본 계모는 아침부터 눈물이나 흘리고 있다고 소리를 지르면서 다듬이 방망이로 어머니의 팔과 어깨를 때렸다. 그래서 어머니는 어깨가 부어올라 여러 날을 고생했다고 한다.

우리 어머님은 일찍이 어머니를 여의었으니 시집을 가면 시어머니를 낳아주신 어머니처럼 모셔 귀여움을 받으며 살겠다고 마음속으로 다짐하셨다. 이는 어머님의 소박한 꿈이었고, 유일한 이상이었다. 더구나 가정 안에 불화가 생길 때마다 외할아버지는 새엄마를 편애하고 어머니에게 이유 없이 역정을 내서 그 서러움을 더욱 견디기 어려웠다고 한다.

그런데 이게 무슨 운명의 장난인지, 음력 5월 27일 어머니의 시어머니[8] 될 분이 돌아가셨다는 부고가 외갓집에 날아들었다. 어머님은 시어머니 되실 분이 돌아가셨다는 소식을 듣고서 부엌으로 가 자신의 운명이 어쩌면 이렇게 기구한가를 한탄하면서 소리 없이 울었다고 한다.

혼인날이 점점 다가오자 어머님은 간질을 앓는 남동생과 11살의 어린 여동생이 걱정되어서 며칠 밤을 지새우면서 소리 없이 울었다. 간질은 발작하면 아궁이 앞에 있다가 불에 뛰어들 정도로 정신을 완전히 잃어버리는 무서운 병이다. 어린 동생은 누군가가 옆에서 항상 보살펴 주어야 하는 중증 환자였으나, 당시 시골에서는 이 병을 적극적으로 고치려고 하지도 않았고, 또 당시의 의료 상황으로는 쉽게 고칠 수도 없었다. 이 병은 발달된 현대의술로도 고칠 수 없는 병이라고 한다. 오직 죽기만을 기다리고 있었을 뿐이니 그 삶이 얼마나 애처로울 것인가는 넉넉히 상상할 수 있다.

어머니는 간질병을 앓고 있는 동생이 앞으로 새어머니로부터 얼마나 천대를 받을 것인가를 생각하면 더욱 가슴이 아팠다고 한다.

하루는 항상 한 이불 속에서 잠자리를 같이하던 여동생이 "언니 시집가면 나는 누구와 자느냐"고 묻는 말에 어머니는 아무런 대답을 못 하고 부둥켜 앉고 밤새도록 우셨다고 한다. "눈물을 아무리 많이 흘려도 눈은 썩지는 않더라."고 하시는 어머니의 말씀 속에서 어머님이 얼마나 불우한 삶을 사셨는가를 나는 짐작할 수 있었다. 어머님은 두 동생에게는 누나요, 언니이면서, 어머니와 같은 존재였다.

시간은 멈추지 않고 흘러서 1925년 음력 10월 4일(양력 11월 19일) 마침내 혼인날이 돌아왔다.(할아버지의 제적등본에는 어머니가 1929년에 결혼을 한 것으로 되어 있다. 이는 어머니가 큰딸을 낳아 출생신고를 하려고 하니 혼인신고가 되어 있지 않음을 알고, 혼인신고를 그 해에 했기 때문이다.)

신랑이 신부 집에 가서 신부를 맞이해 오는 것을 '친영(親迎)'이라고 한다. 친영은 《주자가례》에 따라 조선조 후기에 이르러서야 일반화한 혼인 관습이었다. 그 전에는 결혼을 하면 신랑이 처가에 가서 살았다. 친영제도에서는 신랑이 이틀 동안 신부 집에 묵고 3일이 되는 날 신부를 데리고 자기 집으로 온다. 이를 '삼일우귀(三日于歸)'라고 하며 3일 뒤에 신부를 맞이하여 오는 것을 '반친영(半親迎)'이라고도 한다. 그리고 신랑이 혼례를 치르기 위해 신부 집에 가는 것을 '초행(醮行)'이라 부른다. 아버지의 초행에 후행(後行)으로는 할아버지가 오셨다. 후행은 신랑과 함께 왔다가 그날 저녁 때 돌아간다. 후행을 접대하는 것은 외할아버지가 하셨다. 그리고 혼례를 치른 곳을 마루건 마당이건 '초례청(醮禮廳)'이라고 부른다.

‘혼인’이라는 말은 예식을 어둑어둑할 때에 한다고 해서 ‘저녁 혼(昏)’ 자를 쓴 데서 유래하였다. 지금은 이 자에 ‘계집 녀(女)’ 자를 붙인 ‘혼(婚)’ 자를 쓰고 있으나, 그 의미는 같다.

신부 집에서 치러지는 혼례는 초례청에서 집사가 읽는 홀기(笏記 : 의식절차를 기록한 문서나 패)에 따라 진행된다. 신랑이 전안상(奠雁床) 앞에 무릎을 꿇고 옆 사람이 나무로 만든 기러기를 신랑에게 준다. 이를 신랑이 받아 빨간 보자기가 깔린 전안상 위에 놓고 읍을 하고 네 번 절을 한다. 기러기는 일생 동안 부부의 정을 저버리지 않는 금슬이 좋은 부부를 상징하는 동물이다. 신랑이 사배(四拜)를 하는 동안 신부의 어머니는 기러기를 가져다 안방에 놓는다.

다음에 신랑과 신부가 대례상을 사이에 두고 마주 서서 서로에게 절을 하는 교배지례(交拜之禮)가 행해진다. “신부 재배” 하고 집사가 외치면 신부는 옆에 선 두 사람의 도움을 받아 큰절을 두 번 올린다. “신랑 답배” 하면 신랑을 절을 한 번 한다. 신부가 다시 재배하고 신랑은 다시 답배로 한 번 절을 하면 교배지례는 끝난다.

다음으로 신랑 신부가 술잔을 나누는 ‘합근례(合卺禮)’를 행한다. 합근이란 술을 교환해 마시어 하나가 된다는 뜻이다. 신부 옆에서 도와주는 사람이 상에 있는 술을 표주박에 떠서 신부에게 주면 신부가 입을 댄다. 그리고 이를 신랑 옆에 있는 시중드는 사람에게 전하여 신랑에게 주면, 신랑이 이를 마신다. 다음에는 신랑에게 다른 표주박으로 술을 떠서 주면 신랑이 입을 대었다가 신부의 옆 사람에게 전하여 주고, 신부가 이를 받아 입을 댄다. 셋째 잔은 서로 표주박을 바꾸어 마신다. 마지막으로 안주를 들면 합근례가 끝난다. 표주박은 홍실로 자루를 묶은 것과 청실로 묶은 것을 가지고 구별한다. 홍실은 신부의 색깔이고 청실은 신랑을 상징하는 색깔이다.

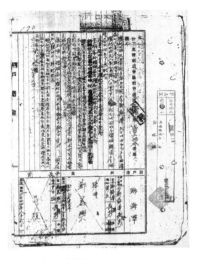

아버지의 호적등본

아버지와 어머니의 혼례식은 유교적 전통이 강하게 남아 있던 때라 구식으로 치러졌다. 사실 아버지가 상중이어서 혼인이 연기되어야 했으나, 우리 집의 생활을 이끌어 갈 주부가 없어 3개월 만에 탈상하고, 혼례가 예정된 대로 치러졌다. 또한 양가 어머니가 없는 상황이었으니 결혼식의 준비가 제대로 이루어졌을 리가 없다. 아마 번거로운 것은 생략하고 약식으로 한 것이 위와 같았다. 초례청에서 어머니가 힐끗 보니 15살 먹은 신랑의 키는 조그마했다고 한다. 아마 그때 어머니의 키는 155센티미터, 아버지는 145센티미터 정도였을 것으로 짐작된다.

아버지의 휘는 호적에는 창식(昌植, 1911. 8. 2~1950. 7. 27)으로 되어 있으나, 족보에는 돌림자로 올려야 하기 때문에 이름을 바꿔 윤용(允溶)으로 기록되어 있다. 집에서는 완식(完植)으로 불렸다. 오늘날 우리들이 한 가지 이름만을 가지고 살고 있는 것과는 크게 다르다.

아버지는 신해(辛亥) 생으로 돼지띠이다. 청남면사무소가 있는 청소리에 4년제 청남 심상소학교가 1921년에 세워졌다. 아버지가 언제 몇 학년으로 입학하였는지 확인할 수 없지만 1년을 다녔다고 한다. 1925년에 제1회로 졸업하였다(현재 청남초등학교 자료 졸업증서 제30호)는 기록에서 아버지는 입학한 뒤 월반을 한 것으로 나와 있다. 그 결과 아버지는 한글과 한자를 읽으셨다.

돼지띠

'돼지 해(亥)' 자는 12간지의 마지막 글자로서 시간으로는 밤 9시에서 11시 사이이며, 방위로는 서북방이고, 이 해에 태어난 사람을 돼지띠라고 한다. 돼지는 '돝'과 '도야지'에서 나온 말로 윷놀이에서는 '도'라고 한다. 잡식동물로 2천여 종이 있다. 잉태 기간은 114일이며, 한 번에 6~12마리를 낳는다. 만주 지방에 있었던 부여에는 '저가(猪加)'라는 돼지를 이름으로 사용한 관직이 있었다. 이는 아마 당시에 한자로 그렇게 썼을 뿐 '돗가'라고 읽었을 것이다. 돼지는 제천 행사에서 소·양과 함께 제물로 사용된 희생물이기도 하였다. 고구려에서는 길지인 수도를 찾아주는 영험한 동물로 인식되었고, 고려의 왕건 설화에서도 돼지가 왕이 될 수 있는 좋은 집터를 찾아 주었다는 이야기가 나온다. 따라서 돼지는 지신(地神)의 상징으로 인식되었다.

조선 순조 때에 홍석모가 지은 《동국세시기》를 보면, 정월 달 처음 드는 해일(亥日)에 궁중에서 환관 수백 명을 동원하여 햇불을 이리저리 내저으면서 "돼지 주둥이 지진다."고 하는 풍속이 있는데, 이는 풍년을 비는 행사이다. 지금도 고사를 지낼 때에는 돼지머리를 놓는 관습이 있다. 돼지꿈은 재물이 생기는 좋은 꿈으로 해석된다. 먹성이 좋은 사람을 "돼지처럼 먹는다."고 하며, 노래를 잘못 부를 때에 "돼지 멱(목)따는 소리"라고 하며, 쉰 목소리를 낼 때에 "모주 먹은 돼지청"이라고 하는 속담이 있다. 돼지 새끼는 예쁘고 복스럽다 하여 '꽃돼지'라고 하며, 어미 돼지는 새끼를 먹이기 위해 음식을 먹지 않는 인자함도 지니고 있다.

첫날밤

혼례식이 끝나고 신방을 차렸는데 사람들이 문풍지를 뜯고 밖에서 엿보느라고 야단이었다. 어머니의 사촌, 재종(6촌) 동생들이 신랑에게 술을 얼마나 먹였던지 신랑이 신방에 들어오자 술 냄새가 물씬 풍겼다고 한다. 그런데 밖에서 어느 동생이 "신랑은 일어나 신부에게 절을 하라!"고 소리를 쳤다. 어머니는 만약 신랑이 신방에서 절을 하면 두고두고 놀림거리가 될 것이라고 생각해 어떻게 할지 몰라 조마조마했다고 한다.

그런데 신랑은 "그래, 너희 집안 풍속은 신랑이 신부에게 절을 올리는 법이냐?"고 물었다. 그러자 밖에서 "그렇게 하는 법이다!" 하니 신랑이 일어나 덥석 절을 하는 것이 아닌가? 그때 밖에서 박장대소가 터졌다. 비록 아버지가 어머니에게 예절에 어긋난 절을 하였지만 아버지의 질문은 너무나 당돌하였다. 처가의 풍속이라고 하였으니 그 책임은 외가 쪽에 있는 것이다. 이는 15살의 나이를 고려할 때 얼마나 재치 있는 답변인지 모른다.

그리고 그 뒤에 이어진 신랑의 농담이 그럴듯했다. "이 집에는 쥐가 많다고 하더니 과연 그게 틀린 말이 아니구나!" 서씨는 쥐, 김씨는 도깨비, 정씨는 당나귀 식으로 성씨마다 별칭이 있는데, 어머니가 서씨이기 때문에 그런 농담을 한 것이다. 어머니는 이런 행동으로 아버지의 성격의 일단을 첫날밤에 짐작하셨다. 아버지는 성품이 순진하고 온순한 편이며, 남의 말을 잘 듣고 대응하는 꾀도 상당히 있다고 생각하셨다고 한다.

물론 신방을 밖에서 엿보고 장난하는 일은 시집을 가서 시집살이를 당할 여자의 설움을 씻어주기 위한 것으로 해석할 수 있으나, 그보다는 신랑의 콧대를 처갓집에서 미리 꺾어 놓으려는 일종의 유희요, 장난이었다. 신방 엿보기는 신부의 친족이 즐기는 축제의 일종이었다. 그리고 신방은 등잔불이 꺼지기 전에는 비밀스런 공간이 아니었다. 엿보는 사람들이 신방의 문을 바른 창호지에 구멍을 내며 찢었다. 이는 결혼 당사자들이 상대방을 처음으로 대하는 자리이므로 서먹서먹함을 풀어주기 위한 것이기도 하고, 또한 신랑을 바꿔치기도 하던 폐습을 막으려는 민중의 지혜로운 관습이었다고 할 수 있다.

그런데 신랑인 나의 아버지는 어찌나 술이 취했는지 어머니의 족두리와 덧옷을 벗기더니 픽 쓰러져 코를 골면서 잤다고 한다. 엿보던 집안 언니들이 신부에게 불을 끄고 자라고 하자, 신방의 불은 꺼졌고 엿보던 사람은 모두 돌아갔다. 그래서 어머니는 족두리만 벗은 채 앉아서 긴 밤을 꼬박 지새웠다고 한다. 어머니는 결혼이 주는 즐거움을 전혀 느끼지 못하고, 내일이면 어린 동생들을 떼어 놓고 시집으로 가야 한다는 생각에 오직 눈물로 밤을 지새우셨다고 한다.

시댁은 청양군 청남면 대흥리 갓점에 있었다. 외갓집으로부터 35리 정도 떨어져 있는 곳이다. 어머니는 가마를 타고 왔고, 아버지는 걸었다. 아침 7시쯤에 아침을 먹었으나 어머니는 거의 들지 않았다. 새댁이 가마를 타고 가다가 용변을 볼 수 없고, 또 몇 시간이나 참아야 하는지 몰랐기 때문이다. 가마 속에는 요강을 넣어주고 새댁의 용변을 위해 중간에서 가마를 세워 쉬기도 한다.

그러나 밖에 남자들이 있으니 신부는 소변을 보기가 거북스러울 것이다. 그래서 새댁이 소변보는 소리가 나지 않도록 요강 안에는 썬 볏짚과 왕겨를 넣었다고 한다. 우리의 선인들이 얼마나 주도면 밀하게 배려하였는가를 여기서도 알 수 있다.

어머니는 점심 때 전에 갓점에 도착했다. 갓점〔笠店〕은 30여 호가 살았던 영일 정씨 동족촌이었다. 입향 시조인 나의 11대조 휘 시명(始明, 1626~1689)이 인천에서 내려와 이곳에 터전을 잡으신 뒤 다섯 아들을 낳았다. 그 뒤 큰아들과 둘째 아들의 후손이 이 마을에 살면서 영일 정씨 동족촌을 이루었다. 나의 11대 입향 시조인 시명(始明)의 묘소는 갓점 대종손인 족숙 돈용 씨 집 뒤에 있다.

시댁에는 시할머니가 돌아가셔서 홀로된 시할아버지와 시아버지, 12살 먹은 시누이, 7살 된 시동생이 있었다. 시동생은 비록 나이는 어렸지만 눈빛이 아주 총명하였다고 한다. 시누이의 이름은 정은식(鄭殷植)이고, 시동생은 문식(文植)이다.

어머님이 시집을 와서 폐백을 드리는데 당내간 30여 명이 계셨다. 아버지의 증조부가 3형제이고, 조부가 3형제, 부(父)가 3형제[9] [10] [11] 그리고 고모가 한 분이 있었기 때문이다. 잠깐 집안의 계보를 보자. 아버지 직계 존비속의 가계도는 다음과 같다.

1세 감무공 정극유(鄭克儒, 고려 인종대, 감무)
6세 문정공 사도(思道, 1318~1379, 재상에 오름)
7세 홍(洪, 고려말 조선초 공간공) ┬ 진(鎭)
           └ 연(淵)
8세 연(淵, 정숙공, 1389~1444, 병조판서)
 ┬ 장자 자원(自源, 장예원 판결사) : 후손을 판결사공파라 칭함
 └ 차자 자양(自洋, 이조참의) : 후손을 이의공파라고 칭함

┌─ 3자 자제(自濟, 전주부윤) : 후손을 위양공파라고 칭함
└─ 4자 자숙(自淑, 김제군수) : 후손을 김제공파라고 칭함

9세 자원(自源, 1412~1486) −10세 함(涵) −11세 구년(龜年) −12세 선(瑄) −13세 언규(彦珪) −14세 제(濟) −15세 여온(汝溫)

16세 용(涌) ┬ 시창(始昌)
　　　　　 ├ 시대(始大)
　　　　　 ├ 시진(始振)
　　　　　 ├ **시명**(始明)
　　　　　 └ 시광(始光)

17세 시명(始明, 증 좌승지, 1626~1689) ┬ 상빈(尙賓)
　　　　　　　　　　　　　　　　　　　 ├ **국빈**(國賓)
　　　　　　　　　　　　　　　　　　　 ├ 관빈(觀賓)
　　　　　　　　　　　　　　　　　　　 ├ 내빈(來賓)
　　　　　　　　　　　　　　　　　　　 └ 광빈(光賓)

18세 국빈(통덕랑, 1656~1718) ┬ 수이(壽頤)
　　　　　　　　　　　　　　 ├ **수함**(壽咸)
　　　　　　　　　　　　　　 ├ 수풍(壽豊)
　　　　　　　　　　　　　　 ├ 수곤(壽坤)
　　　　　　　　　　　　　　 └ 수정(壽鼎)

19세 수함(壽咸, 증 사복정, 1677~1730) ┬ 몽량(夢良)
　　　　　　　　　　　　　　　　　　　└ **후량**(後良)

20세 후량(後良, 증 좌승지, 1707~1756) ┬ 영달(榮達)
　　　　　　　　　　　　　　　　　　　└ **증달**(曾達)

21세 증달(曾達) ┬ 일홍(日泓)
　　　　　　　　└ **일서**(日舒)

22세 일서(日舒, 1786~1834) ─┬─ 이원(以源)
　　　　　　　　　　　　　├─ 유원(由源)
　　　　　　　　　　　　　└─ 시원(是源)

23세 이원(以源, 1807~1865) ─┬─ 운석(雲錫)
　　　　　　　　　　　　　└─ 운주(雲柱)

24세 운석(雲錫, 1826~1889) ─┬─ 규택(奎澤)
　　　　　　　　　　　　　├─ 윤택(允澤)
　　　　　　　　　　　　　└─ 순택(舜澤)

25세 순택(舜澤, 1864~1932) ─┬─ 태흥(泰興, 1883~1965)
　　　　　　　　　　　　　├─ 태룡(泰龍, 1897~1950)
　　　　　　　　　　　　　└─ 태익(泰益, 1900~1982)

26세 태흥(泰興, 1883~1965) ─┬─ 윤용(允溶, 1911~1950)
　　　　　　　　　　　　　└─ 문용(玟溶, 1919~1955)

27세 윤용(允溶, 1911~1950) ─┬─ 구세 ─┬─ 형순 ─ 국진
　　　　　　　　　　　　　│　　　　└─ 운순
　　　　　　　　　　　　　├─ 구영 ─┬─ 한순
　　　　　　　　　　　　　│　　　　└─ 창백
　　　　　　　　　　　　　├─ 구복 ─┬─ 기영 ─ 용진
　　　　　　　　　　　　　│　　　　└─ 대영
　　　　　　　　　　　　　└─ 구철 ─ 건영

28세 구복

29세 기영

30세 용진, 김준(외손)

82

족보 읽는 상식

족보는 가족의 계보로서 가장 기초적인 역사 자료이다. 태고 때에는 지배계층의 계보만 기억으로 구전되어 오다가 후대에 문자로 기록되었다. 왕실의 족보를 기록하기 위해 신라와 발해 때부터 국가 기구가 설치되어 담당하였으니, 이는 당나라 문화의 영향을 받은 것이다.

족보는 혈족의 관계를 밝히는 것이 주된 목적이지만 출생과 관력(官歷), 사망일자, 묘소 등을 기록한다. 부모 양쪽의 계보를 중시하던 경향은 고려사회의 특징이었고, 부계 혈연집단 중심으로 발전한 것은 조선 후기의 특징이다. 족보는 한 장에 가로로 5줄, 7줄, 또는 9줄로 되어 있는데, 현대로 내려올수록 줄이 많아졌다. 그 까닭은 인쇄술의 발달로 작은 활자를 사용할 수 있었기 때문이다.

족보의 우측에 몇 세 몇 세로 기록한 것은 시조로부터 내려온 대수를 의미한다. 그러므로 같은 줄에 있는 사람은 항렬이 같다. 시조로부터 내려오는 대수를 셀 때는 '세(世)'라고 부르고, 자신으로부터 선조를 부를 때는 '대(代)'라고 부른다. 시조가 1세이고 그 아들은 2세, 손자는 3세가 되며, 대수를 셀 때에는 자신은 빼고 아버지를 1대, 할아버지 2대, 증조부 3대, 고조부 4대, 그 이상은 5대조 6대조라고 일컫는다. 따라서 나는 영일 정씨 28세 손이다. 그러나 시조를 나로부터 계산하면 27대조가 된다. 그러나 '세(世)'와 '대(代)'는 같은 뜻이고, 원래는 이런 구별이 없었다. 이런 구별은 단지 우리나라의 관행일 뿐이나 보통 자신으로부터 읽는 방법이 많이 사용된다.

족보는 한 줄에 형제들을 나란히 옆으로 수록하고 장손 가닥을 내려 기록하기 때문에 손이 많은 경우에 첫 줄에 실린 형제는 여러 장을 넘겨 뒤에 실리게 된다. 그리고 맨 첫 줄에 기록된 사람과 맨 아래 줄에 기록된 사람은 몇 쪽에서 또는 몇 쪽에 연결된다는 기록이 하단이나 상단에 기록해 놓는다.

족보에 기록되는 순서는 아들 먼저 싣고, 딸들은 그 남편 이름만을 아들 뒤에 싣는 것으로 알고 있으나, 이런 전통이 생긴 것은 겨우 200~300년 전부터이다. 이런 족보를 조선 후기형 족보라고 부른다. 그 이전에 만들어진 족보에는 아들과 딸을 출생 순으로 기록하였다. 이를 학문적으로는 조선전기형 족보라 한다. 현재 우리가 알고 있는 족보는 거의 조선후기형 족보이다. 조선전기형 족보에는 외손 가닥도 모두 그 족보가 편찬될 때까지 수록되었다. 한 조상의 혈손이 모두 수록되었다.

족보에 실린 사람에 관한 내용은 주로 다음과 같다. 본인의 사항과 부인의 사항이 함께 실리는데, 남자의 경우는 이름, 자(字), 호가 기록된다. 그리고 족보에는 당사자의 출생년도, 관력, 사망 연월일과 묘소를 반드시 기록한다. 묘소의 위치와 방향을 기록한다. 출생년의 기록에서 조선 왕의 칭호는 '조(祖)'나 '종(宗)' 대신 '묘(廟)'를 붙인 경우가 많다. 즉 효종을 '효묘', 순조를 '순묘'라고 쓴 예가 그것이다. 죽은 해는 보통 간지로 기록하는데, 출생한 해로부터 20년 안에 나오는 간지는 그 간지에 60을 더해야 함이 보통이다.

당사자의 처는 '배(配)'라고 하여 출생 연월일과 사망 연월일 그리고 묘소를 기록하며, 본관·아버지·할아버지·증조할아버지 그리고 처의 외조를 기록하는 게 원칙이었다. 양자를 간 사람은 생부 아래에 이름만 기록하고 누구에게 출계(出系)하였다고 기록해두고 당사자의 기록은 출계한 칸에 기술한다. 결혼 전에 죽은 자식은 족보의 기록에서 제외되었다. 족보에 올린 이름과 호적에 올린 이름이 다른 것은 족보에 올릴 때에는 모두 돌림자로 써야 하기 때문이다. 호적의 이름이 돌림자를 쓰지 않은 것은 돌림자의 보급이 제대로 되지 않았던 상황을 반영하는 것이다.

사랑방 나들이 9

영일 정씨 족보의 특징

우리 정씨의 본관은 '연일(延日)'이라고도 하고, '영일(迎日)'이라고도 한다. 본관이 칭해진 고려조에는 군현 이름이 연일현이었다. 영일은 경상북도 울산시 영일면인데, 고려 초기에는 연일현이었고 신라시대에는 영일현으로 불리었다. 그리고 조선 시대 기록을 보면, 본관을 연일과 영일로 쓴 예가 반반임을 실제 문헌을 통해 확인할수 있다. 증조할아버지, 할아버지의 제적등본에도 본관이 연일로 되어 있다. 그런데 현재 우리 집안의 본관을 영일이라고 하는 것은 대종회가 내린 결정에 따른 것이다. 1908년에 편찬 간행된 《증보문헌비고》에도 영일 정씨로 나오고 있다.

영일 정씨 시조는 신라 시대의 정종은(鄭宗殷)이라고 알려지고 있다. 정씨는 신라 육촌성의 하나였다고 한다. 즉, 《삼국사기》에는 신라 제3대 왕 유리왕이 6부에 성(姓)을 내렸는데, 간진부(干珍部)를 본피부(本彼部)로 이름을 바꾸고 성을 '정(鄭)'이라 했다고 기록되어 있다. 또 《삼국유사》 기이편 신라시조 혁거세왕조에는 돌산 고허촌의 '장은 소벌도리인데 사량부가 되었고, 정씨의 시조가 되었다고 한다. 그러나 이를 믿을 만한 방증 자료는 찾을 수 없다. 신라 말까지의 금석문을 살펴보면, 정씨 성을 가진 사람은 오직 3명이 나오고 있을 뿐이고, 사량부 출신은 6두품이어서 많은 인물이 역사에 기록되어 있으므로, 사량부가 정씨를 칭하지 않았던 사실이 확인된다.

영일 정씨의 본관이 칭해진 시기는 고려 인종부터 의종까지인 12세기 중엽으로 사료된다. 영일 정씨 가운데에는 서로 계통이 다른 두 파가 있다. 하나는 의종대에 지주사(知奏事 : 조선시대 도승지로 현재의 청와대 비서실장에 해당)를 지낸 정습명(鄭襲明)을 시조로 하는 지주사공파와, 작은 고을의 수령인 감무(監務)직을 지낸 정극유(鄭克儒)를 시조로 하는 감무공파로 나뉜다. 둘은 본관은 같으나 파가 다르기 때문에 두 집안이 혼인을 한 예가 고려 말의 금석문을 통해 확인할 수 있다.

우리 집안은 감무공파에 속하는 영일 정씨이다. 고려조 지주사공파의 현조(顯祖 : 이름이 알려진 선조)는 포은 정몽주(1337~1392)이고, 감무공파의 현조는 6세 정사도(鄭思道, 초명은 思度, 1318~1379)이다. 그의 시호는 문정공(文貞公)이다. 문정공은 문장이 뛰어나고, 충성심이 대단하였다. 《고려사》에 열전이 실려 있다. 벼슬은 지밀직사라는 오늘날의 청와대 비서실장직에 이르렀고, 신돈이 최영을 죽이려고 한 것을 반대하다가 유배를 가기도 했다.

감무공파는 물 수(水) 자 변이 들어 있는 글자를 돌림자로 많이 사용한 것이 특징이다. 이는 다른 집안에서는 한 대수마다 금·목·수·화·토 오행사상에 따라 돌림자가 바뀌었던 점과 크게 다르다. 최근 200년 동안에는 물 수 자 변이 들어간 글자만 사용되는 관례가 굳어졌다. 그렇게 된 원인은 아직 정확히 알 수 없으나 관행에 따른 것으로 이해되고 있다. 가문에 내려오는 이야기로는 영일 정씨는 물 수 변이 들어간 글자로 이름을 지어야 길하다는 설에 근거했다고 한다. 그러나 그 근거가 무엇인지는 정확히 알 수 없다.

8세조 정숙공 정연(鄭淵, 1389~1444)의 형은 이름이 진(鎭)이므로 돌림자를 사용하지 않았다. 그런데 정숙공은 세종 대에 병조판서를 지내고 세종의 셋째 아들 안평대군을 사위로 맞아들인 이로서 손자까지 물 수 자 변이 들어 있는 글자를 사용하였다. 정연의 아들은 '자(自)' 자가 돌림자인데 네 아들의 끝 글자를 원(源), 양(洋), 제(濟), 숙(淑)으로 지어, 물 수 변이 있는 글자를 쓰고 있다. 그의 손자는 물 수 변이 든 '함(涵)'이고, 손자들이 외자이지만 모두 물 수 변이 들어가 있다. 물 수자가 들어 있는 글자가 돌림자로 쓰여진 것은 세종대의 정숙공이 세운 관행으로 판단된다.

조선왕조는 이(李)씨이므로 오행으로 치면 나무인 목(木)에 해당한다. 그래서 나무가 자라도록 돕는 집안이라는 뜻에서 물 수 변이 들어 있는 글자를 선호하지 않았나 생각된다.

영일 정씨 대종회에서는 앞으로의 항렬을 모두 물 수 변이 들어 있는 글자로 정하였다. 28세는 구(求)○, 29세는 ○영(永), 30세는 진(震)○, 31세는 ○종(淙), 32세는 ○준(準) 등으로 48세까지 돌림자가 모두 물 수 변이 들어간 글자로 정해져 있다.

금목수화토 오행사상도 오늘날의 상식으로 보면 후손의 길흉에 직접적인 영향을 준다고 하는 근거가 없음은 말할 나위가 없다. 또 나의 추측이 맞는다 해도 조선왕조가 끝난 지금은 이런 돌림자의 의미가 없지만, 종중의 오랜 관행이니 이를 개인이 바꾸기는 어려운 일이다.

이제 물의 성격에 대하여 새로운 설을 정립할 필요가 있다. 이는 내 개인적인 생각이다. 물은 오행 가운데 가장 약한 듯하면서도 가장 강한 존재이다. 약하기로 말하면 물은 나뭇가지나 어린아이의 손가락으로도 갈라진다. 하지만 뭉치면 또한 물처럼 강한 존재는 없다. 바다를 이루어 땅을 삼키기도 하고, 가장 강한 다이아몬드를 갈고 쪼개는 데도 반드시 물을 필요로 한다.

물은 오행 가운데 유독 그 형태가 한 가지로만 있는 것이 아니라 그 변용과 변화가 자유롭다. 액체에서 기체로 또는 고체로 변화된다. 곧 열을 가하면 기체로 변하였다가, 비나 눈이 되어 다시 액체로 변하고, 온도가 영하로 내려가면 얼음이 되어 고체로 변한다. 이것은 기본적인 본성은 변하지 않으면서도 필요에 따라 알맞게 변하여 쓸모가 다양함을 뜻한다.

또한 물은 세상의 모든 것을 받아들이는 성질이 가장 강한 존재이다. 세상의 온갖 더러운 것을 세척해 주는 기능도 가지고 있다. 모든 더러운 것을 수용하지만 그렇다고 물의 기본 속성을 저버리지 않는다. 곧, 물은 스스로 정화하는 속성을 가진다. 물은 또한 동식물이 자라는 데 가장 중요한 존재이다. 물의 공능(功能)과 공효(功效)는 실로 끝이 없다고 할 수 있다. 그러므로 물 수 변이 들어간 돌림자를 가진 사람은 이런 자긍심을 가질 필요가 있다.

정씨의 우리 집안 사람들은 물처럼 자신을 위하기보다 남을 위해서 내가 무엇을 할 것인가를 항상 먼저 생각해야 한다. 그러면 그 결과는 자신의 복으로 돌아온다는 생각을 잠시도 잊지 말기를 바란다. 그리고 물 수 변으로만 돌림자를 쓰는 것은 세대가 아무리 내려가도 그 덕을 한결같이 가지라는 종훈(宗訓)이 담겨 있음을 후손들은 알아야 할 것이다.

친족 여러분은 살아계신 부모님께 지극정성으로 효도하고 돌아가신 선조에 대한 제사를 성심껏 지내야겠다. 그러면 선조의 음덕을 입어 여러분 당대, 아니면 자식 대, 손자 대에 반드시 그 응보(應報)가 있을 것이다. 여러분의 친구를 형제처럼 여기고, 친구의 부모님

을 자기 부모님처럼 생각하고, 그리고 길에서 만난 부모님 또래의
어른을 만나거든 우리 부모님처럼 대하라! 그렇게 넓히다 보면 이
세상에 사는 모든 인류를 사랑하게 된다.

재행과 근친

아버지가 재행(再行)을 간다고 할아버지께서 광목 세 자를 부여
군 은산장(場)에 가서 떠 오셨다. 아버지는 당신의 어머니가 돌아
가셔서 비록 탈상은 하였지만 소복을 입고 재향(재행)을 가야 했다.
옷을 빨아서 말리고 다릴 시간이 없어 어머니는 시집을 올 때에
준비해온 외광목으로 만든 자신의 소복 한 벌을 뜯어서 아버지의
흰 바지, 저고리, 두루마기를 만들어 입혀서 보냈다. 이 때 시집에
서 어머니는 바느질 솜씨가 아주 뛰어나다는 칭찬을 받았다. 재향
을 데리러 온 분은 내 둘째 외숙이었다.

이 때(1920~1925) 나라 안팎의 상황을 보면, 3·1운동의 영향이
지속되었다. 신채호는 북경에서 학생들을 중심으로 대한독립청년
당을 조직하였으며(1919. 9), 상해 대한민국 임시정부에서는 국내
외의 연락망인 연통제(聯通制)를 조직하여 정보를 교환하고 국내
자금을 모아 전달하게 하였다. 임시정부에서는 소련에 여운형 등
을 파견하여 원조를 청하였고, 국내에 독립운동을 촉구하는 활동
을 추진하였다. 1919년 7월 13일에는 대한민국 적십자회가 조직되
었고, 강우규 의사가 조선 총독 사이토 마코토에게 남대문에서 폭
탄을 던지고 체포되었으며, 소련에서 교포들은 고려공산당을 조직

하였다. 또한 임시정부의 구미위원부에서는 독립공채 50만 달러를 모금하기도 하였다.

1919년 4월에는 인도에서 간디가 지도한 1차 비폭력저항운동이 시작되었으며, 중국 북경에서는 북경대학교 3천여 명이 5·4운동을 일으켰다. 1920년 6월 4~7일 홍범도 대장이 지휘한 독립군이 만주의 봉오동전투에서 일본군 157명을 사살하고 300여 명에게 중상을 입히며 크게 승리하였다. 이뿐만 아니라, 의열단원 곽상기 등 17명이 총독을 암살하고 총독부 청사를 폭파하려다가 검거되었다. 또 상해 의용단의 김예진 등이 평남 도청에 폭탄을 투척하였으며, 1920년 8월 24일에는 미국의원단 49명이 도착하자 1만여 명이 남대문 앞에서 만세 시위를 벌였다.

1920년 7월 3일, 조만식 등 70명은 평양에서 조선물산장려회를 조직하여 국산품을 애용하자는 항일 운동을 펼쳤다. 종로 YMCA에서는 조선노동자대회를 발기하였고(1920. 6. 31), 조선일보가 사설 '자연의 화(化)'와 강우규 사형 기사로 말미암아 제1차 무기정간을 당하였다. 1920년 1월 10일에는 국제연맹이 발족하여 11월 15일 제1회 총회를 개최하였으며, 일본 우에노 공원에서 최초의 메이데이 노동절 행사가 치러지기도 했다.

1921년부터 우리나라에서 임금 인상을 요구하는 노동자의 동맹파업이 일어났고, 이는 매년 증가하였다(36건, 총 노동자 4만 명 가운데 3천 4백여 명 참가함). 일본인 교사를 배척하는 학생들의 동맹휴학이나 신사참배에 대한 거부운동도 증가하였다. 1922년부터 전남 순천에서 소작쟁의가 일어난 뒤 고흥과 보성으로 확대되자, 경북 영주에서는 지주 강택진이 1만 9천 평을 소작인 조합에 기부하여 지주권을 포기하는 아름다운 일도 있었다. 한편으로는 지주들은 연합지주대회를 조직 결성하여 지주권을 지키려고도 하였다. 1923년 동경의 유학생들이 3·1절 기념식을 열며 매년 독립운동의 불을 지폈다. 이런 노동쟁의와 소작쟁의, 학생들의 동맹휴학에는 사회주의의 영향이 컸다. 1925년에는 간이 국세 조사를 하여 한국인의 정확한 인구통계가 나왔는데, 연말 한국인은 1,854만 3,226명이었고 한국에 있는 일본인은 42만 4,740명이었다.

어머니가 시집을 온 지 1년이 지난 뒤인 1926년, 처음으로 친정에 근친을 가게 되었다. 근친은 신부가 결혼한 뒤 처음으로 친정에 가는 것을 말한다. 오늘날 남편과 함께 가는 것과는 달리, 어머니의 근친 길에 시아버지가 따라 갔다. 외갓집에 도착한 나의 할아버지는 외할아버지와 외할아버지의 종형제들과 함께 집에서 담근 맑은 술을 진수성찬과 함께 얼큰히 마시시면서, 며느리 자랑을 침이 마르도록 하시고 곱게 길러준 고마움을 전하셨다. 그러자 외할아버지는 "제대로 가르치지 못하고 시집을 보내서 어른들을 제대로 공경할까 염려되오니, 사돈께서 친딸처럼 배려하여 주십시오!"라고 당부하셨다 한다.

점심을 드시고, 할아버지는 작별을 하셨다. 어머니가 친정 대문 앞에서 되돌아가시는 시아버지에게 인사를 올리자 할아버지는 눈물을 흘리셨다. "우리 며느리가 불쌍해서 눈물을 흘렸다."는 것을 뒷날 어머니의 당숙모로부터 들으셨다고 한다. 아마도 친정보다 훨씬 가난한 집에 시집와서 매우 고생하는 어머니의 신세를 생각하고 눈물을 흘리신 것 같다. 할아버지는 아주 인자하고 자상하시었다.

가난한 결혼 생활

갓점 마을에는 당내에 어머니와 한 해에 시집을 온 사람이 두 사람 더 있었다. 바로 9촌 숙모인 청양댁(정건용 씨의 어머니)과 8촌 동서(정구석 씨의 어머니)였다. 셋 가운데 우리 집이 가장 가난하였다. 뒤주를 열어보니 겨우 쌀이 세 말도 되지 않았다. 매년 쌀독에 쌀이 세 말이 넘는 적이 없었다고 한다. 이렇게 가난한 집에서 어머니는 시할아버지와 시아버지 두 홀아비를 모셔야 했다.

시집 와서 며칠이 지난 뒤부터 어머니는 가마니 치는 일을 시작하였다. 친정에서 전혀 해보지 않은 일이었지만, 당숙모인 홍성골댁 할머니(정구옥 씨의 할머니)로부터 지도를 받아 가마니를 치기 시작하였다. 이웃에 살던 당숙모는 마치 인자한 시어머니와 같았다고 한다. 모든 것을 자상하게 일러주고, 어려울 때마다 늘 많은 위로를 해주셨다.

가마니 치는 일은 겨울부터 봄철까지 당시 농촌의 유일한 부업이었다. 할아버지는 손으로 새끼를 꼬시고, 가마니를 엮었으며, 아버지는 짚을 사오고 빻는 일을 하였다. 어머니는 바디를 잡고, 아버지가 바느질 대를 잡아 가마니를 쳤다. 얼마 뒤 바느질 대를 잡는 일은 10살이 넘은 내 숙부[12]의 몫으로 넘어갔다. 이렇게 가마니를 팔아서 식량을 대어야 했다. 장에 가서 가마니를 파는 몫은 할아버지가 맡았다.

집은 청양군 관내이지만 사실 청양보다 부여읍이 더 가까웠다. 집에서 부여까지는 15리 정도였고, 금강을 건너야 했다. 당시 청양군에는 청양장과 정산장 두 개의 시장이 있었지만, 우리는 두 곳을 거의 이용하지 않았다. 우리 집은 부여군 은산면에 있는 시장과 부여 읍내 시장을 다녔다. 우리가 살던 곳의 생활권은 부여에 속했다. 부여 장은 양력 5일에 서고 은산 장은 1일에 섰다.

가마니는 먼 옛날부터 만들어져왔다. 가마니는 '공석(空石)'이란 말로 《세종실록》 이후부터 기록되어 있다. 곡식을 담는 유일한 도구였고, 허드레 물건을 담아두기도 하였으며, 모래나 흙을 담아 무너진 도로를 보수하는 데도 사용되었다. 가마니에는 소금가마니, 비료 가마니, 벼 가마니, 쌀가마니가 있다. 가마니를 짜는 기계틀은 1900년대 초에 일본에서 들어 왔지만 대부분의 농촌에서는 손으로 짠 가마니를 사용하였다. 손으로 짠 가마니는 기계로 짠 가마니보다 훨씬 정교하였다. 그리고 장터의 물건을 팔 때에도 깔판으로 가마니가 주로 사용되었고, 겨울에는 바람막이로도 사용되었다.

봄철이 되면 들에서 쑥, 질경이, 풋나물을 뜯어다가 식사에서 부

충남 청양군 청남면 대흥리 갓점 마을 전경 (2001년 찍음)

족한 영양을 보충하였고, 여름에는 산나물을 뜯었는데 시집을 갓 온 어머니는 이런 일을 거의 하지 않았다. 비록 가난은 했지만 양반집 며느리라는 명분 때문이었다. 겨우 동네 집근처에서 나물을 뜯는 일이 고작이었다. 그만큼 어머니의 행동 반경은 좁을 수밖에 없었다.

어머니와 시동생은 비록 집안이 가난했지만 어느 정도 뜻이 맞았다고 한다. 시동생이 사철하였기('사철하다'는 말은 충청남도 방언으로 '사리에 밝고 싹싹하다'는 뜻) 때문이었다. 어린 시동생이 "아주머니! 업어 달라."고 하면 시아버지가 그런 일을 절대로 못하게 했다. "너희 시어머니가 시동생에게 쌀을 씹어서 먹이느라고 이빨이 다 문드러져도 시동생은 그 시정을 몰랐다."고 말씀하셨다 한다.

고된 시집 생활을 하다가 잠깐 친정 동생을 생각하고 어머니는 하염없는 눈물을 흘렸다. 그러나 워낙 고된 시집 생활에 친정 동생들을 생각할 여유가 그리 많지 않았겠지만, 겨울밤은 길기만 했을 것이다. 왜냐하면 당시에는 밤에 등잔불을 켰다. 등잔불도 석유 등잔이 아니라 아주까리(피마자) 기름으로 심지를 만들어 겨우 어둠을 밝혔다. 그나마 이를 아끼기 위해 일찍 자야 했다. 겨울철의 밤은 보통 9시에서 아침 7시까지 장장 10시간이었다. 옛날 분들이 유난히 꿈이 많았던 것은 겨울밤이 길었기 때문인 것 같다. 긴 밤의 배고픔을 달래기 위해서 숭늉이 항상 머리맡에 준비되었다.

어느 정월 그믐께 아버지가 집안 어느 집의 미나리 한 다발을 베어 와서 삶아먹자고 하였는데, 어머니는 겁이 더럭 났다고 한다. 어머니는 겁이 대단히 많으셨다. 혹시 누가 볼까봐 엄청나게 걱정을 하면서 굶어죽으면 죽었지 그런 일을 하느냐고 역정을 냈다고 한다. 이 일은 시집을 와서 처음으로 떨었던 일이었다고 한다.

할아버지는 자상한 분이셨다. 식사가 많지도 않은데 며느리 먹으라고 늘 주발 속에 밥을 남기셨다고 한다. 옛날에는 식량이 부족하였기 때문에 어른은 아랫사람을 위해서 밥을 남겨야 하는 관행이 있었다. 이는 오늘날의 젊은이들은 이해할 수 없는 일이지만 식량이 부족하였던 1960년대까지 일반적으로 지속된 우리의 관행이었다. 손님으로 가서도 밥을 남겨야 미덕으로 생각하였던 시절이 있었다. 손님에게 밥을 더 먹으라고 주인이 권하는 인사는 이런 정황에서 생긴 것이다.

우리 어머니는 어머니를 일찍 여읜 시누이를 자기 친정 동생처럼 생각하고 잘 보살펴 주었다. 그런데 어쩌다가 어머니가 시누이(나의 고모)와 말다툼을 하면 시할아버지(나의 증조부)는 으레 손녀 편을 들고 시아버지(나의 할아버지)는 며느리를 위로하였다곤 한다. 고모는 성격이 조금 어두운 편이어서 밥도 제대로 짓지 못했다. 어머니는 농담을 잘하시고 성격이 쾌활한 편이었다. 한번은 어머님이 시동생에게 채전에 가서 단 참외 좀 따오라고 해서, 자는 고모는 깨우지 않고 먹었다. 고모가 잠에서 깨자 남겨둔 참외를 주면서 농으로 "우리는 더 단 참외를 먹었다!"고 하였다. 그러자 고모는 이를 그대로 믿고 화가 나서 먹던 참외를 내팽개쳤다고 한다. 그런 딸의 사정을 시아버지는 잘 알았기 때문에 딸을 감싸지 않았고, 어미 없이 자라고 있는 손녀를 아끼는 시할아버지는 손녀를 으레 두둔하였다고 한다.

내 증조부인 시할아버지의 성품은 꽤나 까다로웠다. 한번 역정을 내시면 갓점 앞산인 태봉산이 쩌렁쩌렁 울릴 정도로 고함을 지르셨다고 한다. 어머니가 형편이 어려운 시집생활을 견디어 낼 수 있었던 것은 시아버지인 내 할아버지의 위로와 격려, 그리고 이웃에 사는 인척들의 격려가 있었기 때문이었다. 친정아버지로부터 받지 못한 인간적 대우와 사랑을 시아버지에게서 받았던 것이 어머니에게 큰 힘이 되었다.

당시 우리 집에는 수침 논 10마지기가 있었다. 그러나 이 논은 여름으로부터 가을까지 홍수가 한번 지면 벼를 한 톨도 거둘 수 없었다. 금강이 범람하면 으레 논이 강물에 잠겼기 때문이다. 금강가에 제방을 쌓지 않아서 3~4년에 겨우 한 해를 수확하는 정도였다. 일제강점기 말엽에 제방을 쌓아 수침 논이 현재는 좋은 논으로 바뀌었지만, 장마가 지면 위에서 흘러오는 물에 잠기곤 하였다. 홍수를 막기 위해서는 강물이 들어오는 것만 막아서는 안 되고 위에 저수지를 적절히 만들어 놓아야 하는데, 치수가 이렇게까지 제대로 되지는 못하였다. 이른 여름에 홍수가 들어 벼가 물에 잠기면 다시 피를 심어 농사를 지었다. 피는 수침에도 잘 견디기 때문이다. 피는 밥을 지으면 껄끄러워서 먹기가 좋지 않아 지금은 완전히 없어진 농작물이다.

어느 해인가 이웃에 살던 이 아무개라는 사람이 할아버지에게 집을 자기에게 넘겨주면 땅을 주겠다고 하여 집을 넘겨주었다. 그런데 그 사람이 약속한 대로 땅을 주지 않자 할아버지가 말다툼을 하다가 그를 때려서, 공주 형무소에 잡혀가 60여 일 동안 구류를 살았다고 한다.

그리고 어느 날 할아버지는 한 아기가 딸린 부인이 동네에 들어와 서모로 맞이하였다. '서모'는 정식결혼을 하지 않고 함께 살았을 때 부르는 이름이다. 며칠을 살다가 하루는 서모의 신이 없어서 밖에 잠깐 나간 줄로 알았는데 아무리 기다려도 돌아오지를 않았다. 어머니는 이웃집 사람을 통해서 서모가 집을 나간 이유를

96

들었다. 그러나 할아버지께서 상심할까봐 내색을 하지 못하였다. "자신이 남아 있으면 새댁이 죽 한 모금이라도 덜 먹게 되어 미안해서 떠난다."는 이야기를 남기고 집을 나간 것이었다. 서모는 마음이 따뜻했다고 한다.

다음날 어머니는 할아버지에게 "아버님! 서모를 한번 찾아보시지요." 하였더니 "그래 볼까?" 하고 집을 나가셨는데, 오후에 그냥 화가 나서 돌아오셨다. 화를 풀어드리고자 어머니가 밥을 얼른 지어 가지고 가서 웃으면서 "아버님! 서모 만나지 못하시었어요?" 하니, 화를 푸시면서 "가난이 죄인 걸 어찌 하겠냐."며 식사를 하셨다 한다.

그리고 아버지와 어머니는 결혼 한 지 4년 만인 1929년 8월 6일에 첫 딸을 낳았다. 이름은 옥저(玉姐)[13]이다. 나의 큰 누님이다.

큰 누님이 태어난 해에 광주학생운동이 일어났다. 광주학생운동은 한국인에 대한 차별적인 교육과 식민지 교육에 대한 반발이 그 주요 원인이었다. 이미 1927년부터 조선인 학생들의 민족적 저항이 이 지역에서 일어나고 있었다. 그런데 양력으로 1929년 11월 3일은 일본의 명치절로 학생들의 신사참배가 강요되었다. 때마침 이 날은 음력 10월 3일로 우리 민족에게는 단군이 나라를 세운 개천절이었다. 그러니 학생들이 신사참배를 순순히 따를 리 없었다. 또 광주 지역 학생들의 독서회인 성진회가 창립된 지 3주년 되는 날이어서, 한·일 두 나라에 역사적 의미가 상반되는 기념일이 우연히 겹치었다.

이보다 며칠 전인 10월 30일, 일본인이 다니는 광주중학교 일본학생이 광주보통학교를 다니는 우리나라 여학생 박기옥, 이금자,

이광춘 등의 머리댕기를 당기면서 모욕적인 말을 하였다. 이것이 발단이 되어 시내에서 조선인과 일본인 학생 사이에 집단 폭력사태가 벌어졌다. 우리나라 50여 명의 학생이 무기정학을 당하고 수십 명이 퇴학 처분을 당하였다. 그 뒤로 학생들의 동맹휴업과 백지답안 제출이 민족 독립을 외치는 가두데모로 연결되어, 학생들이 구속되고 법정의 심판을 받게 되자, 신간회 회원들이 진상조사에 나섰다. 목포·나주 지역에서 학생운동이 일어났고, 서울·평양·부산·신의주·함흥의 학생들이 만세운동을 벌여, 광주학생운동에서 시작된 독립운동은 1930년까지 확대·지속되었다. 이 사건의 주동자로 지목된 학생들 117여 명은 2~7년의 징역형을 받았다.

또, 이 해에는 신간회와 근우회 등 민족단체의 활동도 크게 금지되어 1931년 5월 마침내 해체되기에 이르렀다. 또한 1929년에는 민요 〈아리랑〉을 부르지 못하도록 금지하였고, 1930년에는 경성라디오 방송국에서 한국어와 일본어로 혼성으로 방송되던 것을, 한국어 방송은 오후 9시부터 11시까지만 허용하는 제한이 가해졌다. 또한 1929년 10월 24일 뉴욕 증시의 주가가 크게 폭락하여 세계 공황이 시작되기도 하였다.

역사의 상식 3 **신간회와 근우회**

신간회는 1926년 6·10 만세 사건을 계기로 전국의 좌우익 민족운동단체가 연합하여 형성된 조직이다. 이상재, 안재홍, 신석우, 권동진이 발기하여 간사를 선출하였고 회장에 이상재, 부회장에 권동진이 선출되었다. 총회에서 규약을 만들고 전국지회를 조직했다. 간사로 35명을 선출하고, 1928년 말 134개의 지회와 3만 명의 회원을 모집하였다. 총무·재무·출판·정치문화·조사연구·조직 선전의 7개 부서를 두고, 언론자유와 비타협적인 독립운동을 행동강령으로 만들었다.

1929년 총회에서는 좌익의 허헌이 중앙집행운영위원장에 당선되고 중앙집행위원 45명과 중앙검사위원 10명을 선출하였다. 근검절약과 건전한 민족혼의 유지를 표방하였고, 구체적인 행동으로는 광주학생진상위원회의 활동, 청소년 부인의 형평운동의 지원 등이 있었다. 그러나 몇 년 안 되어 조직내부에서 좌우익의 갈등이 노출되어 결국 1931년 해체되었다.

근우회(槿友會)는 1927년 5월에 조직된 항일여성단체로, 좌우익의 여성단체가 합동으로 조직하였다. 봉건적 굴레에서 벗어나자는 여성해방운동과 계몽운동이 근우회의 주된 목표였다. 1929년에 40여 개의 지회와 회원수가 1,256명으로 늘어났다. 창립의 중요 인사로는 김활란, 유영준, 이현경 등이었다. 여성교육운동, 진상조사 등을 행하였으나 자금난과 일제의 탄압, 지도층의 역량부족 등으로 1930년 이후 활동이 중단되었다.

한국인의 숫자에 대한 의식

셋을 아라비아 숫자로 '3'이라 한다. 한자로는 '三'이고 영어로는 'Three'이다. 일본말로는 'みつ(미쓰)'이다. 고구려와 백제의 말로는 '미리'인데 일본말은 고구려 백제의 말과 같은 계통이어서 서로 비슷하다. 3은 홀수이다. 홀수는 1, 3, 5, 7, 9이고, 짝수는 2, 4, 6, 8이다. 동양에서는 1은 하늘이고 2는 땅을 의미했다. 1은 수의 기본이다. 1이 2를 만나야 3을 만들 수 있고, 그 다음의 숫자를 만들 수 있다. 그래서 1을 숫자를 만들어내는 생수(生數)라고 한다.

한국인은 예부터 숫자 3을 대단히 좋아했다. 단군신화에 천부인 3개, 마늘 3개, 3·7일 등이 나와 있고, 고구려 벽화에 해와 달에 인간을 연결시키는 3발의 까마귀[三足烏]의 그림이 그려져 있다. 또 고려의 3경(京)제도, 3신할머니 민간신앙, 3태극 등 그 예를 수없이 들 수 있다. 물론 중국도 이런 예가 많은데, 현재 중국인은 숫자 가운데 8을 가장 좋아하고, 서양인은 7을 좋아한다.

4. 아버지의 가출과 방황

아버지의 가출

1931년 늦가을에 아버지는 생계를 꾸릴 수 없음을 걱정하여 돈을 벌고자 집을 무작정 나가셨다. 집에는 아무 소식도 남기지 않아 요즘 말로 하면 무단가출이었다. 할아버지와 어머니는 아버지가 어디에 있는지, 몸 성하게 있는지 걱정하였다. 아마도 아버지는 집에 있어도 가족들을 먹여 살릴 수 없자, 가족들에게 미안하여 돈을 벌기 위해 어쩔 수 없이 가출을 선택한 것 같다.

그러나 당시는 경제 여건이 좋지 않아 품팔이도 제대로 할 곳이 없었고, 장사를 쉽게 할 여건도 안 되었다. 돈을 버는 것은 당시 개인이 처한 시대적 환경으로부터 큰 영향을 받는다. 국가의 경제가 활성화되면 어떤 일을 하여도 돈을 벌기가 쉽지만, 경제가 침체되면 어떤 일을 하여도 돈을 벌기가 어려운 법이다. 그러나 이런 시대적 환경은 개인이 만들 수는 없는 것이다. 이는 한 시대의 역사적 굴레라고 할 수 있다.

그런데 얼마 후, 어느 사람이 논산 장에서 아버지를 보았다고 하였다. 할아버지는 당신이 편찮으시니 집에 급히 돌아오라는 말을 그 사람을 통해 아버지에게 전하게 하였다. 효심이 많은 아버지는 그 말을 곧이듣고 곧장 집에 돌아오셨다. 할아버지는 자식이 살아 돌아온 것만으로도 속으로 무척이나 기뻐하셨다.

1932년 정월 9일 아버지는 할아버지(나의 증조할아버지) 상을 당하였는데, 아버지는 집을 나가 이를 알지 못했다. 어머니는 "쿵" 하는 소리가 나서 나가보니 아버지가 초췌한 모습으로 마루에 앉아 있었다고 한다. 아버지는 마루에 고현이 있는 것을 보고 절을 하고 통곡을 하셨다. 그 뒤로 아버지의 정황을 살펴보니 소창(기계로 짠 흰 무명) 몇 자를 가지고 있는 것으로 보아 아마도 엿장수를 한 것 같다고 생각하였으나, 어머니는 그동안의 사연을 묻지도 못했고, 아버지도 전혀 말씀하지 않았다 한다. 아버지는 돈을 전혀 벌지 못하였다고 한다. 그러나 나의 할아버지는 큰아들이 몸성히 돌아온 것만으로도 만족하셔서 전혀 꾸중을 하지 않으셨다 한다.

그리고 1932년 6월 24일 둘째 딸을 낳았다. 이름은 경애(瓊愛, 어려서는 '환애'라고 불렀다.)이고, 나의 둘째 누님이다[14].

나의 둘째 누님이 태어난 1932년 총독부 조선사편수회에서는 한국사의 자료집인 《조선사》 35책을 편집·간행하기 시작하였다. 조선어학회는 한글맞춤법을 논의하기 시작하여, 1933년 4월 1일 《동아일보》, 《조선일보》, 《중앙일보》에서 한글 맞춤법에 따른 철자법으로 신문을 간행하였다. 오늘날 서울인 경성부 안에 보급된 전화가 8천 7백 대인데 이 가운데 한국인이 소유한 전화 보급

수는 1천 4백 대에 지나지 않았다(1933. 5. 1. 통계). 오늘날의 전화 보급률에 견주면 참으로 격세지감을 느끼게 한다.

또한 홍난파가 작곡하고 이은상이 작사한 《조선가요작곡집》이 출판되어 '봄처녀', '고향생각', '옛 동산에 올라', '성불사의 밤', '장안사', '금강산에 살으리랐다' 등 15곡이 널리 애창되었다. 그리고 1933년 한국에서 생산되는 쌀은 1,819만 석이었는데 이 가운데 943만 석이 일본으로 빠져 나갔다.

그리고 국제적으로는 다음과 같은 사건이 벌어지고 있었다. 장개석은 1932년 1월 신국민당 정부를 수립하고, 공산당을 소탕하기 위하여 100만 병력을 동원하였다. 한편, 세계공황을 해결하기 위한 국제대회로 영국 런던에서 66개국 회의가 개최되었으나, 토의 도중 무산되었다. 미국의 루즈벨트는 1932년 11월 8일 대통령에 당선되어 경제공황을 극복하고자 국가 통제 정책인 뉴딜정책을 실시하였다.

한편 국제 연맹에서 일본군의 만주철퇴안을 결의하자, 일본은 국제연맹에서 탈퇴하였다(1933. 3. 27). 히틀러의 나치당은 1933년 3월 4일 제1 당이 되어 바이마르 헌법을 폐기하였다. 이로써 독일에 나치 독재가 시작되었다. 서서히 독일과 일본에 의해 세계전쟁이 벌어질 기미가 보이기 시작했다. 1933년 네덜란드 코펜하겐에서 세계 반전 대회가 열리기도 하였으나, 주축국(독일·일본·이탈리아)의 전쟁 확대를 막기에는 역부족이었다.

고모의 출가

1934년 7월에 고모가 출가하였다. 내 고모의 이름은 은식(殷植, 1915~1995)이었다. 21살에 장평면 미당에 사는 청주 한씨 한성택(韓星澤, 1913~1981)[15]에게 시집을 갔다. 가난한 살림이라 거의 몸만 보내었고 그 뒷바라지를 어머니가 하였다. 고모는 인정이 많고 고모부는 성격이 급한 편이었다. 고모부의 집은 매우 가난하여, 생활은 겨우 품삯 노동으로 살아갔다.

우리 형제들에게는 단 한 분뿐인 고모이기에 자주 들렀어야 했는데 죄송하게도 그렇게 하지 못했다. 그리고 언젠가 고모부께서 우리들에게 하신 말씀이 지금도 기억에 또렷이 남아 있다. 당신의 집에 꼭 들리라고 하시면서 "내가 장관이라도 되었다면 너희들이 그렇게 하겠냐."고 하셨다. 우리는 고모부 댁이 비록 가난했지만 두 분 사이의 금슬이 좋아 다행이라고 생각했다.

이 때(1934~1935) 국내외 사건을 살펴보면, 1934년 1월 에 미국 유학생 송기주가 발명한 한글 타자기가 미국 언더우드사(社)에서 제작·판매되었으며, 맨 처음 한강 인도교 공사가 8월에 기공되어 1936년 10월에 개통되었다. 그때까지 배로만 건너던 한강을 다리로 건너게 되었다. 1934년 8월 독일의 히틀러가 국민투표에 따라 총통으로 당선되었고, 1935년에 반유태를 주장하는 뉘른베르크법을 공포하였다. 그리고 이탈리아는 에티오피아를 침입하였다.

1935년 4월 27일에는 서울에서 개최된 마라톤대회에서 손기정 선수가 2시간 25분 14초로 세계신기록을 세웠다. 12월에는 조선일

보사에서 한글 교재 10만 권을 펴내 보급하였다. 1934년 말 재일 한국인은 53만 7,576명이었다. 그리고 1934년 9월 말 간도 지방의 총인구 57만 4천 명 가운데 한국인은 40만 3천 명이었다. 특히 간도 지방은 우리나라 독립운동의 중심지였고, 이곳에 있었던 거의 모든 독립투사는 단군을 섬기는 대종교(大倧敎)를 믿고 있었다. 그리고 총독부가 각급 학교에 신사참배를 강요하였으나 기독교·가톨릭계 학교에서는 이를 거부하였다. 그러자 폐교되는 학교가 속출하였다(1935. 9). 1935년에는 대전, 전주, 광주가 읍에서 부(府)로 승격되었다.

사랑방 나들이 11

마라톤 경기

1936년 8월 9일 손기정 선수가 제11회 베를린 올림픽 마라톤에서 2시간 29분 19초 2로 우승하여 세계를 제패했다. 물론 이 때는 일제 강점기이므로 손기정 선수는 가슴에 일장기를 달고 달렸다. 그런데 《동아일보》가 가슴 앞에 단 일장기를 지우고 이를 우승 사진으로 실어 무기 정간을 당하였다.

1896년 그리스 아테네에서 제1회 근대 올림픽 경기가 개최될 때, 프랑스 소르본느 대학의 언어학자 이셀부레얼 교수가 구베르텡 남작에게 기원전 490년에 있었던 그리스의 고사(故事)를 이야기했는데, 이것이 계기가 되어 마라톤은 정식 경기종목으로 채택되었다. 마라톤은 아테네의 밀리티아데스 장군이 페르시아 군을 무찌르고 마라톤 들판에서 승전한 기쁜 소식을 병사 필립피데스가 아테네까지 쉬지 않고 달려서 전하고 바로 사망한 것을 기념하기 위한 경기이다.

그 뒤로 마라톤은 점차 제도화되었다. 예전부터 40킬로미터이었던 것이 1908년 제4회 런던 올림픽에서부터는 42.195킬로미터로 확정되었다. 마라톤은 올림픽 경기만이 아니라 세계 육상대회, 아시아 경기대회에서도 정식종목으로 채택되었다. 우리나라에는 매년 도시에서 단축 마라톤대회, 거북이 마라톤대회, 철인 마라톤대회, 역전 마라톤대회 등 20여 개의 마라톤 대회가 열리고 있다.

올림픽의 대표 종목이기도 한 마라톤 경기에서는 참가 선수가 한 달 전에 경기에 참여하여 지장이 없음을 증명하는 의사의 건강 진단서를 제출해야 하며, 복장은 일정한 규정이 없고 맨발로 뛸 수도 있다. 경기 도중 주최 측에서 음식물을 제공할 때는 공동의 제너럴 테이블에서, 경기자가 준비한 음식물은 스페셜 테이블에서 제공하며, 물만 공급하는 스폰지 포인트가 마련된다. 경기 코스는 편도 코스, 왕복 코스, 순환 코스가 있으나, 출발점과 결승점은 경기장 안에 두는 것이 원칙이다. 순환 코스나 왕복 코스나 출발점과 결승점을 같은 곳에 둔다.

우리나라 마라톤 경기의 시작은 1919년에 발족한 조선체육협회가 용산 신연병장에서 개최한 25킬로미터 경성일주 단축마라톤이다. 1931년의 김은배가 2시간 26분 12초로 당시의 세계 기록을 깨서 우리나라 마라톤이 세계적 수준임을 보여주었다. 양정고등보통학교는 역대 마라톤 선수를 배출하는 역사를 가지고 있다. 1936년 베를린 올림픽에서 손기정 선수가 우승을 하고 남승룡 선수가 3위를 하였으며, 1947년 4월 제51회 미국 보스턴 마라톤대회에서 서윤복 선수가 태극기를 달고 우승을 하였다. 1950년 미국의 제54회 보스턴 마라톤대회에서 함기용이 우승하고, 송길윤이 2위, 최윤칠이 3

위라는 쾌거를 올렸고, 1958년 동경 아시아 경기대회에서 이창훈이
우승을 하였다.

마라톤은 기록이 계속 갱신되어 세계 기록은 2시간 10분대로 접
어들었다. 한동안 한국 마라톤은 침체된 듯하였으나 손기정 선수가
세계를 제패한 뒤로 36년 만인 1992년, 손기정 선수가 금메달을 목
에 건 날과 같은 8월 9일, 스페인 바르셀로나 올림픽에서 황영조 선
수가 우승하여 한국 마라톤의 명성을 되찾고 국민을 흥분의 도가니
로 빠지게 하였다.

마라톤 경기는 우수한 심폐기능, 강인한 각근력, 체온의 상승과
심리적 피로 등에 적절히 대처하여야 하며, 지구력과 페이스의 적
절한 배분, 피치 주법의 배분 등 자신과 벌이는 극기의 싸움이다.
고도로 과학적인 훈련을 받아야 하는 경기이며 올림픽의 하이라이
트이다.

이러한 한국 마라톤의 역사는 언제든 한국인이 다시 세계 마라톤
대회를 제패할 수 있다는 신념을 전 국민에게 주었으며, 손기정 선
수의 이름은 한국 마라톤계의 신화가 되었다.

5. 아버지의 일본행

아버지의 일본행

1935년 이른 봄 아버지가 일본으로 돈 벌러 떠나셨다. 이는 부여군 규암면 나복리(갓점에서 반나절 거리에 있음)에 사는 아버지의 이종형 이택규 씨가 일본에 들어가 살았던 것이 인연이 되었다. 아버지는 이택규 씨와 한두 차례 편지를 주고받았는데, 이것이 계기가 되어 일본행을 결심하였다.

아버지가 부엌에 담배 불을 붙이러 와서는 어머니에게 "아버님 잘 모시고 살고 있어요! 힘이 들더라도 돈을 벌어가지고 와서 행복하게 살려고 일본을 가겠소. 비록 강산은 변해도 내 마음은 조금도 변치 않을 것이니 걱정하지 말고 아버님 잘 모시고 계시오." 라고 말씀하였다 한다. 여기에 어머니는 아무 말도 하지 못했다 한다.

가난한 형편이라 할아버지와 어머니인들 말릴 수가 없었다. 아버지가 갓점에서 부여로 떠나가는데 이웃 마을인 한터 마을 모퉁

이를 돌아가는 아버지의 모습을 멀리서 어머니는 물끄러미 바라보고 혼자서 눈물을 흘리셨다고 했다. 그리고 마음속으로 아버지가 무사하고 건강하기만 비셨다고 한다. 당시 시골에서는 일본이 어디쯤 있는 나라인지 그리고 지금 어떤 상황인지 전혀 알지 못했다.

아버지가 일본으로 떠난 뒤 어머니는 1935년 7월 3일 큰아들을 낳았다. 이름을 구세(求世, 1935~2005)[16]라 지었다. 나의 큰형님이다.

할아버지는 어머니가 임신한 것을 알고, 1935년 여름에 해산달을 알리는 편지를 아버지에게 보냈다. 아버지는 그에 대한 답장과 함께 100원을 우편환으로 보내왔다. 당시 쌀 한 말의 가격이 3~4원이었으니, 백 원은 쌀 30가마의 값이었다. 당시에는 엄청나게 큰돈이었다. 물론 아버지가 몇 개월 안에 번 돈은 아니었을 것이고, 우선 빌려서 보냈을 것으로 생각된다. 할아버지는 그 돈으로 우선 미역

큰형 정구세의 회갑 기념사진 앞줄 맨 왼쪽에 앉아 있는 분이 큰형님이다. (1995. 7. 30)

110

과 산후에 먹을 쌀 몇 말을 준비하여 놓고 남은 돈으로 큰 소 한 마리를 장만하였다. 그러고 나니 이제 남부러울 것이 없을 정도로 온 가족이 부유해진 것 같았다. 큰형을 낳은 그 해부터는 지금까지 거의 수확하지 못했던 수침 논도 농사가 잘 되어서 가을걷이 또한 풍성하였다. 쌀독이 채워지니까 집안이 더욱 생기가 돌았다.

나의 큰형 돌이 되었을 때 얼마나 예뻤는지 할아버지가 지금 장곡사 근처에 있는 할아버지의 8대조 통덕랑공 휘 국빈(國賓)의 산소 시향에 가셨을 때 집안 어른 한 분이 할아버지를 보고 "손자가 보고 싶어서 어떻게 집을 나왔느냐?"고 농을 던졌다고 한다. 할아버지는 큰 손자를 무척이나 귀여워하셨고, 점차 재롱을 떠는 모습이 마냥 즐겁기만 하셨다. 그래서 큰형을 우리 집 보물이라고 하셨다 한다.

큰형은 세살 때에 화롯불에 넘어져 화상을 입었으나 병원에 가서 치료를 받아서 큰 후유증은 없었다. 그런데 그 뒤에 감기를 앓다가 중이염을 앓게 되었다.

외할아버지의 갑작스런 별세

1935년 11월 초 어머니는 친정아버지가 돌아가셨다는 부고를 받고 할아버지와 함께 두 번째로 친정 걸음을 하였다. 어머니가 시집을 온 뒤 1년이 지나 근친을 간 뒤로, 그동안 한 번도 가지 못했다가 10년 만에 친정을 찾은 것이었다. 할아버지는 외할아버지의 영전에서 슬피 곡을 하셨다 한다. 워낙 인정이 많은 분이지만 그렇게 슬프게 곡을 한 것은 착한 며느리를 잘 키워 보내줘서 우리 집을 잘 꾸려 나가니, 이에 대해 감사의 뜻을 전하기 위해서였을 것이다. 곡은 사람마다 자기와의 관계를 생각해서 하는 법이다. 문상을 와서 곡을 하는 것은 비록 작은 일상사이지만, 개인적 사정을 이해할 때 그 진상을 충분히 이해할 수 있다. 이와 마찬가지로 역사적 사건도 문서 기록만 가지고는 그 정황을 충분히 알 수 없다. 숨겨진 작은 사연들이 있기 때문이다. 기록만 가지고 역사를 서술하는 것은 마치 두꺼운 외투를 입은 사람의 겉모습만 보고 그 사람의 체력을 판단하는 것과 같다고 할 수 있다.

어머니는 외갓집까지 30리 길을 당일에 돌아오겠다고 백일이 채 지나지 않은 젖먹이 큰형을 떼어 놓고 집을 나섰다. 할아버지는 그 날로 돌아오셨으나 어머니는 차마 그날 돌아가겠다고 할 수가 없어 하루를 지내고 다음 날 집으로 되돌아오셨다.

그동안 외할아버지는 후취에게서 아들 둘과 딸 하나를 낳았다. 간질을 앓던 친정 남동생 정룡이도 죽었다. 어머니는 남동생이 죽은 일은 인간적으로는 안 된 일이었지만, 사람 구실을 할 수 없는 중병을 앓고 있는 처지에서는 차라리 잘된 일이라고 생각하셨다 한다. 이는 일종의 체념 뒤에 오는 생각이었다.

어머니가 시집 올 때 4살이던 내 이모 정순[17]은 14살로 컸다. 어머니는 동생이 잘 자란 것이 더없이 기뻤다. 비록 상중이어서 자세한 이야기를 나눌 수는 없었지만, 동생과의 짧은 몇 마디 말과 주고받는 눈빛으로 저간의 긴 사연을 알 수 있었다 한다.

외할아버지는 심장마비로 돌아가셨다. 향년 62세였다. 묘소는 여우내 뒷산에 모셔졌다.

아버지의 일시 귀국

1936년 여름 아버지가 귀국하셨다. 그때 어머니는 아버지를 따라 일본에 들어가겠다는 결심을 하고 작은아버지의 결혼을 서둘렀다. 그런데 아버지가 미당 장(場)에 가서 술을 잡수시고 자전거를 타고 수루넘이(은곡리) 고개를 넘어오시다가 그만 넘어져 다리가 부러지는 부상을 당하였다. 미당 의원에 가서 응급치료를 받고 한 달 이상이나 고생하셨다. 한 달이 되어도 다리가 다 낫지 않았으나, 절룩거리며 아픈 다리를 이끌고 다시 일본에 들어가셨다 한다.

일본에 다시 들어가기 전에 아버지는 처가에 들러 돌아간 장인의 문상을 하였다. 나의 외사촌 형님인 서인석(1928~) 씨의 말에 따르면 어머니의 6촌 동생인 정대 아저씨가 불이 번쩍 번쩍 나는 라이터를 보고 이를 만지작거리니까, 아버지께서 "동생! 그것 가지고 싶은가?" 하고는 라이터를 주었고, 또 작은 처남인 정갑 외숙이 아버지의 회중시계를 보고 신기해하는 것을 보고는 이를 바로 그 자리에서 선물로 주었다고 한다. 그 뒤 셋째 외숙과 막내 외숙은 아버지를 따라 일본에 가서 살다가, 우리 식구가 1945년 1월에 고국으로 나온 뒤 곧이어 귀국하였다.

그리고 1938년 9월 1일 둘째 아들을 낳았다. 이름을 구영(求榮, 1938. 9. 1~)[18]이라 하였다. 나의 둘째 형님이다. 작은형은 어려서부터 몸이 약하였으나 재기가 뛰어났고, 노래도 잘 불렀다. 아버지께서는 허약한 작은형에게는 생일을 시키지 않겠다고 항상 말씀하셨는데, 아버지를 일찍 여의어서 일생을 막노농을 하고 살았다.

막내 외숙 서정수의 회갑기념 사진 막내 외숙은 어머니 동기간 중 유일한 생존자이십니다.(1994)

1939년 여름에 아버지가 온 가족을 일본으로 이주시키려고 두 번째로 고국에 나오셨다. 이전에 어머니는 편지로 일본에 식구를 데리고 갈 것을 요청하기도 했다. 물론 5년 동안 객지 생활을 혼자 하기가 불편했던 점도 있지만, 무엇보다 경제적으로 어느 정도 자리가 잡혔던 것이 가족을 일본으로 데리고 간 큰 이유였다. 그런데 할아버지께서는 의지하게 큰누나는 남겨두고 가라고 하셨다. 그래서 어머니가 큰누나에게 그럼 "너는 할아버지 모시고 있을래?" 하고 물었더니, 큰누님은 착하게도 있을 터이니 "그럼 나 학교나 넣어 달라!"고 하여 11살 먹은 큰누나를 장평초등학교의 전신(前身)인 적곡 공립 심상소학교(1934년 설립)에 입학시켰다.

큰누나가 학교에 간 사이에 온 가족이 아버지를 따라 일본으로 갔다. 그 때 가족은 어머니와 8살 먹은 작은누나, 5살 먹은 큰형, 2살 먹은 작은형이었다. 작은형은 어머니의 등에 업혀서 갔다. 논산에 가서 기차를 타고 대전을 거쳐 부산에 도착하였다.

그런데 부산에서 시모노세키(下關)로 가는 연락선을 타는 과정에서 어머니에게 해프닝이 일어났다. 일본 관원이 승객의 신원을 한 사람씩 확인하다가 어머니에게 이름을 물었다. 그러나 어머니는 그때까지 자신의 이름이 무엇인지를 몰랐다. 어머니가 대답을 못하고 아버지만 쳐다보고 있으니까 일본 관원이 "바가야로!(바보냐!)"라고 소리쳤다. 그때서야 옆에 있던 아버지가 "서옥순이라고 해!"라고 말해줘서 겨우 상황을 모면하였다 한다. 어머니는 아버지가 미리 자신에게 이름을 일러주거나, 아니면 물을 때에 곧바로 대답을 대신 해주지 않은 것이 상당히 섭섭하셨다 한다.

어머니가 자신의 호적 이름이 무엇인지 모르는 것은 당연한 일이었다. 호적에 이름이 올라간 뒤로 공적으로 자신의 이름을 사용한 것은 이 때가 처음이었다. 이는 우리 어머니뿐만 아니라, 당시를 살았던 우리들 모두의 어머니에게도 해당되는 일이다. 아주 어려서는 '아기', '애', '큰애' 또는 '언년' 등으로 어른들에게 불리었고, 시집온 뒤에는 시집이나 친정에서 '여우내댁'이나 '갓점댁'이라는 택호로 불렸고, 자식이 크면서 이웃집에서는 자식들 이름을 붙여 '구세 어머니'로 불렸지 이름을 불리운 적이 없었기 때문이다. 아예 이름을 짓지 않은 여자도 있었다. 큰누님의 시어머니의 경우 호적 등본에 이름이 기록되어 있지 않다.

일본에 와서 가족이 거주한 곳은 도쿄의 동북쪽에 접경해 있는 이바라키 현(茨城縣) 유키 군(結城郡) 미즈가이도마치(水海道町) 2595번지이다. 일본은 우리의 도와 같은 행정 단위로 현이 있고 현 밑에 여러 개의 군이 있다. 신라에서는 군 아래에 몇 개의 현이 있었고, 고려와 조선조에는 군과 현의 등급은 같되 현이 군보다 그 규

일본에 계실 때의 아버지(오른쪽)

모가 작은 행정구역이었다. 일본의 경우 군·현의 서열이 중국이나 우리나라와 크게 다른데, 이는 19세기 후반 메이지 유신 때 정해진 지방제도이다. 유키 군은 이바라키 현의 동남쪽에 있고 미즈가이도마치는 그 최남단에 위치한다. 유키군은 도쿄로부터 동북쪽으로 60킬로미터 정도 떨어져 있는 도시이다.

　어머니와 가족이 부산에서 하룻밤을 보내고 그 다음날 아침 연락선을 타고 시모노세키에 내려 기차를 타고 동경에 도착하니, 아버지 친구들이 마중을 나왔다. 집을 나선 지 5일 만이었다. 식구들은 처음 보는 문물이 신기하기만 했다. 큰 바다를 어머니는 태어나서 처음 보았다. 서울이나 부산 같은 큰 도시도 아직 보지 못했던 우리 가족에게 번화한 도쿄는 마치 딴 세상에 온 것 같은 기분이 들게 만들었다.

일본 근대사와 한국 근대사의 비교

16세기 중엽 일본은 네덜란드(화란) 상인들과 나카사키에서 서양의 조총을 수입하고, 이후 서양학을 난학(蘭學)이라 일컬었다. 그러나 천주교의 전파로 생길 사회 혼란을 염려하여 도쿠가와 막부는 200년 동안 쇄국정책을 펼쳤다. 1853년 미국의 매튜 페리(Matthew C. Perry) 제독이 지휘하는 원정대에 의하여 일본은 1854년 5월 31일 굴욕적인 조약을 체결하고 서양에 개항을 하게 되었다. 그 뒤로 러시아(1854. 12)와 조약을 체결하여 쿠릴 열도가 분할되었으며, 네덜란드(1857), 영국(1858), 프랑스 등과도 조약을 체결하였다.

막부는 이런 굴욕적인 조약을 책임져야 했고, 지방 세력인 번(藩)의 무사들은 막부의 쇼군(장군)을 제거하고 천황에게 권력을 일임하는 명치유신을 1868년에 단행하였다. 1862년부터 1867년까지 서양으로 떠난 유학생은 68명이나 되었고, 왕정복고 전에 막부가 파견한 유학생은 150명이나 되었으며, 1871~1873년에 이와쿠라 도모미(巖倉具視, 1825~1883)가 이끈 50명의 시찰단이 미국, 영국, 프랑스, 독일, 러시아를 시찰하고 돌아왔다.

근대화 과정에서 일본은 서양 배우기와 따라잡기에 성공한 가장 발 빠른 단거리 선수였다. 서양 고문을 고용한 것도 막부 말기에 2백 명이나 되었으며, 1868~1912년까지는 4천 명이나 되었다. 그러면서 봉건제도인 번(藩)을 폐지하고 현(縣)을 설치하여 중앙집권화를 이룩하였다. 그리고 육군과 해군의 상비군, 징병제, 의무교육, 경제건설 등에 박차를 가하였다. 또, 헌법의 제정, 내각제의 운용 등에서 일본적 특색을 버리지 않고 서양 법제를 수용하였다. 명치 정부에서는 불교를 탄압하고, 신도(神道)를 권장했으며, 충효를 강조하는 유교의 가족국가론을 발전시켰다. 천황의 칙유(勅諭)에 전 국민이 절대 복종하도록 제도화하였다.

1910년대에 일본은 이미 서양 선진국을 따라 잡았고, 한국과 중국을 점령할 침략정책을 추진하였다. 1910년대에 세계의 석학들이 도쿄에 초빙되어 강연을 하였고 유명한 서양의 고전이 일본어로 번역되었다. 당시 한국과 일본의 국력의 차이는 전혀 상대가 되지 않았다. 당시 일본 인구는 4천6백만 명이었다. 일본이 서양 따라 잡기에 성공한 주원인은 근대화를 이끈 엘리트 집단이 있었기 때문이고, 이런 엘리트 집단이 형성될 수 있었던 것은 16세기 중엽 난학이 알려진 뒤 200년 동안 이어진 쇄국정책으로 서양에 대한 갈증이 커졌기 때문이었다.

일본 근대화 과정에는 외세가 크게 작용하지 않는 가운데 국정을 근대화로 집중시켜 갔다. 이에 반하여 한국은 서양과의 개항이 뒤졌을 뿐만 아니라, 성리학의 보수적인 사상적 굴레 속에서 일본 식민지로 전락하면서 근대화하는 과정이 굴절되었다.

한국은 1960년대 이후 경제발전과 민주발전을 이룩하여 약소국의 지위에서 벗어나 일약 세계 선진국의 대열에 편입되고 있다.

그리고 이제 한국은 정보화 시대에 접어들어 국민의 교육, 글쓰기와 읽기가 초일류 국가의 수준에 이르렀고, 교통과 통신의 인프라가 잘 구축되어 있다. 고전의 현대화가 필요하며 역사의 대중화가 필요하다. 국가의 발전을 위해 소승적 집착을 버리고 대승적 차원에서 힘을 합쳐야 한다. 누구나 살고 싶어하는 위대한 대한민국을 만드는 데 모든 국민이 역사의 주인공임을 명심하여야 할 것이다.

그러려면 무엇보다 젊은 실업자가 없는 사회를 만들어야 한다. 결혼 연령도 20대로 낮추도록 국가가 정책적으로 배려하여야 한다. 그리고 전 국토를 적극적으로 활용하여야 할 것이다. 현재 90.5%가 도시에 살고 있다. 농어촌을 어떻게 살릴 것인가도 큰 문제이다. 고향에 대한 출향 인사들의 투자 등에는 세제상의 혜택을 주어 농촌 경제에 활기를 불러일으키는 것도 고려해봄직하다.

또한 환경을 더 이상 파괴하지 않아야 하고, 산에 장기적 안목을 가지고 나무를 심어 가꾸어 30~40년 후의 아름답고 풍요한 산천을 가꾸어야 할 것이다. 산업화 이후의 중병을 어떻게 해결할 것인가도 풀어야 할 과제이다. 중요한 국가적 과제가 산적해 있다.

그러나 가장 중요한 것은 우리의 역사를 만들어 가는 주인공은 바로 우리라는 역사 정신을 가지는 것이다. 이런 주체의식은 모든 활동의 기초가 된다고 할 수 있다. 이런 주체의식은 우리가 세계사를 창조하는 데 필수적인 것이며 이를 탄탄하게 가져야 새로운 역사를 만들 것이다. 자유와 평등, 행복이 항상 가득한 나라 살기 좋은 나라를 만드는 데 많은 사람의 지혜를 모아야 할 것이다.

비교적 넉넉했던 일본 생활

아버지는 그동안 일본에서 고물상을 경영하셨다. 그래서 고물상을 하는 친구들이 여럿 있었다. 일본에 전 가족이 들어오고 며칠이 지나 친구들을 불러 음식을 대접하는데, 한 친구가 어머니에게 농 삼아 "이 친구의 나이가 스물아홉인데 장가를 갔느냐고 해도 대답을 하지 않더라. 그러나 조선 사람은 장가를 일찍 가기 때문에 아직 장가를 안 들었을 리가 없다고 생각해, 고향에 계신 아주머니를 빨리 모셔 오라고 자신이 권유했노라."고 웃으면서 말했다고 한다.

아버지는 술을 아주 즐겨 마셔서 친구를 쉽게 사귀곤 하였다. 어머니가 어느 날 아버지의 술친구를 초대하여 국을 끓이고 장을 지져서 술상을 보아 들였더니 "참으로 오랜만에 맛있는 조선 음식을 제대로 먹어 본다"고 칭찬하였다고 한다. 아버지는 밤 12시쯤 술에 얼큰히 취해 돌아오곤 하였다. 집에 돌아올 때에는 고향에서 못 먹었다고 하여 쇠고기도 뭉텅 뭉텅 사오는 것이 다반사였다고 한다. 생활은 비교적 넉넉하였다. 어머님이 시집 온 뒤에 가장 풍요로운 생활을 하셨고 식량 걱정을 처음으로 하지 않고 사셨다 한다.

이 당시 해외의 상황을 살펴보면, 1937년 3월 이탈리아가 에티오피아를 침공하여 점령하자 국제연맹에서 항의를 제기하였다. 그러자 이탈리아는 결국 11월 12일 국제연맹에서 탈퇴하였다. 1933년 만주침략을 국제연맹에서 철회결의안을 통과시키자 일본은 국제연맹에서 탈퇴하였는데, 1937년에는 결국 중국을 침공하는 전쟁을 일으켰다. 1938년 3월 독일이 오스트리아를 침공하여 병합하였으며, 이 해 4월 1일 일본은 국가총동원법을 공포·시행하였다.

그리고 1939년 9월 1일 독일이 폴란드를 침공하고 미국, 영국, 프랑스 등이 이에 선전포고를 함으로써 세계 제2차대전이 시작되었다. 독일·일본·이탈리아가 3국 동맹을 맺었는데(1940. 11. 20), 세계대전을 일으킨 중심 국가라는 뜻에서 이 국가들을 이른바 '추축국가'라고 부른다.

1940년 민족말살정책인 창씨개명

일본은 1931년 만주사변을 일으켜 괴뢰의 만주국을 세웠다. 그리고 이를 기화로 만주를 점령하고, 1937년에는 중국 본토의 침략계획을 추진하여 북경을 점령하고, 8월 15일에는 남경을 점령하였다. 그러자 중국의 장개석 정부는 중경으로 수도를 옮겼다. 이에 따라 우리 대한민국의 임시정부도 중경으로 거처를 옮겼다. 이렇듯 일본이 벌이는 전쟁이 점점 확대되자 우리 민족을 전쟁에 동원하려는 계획이 추진되었고, 이를 위해 민족의 특성을 송두리째 없애 영원한 식민지로 만들겠다는 '민족말살정책'을 실시하였다.

이는 세계 역사상 가장 음흉하고 혹독한 식민정책으로 전시 공출령, 동원령과 함께 한글과 한국사 교육이 금지되고 우리말도 사용하지 못하게 하였다. 또한 1937년부터 '황국신민서사'라는 서약문을 외우게 하고 일본식 신사를 곳곳에 세우고 참배하게 하였으며, 1939년에는 창씨개명(創氏改名)을 강압적으로 시도하였다.

창씨개명은 1919년부터 일제가 우리 민족을 영원히 없애고 일본 민족으로 만들고자 준비한 것이었으나, 3·1운동이 일어나 민족의식이 고양되었기 때문에 그 정책은 연기되었다. 그러다가 1937년 중일전쟁을 치르면서 한국인을 군대에 징집하였는데, 이름을 부르면 바로 한국인인 것이 구별되었기 때문에 이 때 창씨개명을 실시한 것이다.

식민지 국가의 모든 사람 성명을 자기 나라 식으로 바꾸도록 강요하여, 한국 문화와 한국 민족을 지구상에서 영원히 없애버리려 한 이 처사는 세계의 식민사에서 유례가 없는 가장 악질적인 식민정책이었다. 이는 일본 내각의 치밀한 계획에 따른 것이었으나, 형식은 1939년에 반포한 총독부 총독의 제령 19호인 '조선 민사령 개정건'과 20호 '조선인의 씨명에 관한 건'으로 1940년 2월부터 실시되었다.

한국인은 일본인과 달리 시조로부터 성과 본관을 오랫동안 변함없이 이어왔는데, 창씨개명은 성을 파괴하여 개인이 성을 마음대로 바꿀 수 있는 씨로 부르게 하려 한 것이다. 일본식으로 성을 두 자로 고치고, 본관을 없애려는 것이었다. 창씨개명으로 지금까지 동족을 일컫던 성씨가 이제는 서로 다른 씨로 불리게 되었다.

전 국민의 80%가 창씨개명에 응하였다. 법적으로는 자유의사에 따른다고 했지만 거의 강제성을 띠고 있었다. 면에서는 행정적 성과를 올리기 위해서 면서기가 자의적으로 일반 사람들의 이름을 고쳐 놓은 것도 있음을 우리 집의 호적 자료를 통해서 확인할 수 있었다.

우리 집의 경우 할아버지가 분위기에 눌려 성을 마스다(松田)로 고쳤다. 한 마을에 사는 친족의 다른 파는 마스고쿠(松谷)이라 하였다. 송곡은 우리 집의 선조인 정숙공 정연의 호이다. 그러나 아버지의 호적명은 정창식(鄭昌植)으로 고쳐지지 않았다. 일본에 가 있어서 호적 성명을 바꾸지 않은 것으로 생각할 수도 있지만 반드시 그런 것은 아닌 듯하다.

왜냐하면 내가 2005년 3월 28일에 도쿄 대학의 요시다(吉田光男) 교수와 함께 이바라키 현 미즈가이도마치에 있는 미즈가이도 소학교를 방문하여 자료실에 남겨진 큰 누님의 학적부를 조사해보았다. 살펴보니, 큰 누님의 학적부가 없어서 학교 교장 선생님에게 다시 한 번 부탁을 하였다. 그후 1개월이 지나서 요시다 교수로부터 큰 누님 학적부 사본을 우편으로 받게 되었다. 이 학적부 사본에는 1940년 9월 2일에 정옥저(鄭玉姐)로 편입하였다가, 1944년 5월 2일에

미즈가이도 소학교의 자료실에서 찾은 큰 누님의 학적부 사본

전출하였다고 기록되어 있었다. 이는 스치우라 시(土浦市)로 아버지가 이사하였기 때문이다.

아버지는 1944년에 징용되어 해군 비행장에 근무한 것으로 알려져 있다. 그런데 누님의 학적부에는 마스다 에이코(松田永子)로 이름이 고쳐졌는데, 보호자인 아버지 이름은 정창식으로 되어 있음을 확인할 수 있었다. 아버지의 직업은 고물상으로 되어 있었고, 자식들의 이름은 일본식으로 쓰면서도 아버지는 끝까지 한국식 이름을 고집스럽게 그대로 썼음을 확인할 수 있었다.

우리나라 사람들이 성을 바꿀 때 지금은 어쩔 수 없이 성을 바꾸지만 언젠가는 복구될 것으로 믿었다. 그러나 성을 바꾸고 오랜 시간이 지나면 자기의 본성(本姓)을 잊을지도 몰라서, 이를 쉽게 떠올릴 수 있도록 자신의 성과 연관이 있는 글자를 고르는 게 보통이었다. 일본에 들어간 아버지는 자신의 이름을 고치지 않았는데, 오직 호적에는 어머니의 이름만 고쳐져 있었다. 나의 어머니 이름이 하루코(春子)로 개명이 되어 있다. 아버지의 이름이 고쳐지지 않았는데 어머님의 이름만 고쳐진 것은 이해되지 않는다. 더구나 당시 어머니는 일본에 살고 계셨다. 어머니의 개명은 분명히 면서기가 마음대로 고쳐 놓은 것으로 해석할 수밖에 없다.

일본에서 고물상을 하려면 일본식 이름이 필요했을 것이다. 이를 알려주는 자료가 아버지의 유품이다. 큰형이 간직하고 있는 아버지의 유품으로 도장 두 개가 있었다. 하나는 나무 도장인데 궁본충일(宮本忠一)이라고 새겨져 있고, 다른 하나는 수정 도장으로 정창식인(鄭昌植印)이라고 새겨져 있었다. 아마 일본에서 상거래를 할 때 일본식 이름과 일본식 도장이 사용되었을 것이다. 그러나 이 이름이 호적 자료에 보이지 않는 것을 볼 때 사적으로만 사용된 것 같다.

내가 2005년 3월에 미즈가이도 소학교를 방문하였을 때 학교에서는 80세의 향토사가인 고키다(五木田) 선생을 모셔서 학교에서 만났다. 그는 1945년쯤에 당시 그 학교의 선생으로 계셨다고 한다. 그는 '미야모토(宮本)'라고 불리던 한국 사람의 이름을 들은 기억이 있고 당시 그곳에 20여 호가 살고 있었다는 증언을 들려주었다. 이 20여 호는 작은아버지, 할아버지, 아버지의 재종, 아버지의 처남, 처 재종으로 아버지를 따라 일본에 들어갔던 사람들이다.(미즈가이도 방문 때에 협조해 준 요시다 교수, 그리고 교장 선생님, 그리고 우중에도 주위 현장을 설명해주신 고키다 선생의 친절에 감사를 드린다.)

일본식의 창씨개명은 1946년 10월 22일 미국 군정청령 210호인 '조선성명복구령'에 따라 본인의 의사와 관계없이 일제히 원래 성과 이름으로 환원되었다. 나라의 독립을 빨리 찾은 덕택으로 일제의 창씨개명은 우리들의 호적부를 더럽혀 놓았을 뿐 사실 별로 영향을 남기지 않았다. 일제 강점기에 살았던 한국 사람의 옛 호적에는 대부분 일제 지배의 상처가 붉은 글씨로 아직도 주절주절 남아 있다. 단지 우리들 가운데에는 이런 사실을 모르고 지나치고 있는 사람이 많을 뿐이다.

어머니는 1941년 쌍둥이 딸을 낳았다. 그 가운데 한 딸은 일주일 만에 곧바로 죽고, 다른 한 딸은 1946년에 한국에 나와서 천연두를 앓다가 죽었다. 어머니는 애기를 낳았는데도 배가 계속 아팠고, 산파는 한 아이가 배 속에 더 있다고 하는 말에 어머니는 크게 놀라셨다고 한다. 어머니는 쌍둥이를 낳고서 대단히 부끄러워했다고 한다. 그래서 아버지 보고 한 아이는 남에게 주자고 하는 말을 꺼냈다가 "제 자식을 남에게 주었다가 하늘로부터 큰 벌을 받고 싶으냐?"고 핀잔을 들었다고 한다.

1940년 할아버지는 서모 할머니와 큰누님과 함께 일본으로 들어왔고, 1943년에는 작은아버지 내외도 일본으로 들어왔다. 1942년에는 셋째 외숙 내외와 막내 외숙이 일본에 들어왔다. 아버지가 일본에 사는 것을 계기로 아버지의 동생뿐만 아니라, 친족 재종들인 이식 씨, 화식 씨, 덕용 씨, 인용 씨, 그리고 처가의 두 처남 등이 일본에 이주하였다가, 해방 전에 우리 집이 한국으로 나올 때 더불어 거의 모든 사람이 나왔다.

아버지는 1943년 도쿄 역으로 작은아버지를 마중 나올 때에 아홉 살의 큰형과 여섯 살의 작은형을 데리고 갔다. 그런데 작은아버지가 부산에서 여행증을 분실하여 도착을 하지 못하였다는 전보를 받고, 아버지는 이 문제를 해결하느라고 시간이 오래 걸렸다. 이를 수습하는 동안 아버지께서 형들 보고 "너희들 여기서 꼼짝 말고 기다리라!" 하셨는데, 두 형은 아무리 기다려도 아버지가 오시지 않았다. 해는 서산으로 기울자 형들은 어린 생각에 아버지가 집에 가셨는가 보다 생각하고는 전철을 타고 집으로 돌아와 버렸다. 아버지는 도쿄 역 근처를 맴돌면서 얼마나 찾았

큰형(좌)과 막내 외숙(우) (일본, 1944)
이때 막내 외숙은 열한 살, 큰형은 열 살이었다.

겠는가? 찾다찾다 못 찾고 경찰서에 미아 신고를 해두고 할 수 없이 집에 와 보니, 형들이 와 있는 것을 보고는 "어휴" 하고 한숨을 쉬고는 크게 역정을 내시는 모습을 어머니는 처음 보셨다고 한다. 아버지가 집에 돌아오는 동안 어떤 생각을 하였을까는 충분히 짐작이 간다. 아버지의 역정은 곧바로 풀어졌다고 한다.

1943년 3월 17일(음력 2월 12일) 셋째 아들 구복(求福, 1943~)[19]을 미즈가이도마치 2741-2번지에서 낳았다고 나의 호적 초본에 기록되어 있다. 누님들의 이야기를 들으면 미즈가이도 소학교 담장 넘어 2층집이라고 하였다.

앞서 말했듯이 2005년 3월 나는 미즈가이도마치를 방문하였다. 이는 아버지의 유일한 유품으로 전하는 두 개의 도장 가운데 '궁본충일(宮本忠一)'로 새겨진 도장이 아버지 도장인가에 대한 의문을 풀기 위한 것이었다. 마침 그 때 일본우익계의 교과서에서 일본의 한국 지배를 일본의 성장으로 보아야 한다는 문제가 제기되어 양국 간에 한일역사공동연구위원회가 조직되었고 나는 그 위원으로 활동하게 되었다. 그래서 2003년부터 2005년까지 3년 동안 일본을 7~8차례 방문하였다. 그 마지막 회의가 도쿄에서 열렸다. 이 기회에 미즈가이도 소학교의 큰누님 학적부를 조사해보아야겠다는 생각을 6개월 전부터 가졌다. 2005년 3월 27일 도쿄에서 마지막 위원회가 개최되었고, 그 다음날 나는 동경대학 요시다 교수의 도움을 받아 미즈가이도마치 소학교를 방문하였다. 내가 출생했다는 번지를 찾아보았다. 누님들로부터 들었던 내가 태어났다고 하는 2층집은 간 곳이 없고 오직 공터로 남아 있었다. 같은 번지의 지목(地目)이 세 곳으로 나누어져 있는데 왜 그렇게 되었는지

미즈가이도 소학교 교정에 있는 은행나무와 안내 해주신 고키다(五木田) 선생 (2005. 3. 28)

는 알 수가 없다.

미즈가이도마치는 도쿄에서 버스로 갔다. 전철도 있지만 버스 편이 더 빨리 갈 수 있었기 때문이었다. 버스 종착역은 전철 역 옆에 있었다. 가는 도중에 비가 내리기 시작하여 우리가 학교에 도착할 무렵에는 큰 비가 내렸다. 학교의 교장은 최근에 전근을 와서 학교의 역사를 잘 모르니 80세의 향토사가 고키다 씨를 오시게 하였다. 그 분으로부터 아주 귀중한 증언을 들었고 이로 인해 나의 의문이 풀리게 되었다. 앞에서 말했듯이 학교의 자료전시실에는 누님의 학적부는 없었다. 사후 조사를 부탁하고 우리는 학교 주위를 살펴보았다. 마침 비가 그쳤다. 그리고 점심을 먹은 뒤에는 스치우라 시내도 돌아보았다. 가스미가우라 호수는 국립공원으로 지정되어 있었고, 과연 바다와 같이 넓었다.

나의 출생

어머니가 나를 낳으시던 날 초저녁에 산파가 와서 진찰을 하더니, 오늘 밤에 애기를 낳겠다고 하면서 기다리고 있었다. 그런데 어머니는 산통이 전혀 없어 절대로 아이가 나오지 않을 것 같으니 돌아가라 하여 산파는 할 수 없이 돌아갔다. 밤 10시쯤 되어 배가 아프기 시작하자 어머니는 누나들을 급히 보내 산파를 오게 하였더니, 산파는 집 문에 들어서면서 "그 보라고, 내가 오늘 밤 안에 낳는다고 하지 않았느냐?" 했다고 한다. 밤 11시쯤 되어서 내가 세상에 나왔다고 한다. 새로 태어난 신생아의 체중이 무려 4kg나 되었으니, 이는 산모의 섭생이 좋았기 때문이다. 그리고 어머니는 처음으로 산파의 도움을 받아 여러 자식 가운데 가장 편하고 안전하게 낳으셨다고 한다.

산파가 아기를 목욕시키고 옆집에 살던 셋째 외숙모가 미역국과 해산 밥을 해 주셨다. 12시가 다되어 아버지가 거나하게 술에 취해 돌아오셨다. 아버지는 아들을 낳았다고 하는 말을 듣고 기뻐서 산파에게 수고비를 아주 넉넉히 주었다 한다. 그리고 산후 일주일 동안 날마다 산파가 와서 목욕을 시켜 주었다.

내가 태어나던 해에 어머니의 동기간 세 분이 모두 아들을 낳았다. 큰 이모가 딸 넷을 낳은 다음 귀한 아들을 낳았다. 그러나 큰 이모는 불행히도 그렇게 귀한 아들을 일찍이 잃어버리는 슬픔을 당하였다. 그래서 큰 이모는 나를 볼 때마다 자기 아들 생각을 하고 눈물을 흘리시어 뵙기가 대단히 민망했다.

그리고 어머니의 동생인 둘째 이모는 우리가 사는 마을 근처로

둘째 이모와 둘째 이모부 앞줄 맨 오른쪽이 둘째 이모이고 그 옆이 둘째 이모부이다.

시집을 와 부여군 은산면 가곡리(고보실)에 사셨다. 그래서 우리 형제는 고보실 이모라고 불렀다. 고보실은 내가 자란 장평면 낙지리에서 15리 정도 떨어진 곳이다. 이모는 20살에 기계 유씨에게 시집을 가 딸과 아들을 낳았다. 아들 이름이 재명(초명은 재동)이고, 나보다 생일이 4일이 빠른 이종형이다. 이모는 어느 분이든 같지만 고보실 이모는 우리 집과 가깝게 살았기 때문에 자주 오가는 사이였고 정이 들어 가장 가깝게 느껴졌다.

셋째 외숙[廷甲]도 일본에 따라 들어와 1943년 같은 해 겨울에 큰 아들을 낳았는데 이름은 원석이다. 원석은 35살이 되던 1977년에 세상을 떴다. 이 이종과는 어려서 재미있게 놀기도 했는데 요절한 것이 참으로 애처롭다. 이처럼 어머니의 동기간 넷이 한 해에 아들을 낳았는데 지금은 둘밖에 살아 있지 않다. 인명의 길고 짧은 것은 하늘에 달렸으니 인간의 힘으로는 어쩔 수 없는 일이 아닐까!

나는 다른 형제와 누나보다도 어머니의 젖을 풍부하게 먹고 자랐다고 한다. 산후에 잉어를 삶아 잡수셨더니 젖이 풍족하셨다 한다. 생활도 넉넉하여 걱정이 없이 사셨다.

내가 2살 때에 학교에서 돌아온 두 누나가 고구마를 쪄 먹는 솥에서 고구마를 건져 먹고 그 물을 그대로 두고 밖으로 놀러 나갔다. 그 사이 잠에서 깨어난 나는 엉금엉금 기어가 뜨거운 물이 있는 솥에 두 손을 넣었다. 그 순간 나는 소스라쳤다. 두 손의 열 손가락이 오리발처럼 바짝 오그라들어 붙었다.

나는 곧바로 병원에 옮겨져 수술을 받았는데 내가 죽을 듯이 울음을 그치지 않자 아버지는 수술을 멈추게 하여 오른손의 약지와 새끼손가락은 수술을 다하지 못하고 남겨 두었다. 나중에 고치겠다고 남겨둔 것이 사정이 여의치 않아 끝내 고치지 못했다. 그래서 지금도 오른손 두 손가락은 기역자로 굽어져 완전히 펴지지 않는다.

1944년 봄, 조선인 징용령에 따라 아버지가 노무자로 징집되었다. 이바라키 현에 있는 스치우라(土浦) 해군 비행장 공장에서 강제 사역을 당하였다. 아버지를 따라 온 식구가 스치우라로 이사를 갔다. 스치우라는 가스미가우라(霞ヶ浦)라는 커다란 호수의 북동쪽에 있는 도시였다. 살던 집에서 고개만 넘으면 마치 바다로 오인할 정도로 큰 호수인 가스미가우라가 보였다.

이 호수에서 할아버지는 우렁도 많이 잡아먹었다고 한다. 당시 일본 사람들은 우렁을 잡아먹지 않았다고 한다. 미즈가이도 소학교에는 은행나무가 두 그루 있었는데 일본 사람들은 이를 주워 먹지 않아서 우리 집안 사람들이 많이 주워 먹었다고 한다. 현재도 두 그루의 은행나무가 체육관[講武館] 옆에 있음을 2005년 3월에 일본을 방문했을 때 확인하였다. 그리고 숙부가 살았던 집은 보국사라고 하는 절 앞의 작은 길을 지나 있다고 숙모님으로부터 들었는데 당시의 작은 길이 지금도 그대로 남아 있음을 확인하였다.

1941년 5월 소련의 스탈린이 수상에 취임하였다. 12월 8일 일본이 미국의 하와이 진주만을 급습하여 미국과 영국이 일본에 선전포고하였다. 그리고 독일과 이탈리아가 미국에 선전포고를 함으로써, 세계대전이 점차 확대·가열되었다. 1942년 히틀러는 110만 명의 유럽 유태인을 학살하라고 명령하였고, 11월 아이젠하워 장군이 이끄는 미·영 연합군이 북아프리카 상륙작전을 성공적으로 수행하였다. 그리고 장개석이 중국 국민정부의 주석에 취임하여 미·영·중·소의 연합국 체제가 마련되고, 세계대전의 전세가 연합국 측으로 기울게 되었다. 결국 1944년 6월 4일, 미·영군이 로마에 입성하고 노르망디 상륙전이 수행되었다.

8월 25일에는 프랑스의 드골 장군이 파리에 입성을 했고, 1945년 4월 1일에는 미군이 일본의 오키나와에 상륙하였다. 독일군이 영국 런던에 대한 비행기 폭격을 감행하였으나, 1945년 4월 28일 무솔리니가 처형되고 4월 30일에는 히틀러가 자살하였다. 결국 독일군은 프랑스에서 연합군에 무조건 항복을 하였다.

미국은 8월 6일 일본의 히로시마에, 8월 9일에는 나가사키에 원자폭탄을 투하하였다. 새로운 무기인 원자폭탄은 실로 가공할 만한 엄청난 파괴력과 살상력을 보였다. 결국 일본은 8월 15일 연합국에게 무조건 항복하였다. 세계대전에서 1,683만 명이 전사 또는 행방불명이 되었고, 2,670만 명의 부상자를 내는 엄청난 희생을 가져왔다.

1941년 2월 중국 중경에 있었던 대한민국 임시정부에서 독립군 지원병 3천 명을 모집하는데 13만 9,123명이 지원하였다. 임시정부에서는 12월 9일 일본에 선전포고를 하였으며, 1942년 3월 1일에는 중·미·영·소에 임시정부를 승인해 줄 것을 요구하였으나 성사되지 못했다. 일제는 1942년부터 한국어 수업과 한국어 사용을 금지하였고, 독립운동을 한다는 핑계로 조선어학회 회원과 대종교 단원의 검거가 시작되었다. 학교마다 학생을 감시하는 보도연맹을 조직하여 한국말을 사용하는 사람을 적발하여 처벌하였고, 한글 전보가 폐지되었다. 그리고 대학의 수업 기간을 1941년에 3개월 단축시켰고, 1942년에는 6개월 단축시켰다.

1944년 2월에는 총동원법에 따라 강제 징용제가 실시되고 조선인에게도 징병제가 실시되었다. 전시체제 아래 동원령이 내려진 것이다. 각 가정에서 놋그릇을 공출하였고, 부족한 기름을 조달하기 위해서 송진 따기, 피마자기름 모으기가 시작되었다. 일본은 모든 것을 전쟁에 쏟아 부었다. 그러나 1945년 8월 15일 일본 천왕이 무조건 항복을 선언하여 마침내 2차 세계대전이 끝났다. 그처럼 기세등등하던 일본제국의 멸망이 하루아침에 다가왔다. 꿈에 그리던 조국의 해방이 갑자기 찾아온 것이다.

그러나 조국 해방의 환호성은 곧바로 38도선을 경계로 북쪽은 소련군이 주둔하고 남쪽은 미군이 주둔함으로써 결국 분단이 굳어져 60년이 넘도록 분단국가의 슬픔을 안게 되었다. 남북한의 분단은 바로 식민지의 후유증이며, 또한 2차 세계대전의 후유증이다.

6. 귀국과 해방

일본의 패망과 귀국

1944년 봄부터 미군 폭격기들이 일본의 도쿄를 공습하였고, 마침내 히로시마와 나가사키에 원자폭탄이 투하되자 일본은 연합국에 갑자기 백기를 번쩍 들었다. 일본에 거주하였던 우리 가족은 일본의 패망이 점점 닥쳐옴을 1944년 10월부터 몸으로 느끼고 있었다. 동경에 폭격기가 뜨면 대피소동이 벌어졌다. 당시 국내에는 일본이 패망할 것이라는 정보를 알고 있는 사람은 거의 없었다.

할아버지께서는 도쿄를 향한 미군기의 폭격이 심해짐을 보시고는 '죽어도 고향에 가서 죽자'는 뜻으로 서모 할머니와 함께 1944년 12월 먼저 고국으로 돌아오셨으며, 다음 해 1월에 우리 집 온 가족이 나왔고, 이어서 두 외숙과 작은아버지 댁도 서둘러 돌아왔다. 미군기들의 공습이 시작되기 전에 방공 사이렌이 울려 퍼지면 3살이었던 나는 포대기를 끌고 대피를 서둘렀다고 하니 얼마나 공습이 치열했던가를 알 수 있다.

우리 집은 10년 만에 고국으로 돌아왔는데, 이는 어머니가 적극적으로 주장하셨기 때문이었다. 아이들이 학교에 다니고 있는데 도중에 포기하고 온 가족이 고국으로 다시 이사한다는 것이 쉽지 않았다. 그러나 어머니의 주장이 아니었어도 할아버지가 이미 환국한 마당이니 뒤따라 나올 수밖에 없었다.

고국으로 돌아오는 우리 집 식구를 이웃집 일본인들이 배웅하면서 전쟁이 끝나면 다시 오라는 따뜻한 인사말로 전송을 해주었다고 한다. 1945년 당시 큰 누나는 소학교 6학년, 둘째 누나는 5학년, 큰형은 3학년이었다. 작은형은 1학년이었다.

아버지가 비행장에 근무한 덕에 여행 허가증은 쉽게 얻을 수 있었으나 고국으로 돌아오는 길은 험난하였다. 간단한 가방만 챙기고 거의 빈 몸으로 나와 전철을 타고 도쿄까지 왔다. 도쿄에서 시모노세키까지 15시간 이상 동안 기차를 탔고, 그곳에서 부산까지 10시간 동안 배를 탔으며, 부산에서 조치원까지 다시 기차를 타고 9시간을 올라와야 했다. 그곳에서 공주까지 버스로 와서, 시골길 30리를 걸어서 금강을 건너 여우내의 외갓집에 도착했다. 우선 우리가 의지할 곳은 외갓집이었다. 그곳에는 둘째 외숙 댁이 있었다.

나는 고국에 나온 것을 참으로 잘한 일이라고 생각하고 있으나 형들의 생각은 달랐다. 우리 집 식구는 일본 옷을 입었고, 나막신인 게다를 신고 왔다. 그래서 해방 뒤에는 형들은 '쪽발이'라고 친구들로부터 놀림을 받기도 했다. 2살 때에 일본에 따라갔다가 8살에 고국에 돌아온 작은형은 갓 쓴 사람을 보고는 신기하게 여겨 "철사 모자를 쓰고 다닌다."고 했다고 한다.

낙지리 정착

둘째 외숙 댁에 한 달 정도 머무는 동안 큰형은 막내 외숙과 함께 목면 안심리에 있는 목면국민학교 3학년에 편입하여 다녔다. 그러다가 고향 마을 갓점으로 왔다. 그러나 고향 마을 갓점에서 살 만한 집을 구할 수 없어, 아버지의 삼촌들이 살았고 아버지의 외갓집이 있는 적곡면 낙지리에 빈 집이 나왔다는 소식을 듣고 낙지리의 아랫마을인 삼거리로 삶의 터를 잡았다.

청양군 적곡면은 노태우 대통령 때인 1995년 붉을 적(赤)이 공산주의 색이라는 이유로 '장평면'으로 이름을 바꿨다. 붉은 색은 공산당의 깃발 색깔이라 하여 금기시하였다. 이 얼마나 경직된 생각인가? 지금 '붉은 악마'라는 축구 응원단이 국민의 열렬한 성원을 받고 있는 것을 보면, 그동안 우리 사회가 얼마나 큰 사고의 전환이 이루어졌는가를 알 수 있다.

낙지리는 충청남도 도립공원인 칠갑산 산줄기 남쪽 산록에 있는 마을이다. 청양은 20여 년 전 조운파 씨가 작사 작곡하고 주병선 씨가 불러 시골사람들의 정서를 달래준 유행가 '칠갑산'으로 널리 알려져 있다. 요즘은 청양고추와 구기자로 유명하다.

6·25전쟁 이후 청양은 텅스텐 광산으로 널리 알려졌다. 그 광산은 바로 우리 마을에서 작은 골미 고개를 넘으면 있다. 텅스텐은 중석이라고 하는 검은 광물인데 소총의 총구를 만드는 강한 철광석이다. 전국 텅스텐의 80%가 이 광산에서 캐내졌다.

낙지리(樂只里)는 사방이 산으로 둘러싸여 있고, 동쪽에는 칠갑산, 남쪽과 북쪽으로는 칠갑산의 산줄기가 내려 뻗어 있고, 서쪽에는 망월산이 있는데, 이 망월산을 마을에서는 '면산'이라고 부른다. 아마도 면에서 아카시아 나무를 심었기 때문에 그렇게 불린 것 같다. 당시 산에는 아카시아 나무가 무성하게 자라고 있어 민둥산은 없었다. 산촌이기에 나무는 많았다.

이 마을에서 고개를 넘지 않고 가는 길은 남쪽으로 중추리의 면소재지로 가는 신작로뿐이다. 이 신작로는 장평면에서 청양으로 가는 길로 일제 강점기에 만든 도로인데, 지천리(까치내)를 가려면 내끼재라는 큰 고개를 넘어야 하며, 동쪽으로 가려면 백토 고개를, 서쪽으로 가려면 골미 고개를 넘어야 했다.

지금은 포장된 도로가 동서남북으로 나 있고, 까치내를 거쳐 청양으로 가는 내끼재에는 낙지 터널이 뚫려 있다. 마을 중앙에는 자연부락으로 삼거리(이를 마을 사람들은 '상거리'라고 부름), 사당골, 턱골, 개골, 윗뜸, 점촌, 대사천이 있었다. 한때는 150호가 넘는 큰 마을이었고, 해방 전후에는 120여 호가 살았다.

낙지리(樂只里)의 지명 유래

낙지리는 정조 13년(1789)에 편찬된 《호구총수》에 따르면 정산현의 8개 면 가운데 적면(赤面)에 속했던 마을로 나온다. 대전의 김영한 박사 댁에서 소장하고 있는 17세기 중엽의 '안동 김씨 호적단자'에 낙지리의 명칭이 보이고 있음을 확인하였다. 아무래도 우리나라의 면리제가 실시된 초기부터 불린 이름으로 생각된다.

낙지(樂只)라는 말은 《시경》의 〈소아편〉에 세 번 나오고 있다. 하나는 "낙천적인 군자여! 나라와 가정의 바탕이로다.(樂只君子 邦家之基)"요, 다른 하나는 "낙천적인 군자는 천자 나라의 후원세력이 된다.(樂只君子 殿天子之邦)"요, 마지막은 "낙천적인 군자여! 만복이 함께하리라!(樂只君子 萬福攸同)"이다. 참으로 멋진 마을 이름이다.

이를 볼 때 아마도 '낙지리'는 어느 한학자가 붙인 이름으로 생각된다. 그 뒤로 여러 차례 행정개편이 있어도 바뀌지 않고 유지되었다. 나의 자호 낙암(樂庵)도 '낙지리'와 관련이 있다. 우리나라 한국 고문서학계의 최고 권위자인 영산(瀛山) 박병호 교수님은 낙지는 '즐기기'를 한자식으로 표현한 것이 아닌가 말씀을 해주셨는데, 이는 앞으로 더 상고해 보아야 할 것이다.

우리 집은 1945년 봄 낙지리의 아랫녘 상거리로 이사를 했다. 상거리는 500여 년 된 느티나무('정자나무'라고 부름) 두 그루가 서 있는 동네이다. 정자나무 아래에는 우물이 있다. 우리는 이곳에 있는 우물과 상거리 마을 중앙에 있는 샘을 이용하였다.

1950년대 초만 해도 앞산에 아카시아 나무가 빽빽이 들어차 있어 봄에 훈훈한 남풍이 불어오면 그 감미로운 향기가 낙지리에 그윽이 퍼져왔다. 봄철의 밤에는 뻐꾹새가 '뻑국 뻑국' 울어대고 여름밤에는 뒷산에서 소쩍새가 '서쪽 서쪽 서쪽다' 울어댔다. 겨울밤에는 앞산에서 여우가 처량하게 울어대는 소리가 들렸다. 봄 낮에는 보리밭 이랑에서 종달새가 날기 연습을 하고 여름 낮에는 정자나무에서 각종 매미가 마음껏 목청을 높여 각양각색의 노래자랑을 한다.

정자나무 그늘에는 어른들이 아이들을 데리고 나와 가마니를 깔고 매미 소리에 장단을 맞추듯 코를 골며 오수를 즐긴다. 가을 낮에는 빨갛고 노란 고추잠자리가 하늘하늘 춤추며, 들녘에는 노란 벼이삭이 마을을 향해 고개 숙여 정중히 인사를 올린다. 겨울 하얀 눈이 밤새 내리면 온 산과 마을이 하얀 쌀가루를 덮은 듯 신비로워 보였다. 빠꿈이 뚫린 신작로를 노루가 질러가는 모습을 어렵지 않게 볼 수 있었다. 앞산과 뒷산은 산토끼, 꿩, 다람쥐, 까치, 까마귀들이 평화롭게 인간과 함께 어울려 사는 자연의 동물원이었다.

이른 아침에 까치가 울면 오늘 반가운 손님이 온다고 믿었고, 까마귀가 구슬프게 울면 어느 집에 초상이 날 것인가를 걱정했다. 비가 오면 냇물이 흐르다가도, 비가 그치면 4~5일 만에 냇물이 말라 버릴 정도로 자갈이 엄청나게 많은 동네이다. 사람들이 부지런하며 성실하여 질박한 생활 풍속을 가진 산골마을이었다.

낙지리 마을 전경 (2001년 찍음)

1900년대 이후 증조할아버지가 재혼하여 1918년까지 이 마을에 살았던 흔적을 증조할아버지의 제적등본을 통하여 확인할 수 있고, 또 두 분의 종조할아버지들도 이곳에 살았다.

일본에서 맨몸으로 나와서 살림살이가 하나도 없는 우리 식구에게 큰 의지가 된 것은 개울을 건너 맞은편 집에 살고 있던 아버지의 외삼촌(尹虎炳, 1894~1953)과 외숙모(韓辛順, 1900~1980)였다. 아버지의 외숙모를 우리들은 어렸을 때 내를 건너 살고 있다는 뜻에서 '건너 할머니'라고 불렀다.

건너 할머니는 아주 자상하고 온정이 넘치는 분이셨고, 대단히 착하여 '법 없이 살 수 있는 분'이라고 동네 사람들이 칭찬하였다. 아버지의 외삼촌 댁 가족들도 모두 친절하고 상냥하였다. 건너 할머니는 1~2년 동안 된장, 고추장, 간장을 우리 집에 대어주셨고 여러 가지 살림살이를 준비하여 주셨다. 그 신세는 대단하였다고 한다. 어머님의 외숙모에 대한 고마움은 그 뒤에도 두고두고 자주 말씀하셨다.

해방공간과 건국

1945년 8월 15일, 일본이 무조건 항복을 선언함으로써 전 민족이 그토록 꿈꾸던 조국의 해방이 달성되었다. 그 당시에는 해방이라는 용어를 주로 사용하였으나 조국의 광복이라고 해야 옳다. 그렇게 전쟁을 위해서 발광적인 억압정책을 폈던 일본인이 어쩔 수 없이 물러간 것이다. 하지만 그렇게 갈구하던 해방의 기쁨은 바로 혼돈과 절망으로 이어졌다. 이는 38°선을 경계로 남과 북에 미군과 소련군이 각각 진주하였고, 미국이 한국에 대한 정확한 정보가 적었기 때문에 적절한 조처를 취하지 못했다. 또 소련의 공산정권 수립을 위한 책동과 더불어 국내 좌우익의 갈등이 심각하게 노출되어 있었다.

임시정부의 요인(要人)들이 개인 자격으로 국내에 들어오는 불행한 일이 일어났다. 이승만 박사가 10월에 미국에서 귀국하였고, 상해 임시정부 요원들 가운데 김구 주석 등 국무위원은 11월 미군의 비협조로 개인 자격으로 환국하였다. 이는 미국의 큰 실수였다.

앞에서 말했듯이, 국내 좌우익의 갈등은 1920년대에 이미 독립군에서부터 나타났다. 한국의 분단의 씨앗은 어쩌면 이때부터 생겼을지도 모른다. 좌익은 일제강점기에는 노동자 파업 등을 일으켜 노동쟁의와 소작쟁의를 활발하게 일으키는 데 기여한 바 있다. 그러나 그 영향은 해방된 뒤에도 지속적으로 작용하였다.

1945년 8월 14일에 일본 총독 아베는 당시 국내의 중심인물인 여운형(1886~1947), 안재홍(1891~1965), 송진우(1890~1945)와 접촉을 시도하다가, 15일 아침에 여운형을 만나 일본인의 인명과 재산 보호를 위해 치안 유지를 당부하였다. 그러자 여운형은 정치경제범의 즉시 석방, 3개월 동안의 식량보급, 치안 유지와 건국 준비에 대한 간섭 배제, 학생 훈련과 청년조직에 대한 간섭 배제, 노동자와 농민을 동원함에 대한 간섭 배제를 합의한 뒤 조선건국준비위원회를 조직하였다.

당시 《동아일보》 사장을 지낸 우익계의 송진우는 아베 총독의 제안을 거부했고, 9월 한국민주당(약칭 한민당)을 조직하여 수석 총무 직을 맡아 임정 요원의 귀국을 기다렸다. 여운형은 전국에 조직된 인민위원회를 바탕으로 총회를 열어 9월 6일 조선인민공화국의 수립을 선포하였다. 그러나 안재홍이 탈퇴하고 미국이 이를 인정하지 않으면서 그 기능은 곧 상실하고 말았다.

1945년 9월 7일에 발표된 미태평양 총사령부 포고 제1호를 보면 "미국이 일본을 대신하여 38°선 이남을 점령하며, 영어·일본어·조선어를 다 쓰되 영어를 기본으로 한다."고 되어 있다. 이로써 미군정이 실시되었다. 미군정에서는 일제강점기 때 일본을 위해 일했던 조선인 관료들의 행정적 지원을 받았다. 이어서 북한에는 소련군이 진주하여 김일성은 1946년 2월 8일 단독정권인 북조선임시인민위원회를 조직하여 민족주의자들을 처형하기에 이르자, 1947년까지 80만 명이 자유를 찾아 남하하였다. 남쪽에서는 미국의 자본주의·자유주의 사회를 건설하려는 움직임이 있었고, 북한에서는 소련식의 사회주의 국가를 건설하려는 정권이 창출되어 단일 정부의 수립이 이미 불가능해졌다.

1945년 12월 16~26일 미·영·소의 외무장관들은 모스크바의 삼상회의(三相會議)에서 한국 문제를 논의한 결과, 앞으로 최고 5년 이하 미·영·소·중 4개국이 감독하는 신탁통치안을 결의하고 이 방법을 논의하기 위해 미·소공동위원회를 설치 운영하기로 합의를 보았다. 이 신탁통치안은 1945년 12월 28일에 보도되어 전 국민에게 알려졌다. 그러자 임시정부 요인들이 중심이 되어 신탁통치반대 국민총동원위원회가 조직되어 반탁운동을 펼치기로 하고, 비상국민회의를 통해 민주의원을 구성하였다. 처음에는 좌우익 모두 반탁을 선언했으나, 소련의 지령을 받은 좌익계열은 며칠 뒤에 찬탁을 지지하여 국론이 분열되었다.

1946년 3·1운동 기념행사를 좌익 인사들은 남산에서 우익인사들은 서울운동장에서 따로 개최하여 식을 마친 뒤 서로 난투극을 벌이는 충돌이 있었다. 이는 양심 있는 사람들로부터 정치노선이 다르다고 과연 이렇게 할 수 있는가 하는 지탄을 받았다. 이는 참으로 나라 안팎에 부끄러운 일이었다. 여운형과 송진우, 김구의 암살은 이런 좌우익 분열로 말미암은 희생이었다.

미·소공동위원회는 미·소 주둔군 사령관이 대표로 참석하였고, 우리나라 문제를 논의하기 위해 서울에서 두 차례, 평양에서 한 차례 열렸다. 제1차 미·소공동위원회는 1946년 3월 20일부터 5월 12일까지 서울에서, 2차 미·소공동위원회는 1947년 5월 21일부터 10월 18일까지 서울과 평양을 오가며 열렸다. 이에 참석한 정당 및 사회단체는 남한이 425개이고, 북한이 36개였다.

1947년 미국은 미·소공동위원회를 통해서는 우리나라 문제를 해결 수 없다고 판단하고 9월 17일 한국 문제를 유엔총회의 안건으로 올려 국제연합의 감시 아래, 한반도 전 지역에서 자유선거를 실시하여 정부를 수립하기로 결정을 보았다. 그러나 소련이 유엔한국 임시위원단의 입북을 거부함으로써 가능한 지역에서만 선거를 하도록 유엔에서 수정 통과되었다. 그러자 분단 정부가 생길 것을 염려한 김구와 김규식은 평양에 가서 김일성과 단일 정부의 수립을 의논하였으나 합의를 보지 못하고 돌아왔다.

유엔 감시 아래 1948년 5월 10일 총선거가 실시되어 제헌의원 198명을 선출하였다. 대체적으로 선거는 민주적으로 평온하게 실시되었으나 제주도에서는 4·3 항쟁이 일어나 투표를 실시하지 못하고 1년 뒤에 2명이 선출되었다. 제헌의원은 임기 2년이었고, 이승만이 이끄는 독립촉성국민회의가 54명, 김성수(1891~1955)가 이끈 한민당 29명, 이청천(1888~1959, 본명 지청천)이 이끈 대동청년당 12명, 기타 군소 정당 18명, 무소속 85명으로 구성되었다. 1929년 상해에서 이동녕(1869~1940), 이시영(1869~1953), 김구, 안창호, 조소앙(1887~?) 등이 조직한 한국독립당(이하 한독당)이 해체되고 1940년 김구와 조소앙이 재조직한 임정 독립운동 계열의 한독당은 선거에 불참하였다. 청양군에서 제헌 국회의원으로는 청양 읍내에서 대서업을 하던 이종근 씨가 당선되었다.

제헌국회에서는 대한민국 헌법을 제정·통과시키고 이에 따라 초대 대통령으로 이승만을 선출하여, 1948년 8월 15일 대한민국이 수립되었다. 북한은 이미 1946년 2월 8일 북조선인민위원회라는 단독정권을 창출하였다가, 9월 9일 조선민주주의인민공화국의 정부 수립을 선포하여, 결국 남북에 두 개의 분단 정부가 세워졌다. 이런 좌우익의 이념 앞에 민족이 갈리는 것을 막기 위해 역사학자 손진태, 안재홍 등이 신민족주의 역사학을 제창하였다.

1945년 9월 어머니는 넷째 아들 구철(求喆, 1945~)[20]을 낳았다. 나의 남동생이다. 동생은 근면 성실하고, 효성이 지극하여 어머니의 말년 30여 년을 잘 모셨다.

일본에서 낳아 데리고 온 쌍둥이 누나 가운데 살아남은 누나의 이름은 군대였고, 7살이었다. 1946년 봄에 손님(천연두)이 돌았는데 그때 마침 누나가 손님에 걸렸다. 전쟁 중이라서 우두(牛痘)도 맞추지 못했다. 천연두에 걸려 열이 팔팔 끓어오르자 견디다 못해 얼굴을 마구 긁어대었다. 어머니는 그러다 곰보가 되겠다는 걱정을 하셨다고 한다. 어머니가 그 애에게 "곰보가 되느니 차라리 죽으라."고 했더니, 겨우 일곱 살 먹은 아이가 어머니 보고 하는 말

동생 구철 가족과 어머님 (1979. 10)

이 "너나 죽지 왜 남보고 죽으라고 하느냐!" 했다고 한다. 어머님
은 속으로 지나친 말을 하였다고 자책을 하시면서 어린 애가 그처
럼 영악해진 것을 보고 깜작 놀랐다고 한다.

　그래서 어머니는 건너 마을에 살던 시외숙모에게 허겁지겁 달
려갔다. 이런 이야기를 하였더니, 시외숙모가 말씀하시기를 "손님
을 앓으면 애들이 얼마나 영악해지는데, 자네 쓸데없이 그런 말을
했어?" 하고는 "백설기를 찌어 장광에 갖다 놓고 청수물이라도 떠
다놓고 치성을 드리라!"고 자상하게 일러 주셨다. 어머니는 급히
돌아와서 시외숙모가 일러준 대로 하였지만 누나는 결국 손님을
이기지 못하고 숨을 거두었다고 한다. 90세의 어머니께 내가 예전

144

에 있었던 일들을 물었더니, 이이야기를 해 주셨다. 그리고는 허탈하게 웃으시며 "내가 큰 죄를 지었다."고 하셨다.

1948년 9월 3일 딸 명옥[21]을 낳았다. 나의 막내 여동생이다. 근면 검소하고 억척스럽게 생활을 하여 우리 형제자매 가운데 가장 넉넉한 생활을 하게 되었다. 집안의 애경사에 적극적으로 참여하고 있다. 부지런하고 부드러우며 교양이 있는 매부를 만나 행복한 가정을 꾸리고 있어 말년의 복이 많은 것 같다. 막내 여동생은 금년에 회갑의 나이가 되었다. 내외가 불교를 성심으로 믿어 사회적 활동도 열심히 하고 있다.

농사짓기

일본에서 가지고 온 돈으로 밭 1천 평과 논 세 마지기를 사고 소작지 여섯 마지기를 마련하였다. 낙지리에 이사를 온 우리 집은 두렁세를 주고 소작지를 얻어 아홉 마지기 농사를 지었다. 두렁은 논밭의 경계가 되는 두둑을 뜻한다. 경작지를 빌리는 대신 이전 경작자에게 권리금으로 주는 비용을 '두렁세'라고 하는데, 당시 두렁세로 한 마지기에 쌀 한 가마를 주었다.

1949년 농지개혁법으로 소작지는 5년 동안 분할 상환량을 내는 조건으로 소유권이 이전되었다. 그래서 수렁들에 있는 논 세 마지기, 받들에 있는 논 세 마지기, 땅거름 들에 있는 논 세 마지기, 그리고 개골에 있는 밭 1천 평을 소유했다. 수렁들에 있는 논은 샘물이 솟았고 일년 내내 물이 있었지만, 밭골들과 땅거름 들에 있는 논은 물을 댈 샘이 전혀 없어 오직 하늘만 바라보고 있었다. 이런 논을 '봉천답(奉天畓)'이라고 부른다. 모를 심을 시기인 6월 말까지 비가 오지 않으면, 7월 초에 벼 대신 메밀을 심어야 하였다. 밭들 논은 농사짓기가 하도 힘들어 1952년쯤에 남에게 팔았다.

개골 밭은 개간한 지가 얼마 되지 않아 흙보다 자갈이 더 많았다. 호미로 김을 매려면 파는 곳마다 돌멩이가 나와서 밭 주위에는 거두어 낸 돌무지가 서너 군데 수북이 쌓였다. 이렇게 돌이 많은 밭을 농사지으면 손톱을 깎을 필요가 없을 정도로 손톱이 닳아 없어졌다. 돌이 많아 쟁기로 갈 수는 없고, 오직 극쟁이로 갈아야 했다. 극쟁이는 돌이 많은 밭을 갈기 위한 짧은 보습으로 15~20 센티미터 정도의 깊이를 갈 수 있다. 이 밭에서 보리, 호밀, 콩을 재배하고 일부에는 고추와 무, 배추, 마늘 등의 채소를 재배하였다. 한쪽 귀퉁이에는 모시를 재배하였으며 밭가에는 뽕나무가 있어 누에를 칠 수 있었다.

모시는 김을 매주는 일도 없고, 거름만 주면 저절로 자란다. 병충해도 거의 없는 농작물이다. 그 줄기를 일 년에 세 번을 베어 낸다. 모시를 벤 다음 연한 잎은 송편에 넣거나 개떡에 넣어 먹기도 한다. 그리고 겨울에는 그 뿌리를 얼어 죽지 않게 하기 위해 두엄으로 덮어 놓았다가 봄에 거두어 낸다. 20평 남짓한 모시밭에서 거두는 모시는 어머니와 둘째 누님이 길쌈을 하여 집안 살림에 보탰다.

개골 밭 옆에서 나오는 샘은 어찌나 차던지, 무더운 한여름에도 이 물로 등목을 하면 전신이 오싹할 정도이고, 손으로 한 움큼 떠서 먹으면 배 속까지 시원하였다. 그래서 이를 '옻샘'이라고 불렀다. 등목을 하고 나면 옻이 오른 것처럼 피부에 닭살의 돌기가 생겼다가 없어지기 때문이었다.

수렁들 논과 밭들 논은 청남면 대흥리 한터에 살았던 주준식 씨의 소유였는데, 소작지로 경작을 하다가 1949년 농지개혁법의 실시로 상환량을 5년 동안 분할 상환하여 우리 집 논이 되었다. 3할의 소작료를 내던 농민은 자기 땅을 가지게 되었다고 크게 기뻐하였다. 만약 농지개혁법으로 토지분배를 안 했더라면 6·25 사변이 일어났을 때 토지 공유를 주장하던 공산당의 인민공화국이 국민의 지지를 받을 뻔 했다. 이 법의 실시로 남한에서 지주제가 완전히 청산되었다.

우리 집

1946년 아버지가 논 다섯 마지기 값을 가지고 담배 장수를 하겠다고 광천으로 나가셨다가, 남에게 사기를 당하여 모든 돈을 잃었다. 사기꾼에게 털린 뒤 아버지는 할 수 없이 광주리 두 개를 사가지고 청양 장곡사를 거쳐 밤에 오는데, 까치내 고개를 넘으려고 하자 자동차 불빛 같은 것이 앞에 나타났다고 한다. 아버지는 당황하지 않고 마을로 내려갔다고 한다. 동네 사람들에게 물었더니 그 불빛이 호랑이 불이라고 해서 그곳 주막에서 자고 다음날 아침에 돌아오셨다.

당시 우리 집 식구는 아버지 어머니, 둘째 누나, 큰형, 작은형, 두 동생 그리고 나까지 모두 여덟 명이었다. 할아버지는 숙부 댁에 사셨다. 제삿날이나 특별한 일이 있을 때만 오시곤 했다.

우리 집은 이웃에 살고 있는 허 씨네 밭에 지어졌다. 현재는 헐

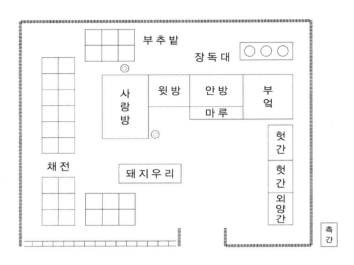

당시 우리 가족이 살던 집의 배치도   기호 ◎는 굴뚝이다.

어져 없어졌다. 남향한 초가집으로 안채는 네 칸, 헛간 세 칸이었다. 안채는 안방과 윗방이 있고 안방 앞에만 마루가 있었다. 윗방을 지나면 사랑방이 있었다.

안방의 동쪽에는 부엌이 있었고, 추운 겨울이 닥치면 부엌문에 가마니를 뜯어서 달았다. 부엌에는 큰 무쇠 솥 한 개와 밥을 짓는 무쇠 솥 한 개 그리고 양은 솥 한 개가 걸려 있었다. 큰 무쇠 솥은 겨울에 소여물을 끓여주고 나서 물을 데워 쓰는 데 사용하였고, 중간의 무쇠 솥은 밥을 짓는 데 쓰는 것이고, 양은솥은 국을 끓일 때 썼다.

부엌에는 두 섬 정도의 물을 담을 수 있는 큰 독과 살강이 있었는데, 살강은 밥그릇이나 찬그릇 등을 올려놓는 곳이다. 그리고 아궁이 뒤에는 땔 나무를 쌓아 놓았다.

부엌 뒷문을 나가면 장독대가 있었다. 여기에 간장독, 고추장독,

된장독이 있고 빈 옹기가 여러 개 있었다. 그리고 장독대 옆에는 졸(부추) 밭이 있었다. 사랑방은 윗방에 붙어 있으나 방향이 달랐고 두 칸이었으며, 벽장이 있었다. 사랑방의 아궁이는 남쪽에 있었다. 안방과 윗방 사이에는 서로 통하는 샛문이 있고, 사랑방과 통하는 쪽문이 있었다.

굴뚝 하나는 사랑방 남쪽에 있고, 사랑방에서 때는 굴뚝은 북쪽에 있었다. 굴뚝 앞에는 사랑방으로 가는 길이 있고, 마당 서쪽 채전 동쪽에는 돼지우리가 있었다. 그리고 북쪽에는 헛간이 있었고, 헛간의 한쪽에는 디딜방아가 자리를 잡고 있었다. 사립문 쪽에는 소를 길렀다. 사립문 밖에는 변소가 있었으나 전통적인 양식이었다. 변소의 한쪽에는 재를 쌓아 놓아, 옆에 옹기 독을 묻어 놓고, 발판을 올려놓고 대변을 보았다. 소변은 요강을 이용하였다. 집의 앞쪽 면은 돌담을 쌓았고, 서쪽과 북쪽은 울타리가 돌려 있었으며, 동쪽은 헛간이 있었다.

마루 앞에는 마당이 있고, 앞의 담벼락에 붙여 마당 끝에는 오줌을 받아 두는 옹기 3개가 묻혀 있었다. 담장 안쪽에는 호박을 심어 담장에 올렸다. 헛간 지붕에는 박을 심어 그 줄기를 올렸다. 사랑방의 앞과 옆에는 채전이 있었다. 여기다 봄 채소와 가을 김장 거리인 배추와 무를 심었다.

대지는 약 3백 평 정도였는데 옆집 허 씨의 땅을 빌려 지은 것으로, 해마다 텃도지로 가을에 콩 3말을 지불하였다. 집 주위는 허 씨의 밭이기 때문에 남의 말을 듣기를 싫어하시는 어머님은 닭 키우는 일을 하지 않았다. 단지 개와 돼지, 소를 길렀을 뿐이다.

방 안은 마분지로 도배를 하였다. 방에는 빈대가 들끓었으나 1950년대에 살충제 BHC 농약을 살포하면서 시골에는 빈대가 사라졌다. 부엌에서 불을 때면 연기가 굴뚝으로 나가지만 날씨가 나쁘면 부엌으로 연기가 되나와 불을 때는 사람이 눈물을 흘렸다. 낮은 굴뚝에서 나오는 연기에 마루 천정의 서까래가 시커멓게 끄슬렸다.

안방에는 베틀을 놓아 누나가 일 년에 베 10필 이상을 짰다. 봄철에는 무명 베, 여름에는 모시 베를 짜서 식구들의 옷을 해 입기도 하고, 시장에 나가 팔기도 했다. 개골밭 가에는 30여 그루의 뽕나무가 있었다. 봄철이 되면 윗방과 사랑방에는 누에를 키워 섶을 만들어주어 고치를 짓게 하고 이를 가지고 정산에 가서 조합에 납품을 했다. 일부의 고치는 켜서 명주를 짜기도 했다.

누에치기의 역사

누에치기는 약 5천 년 전에 중국에서 시작되었고, 우리나라에서는 3천 년 전부터 시작된 오래된 산업이다. 백제와 신라의 비단은 중국인에게 한지와 더불어 좋은 수출품이었다. 조선 태종 15년(1415)에 중국에서 전래한 《양잠경험촬요(養蠶經驗撮要)》를 이두문으로 번역·간행하여 새로운 누에치기 기술을 보급하였다. 이두문이란 한문을 우리말 순서로 기록하는 방법이다.

한국의 비단은 1950년대에는 중석에 이어 두 번째로 큰 수출품이었다. 누에는 '알, 누에, 고치, 나방의 단계를 거치는 묘한 곤충이다. 좁쌀만 한 알에서 개미누에가 깨어나, 뽕잎을 먹고 자란다. 개미누에를 쟁반 위에 놓고, 뽕잎 한두 잎을 따다가 잘게 썰어서 얹어주면 이를 먹고 자란다. 누에는 먹이를 먹지 않고 잠을 자는데, 첫 번째 잠을 1령(齡)잠, 두 번째는 2령잠이라 한다. 잠을 잘 때에 엄청난 크기로 자란다. 여기서 '령'은 나이를 뜻한다.

누에는 14개의 마디로 되어 있고, 가슴마디에 다리 3쌍이, 배마디에 다리 4쌍이 있어 양쪽에 모두 14개의 다리가 있고, 꼬리 쪽에 꼬리뿔이 나 있다. 개미누에로부터 큰누에로 자라면 길이가 8센티미터로 커지고 몸도 1만 배로 성장한다. 누에는 젖빛 색으로 연한 키틴질로 된 껍질로 덮여 감촉이 부드럽다.

누에치기

알에서 갓 깨어난 어린 누에에게 뽕잎 한두 잎을 따다가 칼로 잘게 썰어서 덮어준다. 한 일주일이 지나면 윗방에 시렁을 매고 5층 칸막이를 만들어 채반을 놓고 나누어 기른다. 4령잠을 잔 누에에게 밥을 주려면 온 식구가 동원되어 뽕잎을 따다가 통째로 누에 위에 덮어준다. 누에들은 마치 소나기 내리듯 쏴악쏴악 소리를 내며 순식간에 먹어치운다. 조금 지나면 하얀 누에가 채반 위에 가득해진다. 누에 똥과 뽕잎 줄기를 치워주는 일을 해야 하는데, 이를 목욕을 시킨다고 한다. 누에를 들어내어 깨끗한 채반 위에 담아 올려놓기 때문에 붙여진 이름이다.

뽕을 따러 갈 때 따라가면, 어머니는 어린 나에게 오디를 따서 주셨다. 이를 먹고 나면 입가가 검붉은 색깔로 변한다. 오디를 따 잡수신 어머님의 입가도 마찬가지다. 오디는 그렇게 달지도 않으면서 시지도 않고 향긋한 냄새가 난다. 큰 뽕나무는 나무에 올라가 훑어야 한다. 광주리에 담은 뽕을 가지고 집으로 나르는 일을 7~8세인 나도 거들었다. 농촌에서 자란 사람이 도시에서 자란 사람보다 형제자매 사이의 우애가 비교적 더 돈독한 것은 이렇게 집안일을 함께 힘썼기 때문이라고 생각한다.

4령잠을 자고 난 누에는 식욕이 대단히 왕성하다. 누에의 양이 예상보다 많아 뽕잎이 모자라면 어머님은 밤중에라도 20~30리 떨어진 절골이나 장곡사 앞에까지 가서 뽕잎을 사온다. 물론 형들을 데리고 같이 가는데, 형들이 달려야 따라갈 정도로 어머니는 걸음이 빠르셨다.

20일 정도 자라서 5령이 된 누에는 먹기를 멈춘다. 섶을 만들어 주면 60시간 안에 자기의 몸을 실로 토해내서, 2.5그램 정도의 장구통 고치를 짓고, 약 70시간이 지나면 번데기로 변한다. 한 누에가 토해낸 실은 1,200~1,500미터나 된다. 참으로 상상을 뛰어넘는 길이이다. 그 뒤 12~16일이 지나면 고치에서 나방이 나온다.

고치를 따 겉껍질을 벗겨서 고치를 다듬은 다음 방바닥에 말리는데, 그 겉껍질을 고치솜이라 한다. 다듬은 고치는 정산에 있는 농업조합에 갖다 판다. 어머니가 키운 고치는 거의 1등을 받곤 하였다. 수매된 고치는 비단 공장으로 보내고 남은 고치는 자쇠로 켜서 명주실을 뽑아낸다. 이를 가리켜 '고치를 켠다'고 한다. 명주실이 일정하게 나오게 하려면 끓는 물에 뜬 고치를 가끔 저어 주어야 한다. 고치 속에는 반드시 하나의 번데기가 나오는데 끓는 물에서 갓 건져낸 번데기를 맛있게 먹곤 하였다. 고치를 켜고자 냄비에 물을 담고 냄비 아래에는 숯불을 피워 물을 끓인다.

하나의 고치에서 나오는 실은 너무나 가늘기 때문에 몇 개의 고치에서 나오는 실을 합쳐 뽑아내야 한다. 때문에 고치를 켜는 일은 아주 세련된 기술을 필요로 한다. 이렇게 켠 실은 물레로 꾸리에 감는다. 명주를 짜기 위해서는 베를 나는 일을 한다. 여러 실을 바디에 꿰어 한 필의 길이만큼 늘어서 왔다갔다 하면서 날줄을 만드는데, 이를 '베 난다'고 한다. 이들 날줄을 두루마리에 감아 베틀에 올려놓고 베를 짠다. 둘째 누나는 시집을 가기 전까지 베를 짜는 것을 맡았다.

명주실을 만들 때 나오는 번데기는 시골 사람들의 특식이었다. 그러나 나는 징그러워서 번데기를 거의 먹지 않았다. 그 뒤로 도시에 나와 보니 거리에서 번데기를 팔고 있음을 보고 좀 의아했다. 그런데 요즘 이것이 항암제로 알려져서 진가를 발휘하고 있고, 동충하초(冬蟲夏草)라고 하여 암을 막아내는 특효약으로 제조되고 있다.

고치를 말리는 과정에서 나방이가 나오기도 한다. 번데기는 나방이 되면 알카리성 용액을 입으로 토해내서 고치의 한쪽을 부드럽게 녹여서 스스로 세상에 나온다. 누에나방은 입이 퇴화하여 전혀 먹지를 못한다. 그리고 먹이를 찾지 않기 때문에 멀리 달아나지도 않는다. 나방은 암수가 서로 짝짓기를 한다. 숫나방은 교미를 하고는 죽고, 암나방은 하얀 종이를 깔아주면 500~600개의 알을 낳고 죽는다. 알을 잠깐 그늘에 말려 왕겨 속에 넣고 시원한 음지 헛간에 잘 보관했다가 이듬해 봄에 꺼내어 따뜻한 안방 바닥에 놓아두면 알은 개미누에로 변신한다.

우리는 이런 누에의 일생을 직접 지켜보며 살았다. '유충(누에) − 번데기 − 나방'이라는 곤충의 삶에 대한 자연의 신비를 직접 체험할 수 있어 농촌생활이 즐거웠고, 정신적으로 안정되고, 풍요로웠다. 누에는 검은 똥을 싸는데 이는 연필심의 원료, 녹색 원료, 고

급 비누의 원료, 거름, 가축의 사료로 이용되어 누에치기는 버릴 것이란 거의 없는 산업이었다. 동양에서는 일찍부터 누에가 죽어서 마른 것이나 누에고치번데기, 누에나방, 누에똥, 누에알을 놓아두었던 종이 등을 약재로 사용하여 왔고, 고치에서 벗겨낸 거친 고치솜은 이불솜으로 사용하여 왔다.

어머니가 누에치기를 시작한 것은 일본에서 나온 다음 해부터이다. 이웃집의 경험이 있는 사람으로부터 배워가며 한 것인데, 3년째부터는 누에치는 선수가 되었다. 베를 나는 일은 항상 동네 이웃에 살던 허승회 씨의 할머니가 와서 해 주시곤 했다. 승회 씨 할머니와 어머니는 무슨 대화를 하는지는 몰라도 늘 웃어가면서 베를 날았다. 옆에서 보기에 재미나는 노동이라는 생각을 가지게 하였다.

우리나라에서 누에치기를 장려한 것이 삼국시대 초기부터라고 《삼국사기(三國史記)》에 전하고 있으며, 특히 조선왕조 세조 때에는 누에치기를 적극적으로 권장하였다. 식구가 많고 부유한 집에는 뽕나무 300그루, 중간 집에는 200그루, 작은 집에는 100그루, 가난한 집에는 50그루를 심도록 했다는 기사가 《세조실록》에 씌어 있다. 실제로 그대로 시행되었더라면 엄청난 비단과 명주를 생산하는 부국이 되었을 것이다. 이는 조선조의 계획경제를 추진한 한 가지 실례라고 할 수 있다. 그 무렵 누에치기 기술을 쓴 중국책을 한글로 번역한 《잠상언해(蠶桑諺解)》를 인쇄하여 반포하기도 했다.

우리 집이 누에치기를 중지한 것은 1960년대에 담배를 밭에 재배하면서부터이다. 인근에 담배를 심으면 담배의 독성 때문에 근처에 있는 뽕나무의 잎은 누에치기에 사용할 수 없다. 이렇게 시골에서 누에치기는 담배가 경작되면서 중단되었다. 담배는 몸에도 해로우니 차라리 정부가 나서서 담배 심기를 중지시키고, 인간에게 버릴 것이 없는 누에치기를 부활시키는 정책을 권장함이 좋을 듯하다.

우리 집은 모시를 재배하여 모시 베를 짜는 일도 하였다. 어머니가 만드는 모시 베는 1년에 한두 필 정도였다. 시집 간 둘째 누님이 오셔서 사나흘 동안 짜주고 가기도 했다. 모시 베를 만들기 위하여 어머님은 거의 쉬지 않고, 밤낮으로 열심히 일하셨다. 처음 한두 해 모시 농사를 지을 때에는 할아버지가 올라오셔서 모시를 베어 줄기를 대나무 칼로 겉껍질을 베껴 내는 일을 도와주시기도 했다.

어머니는 할아버지가 오실 때에는 언제나 술을 한두 되 빚어 겉절이와 함께 드리곤 했다. 할아버지가 술을 좋아하셨기 때문에 지극정성으로 봉양을 했다. 할아버지는 술을 잘 담갔다고 칭찬을 해주셨다. 올라오시면 2~3일 동안을 즐거운 마음으로 계시다가 내려가시곤 했다.

은산장에는 하루에 수백 필의 모시가 거래되곤 하였다. 한두 번나는 어머니를 따라 은산장에 갔다. 여름이어도 어머니와 나는 점심으로 찬 냉면이 아니라 펄펄 끓는 솥에서 퍼 주는 따끈따끈한 장국밥을 맛있게 먹었다. 아마 이는 이열치열의 우리 전통이었다. 은산 모시는 한산 모시로 알려진 모시의 일종이었다.

앵숙갓(양귀비)도 뒤뜰에 몇 포기 심었던 기억이 있다. 여기서 나오는 진을 모아 둔 것이 지금 알고 보니 아편인데, 이는 마약으로 재배와 유통이 금지되어 있다. 그러나 그때는 체했을 때나 여러 통증에 조금만 먹으면 특효약으로 알았다. 아편은 체증을 고쳐주는 성분이 없지만, 아픔의 통증을 없애주기 때문에 체증이 나은 것으로 생각한 것이다. 위험한 마약을 약으로 썼으나 이는 아마도 의약적 지식과 소화제가 없어서 응급용으로 썼던 것에 지나지 않았을 것이다.

7. 아버지의 별세

6·25전쟁과 아버지의 별세

1950년 6월 25일 일요일 새벽에 북한은 38°선을 넘어 기습공격을 해왔다. 6월 27일에는 서울을 점령하고 7월 3일에 한강을 넘어 남하하였다. 인민군이 이처럼 파죽지세로 대구까지 밀고 내려온 것은 북한이 사전에 전쟁을 준비하였고 우리나라는 이에 대한 준비를 할 수 없었기 때문이다. 수도는 부산으로 옮겨졌다. 유엔군 총사령관인 맥아더 장군이 이끈 미군이 인천상륙작전으로 9월 28일에 서울을 탈환하고 북진하여, 함경북도에 이르러 거의 통일이 이루어지는 듯하였다. 이 때 이북에는 유엔군의 통치와 대한민국의 통치가 이중적으로 행해지고 있었다.

1950년 11월 26일 18개 사단 20만 명의 중공군이 개입하여 일시에 남하하였다. 당시 이를 '인해전술(人海戰術)'이라고 불렀다. 전세가 불리해지자 12월 12일부터 22일까지 미국군 제10군단과 대한민국 국군 제1군단을 9만 1천 명의 피난민과 함께 선박으로 철수시켰다. 이를 '흥남 철수 작전'이라 하는데, 유엔국과 한국군의 육해공군이 합세하여 성공적으로 철수한 대작전이었다. 마지막 배인 화물선 빅토리아 호에는 무려 민간인 1만 4천 명을 태우고 거제도로 무사히 철수하였다. 그 후 '바람찬 흥남부두'와 '굳세어라 금순아'라는 유행가가 전국에 유행되기에 이르렀다. 이 작전은 수많은 일화와 슬픈 사연을 우리에게 전하고 있다. 공산치하에서 벗어나 자유를 갈망하는 많은 난민이 북한을 탈출한 것은 자유국가 대한민국이 얼마나 값지고 소중한 사회인가를 단적으로 보여주는 예라고 할 수 있다.

이후 국군과 유엔군은 후퇴하여, 1951년 1월 4일 서울을 다시 뺏겼다. 3월 14일에는 서울을 재탈환하고, 24일에는 38°선을 돌파하였으나 여기서 전선이 고착되었다. 결국 이승만 대통령과 국민들의 강경한 휴전반대 의사에도 1953년 7월 27일 휴전협정이 체결되어 전쟁은 중지되었다. 이는 1592년에 일어난 임진왜란 때에 지원군인 명나라 측과 일본 측의 화의를 선조가 반대한 모습과 비슷했다.

이 전쟁에 유엔의 16개국(미국, 영국, 오스트레일리아, 네덜란드, 캐나다, 뉴질랜드, 프랑스, 필리핀, 터키, 타이, 그리스, 남아프리카공화국, 벨기에, 룩셈부르크, 콜롬비아, 에티오피아)이 파병하여 자유 대한을 적화에서 구해주었다. 대한민국 국민은 이들 나라에 대하여 고마움을 잊지 말고 표해야 할 것이다.

3년 동안 지속된 6·25전쟁이 남긴 피해는 심각하였다. 남한에서만 사망자 15만 명, 행방불명자 20만 명, 부상자 25만 명에 달하였고, 수백만 명의 전쟁 피해자가 생겼으며, 물질적 피해액은 18억 달러에 달하였다. 위당 정인보(1893~?), 남창 손진태(1900~?) 등 많은 남한의 저명인사가 강제 납북되어 생사를 확인할 수 없게 되기도 하였다. 북한의 피해도 그 이상이었을 것으로 예상된다. 남북한의 전 민족이 이 전쟁 때문에 다시 지독한 가난에 시달렸으며, 극렬한 두 체제가 남북에서 맞서 대립과 투쟁을 하게 되었고, 자유롭게 사상을 발표하는 데 제한이 있었다.

독립운동의 수단으로 수용했던 좌익과 우익의 사상을 민족이라는 동질성보다 앞세워 남북은 대립·투쟁하였다. 이런 투쟁의 잔인함은 사상 논쟁을 처음으로 겪었기 때문이기도 하지만, 하나의 통일정부를 수립하려는 욕망이 강하면 강할수록 민족이 겪어야 하는 비극은 더욱 커져만 갔다.

좌우익의 잔혹하고 무자비한 투쟁은 자기와 다른 타자를 관용할 줄 모르는 데에서 초래된 것이었다. 이는 당시 우리들의 문화가 세련되지 못했음을 뜻한다. 또한 우리 국민의 속성이라기보다는 이데올로기 앞에 초연히 관용을 베풀 수 있는 우리의 문화적·사회적 역량이 부족했음에 기인한 것이라고 할 수 있다.

또한 이 시기에는 경제 상황이 매우 어려웠다. 해방으로 우리글과 말을 자유롭게 사용할 수 있었지만 교육환경이 대단히 열악했다. 학교 재정에 대한 국가 지원이 매우 빈약하였기 때문에 학생들이 내는 월사금으로 유지되었다. 교과서는 마분지에 등사해서 쓰기까지 했다. 큰형과 작은형은 해방 전에는 화산국민학교에 몇 개월 다녔는데 일본말을 잘한다고 해서 큰형은 4학년, 작은형은 2학년에 편입되었다가, 해방이 되자 적곡국민학교에 학년을 낮추어 다시 다니게 되었다. 당시 매달 수업료를 월사금이라 하여 가을에 벼 한 말, 여름에 보리 한 말씩을 학교에 납부하여야 했다.

나는 1949년 9월에 7살로 현재의 장평초등학교(당시는 적곡국민학교)에 들어갔다. 당시의 이름은 구호(求鎬)였다. 교육법에 따라 만 6세 아동에게 의무교육이 실시되었다. 미군정 아래서 광복 이후 9월 학기제가 시작되어 모든 학년의 1학기가 9월 1일부터 시작되었다. 아버지는 나를 데리고 학교에 가서 입학을 시켰고, 교과서 4권을 받고 공책 몇 권을 학교 앞 가게에서 사 주신 것을 기억한다. 할아버지가 사시는 숙부 댁에 가서 인사를 드리고 점심을 먹고 돌아왔다.

가을철에 나는 아버지, 그리고 형들과 함께 개골 밭에 가서 일하는 것을 돕고, 가재와 뱀을 잡아 구워 먹은 것도 기억한다. 그리고 봄에는 키우던 개를 한 마리 잡아, 온 식구가 부족한 영양을 보충하기도 했다. 당시 강아지는 어린 아이의 똥을 먹는다 해서 '똥개'라고 불렀다. 어린 아이가 방이나 마루에서 똥을 싸면 "워리 워리" 하고 개를 불러서 먹어치우게 한 다음 걸레로 닦아냈다.

1학년 겨울 방학이 되자, 아버지는 나를 은산 병원에 데리고 가서 오른손의 넷째 손가락과 다섯째 손가락을 수술 받도록 하셨다. 굽은 손가락을 펴는 게 그리 급한 일도 아닌데 이를 서둔 것을 보면, 아버지는 늘 수술을 못하고 있는 것이 마음에 걸렸던 것 같다. 손가락을 펴고 부족한 살을 나의 오른쪽 허벅지 살에서 떼어다 붙였다. 저녁 때 아버지와 함께 집에 돌아오니, 태연한 나를 보고 어머니는 어려서 일본에서 수술할 때에 엄청나게 울었던 상황을 떠올리셨는지 얼마나 울었느냐고 하셨다. 나는 "수술하는지도 몰랐어요." 했더니 어머니의 눈가에 눈물이 살포시 흘러내렸다.

1950년 봄부터 아버지는 배가 아프다고 시름시름 앓으셨다. 몇 달이 지나 대흥리 한터[大垈]에 있는 한의원이 와서 아버지 배 위에 뜸을 떴다. 어떤 때에는 아버지의 배 위에 9개의 뜸쑥이 타고 있었다. 그런데도 뜨겁다는 말을 하지 않고 잘도 참으셨다. 그러나 뜸의 효험은 결국 나타나지 않았다. 나중에는 돌 같은 것이 배에 가득 차올랐다. 겨우 미음이나 숭늉을 드시다가 나중에는 전혀 식사를 하지 못하셨다. 지금 생각하니 아마 위암을 앓고 계셨던 것 같다.

6·25전쟁이 일어났다는 소식은 6월 말쯤에 전해졌다. 휴교가 시작되었고, 면사무소에서 자기가 살고 있는 곳에서 30리 밖으로 피난가라고 해서, 우리 집은 마을의 산꼭대기인 누렁재에 있는 강씨네 외딴 집으로 피난을 갔다.

누렁재 외딴 집에는 수십 명의 마을 사람들로 북적였다. 여름철이라서 방이 필요가 없었기에 하룻밤을 밖에서 지새웠다. 쌀을 몇 되 볶아서 가루를 내어 가지고 갔다. 아버지는 가지 않으시겠다고 하셨지만 식구들의 권유로 아픈 몸을 이끌고 모두 갔다.

저녁을 먹고 서남쪽 하늘을 바라다보니, 부여인지 논산인지 금강 건너 편 하늘에서 비행기가 아래로 비스듬히 내렸다가 하늘로 솟구쳐 오르고, 그곳에서 큰 화염이 갑자기 오르더니 한참을 지나 "꽝!" 하는 폭음이 들려 왔다. 비행기가 폭격하는 모습이 마치 오늘날 영화처럼 장관을 이루었다. 지금 생각해보니, 이는 군산을 폭격했던 것 같다.

피난을 가면서 소를 끌고 갈 수가 없어 두고 갔다. 저녁에 두 형들이 소에게 꼴을 주려고 와 보니, 갓점의 친척들이 피난을 와서 우리 집에 살고 있었다. 많은 사람들이 몰려와 마당에 솥을 걸고 사는 모습이 마치 잔치를 벌이고 있는 것 같았다. 아버지의 병환 때문에 하루 저녁의 피난 생활을 마치고 우리 식구들은 집으로 내려왔다. 아마도 피난 가는 모습은 350년 전에 있었던 임진왜란 때도 마찬가지였을 것이다. 전 국민이 큰 전쟁을 겪어 피난길에 오른 경험은 임진왜란과, 그로부터 350년 전에 일어난 고려시대 몽고군의 침입이 유일하다. 전쟁이 무엇인지를 모르던 전 국민이 직접 전쟁의 피해를 겪은 것이다.

당시 적곡 면사무소의 행정은 잠시 동안 인민위원회가 장악했는데, 마을에서는 담장의 호박도 내 것 네 것이 없다고 하였고, 수수 이삭마저 일일이 센다는 소식이 들렸다. 물론 이는 과장된 소문이었을 것이다. 마을마다 청년동맹, 여성동맹이 조직되어 매일밤마다 열리었다. 둘째 누나에게도 여성동맹에 나오라고 했으나 아버지가 편찮으시다는 이유로 전혀 참가하지 않았다. 형들은 아직 참여할 나이가 되지 않아 그 대상에서 제외되었다.

북한군의 주둔은 9·28 수복까지 잠깐 동안이었지만 좌익의 돌출 행동으로 시골 학교의 교직계에도 파문이 일었다고 유재기 선생님으로부터 직접 들었다. 이는 너무나 상반되는 이데올로기 사이에 벌어진 투쟁이었기 때문에 그 상처의 후유증도 크고 깊었다. 그러나 우리 마을은 좌우익 간의 보복적 피해는 거의 없었다.

9·28 수복 때 인민군 한 사람이 도망쳐 우리 동네를 허겁지겁 지나가는 것을 동네 사람들이 잡아서 경찰서에 넘겼던 기억이 있다. 그리고 인민 행정을 적극적으로 돕던 한 사람이 어디론지 가버려 끝내 돌아오지 않았다. 이 사람은 나의 친척은 아니었지만 학교에 다닐 때 나를 아껴주던 5학년 선배의 아버지였다.

아버지는 1950년 음력 7월 27일, 양력으로는 9월 9일에 마침내 숨을 거두시었다. 우리 식구들은 아버지를 부르며 통곡을 하였지만 먼 길을 떠난 아버지는 영영 돌아오시지 않았다. 향년 40세였다. 어머니는 42살이었다. 장평면 분향리 장평들이 훤하게 펼쳐진 종산의 남쪽 기슭에 안장했다.

전쟁 중이어서 새벽에 출상을 하였고 나는 8살에 두 형과 함께 곡을 하면서 상여를 따라 장지에 갔다. 아침 7시 무렵에 산에 도착하여 9시쯤에 하관을 하고, 오후 1시쯤에 아버지 산소의 산역을 마쳤다. 아침에 흰 옷을 입은 여러 사람이 산에 모여 있는 것을 보고 비행기가 한 번 선회하였다. 산역꾼들이 소나무 밑에 흩어져 숨었더니 비행기가 그대로 지나쳐 갔다. 아마도 산역을 하는 모습을 비행기에서 확인한 것 같았다.

나는 아버지의 모습을 어렴풋이 기억을 하고 있고, 집에는 일본에 계실 때 친구와 함께 찍은 사진 한 장이 남아 있다. 아버지에 대한 추억은 여러 가지가 남아 있는데, 술을 즐겨 드셨고, 성품은 낙천적이며, 부드러운 성격이었고 말이 적은 편이었다. 그리고 급한 것을 모를 정도로 여유가 있었다고 한다. 또한 효성이 지극하고 우애도 깊었다고 한다. 키는 165센티미터 정도였을 것으로 생각한다.

아버지의 죽음은 우리 가족에게 큰 충격을 주었다. 우선 가족의 생계를 이끌어 가기 위하여 큰형이 6학년, 작은형이 4학년에서 중퇴하였다. 당시 학교에는 월사금이라 하여 가을과 여름에 벼와 보리로 한 말씩을 내도록 되어 있었고 여러 형제가 다니는 경우는 감면해 주는 조처도 있었다. 월사금을 현물로 내는 것은 당시 교사들의 봉급이 아주 적었기 때문에 이로써 교사들의 생계를 보충하기 위해서였다. 요즘으로 치면 이는 아주 하찮은 것이지만 당시 농촌에서는 만만치 않은 부담이었다. 이를 못내는 경우 교사가 운동장에서 학생을 구타하는 일도 종종 있었다. 실제 형들이 이런 일을 당하기도 했다. 이런 체벌은 일제 교육의 잔재 탓이라고 할 수 있다.

나는 8살 어린 나이였으므로 아버지가 돌아가셨지만 생일(노동)을 할 수도 없었고, 의무교육이라 그리 큰돈도 들지 않아서 학교를 계속 다닐 수 있었다. 큰형과 작은형의 희생으로 소년 시절을 정상적으로 보낸 것이다. 우리 마을에서 나와 함께 입학을 했던 친구는 15명 정도였는데 6명만 졸업하였다.

아버지가 돌아가시자 어머니는 이제 가장으로서 새로운 임무를 떠맡았다. 허리띠를 졸라매고 열심히 일을 하여 가정 살림을 꾸려 가야 할 책임과, 그에 못지않게 자식들을 키워 출가시켜야 하는 가장의 책임을 한 몸에 져야 했다. 아버지를 잃은 슬픔은 우선 어머니의 가슴 속에 깊숙이 접어두어야 했다.

물론 할아버지가 후견인으로서 도와주셨고, 작은아버지의 도움도 큰 버팀목이 되었다. 그리고 둘째 누나(19세)의 상냥함과 헌신적인 뒷바라지와 큰형(16세)과 작은형(13세)의 효성과 부지런함이 어머니에게 큰 힘이 되었다. 하지만 나는 여덟 살, 남동생은 여섯 살, 여동생은 세 살로, 우리 셋은 가정에 도움보다는 양육을 받아야 하는 부담을 주었다.

어머니는 어린 아이들이 '애비 없는 자식'이라고 남으로부터 손가락질을 받지 않도록 키워야겠다고 결심하시고 늘 우리들에게 이를 타이르셨다. 또 아무리 궁해도 장리 빚을 지지 않아야 한다는 철저한 검약 정신으로 살아가셨다. 장리는 늦봄이나 초여름에 쌀을 빌리면 가을 추수 후에 50퍼센트의 이자를 덧붙여 내는 것이었다. 이는 조선시대에도 마찬가지였다. 장리는 고리채로서 한번 이를 지면 끝없이 악순환이 반복되기 때문이었다. 어머니는 철저한 정신력과 불굴의 의지를 마음속으로 다지고 다지면서 이를 실천으로 옮기셨다.

당시 가을걷이 타작마당에서 아홉 마지기의 농사를 지어 상환 량을 제쳐 놓으면 나락이 5~6섬 남는데, 이것을 가지고 일곱 식구가 1년을 살아야 했다. 겨울철에는 가마니를 쳐서 팔았고, 고구마를 3섬 정도 캐서 사랑방에 쌓아 놓았다. 겨울과 봄의 주식은 쌀과 고구마로 해결하고, 여름과 햅쌀이 날 때까지는 보리와 감자, 밀이 주식이었다.

아버지의 상례는 구식의 3년 상으로 치러졌다. 윗방에 고현을 만들어 놓고 소상 때까지는 초하루와 보름에 상식을 올렸다. 상식은 신위에게 아침식사와 저녁식사를 올리는 것을 말한다. 두 형들은 삼베로 만든 상복을 입었고, 나는 흰 소창으로 만든 상복을 입고 대나무로 만든 상장(喪杖) 지팡이를 짚었다. 매달 초하루와 보름 저녁상식을 올릴 때에는 곡을 했다. 1주기에 소상을 치르고, 2주기에 대상을 치르고 탈상을 하였다.

아버지가 돌아가시자 5킬로미터 떨어진 갓점에 살고 있던 숙부가 오셔서 많이 도와주셨다. 숙부는 어린 조카들에게 농사짓는 일을 가르쳐 주셨다. 쟁기질, 소를 코 뚫어 길들이는 일, 뒷간을 치는 일 등을 형들이 익숙할 때까지 직접 오셔서 해 주셨다. 뒷간을 치는 일이란 장군 통에 분뇨를 담아 지게에 지고 가서 밭에다 뿌리는 것을 말하는데, 지게를 처음 지는 형들이 이 일을 할 수 없었으므로 1~2년 동안 이 일을 도와주셨다. 가실 때에는 형들이 해다 놓은 땔나무를 한 짐 지고 가셨다.

숙부의 살림살이는 우리 집보다는 좀 나은 편이어서 우리는 숙부의 신세를 알게 모르게 많이 졌다. 제사 때에는 쇠고기 두어 근과 쌀을 한두 말씩 가지고 오셨고 집안의 큰일에 많이 보태주셨다. 작은 아버지는 160센티미터의 작은 체구에 몸은 약하지 않아서 주위 사람들이 녹두장군이라고 불렀다. 설 명절에는 숙부를 따라 갓점 집안 어른들에게 세배를 돌곤 하였다.

둘째 딸의 출가

둘째 누나를 우리는 '작은누나'라고 불렀다. 누나는 상냥하기 그지없었고 인정이 대단히 많았다. 흰죽을 쑤면 어머니는 항상 물만 잡수시고 작은누나는 배가 부르다고 흰죽 물조차 양보를 하곤 했다. 작은누나는 일 년 내내 모시 베, 무명베, 명주베를 짰고, 어머니는 모시를 쪼개어 이를 무릎에 비벼서 실로 연결하는 일 즉, '모시 삼는 일' 등을 하였다. 그래서 어머니의 오른쪽 무릎은 항상 쉴 날이 없이 불그스름하고 반들반들했다. 1년에 모시 베 4필, 무명베 1필, 명주 베 1필 정도를 생산해 냈다. 여름에는 모시 베, 겨울철에는 무명베와 명주베를 짰다.

어려서 우리들은 무명 바지와 저고리, 조끼를 입고 다녔는데 물론 집에서 짠 무명으로 만들어 입었다. 나와 동생은 6학년을 다니는 동안 무명바지와 저고리를 입고 다녔다. 헤진 옷은 기워 입었다. 집이 조금 나은 아이들은 시장에서 사는 옷을 입고 다니는 경우도 있었다.

누나가 스무 살이 되자 시집을 보내야 할 나이가 되었다. 동네의 박맹규라는 사람이 부여군 규암면 신성리 광시울에 사는 사람을 중매하였다. 할아버지가 동짓달 어느 날 점심을 잡수시고 간선을 가셨다. 어머님은 할아버지에게 "아버님 점심은 잡수시더라도 주무시지 말고 꼭 돌아오세요!"라고 당부를 드렸다. 왜냐하면 신랑 댁의 아버지가 할아버지의 연배라는 말을 들었고, 할아버지가 술을 좋아하셨기 때문이다. 당시는 간선을 가서 점심만 먹고 돌아와도 혼인이 성사된 것으로 알았던 시대였다.

그런데 할아버지는 매형이 될 사람의 절을 받고 따라 올린 술을 한 잔 받으셨다. 그리고 매형은 곧 방을 나갔다고 한다. 매형은 삼형제 가운데 중간으로 나이는 누나와 동갑이었고 경제적으로도 우리 집보다는 훨씬 부유한 편이었다. 집의 형세나 차려나온 음식으로 보아서 집안 형편에 대한 중매쟁이의 말이 사실임을 확인하고 돌아오셨다.

다음 날 할아버지는 상거리에 올라오셨다. 간선의 이야기를 전해 주시기 위해서였다. 어머님이 할아버지에게 "신랑감은 마음에 드시던가요?" 하고 물었더니, "신랑감은 흡족한데 성깔이 좀 있을

둘째 누님과 둘째 매형의 환갑기념 가족사진 (1992. 6. 30)

것 같더라.”고 말씀하셨다. 그 뒤 어머님은 다시 검증하기 위해 막내 종조할아버지와 작은아버지를 밀사로 보냈다. 이는 할아버지 말씀을 못 믿어서가 아니라 성깔이 있다는 말씀이 어느 정도인지를 확인하기 위해서였다. 돌다리도 두드려보고 건넌다는 속담처럼 어머니의 빈틈없는 배려와 경험으로부터 얻은 삶의 예지라고 볼 수 있다.

그 마을에는 정구선이라고 하는 먼 집안 친척이 있었기 때문에 그 사람을 통해 그 사실을 확인하였다. 그리고 온 김에 신랑감을 만나보고 가자고 하여 집을 찾아가 집안 형세를 겉으로 확인하고 신랑감을 불러내어 대면하고 와서 혼사가 이루어졌다. 그때 매형은 가마니를 치고 있는데 동네 사람이 불러서 나가 보니 ‘웬 낯모르는 두 사람을 만나게 되었다’고 한다. 물론 얼굴만 보고 몇 마디 수인사를 나누고 헤어졌다. 반면에 사장어른은 자신의 옛 친구인 박맹규 씨의 말을 그대로 신임하고 누나의 간선도 보지 않고 혼사를 결정하였다.

우리 집은 가정형편이 어려우니 혼수를 장만해 줄 수가 없었다. 작은아버지가 농을 사 주었고, 옷은 어머니가 몇 벌씩을 만들어 준 것이 고작이었다. 1951년 3월 18일 매형이 신행을 왔다. 마당에서 동네의 차일을 빌려다 치고 혼인은 구식으로 치러졌다. 우리 집에는 아버지의 고조할아버지의 자손(8촌)까지 친척 40여 명과 내 고모와 고모부를 포함하여, 외갓집 식구 10여 명이 참여하였다.

특히 내 기억에 남는 것은 60세가 넘은 대고모가 오신 것이다. 대고모는 외동딸이다. 할아버지의 바로 아래 동생이다. 할아버지와 다정하게 이야기를 나누는 모습도 옆에서 지켜보았다. 대고모는 청양군 남양면 우팥이란 동네의 청주 한씨 집안으로 시집을 가셨다. 자신은 아들딸을 낳지 못하자 종가의 대를 끊기게 할 수 없다고 생각하여 자신이 직접 주선하여 대고모부로 하여금 새장가를 가게 하여 네 아들을 두었다. 그 아들들은 우리 집을 외갓집으로 생각하고 아들과 함께 오셨고 형들은 대고모 댁에 가보았으나 나는 가 본 적이 없다.

대고모는 인정이 도타우시고, 예의범절이 바랐으며 예제에 대하서도 밝으셨다. 또한 술도 좋아하셨고, 긴 담뱃대로 담배도 즐겨 피셨다. 마음속의 회포를 술과 담배로 달랜 듯하다. 대고모는 우리 집에 오시면 혼자된 질부가 어린 자식들과 살아가는데, 소와 돼지를 기르며 근면성실하게 사는 것을 보고는 마음에 흡족해 하시면서 어머니에게 아낌없는 칭찬을 해 주셨다. 그러나 안타깝게도 대고모가 돌아가신 뒤에는 우리 집과 대고모 댁과의 연락이 완전히 끊겼다.

이웃집 동네 분들은 혼인이 끝나고 저녁에 오시라고 해서 술 한 잔씩 대접했다. 그리고 다음날 아침 새벽에 시댁에서 가마꾼이 와서 누님은 가마를 타고 갔다. 우리 집에서는 할아버지가 후행으로 가셨고, '산직이'라고 불리는 김 모 씨 두 사람이 와서 농을 지고 갔다. 그들 중 한 사람은 그 뒤 곧바로 갓점을 떠났다. 그런데 곰곰이 생각해보니 그들은 그 전 조선왕조 말기 때 우리 집안의 노비 같았다. 어린 우리가 50세가 넘은 그들의 이름을 지금까지 알고 있는 것은 어른들이 이름을 불렀기 때문이다.

가마꾼이 새벽에 온 것은 그날이 누님의 시어머니 회갑이어서 신부를 맞이해서 아침을 같이 먹으려 했기 때문이었다. 6시쯤에 누님은 아버지 고현에 절을 하고 가마에 올랐다. 어머님이 누님에게 경사이니 곡은 하지 말라고 당부하였으나, 절을 하면서 고현에 절을 하는 순간 누님은 가슴 속 깊은 곳에서 우러나오는 울음을 참지 못해 눈물을 흘렸고, 옆에 있는 형제들도 함께 눈물을 흘렸다. 가마에 타기 전에 누님은 동생들의 손을 꽉 잡아 주셨다. 두 형들은 동네의 입구인 면산 모퉁이까지 1킬로미터나 되는 곳까지 따라갔다 왔다. 가마를 떠나보내고 작은형은 얼마나 울었는지 모른다고 했다.

매형이 재행을 왔을 때 4~5명의 당숙들이 밤에 신랑을 단다고 다리를 시렁에 매달고 "이름이 무엇이고, 어디 사는 누구인데, 왜 이 집에 왔는가?" 등을 물어서 제대로 대답을 하지 않으면 목침으로 발바닥을 때렸다. 어린 우리들의 소견으로도 도저히 대답할 수 없는 억지 질문을 하였다. 그러나 매형은 "너희들이 할 테면 마음대로 해라!"고 꿋꿋하게 버텨냈다. 참으로 고집이 세고 배짱이 두둑했음을 알았다. 어머니가 술상을 보아 오시며 그만들 하시라고 말려서 겨우 모면했다. 심지가 약한 사람은 이것이 무서워 도망을 가는 일도 가끔 있었다.

신랑을 다는 풍속이 언제부터 생겼는지는 정확히 알 수 없으나 아마도 조선 후기에 남자가 신부를 데려가는 친영제도가 생긴 후부터일 것으로 생각한다. 고문서에는 이를 '동상례(東床禮)'라고 하는데 이는 처가의 사람들과 신랑이 사귀기 위하여 음식을 대접하는 예식이었다. 양반 집은 신랑에게 경전 구절을 외우게 하거나 난해한 문제를 내고 이에 제대로 대답을 하지 못하면 벌을 주었는데, '신랑 달기'는 바로 이 관습에서 유래하였다. 이런 전통적인 예식에 밝은 사람이 마을마다 한두 사람은 있었다. 지금은 거의 없어졌으나 그 풍속이 아직도 번족한 집에서는 행해지고 있다.

형들의 고생

작은 누님이 혼인한 다음 날 새벽, 매형을 떠나보내지도 않은 채 두 형은 집에서 100리나 떨어진 광천에까지 가서 장을 담글 소금을 사서 지게로 지고 왔다. 18살 먹은 큰형과 15살의 작은 형이 도시락을 싸서 지게 지고 새벽 5시에 출발하여 저녁때에 돌아왔다. 큰형은 소금 5말을, 작은 형은 3말을 지고 왔다. 가까운 시장에서도 소금을 살 수 있었지만 조금이라도 더 싸게 사려고 원산지인 광천까지 갔다. 그리고 그날 떠난 이유는 길을 모르기 때문에 동네 사람들이 가는 날 함께 따라가야 했기 때문이다.

지게를 지고 거기에 무거운 짐을 지고 갔다 왔으니 얼마나 힘이 들었을지 이는 말로 다 표현할 수가 없다. 지금 같으면 왕복 200리 길을 맨 몸으로 다녀오는 것도 엄두를 내지 못한다. 더구나 작은 형은 몸이 약질이다. 등과 다리는 아프고, 길은 평지도 아니고 고개를 여러 개 넘어야 했고, 자갈 돌멩이가 깔려 있었다. 입에서는 쓴 내가 나는데 장정들을 따라잡아 겨우 조금 쉬려고 하면 먼저 도착한 동네 장정들은 다시 출발하여, 이를 악물고 다시 지게를 져야 했다고 한다.

형들은 봄이면 논에 생풀을 베어다 넣었다. 생풀을 썩혀서 논에 거름으로 사용한 것이다. 큰형과 작은형은 10리나 되는 화산리 뒷산인 정혜사의 뒤 골짜기 절골에 가서 생풀을 베어다가 논에다 뿌렸다. 못자리 거름을 하기 위해서는 쑥 뿌리를 캐었다. 우리 집 앞에 있는 논에서는 자운영을 재배하여 이를 거름으로 사용했으나, 우리 논은 자운영을 재배할 수 없었다.

자운영은 콩과식물로 이를 키워 베어다가 다른 논에 뿌리고 갈 아엎으면 토양이 비옥해진다. 자운영은 물이 없는 논에서만 자란 다. 봄철에 집 앞의 논에 자운영이 자라서 붉은 꽃을 피우면 그 향 기도 좋을 뿐만 아니라 경치가 아름답기 그지없었다. 게다가 자운 영은 단백질과 탄수화물이 많아서 어린 잎과 줄기는 삶아서 무쳐 먹으면 별미의 반찬이 되기도 하였다.

논을 생풀로 가득 채우고 쟁기질을 해서 이를 덮어 썩혔다가 다 시 한 번 갈아엎고 모를 심는다. 풀은 1개월이면 썩어서 벼가 잘 자라지만 김매기 할 때까지도 썩지 않은 것도 있었다. 그리고 외 양간에서 나온 두엄을 겨울철에 지게로 져다 쌓아 두었다가, 이를 풀과 함께 섞어 갈아 덮었다. 당시 벼의 품종은 '은방주'였다. 이 벼는 1941년부터 널리 재배된 품종이었다. 몇 년 뒤 '다마금'이란 신품종이 보급되어 재배하였다.

모심기를 할 때에는 동네 사람들과 품앗이를 하는데 큰형은 나 이가 17살이었지만 동네 장정들과 품앗이를 했다. 품앗이를 하지 않고 가족끼리 농사짓는 것을 호락질이라 한다. 큰형이 하는 일을 작은형은 항상 따라다니며 함께 했다.

송아지를 길러 3개월이 되면 코를 뚫고 1년이 되면 길들인다. 쟁 기질을 하는 법을 소에게 가르치는 일을 '길들인다'고 한다. 소에 게 "이랴" 하면 가고, "와" 하면 서도록 말을 반복하여 가르친다. 물론 고삐로 소를 다룬다. 숙부가 쟁기질을 하는 법을 1~2년은 돌 봐주었다. 큰형은 농사를 지은 지 3년이 지나자 상 농사꾼이 되었 다. 그 뒤로 2년이 지나자 작은형도 쟁기질, 써레질을 할 줄 아는 농사꾼이 되었다.

때로는 작은아버지와 형들이 장기를 두기도 했다. 그 당시 형들에게는 장기가 유일한 오락거리였다. 언젠가 하루는 작은아버지가 형들과 장기를 두고 내려가셨는데, 다음 날 장기 알이 없어졌다. 두 형이 아무리 찾아도 장기 알은 보이지 않았는데, 알고 보니 작은아버지께서 감춰 놓은 것이었다. 왜 그러셨는지 그 이유는 정확히 모르겠으나 혹 장기를 두느라고 일하는 시간을 뺏길지 모른다는 걱정 때문이 아니었을까 짐작해 본다.

여름이면 밭농사 짓는 일에 힘썼다. 비가 오는 날이 쉬는 날이었다. 이른 봄에 6시쯤에 일어나, 식전에 일찍 장군을 지고 똥과 오줌을 밭에 5~6번 갖다 주곤 한다. 그리고 아침을 먹고는 일을 하러 논에 나간다. 여름이 되면 보리타작, 논 김매기 등을 한다. 보리타작을 한 뒤에는 밭에 콩을 심는다. 하루에 14시간의 노동을 했다. 이 일을 형들은 사시사철 하였다.

가뭄이 들면 농사일이 더욱 어려워진다. 밤잠을 자지 않으면서 물을 품어대야 했기 때문이다. 가뭄이 하도 지겨워 턱골 논 세 마지기는 팔아치우고 얼마 후 땅거름 논 세 마지기도 팔아 개천가의 논 5마지기를 샀다. 이처럼 척박한 논밭을 팔아 좋은 논밭을 사는 것을 옛 고문서에서는 '이매(移買)'이라고 했다. 이는 좋은 논밭으로 옮겨 잡는다는 뜻으로 여유 있는 사람만이 할 수 있었다. 어느 해인가는 모 심을 때에 비가 오지 않아서 이앙을 하지 못하고 땅거름 논에 메밀을 심었던 기억이 남아 있다.

새로 산 논은 냇가의 보에서 물을 댔기 때문에 가뭄에 그리 시달리지 않았을 뿐만 아니라, 겨울에는 보리를 재배할 수 있어 이모작도 가능하였다. 수렁들 논은 수원이 풍부하지는 않아도 수렁이 있기 때문에 물이 항상 있는데 지독하게 가물 때에는 물을 품어야 했다. 이 근처의 논에는 대부분 샘이 하나씩 있고 공동의 샘이 있는데, 밤 두세 시부터 새벽 6시까지는 품는 사람이 없기 때문에 이 시간을 이용해서 용두레로 물을 품곤 했다. 가뭄은 농작물을 마르게 할 뿐만 아니라 농부의 마음까지 마르게 한다.

여름철이 되면 김매기를 세 번 하고, 피를 뽑아내는 피사리를 한다. 농사가 없는 날은 산에 가서 솔가지를 쳐다가 땔나무를 장만하였다. 가을철이 되면 가을걷이를 한다. 벼를 베어서 논두렁에 줄가리를 쳐 놓았다가 어느 정도 마르면 집으로 지어 날라서 마당에서 홀태를 이용해서 벼를 훑었다. 농사를 많이 짓는 사람은 당시에 '호롱기'라는 탈곡기를 썼지만, 이를 사용하려면 삯을 주어야 했기 때문에 편리한 줄 알면서도 우리 집에서는 거의 사용하지 못했다.

형들이 열심히 농사를 지은 결과 상거리에서 거의 매년 최고의 양을 수확했다. 마지기 당 벼 3섬을 거뒀다. 7마지기에서 벼 20섬을 넘게 수확했다. 밭에서는 콩을 거둬들이고 고구마를 4~5가마를 캐서, 사랑방에 섬을 만들어 갈무리하였다. 고구마는 생으로 깎아 먹기도 했고, 밥을 지을 때에 넣어 먹기도 했다. 몇 년 후부터는 식량이 남지는 않았지만 크게 부족하지도 않았다.

역사의 상식 5 **벼농사의 내력**

벼는 2600~2700년 전부터 우리나라 사람들의 주곡이었다. 그리고 1960년대까지 우리나라의 주산업은 농업이었다. 농업은 기후의 영향을 많이 받는 산업이다. 벼농사는 원래 동남아에서부터 시작된 것으로 알려져 있고, 중국 양자강의 강남농법이 삼국시대에 전래되었다. 고려 말부터 비료 사용법이 우리나라에 알려졌고, 벼를 못자리에 뿌렸다가 모내기하는 농법은 조선 초기부터 시작되었다. 이를 이앙법이라 한다. 그러나 이앙법은 가뭄이 닥치면 모내기를 할 수 없으므로 수확을 거의 거둘 수 없는 큰 위험이 따랐다. 그러나 김매기가 편하여 많은 노동력이 절감되고 생산량이 증가되었다. 당시에는 논밭에 볍씨를 직접 뿌리는 직파법이 주로 사용되었다. 그래서 국가에서는 이앙법의 보급을 억제하려 하였지만 계속 퍼져 나가 조선 후기에는 삼남지방에 널리 보급되었다.

조선 후기에는 집약농법이 발달하여, 농사짓는 방식과 단위 당 수확량이 당시 세계적인 수준이었다. 농경지도 많이 개간되었다. 농사에 관한 많은 이론서가 중국에서 들어왔는데, 이를 기초로 우리나라의 토양과 실정에 맞는 독자적인 농법을 연구해 내기도 하였다. 홍만선(1643~1715)이 쓴 《산림경제(山林經濟)》가 나온 이후, 18세기 유중림이 이를 증보하였고, 3세대를 거쳐 農法을 연구한 서유구(1764~1845)는 당시까지 농사짓는 방법을 《임원경제지(林苑經濟志)》에 모두 정리하였다.

일제강점기에는 농업시험실을 통해 벼의 품종이 개량되어 다수확이 가능하고 병충해에 강한 품종으로 자주 바뀌었다. 해방 뒤에는 수원의 농사시험장에서 볍씨의 품종개량이 실시되어 새 품종이 나왔다. 생산량은 1945~1949년을 기준으로 1969년에는 평균 71%의 증산을 가져 왔다. 1970년대 말에 가서야 쌀 생산량은 국내 소비를 완전히 자급할 수 있게 되었고, 그 뒤로는 쌀 생산이 남아돌게 되었다.

어머니께서 이끄신 살림살이

우리 집에는 과일나무가 한 그루도 없어 과일은 제삿날이어야 겨우 맛볼 수 있었다. 그나마 개골 밭가에 심은 대추나무 두 그루가 고작이었다. 여름에 참외나 수박을 재배한 적이 없다. 오직 주식에 필요한 작물을 재배하기에 바빴을 뿐이다. 가을걷이를 마치면 풀을 많이 베어 말렸다. 이를 '새초'라고 하는데, 겨울에 소에게 줄 먹이로 쓰인다.

겨울이 닥치면 농사일은 중단되지만 지붕의 이엉 잇기를 하고 새끼를 꼬아 가마니를 치고 여자는 물레를 돌려 실을 잣고 무명을 짠다. 당시 밤에는 조명으로 석유 등잔을 이용하였고, 이보다 조금 더 밝은 호롱이 있었으나 석유가 많이 들었기 때문에 별로 사용하지 않았다.

또한 형들은 나무장사를 했다. 장작을 패서 부여 장에 갖다 팔아서 가계에 보탰다. 5일과 10일에 서는 부여 장날에 두 형은 전날 장곡사 뒷산에서 숯을 받아다가 부여 장에 가서 팔았다. 부여까지는 20리가 넘었다. 부여 가는 길은 구드레 나루를 건너는 좁은 길이었고, 집에서 새벽 먼동이 틀 무렵에 출발을 해야 했다. 그 고통은 말로 다 할 수 없다. 이 때 두 형들은 지게에 눌려 키가 제대로 못 자랄 정도로 육체적 고통이 심했다. 여기에 정신적 고통도 더해졌는데, 그것은 부여에 통학하는 동년배의 친구를 구드레 나루에서 만나 한 배를 같이 타는 일이었다.

우리 집에서 재산을 늘리는 방법은 다음과 같았다. 농사를 지어 식량을 대고, 그 외에 나무를 팔아 용돈을 벌어 쓰고, 어머니는 모시 베를 날고 짜서 이를 팔아 돼지 새끼를 사서 길렀다. 돼지가 크게 자라면 이를 팔고, 이에 조금 돈을 더 보태어 송아지를 샀다. 송아지를 키워서 코를 뚫어서 길들여 큰 소로 만들고, 큰 소가 새끼를 낳으면 그 새끼를 다시 기르고 큰 소는 팔아서 논을 샀다. 그러나 밑천이 없었으니 논 두세 마지기를 더 장만하기 위해서는 5~6년이 걸렸다. 가난한 가운데서도 큰형과 작은형은 어머니에게 참으로 정성껏 효도를 했다. 한 번도 어머니의 뜻을 거스른 법이 없었다. 어머니가 시키는 대로 했고, 한 푼의 돈도 어머니 몰래 쓴 적이 없었다. 비록 가난했지만 다정한 가정을 이루었고 동네에서도 칭찬이 자자했다.

여름에는 항상 보리밥만 먹었으나 아버지 제사 때에 숙부 댁에서 쌀 한두 말을 가지고 오면 그것으로 제사를 지냈다. 그때마다 할아버지가 올라오셨다 가셨다. 시골에서 건강을 지탱하는 유일한 방법은 바로 밥을 잘 먹는 것이었다. 당시 형들의 밥은 큰 사발에 수북하게 가득 담아 주었다. 고기는 1년에 제사 때만 한두 번 맛보는 정도였고, 집에서 기르는 개를 몇 년에 한 번씩 잡아 보신을 했다. 정말로 개는 허약한 몸을 위해 보신용으로 큰 구실을 했다.

　시골에서는 눈병이 나면 붓으로 부엌 벽의 해 뜨는 쪽에 사람 얼굴을 그려 놓고, 아침 해가 뜰 무렵 송곳을 그림의 눈에 꽂아 놓으면 낫는다고 생각하였다. 또 부정을 면하기 위해서 황토를 사립문 가에 뿌리고, 새끼를 왼쪽으로 꼬아 사립문에 걸기도 했다. 이는 당시의 민속을 따른 것이지만 지금은 미신이라 하여 거의 없어진 관습이다.

　이를 닦을 때에는 절구로 간 소금을 손가락에 묻혀 쓱쓱 닦았다. 1960년대에는 분말 치약이 사용되었고, 1970년대 들어서 칫솔과 치약을 제대로 사용하기 시작하였다. 목욕은 봄에서 가을까지는 동네의 냇가나 논의 물구덩이에 가서 했고, 겨울에는 섣달 그믐날 물을 데워서 겨우 한두 번 했다. 그러니 옷에 이가 득실거릴 수밖에 없었다. 그리고 무명 솜옷에는 이가 살 만한 곳이 많다. 바늘로 꿰맨 실밥 사이는 이의 은신처가 되었다. 빨래를 자주 하지 못한 것도 이유 가운데 하나이다. 이는 가을에서 겨울을 지나 이른 봄까지 사람에게 붙어 공생하였는데, 깊은 겨울밤에 등잔불 밑에서 자식들에게 옷을 벗으라 하고 이를 잡아주시던 어머님의 모습이 지금까지 눈에 선하다.

　그리고 여름에는 빈대가 피를 빨아 먹었다. 빈대에 물려 잠을 잘 수 없어 일어나 빈대를 잡으려고 등잔불을 켜면, 빈대들이 '걸음아 나 살려라' 하듯이 도망을 친다. 그 놈을 잡아 죽이면 새빨간 피가 벽을 장식했다. 그런데 한두 마리가 아니라서 모두 잡을 수는 없었다.

겨울철 눈발이 휘날릴 때면 참새를 잡기 위해 마당을 깨끗이 쓸어 놓는다. 삼태기를 뒤집어 덫을 만들어 놓고 그 위에 돌을 올려 놓는다. 모이를 그 안에 뿌려 놓고 덫에 끈을 매어 방안에서 지켜 본다. 물론 모이가 있음을 알리기 위해 왕겨를 뿌려 놓는다.

눈발이 내리면 참새들이 모이를 찾기 위해서 마당에 내려온다. 문틈으로 쳐다보다가 참새가 모이를 먹으려고 삼태기 안으로 들어가면, 줄을 당긴다. 참새를 이렇게 잡아 화롯불에 구워 먹으면 참으로 맛있었다. 이는 산골에서 하는 참새 낚시질이라고 할 수 있다.

또 쥐덫을 사다가 집 안의 쥐를 잡곤 했다. 그리고 산에는 산토끼 덫을 만들어 놓았다가 새벽에 가 보면 산토끼가 잡혀 있기도 하였다. 꿩을 잡으려고 콩을 뾰족한 칼로 구멍을 내고 이 안에 청산가리를 넣어 꿩이 자주 내려오는 곳에 놓아두면, 이를 주워 먹고 죽은 꿩을 잡기도 했다. 산촌 마을에 부지런한 사람이 많은 것은 이런 일들을 하기 때문이라고도 할 수 있다.

봄과 여름에는 부역을 나가기도 했다. 부역은 조선조에 노동력을 국가에서 집집마다 차출하는 것이었는데, 이를 요역이라 하였다. 조선조는 요역으로 1년에 열흘을 차출하였다. 이 때는 성을 쌓거나 다리를 놓거나 관아를 수리하는 일 등에 동원되었다.

조선시대에 쌓은 성을 살펴보면, 어느 마을이 성의 어디부터 어디까지 담당하여 쌓았는지 성벽에 새겨져 있는 경우가 많다. 그런 요역의 관행이 해방이 끝난 뒤 1950년대 초까지 남아 있었다. 그것은 신작로 가에 쌓아 놓은 자갈을 도로에 덮는 일이었다. 도로가 장마 때문에 파이면 도로 가에 쌓아놓은 자갈을 덮어 메우는 일에 동원되었다. 지금은 신작로에 자갈을 까는 모습은 완전히 없어졌지만, 예전에는 인력을 면에서 마을에 할당하면, 마을에서 집집마다 차출하였다. 나는 형들을 대신하여 한두 번 그 사역에 나간 적이 있었다. 이런 요역은 1950년대 후반에 폐지되었다. 나는 왕조의 요역에서 내려온 유습인 부역을 담당한 마지막 세대였다.

늦은 여름이면 일본에 함께 갔던 셋째 외삼촌이 아버지 제사 때마다 잊지 않고 오셔서 열심히 사는 어머님과 형들을 격려해 주셨다. 외삼촌의 목소리는 약간 허스키하였고, 구수하게 이야기를 잘해주셨다. 아버지 제사 때에는 장마가 드는 때가 많았다.

셋째 외숙은 가장을 여의어도 누님 댁의 살림이 전혀 축이 나지 않고 매년 조금씩 퍼지는 것을 보고 칭찬해 주셨다. 그리고 어머니에게 그동안 있었던 외갓집 일을 "누님, 누님!" 하면서 정겹게 이야기해 주셨다.

또한 우리들에게는 조선조 임진왜란 때 재치가 번뜩이고 마음 씀이 대담했던 재상 오성과 한음 대감의 이야기를 구수하게 들려주셨다. 오성은 이항복(1556~1618)의 호이고, 한음은 이덕형(1561~1613)의 호이다. 지금도 오성 대감의 담력에 대한 이야기가 기억이 난다. 간

셋째 외숙과 셋째 외숙모 (서정수 씨 제공)

단하게 소개하면, 한음으로부터 한밤중에 전염병으로 일가족이 몰살된 집의 시체를 장사 치러 달라는 부탁을 받은 오성이 혼자 그 집에 이르러 시체를 감정하다가 갑자기 한 시체가 벌떡 일어나며 볼을 쥐어박는 바람에 혼비백산하였는데, 알고 보니 이는 한음이 시체인 양 누워 있었던 장난이었다는 이야기다.

오성과 한음은 어려서부터 쌓은 돈독한 우정으로 유명하다. 두 사람 모두 정승이 되어 서로 믿고 의지하며 7년의 임진왜란 난국을 슬기롭게 헤쳐 나갔다. 두 정승의 재치와 우정의 이야기는 언제 들어도 재미있었다. 외삼촌이 이야기를 통해 우리에게 들려준 것은 당시 학교 바깥에서 행해진 우리나라의 전통적인 교육방법의 한 가지였다. 당시 나는 그 이야기에 나오는 때가 언제인지 전혀 시간의 좌표를 알 수 없었지만, 외삼촌의 이야기에 흠뻑 빠져 재미있게 듣곤 하였다. 그리고 가끔 외삼촌은 어머니와 일본에서 만났던 사람들의 일을 회상하는 이야기를 하시는 것을 들었지만, 나는 전혀 이해할 수 없는 이야기였다.

어머니의 여러 형제자매 가운데 어머님과 셋째 외숙은 가장 가까운 사이였고, 우리도 외갓집에 가면 셋째 외숙 집에서만 자곤 했다. 또한 그 무렵 외삼촌은 이장을 보고 계셔서 마을의 행정 정보도 알려 주셨다.

설이 다가오면 소금에서 흘러내리는 노란 간수를 받는다. 그리고 한두 말의 종콩을 며칠 전부터 물에 담가 두었다가 손으로 맷돌로 갈아서 두부를 만들었다. 내가 맷돌을 돌리겠다고 하면 어머니는 맷돌 자루를 넘겨주셨다. 그러나 어린 나는 힘이 들어 두 바퀴 이상을 돌릴 수가 없었다.

두부 만드는 날을 좋아한 것은 사람만이 아니었다. 구수한 숫물에 여물을 해줄 것을 마치 자기 생일처럼 기다리는 외양간의 큰 소에게는 그 날이 그야말로 가장 즐거운 잔칫날이었다. 어머니가 담근 간장은 동네에서도 맛이 있기로 정평이 나 있었다. 그 간장에 갓 만든 두부를 찍어 먹던 맛은 지금도 잊을 수가 없다.

1950년대 초에는 디딜방아로 보리를 찧어 식사를 지었다. 디딜방아의 돌확에 보리를 넣고 두 사람이 발로 방아를 밟아서 찧고, 한 사람은 이를 우기는 일을 맡는다. 보리방아 우기는 일은 주로 어머니가 하셨다. 아침 일찍 초벌 방아를 찧어 멍석에 말렸다가 겨를 까불러 내어 오후에 다시 찧기도 하였다. 밥을 지을 때에는 보리쌀을 손 돌로 갈았는데, 이는 덜 찧어진 보리에 붙은 겨를 벗겨내기 위해서 한 것이다.

어느 날 어머니의 몸에 심한 두드러기가 났다. 뜬것이 붙었다고 장국을 끓여다가 길가에 버리면서 주문을 외우는 해물리기 일도 하였지만 증상에 전혀 차도가 없었다. 한두 달이 가도 낫지를 않자 문둥병으로 생각하고 동네 사람들이 송장 뼈를 태워 연기를 쏘여야 낫는다는 말을 하였다.

그래서 큰형이 친구와 함께 동네에 있는 공동묘지에 가서 뼈를 구해다가 냇가에서 불에 태워 쏘인 일도 있다. 그러나 낫지 않아서 무당을 불러다가 빌기도 하였다. 어떤 방법이 효과를 냈는지 알 수 없지만 3개월 만에 두드러기는 씻은 듯이 나았다. 이는 마치 옛날 가뭄을 해결하려던 방식과 비슷하다. 가뭄이 들면 왕은 유교식으로 자신의 밥상에 오르는 반찬의 가지 수를 줄이게 하고 전국에 정치의 잘못된 것을 상소하게 하였으며, 또한 민속의 기우제를 지내 하느님에게 빌며, 평상시에는 구박하던 승려를 불러 비 오라고 독경을 하게하고, 별들에 대한 도교식의 초제(醮祭)를 지내기도 한다. 이렇게 하다 보면 어느 것이 주효했는지 비가 내린다.

형들은 어머니의 병환을 낫게 하기 위해 온갖 방법을 다 썼다. 아마 형들의 효성이 병을 고친 것이라고 믿고 싶다. 그러나 실은 시간이 지나서 두드러기가 나았다고 해석해야 할 것이다. 이는 마치 가뭄도 여러 가지 방책을 쓰다보면 때가 되어서 비가 온 것으로 판단되는 것과 같다.

1950년대 초에는 마을마다 추석을 맞이하면 신파극을 벌였다. 작은형은 노래를 잘 불렀고 총명하여 대사를 쉽게 외웠다. 작은형은 늘 여자 역을 맡았다. 지도해 주는 사람이 없어 자기들이 옛날 소설을 읽고 연극을 준비했다. 연극의 주제는 고소설이거나 신소설과 비슷했다. 이를 진행하는 주역은 작은형이 맡았다. 그리고 공연이 시작되기 며칠 전에 농악대를 앞세우고 인근 마을을 돌면서 홍보했다. 추석날 밤에는 온 동네 사람들과 이웃마을 사람들까지 개울가에 꽉 차게 모여 신파극을 재미있게 보았다.

그리고 일 년에 한 번쯤 초등학교 운동장에서 활동사진(영화)이 상영되기도 하였다. 물론 영화는 흑백 필름이고, 연사가 이를 소개하는 무음성 활동사진이었다. 그러나 형들은 이를 관람할 여유가 없었다. 농촌에 당시의 전국적인 상황과 세계의 돌아가는 정보는 그 영화의 서두에서 보여주는 '대한뉴스'가 전부였다. 이 뉴스에는 맨 앞에 이승만 대통령의 사진과 연설하는 장면이 반드시 나오곤 하였다.

할아버지가 우리 집에 오실 때가 되면 어머니는 항상 곡주를 담그셨다. 당시 밀주(密酒)를 못 하도록 감시하는 일은 산림감시원의 몫이었다. 그런데 산림감시원이 왔다 하면 온 동네 여자들이 부들 부들 떨었다. 나중에 안 사실이지만, 양조장에서 술이 예상한 것처 럼 팔리지 않으면 면사무소에 산림감시원을 마을에 보내줄 것을 요청한다고 한다. 산림감시원은 밀주 조사와는 전혀 관련이 없는 데, 농민을 위협하는 수법을 쓴 것이다.

가을 소풍

1953년 나는 초등학교 5학년이었다. 10월의 가을 소풍으로 공 주시 사곡면 마곡사(麻谷寺)에 걸어갔던 기억을 잊을 수가 없다. 마 곡사는 학교에서 40킬로미터 정도 떨어져 있어 100리 정도의 거 리였는데 당시에는 80리라고 하였다. 우리들 5학년 학생은 120명 이었으나 소풍을 간 학생은 80여 명이었던 것으로 기억된다. 학생 들은 각자 어머니가 싸주신 도시락과 쌀 3되씩을 등에 짊어지고 갔다.

당시에는 마곡사 입구로부터 시냇가 골짜기 오솔길을 굽이굽이 돌아 십여 리 이상 걸어갔던 기억이 생생하다. 맑은 냇물이 콸콸 흐르고 길의 양쪽에는 하늘이 보이지 않을 정도로 자란 나무가 빽 빽이 서 있으며, 단풍이 울긋불긋 곱게 물들어 있어 참으로 아름 다웠다. 시내가 넓어지는 곳에는 빠짐없이 큰 바위가 있었다. 냇물 이 큰소리를 내며 바위에 부딪쳐 하얀 물거품을 일으키고, 그 아 래 수영을 할 수 있을 정도의 웅덩이 속에는 송사리, 피라미 등이 유유히 노는 경치가 시골에 살았던 우리들에게도 참으로 아름답게 여겨졌다.

마곡사 대광보전 앞의 석탑 (보물 799호)

절에 도착하여 나무다리를 건너 천왕문(天王門)을 들어서는데 우락부락하게 생긴 눈이 툭 튀어나온 거대한 사람이 악마를 발로 짓밟고 있는 모습을 보았다. 이는 뒤에 알고 보니 사천왕상(四天王像)이었다. 그가 밟고 있는 어린 아이는 세상 사람의 마음속에 있는 나쁜 마음을 상징하는 악마였고, 그 문을 지나는 순간 우리 마음속에 남아 있는 악한 마음은 없어진다는 것을 뜻하였다.

절의 화장실은 지금의 선방 뒤쪽에 저만큼 떨어져 있었는데 바닥이 어찌나 깊은지 조금 과장하여 말하면 변을 보고 한참 뒤에야 "텀부덩" 하는 소리가 들릴 정도였다. 밤에는 모든 학생이 넓다란 방에서 함께 잤다. 구들은 따끈따끈하게 데워져 있었다. 한밤중에 김 모라는 친구가 "엄니 추워! 이불 좀 주어!"라고 잠꼬대를 하던 기억이 아직도 생생하다. 그 친구는 안타깝게도 30년 전에 이미 이 세상을 떠났다. 지금도 만나보고 싶은 친한 동무였다.

대한민국 건국은 왜 소중한가?

그동안 우리 학계에서는 대한민국의 건국을 분단국가가 되는 빌미를 제공하였다는 뜻에서 극도로 폄하하여 왔다. 그러나 이는 크게 잘못된 인식이다. 분단은 대한민국이 건국되기 이전부터 이루어졌다. 북한에서 이미 정권이 창출되었고 단독정부의 수립은 움직일 수 없는 추세였기 때문이다. 통일정부가 세워졌어야 한다는 것을 주장하는 사람은 공산정권의 수립을 전제로 한 것이라 하지 않을 수 없다. 그리고 대한민국의 건국은 다음과 같은 역사적 의미를 가진다.

첫째, 왕정체제를 벗어나 공화국이 시작된 것을 뜻한다. 공화정이라 함은 모든 국민이 정치에 참여하는 정부 형태를 의미한다. 이미 상해 임시정부에서 민주공화국을 선언했지만, 이는 국외에서 이루어진 것이므로 국내인에게는 실제적 의미가 없었다. 오랜 왕조 국가가 끝나고 이제 인민의 손에 따라 지도자가 선출되는 국가체제가 성립된 것이다. 우리나라의 진정한 근대국가가 처음으로 만들어진 것이다.

둘째, 자유민주주의 국가의 출현이다. 이는 사회주의 국가체제가 아니라 자본주의 사회이면서, 전 국민에게 자유를 보장해 주는 국가를 건설한 것이다. 이는 앞으로 자유와 평등을 실현하는 국가체제를 성립했음을 뜻한다.

셋째, 세계사의 흐름에 적극 참여하는 국가가 되었다. 대한민국은 유엔이 승인한 합법정부이며 세계사를 창조해 나가는 주역으로서 맡은 임무가 시작되었다.

넷째, 오랜 역사와 전통에 바탕을 두고 민족문화 창달을 목표한 새 국가였다. 우리는 5천 년 이상의 역사를 가지고 있고, 고려와 조선이라는 1천 년의 역사를 가지고 있으면서도 그 문화적 유산을 계승하지 못하였으나, 새로운 정부조직과 운영을 통하여 민족문화를 적극적으로 창출하게 되었다.

다섯째, 새로운 국가과제로 자유와 평등의 실현이라는 민주주의의 발달과 경제부흥과 문화창조라는 새로운 역사적 과제를 가지고 출발하게 되었다. 이는 모든 사람이 역사를 창조하는 주체가 되었다고 할 수 있다. 미국의 저명한 역사학자이며 정치가인 라이샤워 교수의 이론에 따르면 정치에서 민주주의 체제, 경제에서 자유경제 체제를 갖추는 것이 근대화의 중심 축이라고 설명한다. 그는 근대화란 산업에서는 자연 경제에서 기계를 통한 생산체제로의 전환이고, 정치적으로는 모든 국민에게 자유를 주는 자유민주주의 정치체제로의 전환이며, 그 밖에 국민의 글쓰기와 읽기 교육, 정보의 유통 등이 대단히 중요한 요소라고 말하였다. 우리나라는 대한민국의 건국으로 이들 조건에 모두 걸맞는 나라가 되었다. 그리고 한글이란 쉬운 글은 우리나라 문맹률을 크게 낮추는 데 한 몫을 했다. 그러나 그의 관점을 엄밀하게 따져 볼 때 대한민국의 건국 당시의 근대화는 그 기반을 마련하였을 뿐 그 성과는 10퍼센트 정도 달성되었다고 추측된다.

역사의 상식7 **1948년 5·10선거**

우리나라에서 최초의 국회의원을 민주적으로 선출한 총선거가 1948년 5월 10일에 실시되었다. 미군정 아래에서 미국이 주장했던 신탁통치가 국민의 반대에 봉착하고, 미소공동위원회에서 이를 해결할 수 없음을 파악한 미국은 국무성, 국방성, 해군성의 3성 위원회에서 1947년 8월 4일 한국문제를 미소공동위원회에서 유엔 총회에 넘기기로 결정하였다.

1947년 9월 17일 미국은 유엔 총회의 정식 안건으로 한국문제를 상정하였다. 유엔총회에서는 미국이 제안한 다음과 같은 골자의 내용을 개정 결의하였다.

1. 1948년 3월 31일 이전에 남북한에서 인구 비례에 따른 총선거를 실시한다.
2. 선거 감독을 위해 유엔한국임시위원단(UNTCOK)을 파견한다.
3. 총선거에서의 당선자들이 의회를 구성하여 통일 한국정부를 수립한다.
4. 한국의 통일정부가 독자적인 군대를 조직하는 즉시 미·소 양국 군대는 철수한다.

유엔 정치안보회의에서 이를 논의하여 1947년 11월 14일 유엔총회에서 결의안이 통과되었고, 한국 독립을 위한 선거를 처리하고자 유엔 한국 임시위원단이 오스트레일리아, 캐나다, 중국, 엘살바도르, 프랑스, 필리핀, 인도, 시리아, 우크라이나 소비에트사회주의 공화국의 9개국 대표로 구성 발족되었다. 동 위원단은 1948년 1월 8일에 도착하였다. 그러나 김일성은 평양방송을 통해서 이 위원회를 "남한에 식민지를 건설하기 위한 미 제국주의 주구"라고 비난하고 받아들이길 거부하였다. 통일정부를 위한 선거가 불가능하다고 파악한 동 위원회에서는 유엔 소총회에 제안하여 감시가 가능한 지역에서만이라도 선거를 실시하도록 수정 결의하였다.

5·10 총선의 선거법은 1946년 12월에 미군정 하에 개원한 입법위원에서 제정되었다. 1947년 9월 3일 공포된 보통선거법의 공식명칭은 '남조선 입법의원 선거법'이었다. 그 주요골자는 선거는 소선구제로 하며, 선거권의 나이는 23세였고, 투표방식은 기표 대신 후보자의 이름을 직접 쓰는 자서(自書) 방식이었다. 그러나 실제 5·10(월요일) 선거에서는 선거권의 나이는 23세에서 21세로 낮추어졌고, 기표 방식도 자서에서 투표용지에 있는 입후보자 성명 아래에 작대기를 긋도록 바뀌었다.

이 선거는 남한에서도 반대가 심했다. 김구, 김규식 등의 한독당 계열은 단독정부의 수립을 반대하고 김일성과 남북협상을 하기 위해 북으로 떠났고 27개 단체의 회원 695명이 북한에 갔다. 이 회의의 공식 명칭은 '전조선 정당사회단체 대표자 연석회의'였다. 그러나 1948년 4월 19일부터 개최된 평양회담은 아무 성과를 거두지 못하고 끝난 정치적 쇼에 지나지 않았다. 역사적 통찰력이 있는 사람이었다면 북한 정권의 속성을 이 때 확실히 알았을 것이다.

또한 남쪽의 남로당 계열의 좌익과 좌익계 중도파 정치세력이 선거를 반대하였고, 특히 좌익은 맹렬한 반대운동을 일으켰다. 1948년 2월 7일 발생한 이른바 '구국투쟁'은 대규모 민중봉기였다. 선거 당일 51명의 경찰과 11명의 공무원이 피살되었고, 310개의 관공서가 피습 당하였다. 1948년 제주도에서는 4·3항쟁이 계속되어, 세 개의 선거구 가운데 두 개의 선거구에서 투표가 실시되지 못했다. 이렇게 혼란과 반대 속에서 첫 총선거가 치러진 것은 뒷날 대한민국의 정통성론을 시비하는 한 이유가 되었다.

유엔 한국 임시위원단의 통계에 따르면 1948년 3월 1일의 총인구는 1,994만 7천 명이었고, 총 유권자 수는 983만 4천 명이었다. 등록유권자는 783만 7,504명, 투표참가자는 703만 6,750명이었다. 투표율은 71.6%였다. 200개의 의석에 대한 입후보자는 948명으로 4.74 : 1의 경쟁이었고, 독립촉성회 위원 55명, 한민당 29명, 무소속 의원이 85명 등이었다. 제헌국회 의원의 임기는 2년이었다.

1948년 5월 15일 북한은 남한에 송전을 완전히 중단하여 남한은 경제적 혼란이 가중되었고, 선거를 보이콧한 저지 세력은 총선거 무효론을 주장하였다. 그러나 이승만은 총선거에 따라 당선된 국회에서 국회의장으로 당선되어 대통령 중심제와 의원내각제를 절충한 헌법을 제정하여 7월 17일 공포하였다. 이 헌법에 따라 7월 20일 국회에서 196명의 의원이 출석한 가운데 이승만은 180표를 얻어 초대 대통령에 당선되었다. 단기 4281년 8월 15일 대한민국이 수립되었다.

역사의 상식 8 6·25전쟁의 교훈

이는 내전이 아니라 중공·소련·북한이 사전 계획하고 유엔군이 참전한 국제전이고, 계급 해방을 위한 인민전쟁이 아니라 북한이 일으킨 침략전쟁이었다.

1953년에 만들어진 휴전선은 세계사적으로는 자본주의 진영과 사회주의 진영의 분계선이었고, 국내적으로는 민족이 분단된 경계선이며 남북 상호경쟁의 표지석이 되었다. 북한이 인민을 내세우고 있지만 이는 허위요, 기만이다. 북한은 전 국민의 언론과 사상의 자유를 극도로 통제하는 전제주의 국가이고, 국민을 굶어죽게 하는 국가이다. 공화국 가운데 정권을 대물림하는 국가는 북한이 유일하다.

북한이 이런 길을 걷게 된 것은 그 기초가 자유민주주의를 택하지 않았기 때문이다. 양심적인 민족주의자로 존경을 받던 조만식(1882~?) 등이 숙청되었고 많은 납북 인사들이 활동하지 못하고 숙청되었다. 전세계사적인 조류인 인권을 보장해야 한다는 원칙이 지켜지지 않는 정권이다. 이를 대한민국 국민은 6·25전쟁을 통해 인민재판의 무자비함과 법을 벗어난 그 실상을 직접 경험하게 되었다. 개인의 기본권을 억압하는 것은 어떤 이유로도 정당화될 수 없다. 6·25전쟁을 직접 경험한 세대는 공산주의 국가의 속성이 허위와 기만 술책, 조직적 선동에 의지하는 것이라는 것을 직접 체험하였다.

8. 집안의 기대와 희망

나의 중학교 진학

우리 속담에 "쥐구멍에도 볕들 날이 있다"는 말이 있다. 이는 전혀 희망이 없는 상황에 처한 사람이 우연히 좋은 기회가 생겨 잘 풀릴 때에 쓰는 말이다. 그런데 우리 집안은 당시 무슨 희망을 가질 거리조차 없었다. 그런데 가느다란 희망의 빛이 비치기 시작하였다. 그것은 나의 중학교 진학이었다. 나의 진학은 우리 가족 전체에게 새로운 희망의 불빛이 되었다.

1954년 나는 6학년에 올랐다. 당시 적곡국민학교의 6학년은 두 학급으로 모두 110명이었다. 우리가 6학년에 올라가자 학년 초에 진학반과 비진학반으로 나누어 반 편성을 했다. 나는 어머니나 형들과 전혀 상의하지도 않고 비진학반을 지원했다. 왜냐하면 비록 어린 나이였지만 내가 중학교에 진학할 수 없다는 사정을 나 스스로 너무나 잘 알고 있었기 때문이다. 그런데 하루는 유재기(兪在箕, 1929~2006) 담임선생님께서 비진학반에 지원한 나와 같은 마을에 사는 신 모라는 학생을 교무실에 부르더니, "너희들 공부하고 싶지 않느냐?"고 물으셨다. 그런데 그 친구는 공부하고 싶지 않다고 한마디로 거절하였고, 나는 "선생님! 이 세상에 공부하고 싶지 않은 사람이 어디 있대유"라고 했더니, 그 날로 선생님은 나를 진학반으로 옮겨 주셨다. 당시 진학반은 시험지 대금 등에 쓰이는 수업료로 한 달에 백 환을 내야 했는데 이를 면제해 주셨다. 당시 백환은 지금의 천 원 정도가 되지만, 이때는 농촌에서 백 환이란 지금의 만 원보다 훨씬 더 크게 느껴졌다.

진학반에서 국어와 사회와 음악 등은 김봉수 선생님이, 산수와 자연은 유재기 선생님이 분담하여 가르쳐 주셨다. 이 때 현제명 (1902~1960)이 작사·작곡한 '희망의 나라'와, 이은상(1903~1982)이 작사하고 박태준(1900~1986)이 작곡한 '동무 생각'이란 노래를 배웠는데 이 두 노래는 내가 일생 동안 즐겨 부른 노래가 되었다.

여기서 '희망의 나라'에 얽힌 에피소드 하나를 소개하겠다. 나는 2008년 8월 23일 한국학중앙연구원 정년퇴임 고별강연 '한국인의 역사의식'을 끝내고 참으로 값지고 뜻 깊은 노래 선물을 받았다. 지금으로부터 32년 전인 1977년, 1학년부터 지도를 맡아 졸업을 시킨 전북대학교 사학과 졸업생의 송별회에서 나는 이재운 양과 소명숙 양이 합창으로 부르는 노래를 들으며, 참으로 잘 부르고 두 사람의 하모니와 제스처가 참으로 멋지다고 생각했었다. 그래서 나는 내가 정년퇴임을 할 때 두 사람이 합창을 불러달라고 농담 삼아 말했었다.

그런데 나의 고별강연에 전주대학교의 이재운 교수와 에듀 (EDU) 클럽의 회장인 소명숙 여사가 참석하여 '사랑으로' 라는 노래를 합창으로 즐겁게 불러 주었다. 30여 년 전의 나의 희망이 이루어져 나의 마음은 무척이나 즐거웠다. 나는 답가로 국민학교 6학년 때에 배웠던 위의 두 노래를 불렀다. '희망의 나라로'의 가사는 다음과 같다. 나는 이 노래의 의미를 생각하며 일생을 살아왔다.

배를 저어 가자 험한 바다 물결 건너 저 편 언덕에
산천 경계 좋고 바람 시원한 곳 희망의 나라로
돛을 달아라 부는 바람 맞아 물결 넘어 앞에 나가자
자유 평등 평화 행복 가득한 곳 희망의 나라로

1955년부터 중학교에서 입학시험으로 중학생을 선발하였다. 당시 인근의 중학교를 들어가려면 시험을 치러야 했고, 경쟁률이 3대 1 이상이 되었다. 그래서 우리들 진학반은 여름방학과 겨울방학에도 학교에 가서 수험 공부를 하였다.

35년 전의 약속을 지켜준 이재운 교수(가운데)와 소명숙 여사(오른쪽) (2008. 8. 23)

음력 동짓달(11월) 11일은 나의 증조할머니 제삿날이어서 할아버지가 숙부 댁에서 우리 집으로 오셨다. 제사를 지내고 난 다음 할아버지께서 나에게 조용히 다음과 같이 말씀하셨다.

"구호야! 너도 알다시피 너를 중학교에 보낼 수 없는 형편이다. 그런데 사람이 꿈을 크게 가지고 있다가 그 꿈이 이루어지지 않으면 실망 또한 그만큼 큰 것이니, 사람은 자기 분수에 맞게 살아야 한다."고 하시면서, "지금이라도 네가 수험 공부를 그만 포기함이 어떠냐?"고 하셨다. 나는 할아버지의 말씀을 듣는 순간 그 말씀이 옳다고 생각하고 곧장 수험 공부를 포기하기로 결심하였다.

당시는 겨울방학이었지만 진학반 학생은 학교에 나가 수험 공부를 하였다. 그래서 나는 다음 날부터 무단으로 학교에 가지 않았다. 할아버지가 숙부 댁으로 내려가시고 혼자 생각해 보니, 담임 선생님께 말씀을 드리고 그만 두는 게 도리라는 생각이 들었다. 그래서 이틀 뒤에 학교에 갔다.

그때 마침 증조할머니 제삿날 밤에 내린 함박눈이 20센티미터 정도 내렸다. 내가 교실에 나타나자 담임선생님의 얼굴색이 변하더니 "지금까지 결석한 놈들! 다 앞으로 나와!" 하셨다. 그래서 나는 교실 앞으로 나갔다. 결석한 학생은 나를 포함해 모두 다섯 명이었다. "신 벗고 양말까지 벗어!" 하는 불호령이 떨어졌다. 우리들은 그대로 따랐다. 그랬더니 "운동장 열 바퀴 돌고 와!" 하셨다. 당시 운동장은 온통 하얀 눈이 쌓여 있었고, 오직 교문에서 교실로 들어가는 길만 눈이 치워져 있었다. 운동장의 눈 위에는 쥐들과 개들의 발자국이 수를 놓은 듯 나 있을 뿐이었다. 하얗고 부드럽던 눈은 어느새 살얼음이 되어 있었다.

내가 맨 앞장을 서서 뛰기 시작하였다. 물론 트랙은 보일 리가 없었다. 그러나 나는 학교의 단거리 선수로 두 달 전에 그 운동장을 수백 번 이상 달렸기 때문에 어디쯤에 트랙이 있는지 훤히 알았다. 뒤에서는 "야 임마! 좀 안쪽으로 줄여 뛰어라!" 하는 소리가 들렸으나, 나는 못 들은 체하고 그대로 정확하게 뛰었다.

첫 바퀴를 돌 때에는 발이 시리더니 두 바퀴부터는 맨발이 그렇게 편할 수 없음을 느꼈다. 발바닥이 개 발바닥으로 변한 것 같았다. 정확히 트랙 위를 열 바퀴 다 돌고 교실에 들어가니 그때부터 발바닥이 화끈거리기 시작했다.

당시 교실 안에는 무쇠 난로에 장작불을 피워서 난로가 시뻘겋게 달아올라 있었다. 난로 곁으로 가 불을 쬐려고 하였더니 "저 뒤에 가 앉아!" 하시는 선생님의 불호령이 떨어져 그대로 따랐다. 혹시 동상이라도 걸릴까 불을 쬐지 못하게 하신 것임을 나중에서야 깨닫게 되었다. 그리고는 모의 시험지를 받아 다시 시험을 보았다. 나는 당시 성격이 대단히 내성적이어서 끝내 선생님께 내 결심을 전하지 못했다.

그리고 2월 중순이 되어 중학교 입학원서를 쓰게 되었다. 우리 집에서 통학이 가능한 학교는 정산중학교와 부여중학교였다. 그런데 담임선생님은 무슨 영문인지 나와 전혀 상의도 하지 않고 정산중학교의 입학 원서를 써 주셨다. 그때 호적초본을 제출해야 했으므로 호적초본을 처음으로 뗐더니 이름이 구복(求福)임을 알았다. 6학년까지의 이름은 구호(求鎬)였다. 6학년 통지표에서 처음으로 구복으로 고쳐졌다.

나의 이름에 대한 사연은 최근 할아버지의 제적등본을 떼어 보고 그 내막을 알게 되었다. 내 등본에는 일본 이바라키 현 유키 군 미즈가이도마치에서 1943년 3월 17일 태어났다고 되어 있다. 3월

19일에 아버지가 일본 동장에게 출생신고를 하여 본적지에 구복(求福)이라는 이름을 올렸다. 그런데 1945년 1월에 고국에 나와서 보니 나의 8촌형(정구옥 씨의 사촌형) 이름과 같음을 알고, 아버지는 2월 8일에 공주법원에 개명 신청을 하여서 구삼랑(求三郎)으로 이름을 바꾸었다. 그래서 나를 사부로(三郎, 셋째 아들이라는 뜻)라고 잠깐 동안 불렀다. 그리고 집에서는 구호(求鎬)로 불렀다. 그 뒤 우리 집 식구는 모두 호적 이름도 구호로 고쳐진 것으로 알았다. 그러나 미군정 아래서 실시된 조선성명 복구령에 따라 1946년 12월 24일 자동적으로 구복으로 고쳐졌다. 그래서 문서로만 보면, 내가 일본식 이름으로 개명한 것처럼 보일 수도 있다.

내 이름이 구복으로 고쳐진 것을 집에서 알 리가 없었다. 설령 알았다 해도 아버지를 여읜 당시의 사정으로는 이름을 고치는 복잡한 행정절차를 거치지 못했을 것이다. 그 뒤 이름이 같은 8촌 형은 결혼도 하지 못하고 죽었다. 그래서 족보에도 호적 이름 '구복'을 그대로 올렸다.

2월 중순에 나는 중학교 입학시험을 치렀다. 집에서 정산까지는 20리라고 하지만 정확히 계산하면 12킬로미터 정도는 되는 길이어서 어머니와 함께 정산금융조합에 다니는 어머님의 6촌 동생인 정대 아저씨 댁에 며칠 신세를 졌다. 이것은 내가 처음으로 외갓집 신세를 지게 된 일이다.

입학생 120명을 뽑는 데 수험생은 300여 명이 되었다. 합격자 발표 날에는 나는 몸살이 나서 가지를 못했으나 합격은 전혀 걱정을 하지 않았다. 게다가 합격을 한다고 해도 다닐 수 있는 길이 전혀 없다고 생각하여 합격 발표에는 관심이 없었다. 중학교 입학 시험의 합격자를 발표하는 날 어머니와 담임선생님이 함께 가셨다. 내가 1등으로 합격하기를 바랐으나 1등으로 합격하지는 못했다.

선생님이 돌아오시는 길에 크게 낙심을 하면서 어머니에게 "이 애가 싹수가 있으니 어머니께서 광주리장수를 해서라도 가르치십시오!"라고 말씀하셨다 한다. 어머니는 그 말씀을 듣고 속으로 크게 걱정하셨다 한다. 어머니는 성격이 매우 내성적이어서 장사를 할 수가 없었기 때문이었다. 3월 20일 국민학교 졸업식을 치렀으나, 나는 졸업식이 그리 즐겁지 않았다.

그리고 3월 말쯤 아침 일찍 나는 어머님의 심부름으로 숙부 댁에 가게 되었다. 숙부 댁을 가려면 학교 옆을 지나가야 했다. 심부름을 하러 가는 길에 학교 사택에 살고 계시는 담임선생님에게 인사를 드리고 싶은 생각이 들어서 잠시 들렀다. 선생님은 나를 보는 순간 "이 놈, 졸업했다고 해서 그렇게 안 들려!" 하고 역정을 내셨다.

나는 그 순간 당황했다. 졸업한 뒤로 매일 같이 문안을 와야 하는 것도 아니고 졸업 후 열흘 안에 인사를 왔으면 내가 과히 잘못을 한 것도 아닌데, 선생님께서는 왜 이처럼 화를 내실까 혼자 마음속으로 생각하면서 아무 말을 못하고 가만히 있었다. 잠시 뒤 선생님은 노여움을 스스로 가라앉히고 말씀하셨다. 오늘이 장학생을 선발하는 면접 마지막 날이라는 통보가 와서 마침 급사를 우리 집에 보내려던 참이었다는 것이다.

"청양에 있는 대양국민학교에 계시는 김기만 선생님을 오늘 안으로 찾아뵈라."고 하셨다. 그때서야 선생님이 나를 진학반에 옮기게 하여 공부를 하게 한 이유를 어렴풋이 짐작할 수 있었다.

그때 나는 아무리 일이 급해도 숙부 댁에 심부름을 마치고 가야 했기에 얼른 심부름을 마치고 집으로 올라가고 있는데, 어머니는 어머니대로 헐레벌떡 급한 걸음으로 내려오셔서 학교와 우리 집의 중간 지점인 무랑골 앞에서 11시쯤 만났다.

정산에 있는 어머니의 6촌 동생인 정대 아저씨가 그 소식을 전해 듣고, 금융조합 급사를 급히 보내 오늘이 마지막 면접 날임을 알려온 것이다. 어머니와 나는 무랑골에서 15리나 되는 은산으로 걸어갔다. 당시에는 청양읍을 가려면 정산이나 은산에 가서 버스를 타야만 했고, 청양읍에 걸어서 가는 길이 얼마나 되는지 나는 물론 어머니도 전혀 몰랐기 때문이다. 만약 우리 집에서 50리 정도 떨어진 곳이라는 사실을 그때 알았더라면 아마 어머니와 나는 걸어갈 수도 있었을 것이다.

어머니는 걸음이 얼마나 빠른지 오히려 내가 반쯤은 달려야 했다. 어머니는 보통 남자보다 더 빨리 걸으셨다. 부여에서 청양을 다니는 버스는 하루에 서너 차례 있었다. 은산에 12시쯤 도착하여 청양을 가는 버스를 1시간 이상 기다려 타고 청양읍에 도착하였다. 거기서 십 리나 되는 대양국민학교를 물어물어 찾아 걸어갔다. 때는 이미 저녁 6시라 퇴근을 하셨다고 해서 다시 청양으로 나와 선생님 댁을 찾아가니 밤 8시였다.

김기만 선생님 댁에 도착하여 마루에 올라가려 하니 발이 말이 아니었다. 발은 양말도 안 신어 맨발이었고, 진흙탕물이 튕겨서 더럽기 그지없었다. 김 선생님께서 저녁은 먹었느냐고 물었을 때 먹었다고 했다. 사실 점심조차 먹지 못했으나 초면에 안 먹었다고 말할 수가 없었다. 밤이 늦었으니 "오늘은 여관에서 가서 자고 내일 오겠노라!"라고 어머님이 말씀하였더니, 그 선생님은 "무슨 말씀이냐"고 하시면서, 자기 어머니 방에서 함께 주무시라고 했다.

할머니는 어머니보다 다섯 살이 많으시고 아주 자상한 분이었다. 두 분이 도란도란 이야기를 나누는 것을 듣고 나는 곧바로 깊은 단잠에 빠졌다.

그 다음날 아침상이 나왔다. 사모님이 차려 주시는 밥상이었다. 할머니와 어머님이 겸상이었고, 나는 선생님과 겸상을 하였다. 식사를 하는데 그 할머니가 말씀을 먼저 꺼내셨다. "얘야! 이 학생 어머니 말씀을 들으니, 이 애가 싹수가 있다고 하니 가능하면 이 애를 뽑아주도록 해라!" 하셨다. 그러자 김 선생님은 아주 조용하게 말씀하셨다. "내가 도와주지 않아도 이 애가 저절로 됐습니다." 그 순간 나는 귀가 번쩍 뚫리는 것 같았다.

나중에 알고 보니 1등을 한 학생은 자기 아버지와 같이 왔다가 선생님을 만나지 못하고 그냥 돌아갔다는 것이다. 나는 두 사람의 후보자 가운데 맨 마지막 날, 그것도 저녁 8시에 갔으니 자동으로 장학생이 되었다. 그 순간 나는 새로운 세상이 열리는 것 같은 느낌을 받았다. 이 날의 벅찬 기쁨은 아직도 생생하게 가슴에 남아 있다. 집을 나오는데 할머니는 삶은 고구마와 누룽지를 싸서 주시면서 가면서 먹으라고 하셨다.

돌아오는 길은 초행길이지만 청양읍에서 직접 걸어오는 길을 택했다. 물론 길에는 표지판이 없었기 때문에 물어물어 오는 수밖에 없었다. 청양에서 장곡사(長谷寺) 앞을 지나 어머니와 나는 이 기쁜 소식을 형들에게 알려야겠다는 생각에 걸음을 재촉하였다. 그런데 장곡사 고개를 넘기 전부터 어머니는 작은 돌멩이를 집으셨다.

나는 그 영문을 몰랐다. 고개 마루에 이르자 서낭당이 있었다. 어머니는 서낭당 위에 그 돌을 공손히 놓으시면서 "우리 구복이가 성공할 수 있도록 성황님께서는 꼭 도와주십시오!" 하고 비셨다. 나는 그 모습을 보면서 어머니의 이 깊은 정성이 헛되지 않게 해야지 하고 마음을 굳게 먹었다. 어머니의 이 기원이 나의 성공의 바탕이 되었다고 생각한다.

지천리(까치내)에 있는 두 냇물의 징검다리를 건너 까치내 고개를 넘었다. 지금은 낙지터널이 뚫려 있지만 당시는 500여 미터의 까치네 고개를 걸어서 넘어야 했다. 신작로는 굽이굽이 나 있었다. 그 높은 고개를 넘는데 10년 전 아버지가 이 고개를 넘으면서 호랑이를 만났다는 이야기를 어머니가 해 주셨다. 그것도 고개를 다 넘고 동네가 보일 때쯤에 말씀해 주시면서, 호랑이는 영물이기 때문에 고개를 넘으면서는 그런 이야기를 하는 법이 아니라고 하는 교훈도 가르쳐 주셨다. 우리는 걸음을 서둘러 50리 길을 세 시간 만에 도착하였다.

내가 장학생이 된 사연은 다음과 같다. 청양 읍내에서 양조장을 하시던 서상길(徐相吉, 1884~1956) 씨가 계셨는데, 그 분의 유산을 물러 받은 아들 서병훈(1913~2000) 씨는 서울에 살고 있었다. 서병훈 씨는 자기가 어려서 어렵게 공부한 사정을 생각해서 양조장에서 나오는 수입을 가지고 당시 청양군에 있는 두 중학교에서 가난하고 공부를 잘하는 학생을 해마다 한 명씩 뽑아 중학교 공납금 전액을 지급하는 상길육영회(相吉育英會)를 운영하고 있었다. 그 육영회는 바로 내가 입학하기 전 해인 1954년부터 시작되었다.

서병훈 씨는 자기 생질인 김기만 선생이 국민학교 교사이고, 청양 읍내에 살고 있었으므로 그 선발을 맡겼다. 유재기 담임선생님은 나를 이 육영회 장학생을 만들려고 1년 전부터 계획하여 그토록 노력하신 것이었다.

200

그날은 너무나 피곤하여서 집에 와서 쓰러져 잤고, 그 다음날 담임선생님께 어머니와 함께 가서 그 소식을 전하였다. 어머니는 학교 앞 가게에서 처음으로 맑은 술 한 병과 오징어 한 마리를 사 가지고 사택에 가서 선생님께 고맙다는 인사를 드렸다. 선생님께서 1년 동안 은밀하게 세운 치밀한 계획이 드디어 성공을 거둔 것이었다. 선생님도 크게 기뻐하시면서 나의 어깨를 한번 힘껏 두들겨 주셨다.

숙부의 별세

어머니와 나는 할아버지 댁에 가서 장학생이 되었다는 소식을 전했다. 당시 작은아버지는 무릎 병을 앓고 계시었다. 자신의 병을 고치기 위해서 큰 소를 한 마리 팔았는데, 그 가운데에서 25,000환을 등록금으로 내라고 미리 주셨었다. 어머니가 그 돈을 돌려드리자 병석에 누운 작은아버지는 이 돈을 돌려받아서는 안 된다고 하셨다. 밀고 당기는 일을 한참 하다가 마침내 5,000환은 교복도 사고 학용품도 사라고 해서 받아 가지고 나왔다. 나는 4월 3일 중학교에 입학했다. 그러나 결국 그해 음력 3월 6일 (양력 4월 29일) 작은아버지는 향년 38세로 세상을 뜨셨다.

작은 아버지의 젊은 시절 모습

사촌 가족사진 앞줄에 아이를 안고 있는 이가 숙모이시다.

숙부는 7살부터 어머니 밑에서 자랐고, 10여 년을 어머님과 함께 가마니를 쳤고, 결혼을 어머니가 시켜드렸으며, 일본에도 데리고 갔다. 슬하에 1남 3녀를 두었는데, 큰딸이 12살, 둘째 딸이 9살, 아들이 6살, 막내딸이 4살로 어린 아이들이었다. 작은아버지가 돌아가신 것은 마치 우리 집의 기둥이 쓰러지는 것 같았다.

어머니의 회고담을 들으면 아버지가 돌아가셨을 때에는 어린 자식들을 데리고 살아가야 할 걱정 때문에 슬픔을 제대로 표현하지도 못했는데, 작은아버지의 죽음은 인생의 무상함을 더욱 실감하셨다고 한다. 숙부는 술을 즐겨하셨고 침착하고 냉정하면서도 온후한 성품이었다. 부모에게 효성이 지극하였고, 형수와 조카인 우리들에게 늘 친절하게 대해 주셨다.

숙모께서 나에게 말씀해준 바에 따르면 작은아버지께서는 돌아

즐겁게 이야기를 나누고 계시는 어머님과 숙모

가시기 전에 "공주 갑사(甲寺)에 가서 한 3년 불도(佛道)를 닦고 싶다."고 말씀하셨다 한다. 아마도 자신의 죽음을 예감한 것이 아니었을까 생각된다.

작은어머니는 말이 적으면서도 인정이 넘치고 사리에 밝았다. 어머니가 돌아가실 때까지 어머니의 가장 다정한 말벗이었고, 유일한 친구였으며, 할아버지가 돌아가실 때까지 어머니를 대신하여 할아버지를 모신 효부였다. 할아버지가 술을 좋아하셨기 때문에 늘 술을 담가 끊이지 않게 해 드렸다. 여름에는 소주를 내려 드렸고, 겨울에는 농주를 빚어 드렸으며, 입에 맞는 반찬을 늘 준비하여 식사를 잘 대접해 드렸다.

작은어머니의 일생도 우리 어머니와 비슷했다. 오히려 작은어머니가 더 큰 충격을 받았을 것이라고 생각한다. 숙모는 31살에 과

부가 되어 어린 자식들을 키우기에 얼마나 고심하였는가를 옆에서 지켜본 우리는 참으로 안타까웠다. 숙모의 헌신으로 6살 먹은 아들은 잘 커서 선생님이 되었고, 지금은 중학교 교장 선생님으로 봉직하고 있다. 우리 4형제는 사촌을 친동생처럼 여겨 언제나 우리는 4형제가 아니라 '5형제'라고 생각하며 살아왔다.

우리들 5형제는 성격이 비슷한 면이 있으면서도 또한 조금씩 다른 면이 있다. 내 생각으로 장형의 성품은 곧고, 의지가 강하며 장자로서의 책임감이 강한 점에서 아버지, 할아버지와 증조할아버지의 성품을 받고 어머니의 성품도 모두 골고루 받은 것 같다. 중형은 아버지의 재능을 받아 머리가 비상하고, 술을 잘하고 노래도 잘 부르셨다. 나는 아버지로부터 온화한 성품을 받았고, 할아버지의 인자한 성품과 어머니의 급한 성품도 받은 것 같다. 눈이 여린 것은 어머니의 성품을 받은 것으로 생각한다. 동생은 아버지로부터 기지와 해학을 받고 어머로부터는 온정을 받은 것 같다. 사촌 동생은 키와 얼굴 모습이 숙부를 그대로 닮았으며, 성격은 숙모를 닮아 외유내강형이며 온순하다.

형들과 동생 그리고 사촌동생은 아버지가 일찍 돌아가셔서 초년 복은 각박했으나 만년 복이 있어 가정을 화목하게 잘 이끌어 가고 있다.

고향의 전설

나는 언젠가 청양행 버스를 타러 어머님과 은산에 갔다. 우리 집에서 은산에 가는 데에는 두 길이 있다. 하나는 화산을 거쳐 가는 지름길이고, 다른 하나는 면사무소를 거쳐 가는 신작로 길이다. 신작로 길을 따라가면 멀리 둘째 누님이 살고 있는 부여군 은산면 신성리 광시울이라는 동네가 멀리서 바라다 보인다. 이 마을을 바라보면서 어머니가 나에게 들려주신 이야기 한 토막을 소개하겠다. 이 마을의 최북단에 돌로 성을 쌓은 것을 볼 수 있는데, 바로 이 성에 얽힌 전설이다.

옛날 광시울에는 쌍둥이 남매가 살았다. 오빠가 먼저 태어났고, 여동생이 곧 이어서 태어났다. 두 남매는 힘이 센 장사였다. 그런데 그 집을 드나들던 무당이 그 어머니에게 자식들의 운명을 얘기해 주었다. 바로 두 사람 모두 단명할 운명이라는 것이다. 그래서 어머니는 무당에게 그 운명을 피할 수 있는 방법을 간곡히 물었다. 무당은 치성을 드리면 두 사람 가운데 한 사람은 건질 수 있다고 대답했다.

그런데 한 날 한 시에 태어나 운명이 같은데 누구를 구한단 말인가? 어머니는 고민을 했다. 그래서 무당의 꾀를 샀다. 두 사람이 내기를 해서 이긴 자에게 복을 밀어주자는 것이었다. 물론 자식들은 그런 사정을 까맣게 모르고 있다. 부모의 명에 따라 두 사람은 시합을 하기로 하였다. 오빠는 나막신을 신고 4~5일 안에 서울에 심부름을 다녀오는 일이고, 누이동생은 그동안 돌을 이어다가 성을 쌓는 일이었다. 두 사람은 이런 시합을 왜 하는지는 전혀 모르고 있었다.

며칠이 지나 어머니는 딸이 쌓는 성이 거의 다 이루어져 가는 것을 보면서 속으로 아들이 돌아오기를 기다리고 있었다. 이제 마지막 돌을 이어다가 성문을 달면 성을 쌓는 일이 끝날 판이었다. 그러자 어머니는 팔팔 끓는 뜨거운 팥죽 한 동이를 쑤어 가지고 딸에게 시장할 터이니 먹고 하라고 하였다.

딸은 어머니의 정성을 생각하여 팥죽을 먹기 시작하였다. 그러는 동안에 서울에 갔던 오빠가 도착하였고, 여동생은 큰 돌을 이어다가 성문을 달지 못해서 시합에서 졌다. 그래서 지금도 그 성문이 채 만들어지지 못했다고 한다. 그때는 이 이야기를 재미있게 들으면서 은산장에 이르렀다. 지금은 이 이야기가 즐겁지만은 않다.

부모의 마음은 아들이건 딸이건 똑같을 텐데 어쩔 수 없이 하나만 택해야 하는 경우에 아들 쪽을 택했다는 것을 어떻게 이해할 것인가? 아마 이는 백제시대에 만들어진 성이 허물어져 있는 것을 보고 조선조에 들어와 지어낸 이야기가 아닐까 추측해 본다. 만약 설화가 고려조에 만들어졌다면 그 마지막은 달랐을 것이다. 부처님의 기원으로 두 사람의 운명을 돌려놓았다거나 다른 구성으로 되었지 않았을까 생각해 본다.

9. 큰며느리를 맞이하다

큰형의 결혼

1956년 1월 어머니가 큰며느리를 맞이했다. 큰형은 22살, 형수는 18살이었고, 형수는 부여군 부여면 송곡리 소새미에서 시집을 왔다. 중매는 부여군 은산면 가곡리(고보실)에 사시는 이모가 하셨다. 이모의 숙모가 바로 형수의 고모였다. 그러나 이모는 두 사람의 다리를 놓아주었을 뿐, 직접적으로 큰형수에 대하여 아는 바는 전혀 없었다.

큰형수의 간선은 어머님과 작은어머니가 갔다. 당시 18세는 결혼하기에 이른 나이였다. 간선을 갔을 때 큰 형수는 시집을 가기가 싫어서 얼굴을 보여주지 않고 피하였다고 한다. 그래서 가세를 확인하고 그 어머니만 만나 보았을 뿐 당사자를 제대로 보지도 못하였다. 비록 뒤에서 얼핏 보았을 뿐이지만, 혼인은 이루어졌다.

당시 우리 집 가정형편이 대단히 어려웠으므로 큰형은 결혼식다운 결혼식을 치르지 못했다. 형식은 집에서 치르는 구식 결혼이었으나 패물이나 예단도 없이 하였다. 그때 나는 중학교 1학년으로 겨울방학 중이었다. 어머니는 아들을 키워 처음으로 며느리를 맞이한 기쁨을 누렸다. 어머니도 어려서 생모를 여의고 살아왔고 큰 형수도 어려서 생모를 일찍 여의었으니 큰며느리와 동병상련의 마음으로 살아가자고 마음먹었다. 큰형수는 사장어른의 두터운 인정과 새어머니의 활달한 성품으로 구김 없이 자랐다.

큰형수는 많은 시동생들과 경제적으로 어려운 집에 시집을 오셔서 시집살이도 많이 하셨다. 요즘 같으면 결혼한 큰형 내외가 분가를 해야 하지만, 당시 농촌은 시동생들과 함께 사는 대가족제여서 큰형수님의 시집살이가 대단히 고달팠을 것이다.

2월 방학이 끝나고 내가 학교에 다녀야 했기에 큰형수는 새벽밥 짓는 일을 하였다. 정산중학교까지 30리나 되는 길을 통학했으므로 집에서 6시에 떠나야 했다. 그래서 5시 30분에 아침을 먹었으니, 아마도 큰형수는 4시 반에 일어나서 불을 지펴 아침밥을 짓고

큰형님의 칠순기념 가족사진 (2004. 7. 4.)

도시락을 싸주었을 것이다. 물론 어머니도 항상 일어나셔서 새벽 밥 짓는 일을 함께 도와주셨다. 그리고 소여물도 끓여 주어야 했다. 산골의 겨울은 체감온도가 다른 지역보다 훨씬 낮아 매우 춥다. 그래도 겨울철은 쌀밥이기 때문에 밥 짓는 일이 비교적 쉽지만, 여름철에는 집에서 디딜방아로 찧은 보리쌀을 샘에 가서 돌로 갈아 이를 삶아 내었다가 다시 밥을 지어야 했기 때문에 더 어려움이 많았다.

동네에 있는 샘이 가깝지도 않았다. 300미터나 되는 곳에 가서 씻어 와야 했다. 그러나 형수는 시동생이 공부를 열심히 한다는 것을 즐거워하여 기쁜 마음으로 밥을 지어 주셨다. 물론 여물이나 물을 깃는 일은 19세였던 작은형이 많이 도와주었다.

거기에 형수는 자기 집에서 하지 않던 길쌈도 배워야 했다. 어머니가 모시 길쌈을 하는데 이를 돕지 않을 수 없었다. 또 용돈을 전혀 쓸 수 없어서 불편한 점도 많았을 것이다. 게다가 우리 집은 당시 다른 집안들처럼 차자(次子)가 장가를 들면 한두 해 같이 살다가 살림을 내는 방식으로 분가하였다. 따라서 큰형과 큰형수님은 형제들의 살림을 내어 주는 큰 부담을 지고 있었다. 무엇보다 이 점이 가장 힘들었을 것이라는 생각이 들고, 큰형의 아이들도 그 어려움을 같이 겪어야 했다.

중학교에 들어가니까 학도호국단이 편제되어 준군사훈련을 받았다. 규율부 선배들로부터 가끔 기합도 받았다. 그리고 매주 월요일 아침에는 조회를 할 때마다 '우리의 맹세'를 함께 외쳤는데, 교과서 뒤에 다음과 같이 '우리의 맹세'가 인쇄되어 있었다.

1. 우리는 대한민국의 아들딸 죽엄(죽음)으로써 나라를 지키자!
2. 우리는 강철같이 단결하여 공산침략자를 쳐부수자!
3. 우리는 백두산 영봉에 태극기 날리고 남북통일을 완수하자!

이는 공적인 회의를 할 때에도 반드시 합창을 해야 하는 자유당 정권의 국가 지침으로, 당시 정치적 이념을 보여준다.

학교에서 한두 시간 늦게 끝나면 적곡리 소사천에서 낙지리로 넘어오는 백토고개를 저녁 캄캄할 때 넘어야 했다. 그럴 때에는 어머니와 큰형수가 마중을 나오시곤 하였다. 백토고개를 넘으려면 무서워서 그 동네에 사는 윤정섭 씨 댁에 도움을 요청한 적도 있다. 윤정섭 씨는 나의 국민학교 동창의 형이며, 집안 9촌 고모와 결혼을 하였다. 고개를 넘다가 화산국민학교에 다니시던 윤석영 선생님을 만나면 내가 고개를 다 내려간 것을 확인하고 가시기도 하였다. 산고개 마루에 서서 "구복아! 다 내려갔냐?" 하면 " 예! 선생님! 저 다 내려왔어요. 안녕히 가세요!" 하는 내 대답을 듣고 가시곤 하였다.

윤석영 선생님은 장평면 적곡리 돌말에 사셨는데 내가 졸업할 때까지는 적곡국민학교 선생님으로 계셔서 나의 담임도 맡으신 적이 있었고, 선생님의 큰아들 길섭 군은 나의 국민학교 동창으로 정산중학교를 같이 다녔다. 내가 중학교에 들어가자 선생님은 우리 마을을 지나 화산국민학교 교사로 근무하셔서 나와는 반대 방향으로 출퇴근을 하셨다.

어떤 날은 정산에서 7시에 학교에서 떠나 밤 9시에 집에 도착하기도 했다. 어머니와 형수는 내가 늦을 때에는 마중을 나오시곤 했는데, 하루는 너무 늦었으므로 평상시 다니던 백토 고개 길을

210

넘기가 겁이 나서 미당에서 신작로 길로 우회하였다. 논 두둑을 걷다가 풀을 덮은 논에 빠지기도 했다. 야맹증이 있었기 때문이다. 시간이 늦었으나 나를 마중 나왔을 어머니와 큰 형수에게 연락할 길이 없어서, 집에 왔다가 다시 나가 두 분을 찾아가 모셔온 적도 있었다. 당시는 갑자기 생기는 일을 집에 알릴 수 있는 길이 전혀 없었다.

늦은 가을철 중학생이 된 나는 가곡리에 살고 있는 이모 집에 어머니와 함께 갔다. 이모는 언니가 왔다고 홍시를 따 주셨다. 이모의 가정형편이 매우 어려운 것을 보고 어머니가 대단히 안쓰러워 하셨다. 어려서 많이 고생하였는데 시집을 와서도 고생을 한다고 눈물을 흘리시는 어머니의 모습이 기억 속에 생생하다. 이모는 시할아버지와 시할머니를 모셨고, 이모부는 몸이 허약하여 노동을 하지 못하셨을 뿐만 아니라 일을 아예 하려고 하지 않았다. 그래서 가정형편은 말이 아니었다.

나의 중·고등학교 생활

1956년 중학교 2학년 때였다. 겨울 두세 달 동안 어머니의 외숙이고 나에게는 진외증조인, 결성 장씨 두현(斗鉉, 1898~1970) 할아버지 댁의 사랑방에 묵으면서 학교를 다녔다. 할아버지의 아들은 수문(洙文) 씨이고 그의 아들 진식(1941~)은 마침 정산중학교에 다니고 있었는데 나보다 1학년 아래였다. 이것이 두 번째 외갓집 신세를 진 것이다. 진식 씨와 나는 외외 6촌간이었다.

1957년 나는 중학교 3학년이 되었다. 고등학교는 공주사범학교를 진학하려고 하였으나 색맹이어서 진학할 수가 없었다. 어머니는 내가 선생님이 되길 바라셨다. 아마 교육자로서 사회적 임무가 막중하다는 생각보다는, 오직 교사가 된 외사촌 서인석 형이 부러웠던 것으로 이해되며, 그렇지 않아도 당시 농촌에서는 교사가 되는 것을 굉장히 큰 꿈을 이루는 것으로 생각하였다. 당시 농촌 사회에서는 공부하여 학교 선생님이 되는 것이 가장 소박한 꿈이었다고 할 수 있다.

고등학교 진학 또한 서병훈 씨가 장학금을 대주었기 때문에 가능했다. 그래서 나는 공주고등학교 입학시험을 치렀다. 공주고등학교로 정한 것은 큰누님이 공주에 살고 있었기 때문이었다. 입학시험을 치러 어머니와 함께 길을 나섰다. 버든열 큰 외숙집에 와서 하룻밤을 자고, 죽당 나루로 가서 금강을 건너고 좁은 길 20리를 걸어 공주로 갔다.

공주 금강 다리는 6·25전쟁 중에 폭격을 당하여 중간 부분이 끊어져 있었다. 차를 실어 나르는 큰 배를 타고 금강을 건너갔다. 6·25의 참화를 아직도 복구하지 못한 흔적이 곳곳에 남아 있었다. 내가 고등학교에 들어간 1958년 3월에 다리가 복구되어 차가 통행되었고 사람도 다리를 이용해 건널 수 있게 되었다. 두 대의 차가 겨우 비껴 갈 수 있을 정도로 비좁은 다리이다. 지금 공주의 금강다리는 새로 두개가 놓여 져 이 다리는 공주로 들어가는 승용차만이 다니는 편도로 사용되고 반은 인도로 사용되고 있다.

큰누님은 공주시 장기면 신관리에 사셨다. 신관리는 현재 공주대학교의 정문쯤에 위치한다. 당시 신관리에는 언덕이 있었고, 언덕 너머에 큰 마을이 있었다. 누님 댁은 공주의 공산성이 보이는 마살미라고 불리던 마을에 있었다. 집에서 학교까지는 2킬로미터 정도 되었다.

나는 고등학교 3년 동안 어머니 곁을 떠나 공주의 큰누님 집에서 학교를 다녔다. 사부인(민적부에 이름이 조선조 양반의 여자들 이름처럼 '유씨(柳氏)'라고 올라 있을 뿐 이름이 없다. 1900~1964)은 대단히 인정이 많으시고 점잖으셨다. 나를 사돈도령이라고 불렀고, 아주 다정하게 대해 주셨다.

고등학교에 입학을 하였을 때 때마침 외사촌 창석 형님이 공주고등학교와 영명고등학교로 가는 중학동의 교차로 도로가에서 영명문방구를 경영하셨다. 외사촌 형님과 아주머니의 따뜻한 보살핌이 나에게는 큰 힘이 되었다. 공주는 낯선 타향인데, 학교 주위에 외사촌형님 내외분이 살고 있다는 것이 마음에 큰 위안이 되었는지 모른다. 나는 외갓집의 후원을 톡톡히 받은 셈이다.

5개월 동안 학교를 다니고 1학년 첫 여름방학이 되어 오랜 만에 집에 돌아왔다. 어머니는 아들이 왔다고 담장에 매달린 애호박을 따서 농사를 지어 갓 빻은 밀가루로 수제비(국수를 충청도에서는 수제비라 부른다)를 만들어 주셨는데 그 감미로운 맛은 지금도 잊을 수가 없다. 어머니는 국수를 얇게 늘여 가늘게 써시는 솜씨가 대단하셨다. 새로 농사지은 밀을 가루 내서 반죽을 하고 이를 홍두깨와 같은 방망이로 얇게 늘여서 손으로 가늘게 썰었다. 거기에 애호박을 갓 따서 집에서 짠 참기름에 볶아서 넣어 주셨는데 참으로 진미였다. 그 뒤로 어떤 국수를 먹어도 어머니가 만들어주신 그런 국수의 맛을 따라갈 수 없었다. 여름방학과 겨울방학은 어머니 곁에서 포근한 시간을 보냈다.

어머님은 "은혜를 입은 분들에게 내가 어떻게 갚을 것인가를 항상 생각하라"는 교훈을 나에게 일러 주셨다. 당시는 내가 열심히 공부해야 하고, 그래서 어느 날 성공을 거두면 그때 갚겠다는 결심을 다졌다.

1959년 나는 고등학교 2학년이 되었다. 겨울 방학에 집에 갔더니 큰형수는 딸을 낳았는데 이름이 '심순'이다. 어린 아이가 하도 순해서 우리는 이름을 '순심'이라고 불렀다. 뽀얀 색의 갓난아기가 아주 예쁘고 귀엽게 자라고 있었다.

내가 중학교에 다닐 때에는 학도호국단이 편성되어 군사훈련을 받았는데, 학교의 출석부 번호는 키가 작은 순서로 1번부터 정해졌다. 운동장의 조회 시간에도 키 큰 학생부터 3열종대로 섰다. 맨 앞에는 완장을 찬 대대장이 맨 앞에 서서 지휘하고, 중대, 소대로 편성되어 제식훈련을 받았다. 물론 거수경례로 인사하였다. 제식훈련은 물론 일본식의 영향을 강하게 받은 것이다. 이는 고등학교에서도 마찬가지였다. 공주고등학교는 한 학년이 240명이었다. 나는 중학교와 고등학교의 출석번호가 15번이나 16번이었으니, 전체 60명 가운데 키가 작은 편이었다. 그리고 나이는 가장 어린 축에 속했다. 나는 학교에 적령기에 들어갔지만, 4~5년이나 늦게 학교에 들어온 사람도 있어 같은 동기동창생 사이에도 연령 차이가 4~5년이 되는 경우도 허다했다. 중학교 2학년 때에 결혼한 친구도 있었다. 같은 동급생을 당시 형이라고는 부르지 않았으나 상급생에게는 학교 안에서는 형이라고 불렀고 존댓말을 써야 했다.

물론 이런 군사훈련과 준 병영과 같은 학교생활을 개인적으로는 불만스럽게 여긴 사람도 있었을 것이다. 그러나 1953년에 남북한 사이에 휴전협정이 체결되어 전쟁은 종식되었지만, 언제 또 전쟁이 일어날지 모르는 처지인 준 전시체제였으므로 누구도 이를

214

거스를 수 없었다.

게다가 1950년대 자유당 정권의 국시는 '반공반일'이었다. 이런 이데올로기는 조국을 지키는 이념이기도 했지만, 이승만 자유당 정권의 독재정부를 지탱하는 수단이 되기도 하였다. 그래서 각종 행사에 학도호국단이 군중으로 동원되기도 하였고, 그 이념의 구호화가 마치 여론인양 조작되기도 하였다. 각종 웅변대회가 권장되었으며, 웅변대회나 글짓기 대회의 주제는 국가의 이념과 궤도를 같이 했다. 이렇게 학교를 병영화한 것은 민주적 토론 문화와 자유롭고 창의적인 비판 문화를 키우는 데에 장애물이 되었다.

나는 고등학교 3년 동안 큰누님 댁에서 학교를 다녔기 때문에 큰누님의 신세를 많이 졌다. 방은 두 칸이었는데, 나는 윗방을 썼다. 아랫방은 누님 내외와 사부인이 함께 썼다. 지금 같으면 상상할 수도 없는 일이었다. 큰누님 댁은 생활이 어려워 누님이 공주 시장에 채소를 내다 파는 일을 했고, 매형은 건강이 좋지 않아 힘든 일을 할 수가 없었다. 마살미 앞 뜰에는 '하루나'라고 불리던 유채화가 봄철에 무성하게 파랗게 자랐고, 이는 한두 달이 되면 모두 베어서 서울로 팔려 나갔다. 늦은 봄에는 진한 노란 꽃이 피었다. 이를 가꾸고 벨 때에는 많은 노동력이 필요했다. 매형과 누님은 이런 막노동을 열심히 했다. 하루의 품삯은 남자는 3천 원 여자는 2천 원을 받았던 것으로 기억된다.

1957년 큰누님이 결혼한 뒤 오랜 만에 큰 아들을 낳았다. 큰 생질 중일이는 내가 졸업을 할 때에는 아장아장 걸을 정도로 건강하게 자랐다. 생질은 주로 큰누님의 시어머니께서 업어 키우셨다. 날로 자라나고 재롱을 떠는 모습이 무척이나 귀엽기만 했다.

큰누님의 가족사진 (1998년 10월) 큰 누님(앞줄 가운데)의 우측에 큰 생질 중일 군이 앉아 있다.

　나는 1960년 고등학교를 졸업할 때까지 집에서는 앉은뱅이책상에 앉아 등잔불을 켜 놓고 공부를 했다. 공주가 그렇게 가까웠지만 이때는 전기가 모든 집에 공급되지 않았다. 큰형님이 매달 쌀네 말씩을 나의 숙식비로 보내 주셨다. 나는 호주머니에 돈 한 푼을 넣고 다니지 않았다. 용돈이란 것이 전혀 없었고 당시에는 필요하지도 않았다.

　여름에 가뭄이 들어 금강물이 줄어들면 나는 책가방을 둘러메고 교복 바지를 걷어 올린 채 강을 그냥 건넜다. 그런데 홍수가 지면 강물은 2백 미터가 넘는 폭의 강바닥을 가득 메우고 공주 미나리 논까지 범람하기도 하였다. 당시 공주의 미나리는 유채화와 더불어 서울로 팔려 가는 유일한 농산물이었다. 홍수로 붉은 물이 꿈틀거리는 금강을 보면 참으로 불끈 하는 힘이 솟았다. 장마가 끝나고 5~6일이 지나면 강물은 점차 맑아진다.

216

여름방학에는 금강에서 수영을 즐기곤 하였다. 한번은 마을 친구들과 함께 금강에서 수영을 했다. 강을 건너 쉬지 않고 곧바로 헤엄쳐 돌아오다가 죽을 뻔한 적도 있었다. 중간을 지나 거의 돌아왔을 때, 힘에 겨워 이제는 바닥이 그리 깊지 않으리라고 생각하여 발을 디뎌보았다. 그런데 목이 물에 잠겨버려 물을 들이키며 허우적거렸다. 다행히 함께 수영을 하던 당시 고등학교 동창인 박완수 씨가 나를 구해 주었다.

10. 어머니의 애환

4·19혁명

내가 3학년이 되어 대학교 진학을 준비할 때 4·19혁명이 일어났다. 군사정권은 4·19혁명이 지니는 그 의미를 축소하기 위해서 혁명이라고 부르지 않고 '4·19의거'라고 하였다. 4·19가 일어난 뒤 1년 만에 5·16 군사 쿠데타가 일어났기 때문에 어쩌면 4·19는 미완의 혁명이었다. 그러나 4·19혁명은 이승만 독재정권을 무너뜨렸을 뿐만 아니라, 반공이라는 미국식 냉전 이데올로기를 벗어나 남북한 통일 논의를 가져오는 계기가 되었다. 또 우리나라를 제3세계로 인식하는 세계사적인 의미를 가진 민주주의 혁명이며, 민중적 혁명이었다. 4·19의 정신은 한국의 자유민주주의를 지키는 정신적 근원이 되었다.

4·19혁명은 자유당의 3·15 부정선거가 직접적인 원인이 되었다. 1960년 3월 15일에 제4대 대통령과 제5대 부통령을 선출하는 총선거가 실시되었다. 당시 이승만은 1959년 1월 6일 불출마 선언

을 포기하고 3선 출마 의사를 밝혔다. 그리고 대한반공 청년단을 전국적으로 조직하고 지방 행정부서 책임자를 모두 자유당 인사로 바꾸었다. 6월 29일 자유당 전당대회를 개최하여 대통령에 이승만, 부통령에 이기붕 후보를 지명하였다. 당시의 제1 야당은 민주당이었다.

민주당은 1956년 총선거에서 대통령후보 신익희(1894~1956)와 부통령 후보로 장면(1899~1966)이 출마하여 "못 살겠다 갈아보자!"는 구호로 국민으로부터 압도적 지지를 받고 있었다. 신익희는 상해임시정부의 헌법을 기초하였고, 독립투쟁을 하다가 임정 요원으로 광복 후에 돌아왔고, 제헌 국회의원이 되어 세 번이나 국회의장직을 역임하였다.

1956년 5월 2일 한강 백사장 유세에서 50만 인파가 모일 정도로 그의 인기는 대단히 높았다. 그러나 5월 5일 전주 유세를 위해 기차로 가던 중 이리에서 심장마비로 죽었다. '비 내리는 호남선'이라는 유행가는 이런 신익희의 갑작스런 죽음을 애도한 노래였다. 이 노래(박춘석 작곡, 손로원 작사)의 가사는 다음과 같다.

> 비 내리는 호남선
> 목이 메인 이별가를 불러야 옳으냐
> 돌아서서 피눈물을 흘려야 옳으냐
> 사랑이란 이런가요 비내리는 호남선에
> 헤어지던 그 인사가 야속도 하더란다
>
> 다시 못 올 그 날짜를 믿어야 옳으냐
> 속는 줄을 알면서도 속아야 옳으냐

죄도 많은 청춘이냐 비 내리는 호남선에

　떠나가는 열차마다 원수와 같더란다.

　1956년 5월 15일의 총선거에서 대통령에 자유당의 이승만 박사, 부통령에 민주당의 장면 박사가 당선되었다. 도시는 야당, 지방은 여당으로 완연히 구분되었다. 도시에서는 부정선거가 감행될 수 없었기 때문이다. 1958년 민의원 선거에서 인구 5만 이상의 도시에서는 민주당 의원이 43석, 자유당 의원은 13석을 차지했다. 그러나 전체 의석에서는 당시 자유당 의원이 126석, 민주당은 79석을 차지했다. 당시 5만 이상의 도시 인구는 전체 인구의 26%에 지나지 않았다.

　1960년 3월 15일 총선거는 대통령과 부통령에서 민주당이 승리할 수 있는 국민적 여건이 성숙되었다. 대통령에 조병옥(1894~1960) 박사, 부통령에 장면 박사가 출마하였다. 조병옥 박사는 충남 천안군 목천 출신으로 공주소학교를 졸업하고, 1909년에 평양 숭실중학교를, 1914년에는 연희전문학교를 졸업하였다. 그리고 1918년 미국 와이오밍 대학교를 졸업한 뒤, 컬럼비아 대학에서 1925년 경제학박사 학위를 받았다. 신간회와 광주학생운동에 참여하여 5년의 옥고를 치렀고, 해방된 뒤로는 미군정청 경무부장으로 일했고, 1948년 대통령 특사로 유엔에 참여하여 외교활동을 하였으며, 1950년에는 내무장관으로 대구 방어에 공을 세웠다. 1955년 민주당을 조직하여 국회의원으로 당선되었다. 그는 한국 민주화의 중심축이 된 인물로 국민의 절대적 지지를 받고 있었다. 그러나 1월 29일 신병 치료를 위해 미국에 가서 수술을 받는 도중 심장마비로 2월 15일 죽었다.

자유당은 민주당의 입후보자였던 조병옥 박사의 갑작스런 서거로 대통령 당선은 염려하지 않았으나 부통령까지 당선시키고자 대대적인 부정선거를 꾀하였다. 당시 내무장관이던 최인규는 전국 경찰서장을 연고지로 배치·임명하고, 4할 사전투표, 3인조 또는 5인조의 공개투표, 완장부대 활용, 야당 참관인 축출 등 상식 이하의 부정투표를 획책하였다. 게다가 자유당은 선거 자금으로 국책은행을 동원하여 70억 환을 모아 사용하였다. 그러자 민주당은 부정·불법 선거를 중단해 달라는 '이 대통령에 드리는 공개장'을 발표했다. 3월 9일과 10일에는 전남 여수와 광산에서 민주당 간부가 테러로 사망하기도 하였다.

　민주당은 3월 15일 오후에 "3·15 선거는 선거가 아니라 선거의 이름 아래 이루어진 국민 주권의 강도행위"라고 규정하고 선거무효선언을 하였다. 자유당 말기의 비민주적 행동은 양심 있는 자라면 누구나 분노하지 않을 수 없게 하였다. 이승만의 3선과 이기붕의 부통령 당선을 목표로 한 자유당의 부정선거는 이루 말할 수 없었다. 중·고등학교에서 배운 비밀투표와 민주주의의 기본 원칙을 완전히 무시한 5인조, 3인조 공개투표가 지방에서 공공연히 시행되었다.

　당시 만 17세였던 나는 투표권이 없어 투표를 하지 못했다. 그러나 부여군 은산면 신성리 광시월에 살았던 둘째 매형이 민주당 대통령 후보에게 표를 찍었고 투표용지를 참관인에게 보여주지 않았다고 하여, 이를 감시하던 사람이 깡패들을 동원하여 얼마나 때렸는지 인사불성이 되었다. 그 뒤로 열흘 이상 집에서 그 상처를 치료하였다. 어머니는 매형이 구타당한 것을 대단히 안쓰러워했으나 달리 어떤 방법을 취할 수 없었다.

이는 공공연한 공개투표를 입증하는 구체적 실례이며 민권을 근본적으로 무시한 처사였고, 거기에 폭력을 쓴 일은 국민의 기본권을 깡그리 무시한 천인공노할 처사였다. 이런 반민주적인 조짐은 이미 선거일 전부터 나타나고 있었다.

대구 지역의 민주당 선거유세에 자유당은 행정관료 조직을 이용하여 시민이 참석을 못 하도록 조직적으로 유도하였다. 2월 28일 일요일에 학생을 학교에 등교시켜 수업을 실시하자, 이에 대한 경북고등학교 학생들 1천 8백 명이 "학원의 자유를 보장하라, 정치적으로 학원을 이용하지 말라"는 구호를 외치며 가두데모를 일으켰다. 각종 시위에 대한 학생의 동원, 언론 탄압 등은 자유당 정권이 쓰던 수법이었으나 독재정권의 처사치고는 너무나 유치한 불장난이었다.

3월 15일 오후 7시 경에 민주당 마산시 당부에서는 4할 사전투표를 확인하고 데모 준비를 하였다. 저녁 7시 30분쯤 1만여 시민이 시청 주위에 몰려들었고, 소방차가 전신주를 들이받는 바람에 정전이 되어 어둠이 깔렸다. 경찰의 발포로 16명이 죽고 72명의 부상자를 냈다. 경찰이 쏜 탄환에 숨진 마산고등학교의 17세 학생인 김주열 군의 시신을 바다에 버린 사실과, 눈알에 폭약을 장전한 비인도적 처사가 4월 11일에 밝혀지자, 4월 12일 극도로 흥분한 마산 시민 3만 명이 시가행진을 하면서 경찰의 만행과 자유당의 타락과 독재를 비판·성토하였다.

이 데모는 13일까지 진행되었는데 이를 '제2차 마산운동'이라고 한다. 이에 이승만 대통령은 좌익의 선동이 있었다는 누구도 믿지 못할 성명을 발표하였다. 이런 마산의 시민운동은 4·19가 폭발하는 계기가 되었다. 서울에서는 4월 18일 고려대 학생들의 데모가 있었고, 4월 19일에는 3만여 대학생들의 데모가 일어났고, 오후 1시 30분쯤에는 데모 군중이 10만 명에 달했다. 그러나 경찰의 무자비한 발포로 186명이 죽고 6,026명의 부상자가 나왔다. 4월 19일은 '피로 물든 화요일'이었다. 이날 전국의 모든 큰 도시에서 학생시위가 격렬히 일어났다.

4월 20일 전국에 계엄이 선포되고 계엄사령관 송요찬 장군은 학생 데모대에 대하여 중립적인 태도를 취함으로서 더 이상의 희생은 없었다. 4월 25일 서울에서 교수단의 시위와 아이젠하워 미국 대통령의 유감 표명 등으로 이승만 대통령은 하야를 선언하였다. 이로써 12년 동안 이어진 이승만 독재의 장기 집권은 무너졌다. 이기붕은 자기 아들 이강석의 총에 맞아 가족과 함께 죽고 말았다. 외무장관으로 임명된 허정의 과도정부가 세워졌다.

4·19는 3·15 부정선거가 직접적인 원인이 되었다. 그러나 그 이

4·19의 시작이 되었던 대구시 고등학생들의 가두시위 (1960. 2. 28)

면에는 자유당의 만행과 독재, 자유당의 부정부패, 깡패의 동원, 관료들의 맹종 등이 정부로부터 민심을 떠나게 하였다. 4·19는 민주시민혁명이었을 뿐 아니라 민족주의의 출현을 가져왔고, 이승만의 반공 정책으로 금기시된 통일 논의를 본격적으로 제기하는 사상적 의미를 가진다. 또 4·19혁명은 농촌계몽운동을 일으키는 등 사회 실천 운동으로 발전하였다. 이는 1894년 동학운동, 독립협회 운동, 애국계몽운동, 3·1운동을 계승한 것이라고 할 수 있다. 4·19혁명은 한국의 민주주의를 되살린 중요한 정치적 변혁이었으며, 문화 사상적으로는 민족주의 역사학을 낳게 한 전기였다고 할 수 있다.

역사의 상식 9 이승만에 대한 역사적 평가

이승만(1875~1965)에 대한 평가 가운데 그가 1948년에 대한민국을 건국한 것이 분단정부를 초래하였다는 평가가 있으나 이는 잘못된 것이다. 앞에서도 서술하였듯이 해방 정국에서 그가 자유민주주의 대한민국을 수립한 공로는 어떤 이유로든 부정될 수 없다. 왜냐하면 이미 북한에서 김일성의 정권이 창출되었기 때문이다. 대한민국의 건국을 부정하는 것은 공산 정권의 창출을 기대하는 사람들의 평가라고 하지 않을 수 없다.

물론 대한민국을 건국한 이후의 그의 정치행태에 대한 평가는 구분되어야 한다. 그는 민주주의 국가를 운영하는 데 많은 실수가 있었다. 헌법을 부당하게 개정하여 3선 대통령이 되려다가 1960년 부정 선거를 실시하여 4·19혁명으로 결국 하야하게 되었다.

이승만은 미국의 일류 대학에서 학사, 석사, 박사 학위를 받은 국제적인 정치가였다는 명성이 그를 대통령으로 만들었다. 신생 대한민국을 민주적 정부로 운영하지 못한 데에는 당시의 민중의 힘에도 문제가 있었지만 권력에 대한 그의 집착이 크게 작용했다. 그에게는 민주주의에 대한 신념과 국가운영에 대한 역사적 의식이 빈곤했다고 평할 수밖에 없다.

그렇다고 그가 수립한 대한민국의 건국의 공로자로서의 평가까지 모두 부정적으로 내리는 것은 건전한 상식의 평가가 아니다. 두 가지를 구분해 보는 유연한 시각이 필요하다.

대학입시와 국가고시

공주에 있었던 나는 4·19 학생운동에 참여하지 않았다. 공주에 서는 학생운동이 일어났을 뿐 별로 혁명이 크게 진행되지 않았다.

공주고등학교의 졸업반은 네 반이었다. 그 가운데 한 반을 우수 반으로 편성하였다가 4·19 이후 해체하고 새롭게 반 편성을 하였 다. 나는 이과반을 선택하였다. 그러나 대학입시 원서를 쓰는 순간 내가 색맹이라는 사실을 다시금 확인하게 되어 이과 대학의 지원 을 포기해야 하였다. 대학 진학을 꿈꾸게 된 것은 서병훈 씨가 서 울대, 고대, 연대를 합격하면 대학까지 지원하겠다고 약속을 했기 때문이었다.

4·19혁명으로 국민의 압도적 지지를 받은 민주당 정권이 수립 되었고, 헌법에 규정된 하원과 상원의 양원제 국회의원 선거가 있 었다. 상원은 참의원이라 불렀고, 하원은 민의원이라 했다. 민의원 선거는 군 단위로 시행되었고, 참의원 선거는 도 단위로 실시되어 여러 명을 선출했다. 서병훈 씨가 충청남도에서 참의원 선거에 출 마하였다가 고배를 마셨다. 이 일로 상길육영회 장학사업도 중단 되었다. 그해 나는 대학 입시에서 고배를 마셨다.

그 후 1년 동안은 시골 사랑방에서 등잔불 밑에 책을 펴고 재수 준비를 하였다. 재수 준비는 이제 대학은 내 스스로 해결할 수 있다는 자신감을 가졌기 때문에 가능하였다. 이 때 나는 내 생애 가장 큰 고통을 견뎌내야 하였다. 이를 지켜보는 어머니와 큰형님 그리고 큰형수님도 애처롭게 여겼을 것이고, 물심양면으로 보살펴 주신 이 분들의 협조가 나에게는 큰 힘이 되었다. 물론 고등학교 까지 장학금을 받았지만, 형님들의 적극적인 지원이 있었기 때문에 학교를 다닐 수 있었다.

나는 형님과 형수님들이 보살펴 준 은혜를 결코 잊을 수 없다. 큰형님과 큰형수님, 그리고 작은형님의 말없는 성원은 내가 학업에만 열중할 수 있었던 힘이 되었다. 형님과 형수님들은 자신들보다 오히려 동생인 나를 더 사랑해 주셨고 나를 위해 헌신해 주신 것이다. 큰 형님은 4살의 맏딸 심순이와 2살 먹은 큰 아들 형순이가 자라고 있어 가장으로서 책임이 무거웠을 텐데도 모든 어려움을 떠안으며 내가 공부에 열중할 수 있도록 도와주셨다. 그 세세한 내용은 글로 다 표현할 수 없다.

할아버지는 4수 모시를 베어 이를 벗겨서 3~4일 동안 정성껏 노를 꼬아 돗자리를 만들어 주셨다. 모시는 원래 세 번 베어 길삼을 하는데 철이 늦은 경우에는 모시가 다시 자라 완전히 성숙하기 전에 거둔다. 이를 4수모시라 하는데, 길쌈의 모시로는 사용하지 못하고 노끈을 만들어 쓰기도 한다. 이 돗자리를 깔고 앉아 공부하면 뜻을 이룰 수 있다는 속설을 믿으신 것이었다. 할아버지의 정성이 한없이 고마웠다.

또 경기고등학교 3학년 지도를 맡으신 서인석 외사촌 형님의 배려로 경기고등학교 모의시험지도 받아 풀어볼 수 있었다. 그 은혜도 고맙기 그지없었다.

수험 공부를 하면서 나는 집에서 신문을 읽기 시작하였다. 우편으로 배달된 《한국일보》를 구독했다. 물론 매일 같이 오지 않고 3~4일 뒤에나 읽을 수 있었다. 신문이 오면 기사를 훑어 본 뒤에 사설을 빠짐없이 정독하였다. 이로부터 사회가 돌아가는 모습을 어느 정도 알 수 있었다. 5·16 군사 쿠데타가 일어나 검열 때문에 신문의 상당 부분이 삭제된 채 발간되는 것을 보면서 세상이 크게 잘못 돌아가고 있음을 직감하였고, 사태가 다시 민의를 누르는 방향으로 나가고 있음을 확인하였다. 민주당 정부의 무능을 쿠데타의 구실로 삼았으나, 민주주의의 역사가 거꾸로 가는 현상은 확실한 듯하였다.

군사정부에서 대학입학 시험제도로 국가고시 학력고사가 처음으로 치러졌다. 나는 이를 대비하기 위하여 서울에 와서 종로학원의 대학입시 종합반에 들어가 한 달 동안 수강했다. 시골 이웃집에 살았던 중학교 1년 선배 신현호 씨가 서울에 취직해서 그 어머니가 와서 밥을 해주고 있었는데 그 방에 머물렀다. 신 형의 어머니는 참으로 인정이 많고 부드러운 분이셨다. 나를 자기 아들처럼 보살펴 주셨다.

국가고시는 도 단위로 지원생들이 모여서 시험을 치렀다. 원서는 미리 지망학과를 쓰도록 되었다. 내가 스스로 대학의 학비를 마련하여야 할 형편이어서 대학은 거의 등록금이 면제되는 사범대학을 가야겠다고 진로를 바꾸었고, 그것도 문과로 택해야 했다.

충남의 학생들은 모두 학력고사를 대전에서 모여 치르게 되었다. 당시 나는 시험을 보는 동안 대전에 살고 있는 외사촌 누님의 신세를 지게 되었다. 외사촌 누님은 어려서 양자를 간 큰 외숙의 외동딸이다. 외사촌 누님에게 며칠 동안 유숙을 청하였는데, 외사촌 누님은 흔쾌히 승낙을 하셨다. 시험을 마치고 집으로 오려고 대전역 근처에 있던 시외버스 터미널로 갔다. 외사촌 누님은 당시 국민학교 4학년인 큰딸을 배웅하라고 보냈는데 그 애 편에 차비를 주시지 않는가? 나는 너무 송구스러워 안 받겠다고 사양하였는데, 이 꼬마 조카가 엄마가 주신 것인데 안 받으면 안 된다고 어찌나 떼를 쓰는지 할 수 없이 받아 가지고 왔다. 그때 그 꼬마 조카는 그 후 훌륭한 선생님이 되었다가 지금은 퇴임하여 한 가정의 어머니가 된 이혜영 씨이다.

　계열별 전국 석차가 발표되었고, 그 성적에 대학에서 실시하는 체력검사 점수 50점이 합산되었다. 나는 체력검사에서는 거의 만점을 받을 자신이 있었다. 처음에는 공주사범대학에 진학하려 했으나 문과도 색맹은 지원할 수 없다는 요강을 보고, 서울대학교 사범대학 사회교육과를 지망하였다. 체력검사를 받는 동안은 외사

외사촌 누님 가족 사진 앞줄 왼쪽에서 두 번째가 외사촌 누님이다. (이기영 씨 제공)

촌 서인석 형님 댁 신세를 졌다.

대학에 합격하고 학기를 마치고 방학이 되어도 나는 집으로 오지 않고 거의 서울에서 지냈다. 그것은 가정교사로 숙식을 해결하였기 때문이다. 내가 가정교사로서 인연을 맺었던 안암동의 권 군, 홍제동의 서 군, 사직동의 김 군은 지금은 어디서 어떻게 살고 있는지 한번 만나보고 싶다. 대학을 마칠 때까지 4년 동안을 나는 가정교사를 하면서 어머니와 떨어져 지냈다.

손자 손녀들과 함께 한 전통 놀이

어머니는 큰형님의 아이들이 3~4살이 되자 데리고 두세 가지의 놀이를 자주 하셨다. 그 가운데 다리 펴기 놀이인 '이거리 저거리'가 있다. 이 놀이는 방바닥에 아이들과 마주 앉아서 어머니는 두 다리를 쭉 펴고 그 사이에 서너 살 된 손자나 손녀도 다리를 펴게 한다. 그 다음 어머님은 오른손 손가락으로 한 음절씩 노래를 부르며 각 다리를 순서대로 짚는다. 노래의 마지막 음절인 꽁에 걸리는 사람의 다리를 오므리게 한다.

> 이거리 저거리 각거리
> 정산읍내 빨래줄
> 똘똘 말아 장두칼
> 제비 뚝따 무감죽
> 꽁

그리고 오므린 다음 다리부터 짚으며 처음부터 다시 노래를 부른다. 다리가 다 오므려지고 맨 마지막 다리만 남으면 방바닥과 그 다리를 짚어가며 다시 놀이를 시작한다. 결국 마지막 다리가 꽁에 걸려서 모든 다리를 오므리게 하고 끝이 나는 놀이이다.

이 가사의 내용이 무엇인지를 정확히 알 수 없다. 민속학 책을 조사해 보아도 적절한 해석을 찾지 못했다. 나의 해석은 이렇다. '이거리'는 '이 다리'를, '저거리'는 '저 다리'를, '각거리'는 '각각의 다리'를 뜻한다. 원래는 옷을 너는 빨랫줄 걸이에 비유한 말로 '이걸이, 저걸이, 각걸이'라고 해야 하나, '이거리, 저거리, 각거리'로 발음한다.

그런데 이 다리들을 뻗은 모습이 마치 정산읍내 어느 부자 집의 빨래 줄과 같아서 "정산읍내 빨래줄"라고 하는 것이다. 적곡면은 당시는 청양군 관내였지만 조선시대에는 정산현이었고, 1895년 군현 개편 때에는 정산군이 되었다. 그러다 1913년 지방군현과 마을을 통폐합할 때에 정산군은 청양군에 합쳐졌다. '읍내'는 옛날 군현의 소재지를 일컫는 말이었다.

"똘똘 만다"는 것은 국수를 만들기 위해 마치 반죽을 하여 이를 방망이로 늘려서 이를 둘둘 마는 것처럼 옷을 걷어서 만다는 뜻이다. 그리고 빨랫줄과 같은 줄을 둘둘 말아서 장두〔粧刀〕칼로 뚝딱 끊어낸다. "제비 뚝따 무감죽"은 수제비(충청도에서는 국수를 수제비라고 한다)를 만들 듯 뚝 끊어 무감죽을 쑨다고 해석된다. 무감죽이란 '이 보다 더 맛있는 죽은 세상에 없다'는 뜻이거나 '무로 쑨 단죽'을 뜻할 것이다. 마지막의 "꽁"은 행운에 닿았다는 신호라 할 수 있다.

이 노래의 가사는 지방마다 조금씩 다르나 비슷한 형태로 거의 모든 지방에 유행되었던 놀이였다. 이는 빨래와 음식 등을 소재로 만들어진 것이다. 이는 오랫동안 내려오는 농촌의 생활을 잘 드러낸 놀이로 문화와 희망, 그리고 행운과 기대가 섞인 놀이이다.

최근 나와 아내는 요즘 어린 손자, 손녀를 볼 때 어머니를 생각하면서 이 놀이를 한다. 약간의 힘을 주어 다리를 꼭꼭 짚어주면 아이들이 대단히 흥미로워한다.

그리고 '달강달강'이라는 놀이도 있다. 이는 어머님이 한 아이와 마주 앉아 두 손을 마주 잡고 앞뒤로 흔들면서 하는 놀이다. 가사는 대체로 다음과 같다.

> 달강달강
> 서울 가서
> 밤 한말을 팔아다가
> 살강 밑에 묻었더니
> 새앙쥐가 들락날락
> 다 파 먹고
> 썩은 밤 한 톨 남았는데
> 옹솥에다 삶을까 가마솥에 삶을까
> 가마 속에 삶아서
> 바가지로 건질까 조랭이로 건질까
> 조랭이로 건져서
> 겉껍질은 아버지 주고,
> 속껍질은 엄마 주고
> 알맹이는 너와 나랑 쪽 쪼개 먹자!

이 놀이는 할머니와 손자 손녀들과의 관계를 긴밀하게 하기 위한 목적으로 생긴 놀이이다. 판다는 말은 쌀을 주고 산다는 뜻이다. 옹솥은 작은 솥을 말하며 가마솥은 큰 솥을 말한다.

할아버지의 별세

1965년 음력 6월 19일에 할아버지가 돌아가셨다는 연락을 받고 서울에서 내려갔다. 어머니는 할아버지를 친아버지처럼 모셨다. 할아버지는 두 아들을 일찍 보내고 83세로 돌아가셨다. 돌아가시기 직전에 큰형님이 숙모 댁에서 모셔 와 할아버지는 우리 집에서 눈을 감으셨다. 그러나 나는 그렇게 나를 사랑해주시고 보살펴 주신 할아버지의 임종을 보지 못했다.

할아버지 회갑 해에 내가 태어났으므로 할아버지와 나는 같은 계미생이다. 그래서 할아버지께서는 가끔 자신은 나와 동갑이라고 말씀하곤 하셨다. 나를 일생 동안 사랑해주신 할아버지에게 효도를 제대로 하지 못한 것이 못내 후회스럽다.

할아버지께서는 평소 검소하셨듯이 자신의 묘지를 갓점 종산에서 아주 쓸모없는 땅에 잡아 놓으셨다. 할아버지의 성품은 본래 술을 좋아하셨고, 낙천적이고 검소하셨으며 인정이 많으셨다. 파란 많은 인생을 스스로 극복하신 달관의 지혜를 가지셨다고 할 수 있다. 할아버지의 묘비석은 내가 다음과 같이 지어 세웠다.

할아버지 묘소에 세운 비석문
할아버지(諱 泰興)는 아버지 휘(諱) 순택(舜澤)과 어머니 남원(南原)

할아버지 산소 충청남도 청양군 청남면 대흥리 갓점에 있다. (1998. 4. 4)

양씨(梁氏) 사이에서 1883년 음력 5월 13일 3남매 중 장남으로 태어나셔서 1965년 6월 20일 향년(享年) 83세로 돌아가셔 일생 동안 사셨던 갓점 뒷산에 묻히셨다. 할머니 파평(坡平) 윤씨(尹氏)는 1882년에 태어나셔서 1925년 5월 27일에 향년 44세에 돌아가셨다. 자녀는 3남매를 두니 장왈(長曰) 윤용(允溶)이고 차왈(次曰) 문용(玟溶)이며 딸은 한성택(韓星澤)에게 출가하였다. 큰 자부는 달성(達城) 서씨(徐氏) 옥순(玉順)이고 둘째 자부는 전주(全州) 이씨(李氏) 재순(宰順)이다. 양쪽 집에서 손자 5명과 손녀 6명을 두었고 증손자 8명과 증손녀 15명을 두었다. 할아버지의 성품은 인정이 많으셨고 착하셨으며 검소하셨다. 두 아들이 먼저 죽으니 두 자부의 보살핌을 받으며 어린 손자들의 훈육에 전력을 바치시었다. 25여 년 전에 할아버지 묘소에 할머니를 함께 모셨다. 그리고 손자들이 장성하여 20여 년 전에 위친계를 조직하여 기금을 모았다. 할아버지가 친히 잡은 묘소가 옹색하고 지반이 험하여 상석을 설치할 수 없으므로 대신 1998년 봄 길일(吉日)을 택하여 조그만 비석을 세운다.

1998년 춘이월(春二月) 삼일(三日) 손자 문학박사 구복(求福) 지음

국가 경제발전과 민주화의 역행

5·16 군사 쿠데타로 집권한 군부정권은 역사의 발전 방향의 두 가지 축이 되는 '경제발전과 민주화'를 모두는 달성하지 못했다. 경제적으로는 1953~1961년 4.1%에 그쳤던 연평균 실질성장률을 1961~1970년에는 연 8.7%로 2배 이상 끌어올렸고, 1990년까지 30년 동안 고속 성장을 이룩하였다. 이 같은 성장은 세계사적으로 유례가 없는 일이다. 이는 국가 경쟁력의 확보뿐만 아니라 일반 국민의 생활을 크게 개선하였고, 국가의 이미지를 세계적으로 드높인 점에서 긍정적으로 높이 평가해야 할 것이다. 경제 발달로 전 국민의 삶의 질을 높인 것은 물론, 문화 발전의 원동력을 마련했다는 점에서 역사가 발전하는 데 기본이 되는 힘을 키웠다고 평가할 수 있다. 또 대한민국이 약소국에서 중진국의 단계를 뛰어넘어, 경제대국에 이르는 역사적 대 변혁도 가져왔다. 이로써 세계에서 일본 다음으로 자본주의를 성공시킨 대표적인 국가로 인정받고 있다.

그러나 우리의 자본주의 경제발전은 아직 미완의 단계라 할 수 있다. 세계 선진국 대열로 발돋움하기에는 해결해야 할 문제가 많이 남아 있다. 이는 경제에만 해당되는 문제가 아니라 사회, 문화 등에 복합적으로 연결되어 함께 풀어야 한다. 이런 과제를 해결할 모범답안은 없다. 세계의 모든 지식과 정보를 정확히 파악하여 우

리의 의지와 노력으로 이를 해결해야 한다. 역사 창조라는 말이 바로 이 시기에 절실히 필요함을 느낀다.

1960년대 경제성장의 공로를 어떻게 평가하고 이해할 것인가에 대한 논의는 앞으로 더욱 진전되어야 할 것이다. 1960년대의 경제발전은 경제정책을 국가가 주도했다는 점과 수출주도형의 산업화 정책을 추진한 것이 특징이다.

이런 고도성장을 이룩한 원인이 박정희 대통령의 뛰어난 지도력에 힘입은 것도 사실이지만 그 배경에 대한 이해도 중요하다. 그동안 어려운 환경 속에서도 부단히 노력하여 고도로 교육을 받은 인적 자원이 있었던 점과, 국민적 총력을 이끌어낼 수 있는 단일 국가로서의 역사적·문화적 저력을 경제성장의 배경으로 들어야 할 것이다. 이런 배경에서 강력한 지도자가 나타나 민족적 능력을 경제발전에 집중시켰다고 할 수 있다.

박정희 대통령의 경제발전에 대한 집념과 그 실천의지 등 그의 공로 또한 인정해야 한다고 생각한다. 박 대통령이 추진한 경제발전에 힘입어 2천 년 동안 지속된 농업 중심의 사회에서 벗어나 산업 중심의 사회로 진입하였고, 농업사회의 고질이었던 보릿고개를 해결하였다.

그러나 또 다른 역사발전의 축인 민주화를 후퇴시켰다는 점은 군사정권과 박정희 정권의 한계이다. 박정희 대통령은 일본의 군국주의적 교육을 받은 까닭에 명령하달형의 문화 체질이 굳어 있었고, 이것이 그가 우리나라의 민주화와 자유화에 역행했던 개인적 배경이었다.

그렇다면 우리는 위에서 말한 두 마리의 토끼는 서로 상반된 것인가, 아니면 두 가지를 다 좇을 수 있는 것인가에 대해 생각해 봐야 한다. 나는 두 가지가 서로 상반된 것이라고는 보지 않는다. 박정희 대통령은 유신 독재체제를 통해 지성인의 입을 막고 인권을 유린하여 강압적인 방법으로 장기집권을 획책하였다. 그렇지 않고 후계자에게 정권을 넘겨주는 방향을 취했더라면, 또 민주화의 열기를 수렴하여 국가발전에 이용하려는 역사철학을 가졌더라면, 두 가지가 발전을 동시에 이룩할 수도 있었다고 본다. 박정희 대통령에게 자신이 물러설 수 있는 적절한 시기를 잃게 한 것은 그의 역사관이 빈곤해서라고 해석하지 않을 수 없다. 그가 미국의 초대 대통령 조지 워싱턴의 전기를 제대로 읽었더라도, 흉탄에 맞아 죽는 그런 불행을 당하거나, 자신이 이룬 업적이 제대로 평가받지 못하게 되지는 않았을 것이다. 이 점에서 온 국민의 역사의식을 심화시킬 필요가 절실함을 뼈저리게 느낀다.

국가의 경제발전과 민주화 두 가지를 함께 성취하지 못한 것은 박정희 개인의 문제라기보다는 우리들 모두의 역사발전 능력의 한계였다고 생각하고 싶다. 우리는 민주화를 발전시킬 수 있는 시간과 역사적 경험이 별로 없었다. 바로 이 점을 두 측면에서 역사 발전을 이룩하지 못한 주된 이유로 해석하고 싶다.

역사의 상식 10 **5·16 군사 쿠데타의 배경과 역사적 평가**

5·16 군사 쿠데타가 일어나게 된 배경은 자유당 정권 하에서 군대가 조직되어 정권과 밀착된 데 있다. 그리고 지휘관에 서북계열과 관북계열의 일제시대 장교들만 승진하고 육사 출신들의 승진이 지연된 점, 군 고위 장성들이 부패하고 그들이 3·15부정선거에 직접적으로 간여한 점들이, 4·19 혁명이 일어난 그 해 5월에 김종필 중령(육사 8기생) 등이 정군운동을 모의하게 된 배경이 되었다. 김종필 등은 정군운동에서 다음 5개항을 제기하였다.

1. 3·15 부정선거를 방조한 군의 고위책임자에 대한 책임 추궁
2. 부정축재한 장성들의 처단
3. 무능·파렴치한 지휘관급 제거
4. 파벌 조성의 모든 요인 제거 및 군의 정치적 중립 보장
5. 군의 대우 개선

정군운동의 위 요구는 4·19혁명의 정신과 일치한다는 것을 알 수 있다. 정군운동은 중령 11명의 연서로 1960년 9월 10일 국방부 장관 현석호에게 정식으로 제출되어, 이를 해결하겠다는 약속을 받았으나, 허정 과도내각에서 현석호 장관이 해임되고, 연서한 장교 11명은 하극상의 이유로 헌병대에 구속되었다.

그러나 이들은 미국 측의 압력으로 석방되었다. 이처럼 군대의 근본적인 문제가 해결되지 않고 민주당의 총리였던 장면 정권의 정치가 국민의 결집된 요구를 외면하고 있는 가운데 5·16 군사 쿠데타가 김종필, 김동하, 김형욱, 김복동 등에 의하여 모의되었다.

육군의 2군 부사령관이었던 박정희 소장의 지휘 아래, 5월 16일 새벽에 해병 1여단 3천 6백 명이 한강에서 헌병 1백여 명의 형식적 저항을 뚫고 서울에 진입하였다. 그리고 쿠데타 군은 거의 저항을 받지 않고 손쉽게 방송국, 발전소, 정부 주요관서, 경찰서 그리고 육군본부까지 장악하였다. 쿠데타 군은 참모총장 장도영의 이름을 앞세워 정부 장악을 방송하고 6개항의 공약을 혁명위원회의 이름으로 발표했다.

첫째, 반공을 국시의 제1의로 삼고 지금까지 형식적이고 구호에만 그친 반공체제를 재정비 강화한다.

둘째, 유엔 헌장을 준수하고 국제협약을 충실히 이행할 것이며, 미국을 비롯한 자유 우방과의 유대를 더욱 공고히 한다.

셋째, 이 나라 사회의 모든 부패와 구악을 일소하고 피폐한 국민도의와 민족정기를 다시 바로잡기 위하여 청신한 기풍을 진작한다.

넷째, 절망과 기아선상에서 허덕이고 있는 민생고를 시급히 해결하고,

국가 자주 경제 재건에 총력을 기울인다.

다섯째, 민족적 국토통일을 위하여 공산주의와 대결할 수 있는 실력 배양에 전력을 집중한다.

여섯째, 이와 같은 우리의 과업이 성취되면 참신하고도 양심적인 정치인들에게 언제든지 정권을 이양하고 우리는 본연의 임무에 복귀할 준비를 갖춘다.

쿠데타가 처음 당면한 문제는 미군의 저지 노력이었다. 유엔군 방송을 통하여 군사 쿠데타를 비난하는 소식이 나왔다. 당초 미국은 쿠데타를 인정하지 않았다. 그러나 윤보선 대통령이 일선 지휘관에게 돌발적으로 발생한 사태에 더 이상 불상사가 없도록 하라는 친서를 급송했고, 미국 측에도 단호한 조처를 취함으로써 미국 측의 저지 노력은 더 크게 진전되지 못했다.

당시 군대 조직은 민간행정보다 효율적인 체계를 가지고 있었고, 포병 장교였던 박정희 소장은 이지적이었다고 평가되고 있다. 군사정권은 자유당 아래에 있던 깡패 1만 3천 3백 명을 체포하여 처단하고, 매춘부 4,411명이 집으로 돌아가게 하였으며, 부정축재자 51명의 재산 57억 원을 국고로 환수하였다. 당시 최고 판매 부수를 발행하는 《동아일보》와 가장 비판적이었던 월간 잡지 《사상계》에서조차 이런 조처에 찬사를 보냈다. 또 농촌 부채를 탕감하고, 식량의 자급과 경제 건설을 이룩하여 보릿고개라는 숙명적인 기아를 해결하려는 의욕을 보였다. 1960년대 국민소득이 80달러이던 것을 1980년 8천 달러로 100배로 급성장시켰다. 그러나 군사정권이 잘못한 점도 많다. 선거에 정치자금을 많이 마련하여 정경유착을 해결하기는 커녕 오히려 더욱 강화시킨 점, 인간의 기본권을 극도로 제약하면서 장기 집권체제인 유신독재체제의 발판을 마련한 점 등은 민주주의의 발달이란 측면에서 호되게 비판받아야 할 것이다.

경제발전과 민주화가 함께 추진될 수도 있다는 통합적인 역사의식이 필요하다고 할 수 있다. 경제발전의 측면에서 이 성과만을 앞세우고 민주주의의 역행을 눈감아 두는 평가도 부당하지만 민주주의의 측면에서 군사정권의 경제적 발전을 무시하는 평가도 온당하지 못하다. 두 측면에 대한 균형 잡힌 시각이 필요하다.

작은형의 군 입대와 전역

큰형님은 중이염을 앓았기 때문에 신체검사에서 제2국민병으로 판정받아 군대를 가지 않았고, 둘째 형님은 신체검사에서 갑종 합격을 받아 1959년 10월 20일 논산훈련소에 입대하였다. 중형은 입대하기 전 1년은 숙모 댁에 가서 농사를 돌보아 주었다. 그 전 해에는 큰형이 종조할아버지 댁에 가서 1년 동안 농사를 보살펴 주었다. 물론 '새경'이라고 하여 1년의 품삯으로 쌀 8가마를 받았다. 이는 논 세 마지기의 농사를 지어야 얻을 수 있는 소득이었다.

우리 집은 농사를 지을 땅이 많지 않았기 때문에 혼자의 힘으로 농사를 지을 수 있었다. 그래서 한 사람이 친척의 집에 일꾼으로 가서 일했다. 이는 집안 사이였으므로 '머슴'이라고 부르지는 않았지만 엄밀히 말해 당시 머슴을 산 것이다.

이 당시는 군대의 급식 상태가 아주 불량하여 군대에 입대하면 고생이 대단히 심했다. 군의 급식상태가 불량한 것은 군대 행정의 부조리 때문이었다. 사병에게 할당된 식량 등의 현물을 사단장으로부터 소대장까지 줄줄이 내려오면서 자기 몫을 떼어 놓기 때문이었다.

작은형이 입고 간 옷이 논산훈련소에서 소포로 집에 도착하였다. 이를 받아본 어머니는 눈물을 흘리셨다. 이 당시에는 군대를 가는 것을 엄청난 고생길에 접어드는 것으로 알았기 때문이다. 그리고 우리 집은 형편이 어려워 면회도 자주 가지 못하였다. 면회는 가족이 음식을 가지고 가서 부족한 영양을 보충해 주고 정신적으로 위로해 주는 것으로 여겼는데, 우리 집은 그럴 여유가 없었던 것이다. 다만 어머니께서 논산훈련소로 작은어머니와 함께 닭 한 마리를 삶아서 면회를 한 번 갔다 오셨을 뿐이다.

둘째 형은 군에 있는 동안 휴가를 거의 오지 않았다. 휴가를 갔다 오면 으레 음식을 마련하여 부대원 일동에게 대접하는 것이 당시 관행이었다고 한다. 요즘 말로 하면 휴가를 다녀온 사람이 한턱을 내야 했다. 집안 사정을 잘 알고 있는 형은 스스로 휴가를 취소했다.

비록 전투상황은 아니었지만 군대가 고생스러운 것은 구타와 기합이 심했기 때문이다. 작은형은 논산훈련소에서 훈련을 마치고, 포천에 있는 ○○○포병대 수송부대에 배치되어 근무하였다. 작은형도 색맹이어서 운전사의 자격을 딸 수 없으나, 전역한 뒤에 택시 운전이라도 해보겠다는 뜻에서 운전을 배워 수송병과에서 근무하였다. 하지만 전역한 뒤 운전할 기회는 영영 주어지지 않았다.

5·16 군사 쿠데타로 군대에 숙정(肅正)작업이 실시되었고, 그 뒤로 일반 사병들의 급식 상태는 아주 양호해졌다. 5·16 군사 쿠데타가 일어났을 때 작은형이 속해 있던 ○○○포병대의 부대장은 쿠데타에 참여하지 않았다. 당시 쿠데타에 참여한 부대장의 부대원들은 사병이라도 모두 1계급 특진을 하여 병장은 하사로 제대하였다. 그러나 형님은 부대장이 쿠데타에 참여하지 않아서 병장으로 제대하였다.

그 무렵 나는 고등학교에 다니느라고 형의 입대에 큰 관심을 가지지 못하였으나, 어머님 대신 편지를 서너 번 써서 보냈다. 형은 군대에서 생기는 문제를 어머님이 걱정하실까 연락도 하지 않고 스스로 해결하려고 무척 애를 썼다.

1964년 6·3사태와 한국사로 전공을 바꿈

나는 1962년에 서울대학교 사범대학 사회생활교육과에 입학하였다. 사회생활교육과는 일반사회교육과, 역사교육과, 지리교육과가 통합된 학과이다. 이렇게 학과가 통합된 데에는 다음의 사건이 큰 영향을 끼쳤다.

1961년에 5·16쿠데타가 일어난 뒤 10월쯤 용두동에 있던 서울 사범대학생들이 청량리로 가던 박정희 장군에게 돌을 던지자, 박정희 장군은 학장실로 걸어 들어와 그 학생을 찾아내 처벌할 것을 요구하였다. 그리고 전국의 국립 사범대학을 대폭 폐과 내지는 축소하는 결과를 가져왔다. 1962년도 입학생의 경우 당시 영어영문과, 독어독문과, 불어불문과, 국어교육과, 수학교육과가 폐지되었다. 남은 학과는 오직 교육과, 체육과, 가정과 3과뿐이었다. 역사·지리·일반사회과가 합쳐져 사회생활교육과로, 화학·물리·생물·지구과학과가 합쳐져 과학교육과로 통합되었다. 그리고 입학 정원도 대폭 축소되었다.

사회생활교육과에 입학한 나는 1학년 때 각 과의 개론을 듣고 2학년이 되면 전공을 선택하기로 되어 있었다. 그래서 대학교 1학년은 어느 전공을 택할 것인가 탐색하는 시간이 되었다. 나는 서양사를 전공하신 김성근 교수가 강의하는 서양사개론 강의에 매료되어 역사교육과를 선택했다. 처음에는 서양사를 전공하겠다고 결심하고, 1학년 때 서양사에 관한 영어원서를 열심히 읽었다. 그때 서양사에서 역사가 꿈틀거리며 발전하는 모습을 읽을 수 있어 대단히 재미있었다. 나는 1학년 때 미 육군사관학교 서양사 교재로

242

쓰인 바 있는 헤이즈(Hayes)의 《세계사》(*A World History*)를 원문으로 독파했고, 미국의 13명의 교수가 집필한 원서 《세계문화사》(*A Histoty Of World Civilization*) 두 권을 대단히 흥미롭게 읽었다.

그리고 나는 2학년 때에 향촌개발회에 가입하여 농촌의 계몽운동에 참여하였다. 역사학과 4년 선배인 김홍수 씨의 권유로 가입하였다. 주말에는 광주에 있는 가나안 농군학교를 견학하기도 하였으나, 나는 방학에도 입주 가정교사를 하고 있어서 농촌봉사활동에는 나가지 못했다. 2007년 여름에 사회교육과의 동기였던 이홍기 씨로부터 내가 써 보냈던 7통의 편지를 돌려받았다. 마치 죽었던 자식이 살아 돌아온 기분이었다. 참으로 고맙다는 인사를 드리고 싶다. 이 가운데에는 내가 2학년 때에 농촌봉사에 나간 향토개발회 친구들에게 보낸 편지도 들어 있었는데, 그 내용은 다음과 같다.

개발회 계몽대원께 드림

사회와 민족을 위해 분투하시는 여러분께

혹독한 추위에 얼마나 수고가 많으십니까?

영하 15도의 추위에서 여러분의 입김과 함께 외쳐지는 뜨거운 목소리는 이 나라 2000년의 역사 방향을 돌리고, 한국 국민의 가슴 속에 불을 붙이고 있습니다.

전변(轉變)하는 세계정세와 오늘의 비참한 사회의식을 지각하고 인류애를 실현하겠다는 여러분의 굳은 신념, 거기에서 나오는 여러분의 헌신적 활동은, 비록 짧은 기간이라 할지라도 엄청난 큰 결과를 가져오게 할 것이며, 또한 인간의 가장 참되고 숭고한 일입니다.

여러분의 봉사적인 정신과 자연의 제약을 극복하게 하려는 젊은

이의 활동은 이 나라 이 민족의 새 역사를 창조할 새로운 원동력이
될 것임을 확신합니다.

율정리(경기도 양주군)의 여러 가지 조건에 불편함을 많이 느끼실
것이고, 농민의 반응이 여러분의 마음을 괴롭게 할 적도 있을 줄 압니다.

그렇지만 진심에서 나온 여러분의 의지는 그것들을 고려하기에는
아랑곳하지 않을 줄 믿습니다. "다 같이 잘 살아보자!"고 일깨우는
일은 보이지 않는 곳에서 그만큼의 효과가 있을 것입니다.

농촌의 정적인 생활, 비합리적인 생활양식, 권위적인 오랜 전통을
여러분은 체감하실 것입니다. 그것을 탈피하고, 새로운 조류에 적응
하는 농촌, 우리의 고장을 만들기 위해서는 그들을 나무라기 전에 깨
우치고, 사랑하여 선도하는 것이 더욱 중요함을 알고 봉사하는 여러
분의 활동을 저는 가장 부럽게 여기고 있습니다.

참에서 참으로 통한다는 여러분의 굳은 신념이 추호도 변함이 없
기를 바랍니다. 여러분의 값진 행동과 의욕은 우리나라 농촌에 희망
의 서광을 가져오게 할 것입니다. 인간이 무엇이고, 인간으로서의 활
동, 자유와 평등의 진리가 실현되어 가는 생활을 농민들이 깨닫게 될
때가 오겠지요. 여러분이 심는 정신, 마음의 양식은 결코 헛되지 않
으리라는 긍지를 가져 주시기 바랍니다.

앞으로 추위에도 심신이 강건하시기를 빌며 새해에 복 많이 받으
시기를 빕니다.

이홍기, 방재곤, 이순권, 정선영, 국해웅, 그리고 여학생 두 분과
이름을 일일이 기록하지 못하는 여러분, 힘찬 기상과 열의에 찬 가슴
을 생각하면서 여러분의 이름을 쓰는 순간 한없는 기쁨을 느끼며, 조
리 없이 글을 썼음을 양해하여 주십시오.

1963년 12월 27일 정구복 드림

당시 서울대 사범대학의 향토개발회는 농촌계몽운동을 하기 위한 자발적 단체로서 당시 회원은 50여 명이었으며, 그 뒤에 일어난 새마을 사업의 정신적 바탕이 되었다. 당시에는 대학마다 농촌계몽운동을 위한 대학생들의 봉사단체가 자발적으로 조직되어, 농촌을 살리는 방책을 집중 논의하였고, 방학을 이용해 오지의 농촌 사람들을 계몽하는 봉사활동을 벌였다.

나는 대학교 3학년이었던 1964년 6월 3일에 열린 한일굴욕외교 반대 데모에 참여했는데 우연히 최선봉에 서게 되었다. 당시 김종필 총리가 대일청구권 보상금으로 3억 불을 받고 한일국교 정상화하는 것은 굴욕적인 외교라고 판단하여 학생들이 이를 규탄한 것이다. 이날 경찰들이 안암동에서 고대생들이 참가하지 못하도록 저지하고 있었기에 학교가 용두동에 있었던 서울사대 팀은 거의 저항을 받지 않고 종로를 질주했다. 그래서 우리 서울사대 팀이 최선두에 서게 되었다.

지금 세종문화회관(당시는 시민회관) 앞에서 경찰이 쏜 최루탄을 학생들이 집어서 다시 던지면 경찰이 물러섰다. 그때 바리케이트를 치우는 십 여 분 동안 아스팔트 위에 앉아서 기다렸다. 뒤를 돌아보니 2~3만 명의 학생이 운집해 있었다. 그때 나는 잠깐 동안 생각에 잠겼다. 내가 프랑스 역사를 연구하여 만약 세계적인 석학이 된다고 하더라도 그 지식이 우리나라의 민주화에 기여할 수 있을지 곰곰이 생각하였다. 그러나 가두시위의 현장에서의 답은 '아니다!'였다.

민주화는 역사를 통해 축적되어 가는 것임을 데모 현장에서 직접 깨달았다. 외국의 민주화가 하나의 교훈은 줄 수 있지만, 그것이 곧바로 우리 역사로 옮겨질 수 없다고 생각하였다.

그 때 나는 독일사를 전공하려던 중이었다. 독일은 비록 1·2차 세계대전을 일으킨 전범국으로 인류 역사상 큰 죄를 졌지만, 두 차례 패전한 뒤에도 다시 라인 강의 기적을 이룬 역사를 잘 알면 우리나라의 경제발전에 기여할 것이라고 생각하였기 때문이다. 그러나 그것이 바로 우리의 역사가 될 수 없다는 결론을 얻은 이상, 우리나라가 발전하기 위해서는 우리나라의 역사를 연구함이 더 시급한 과제라고 생각했다. 현재 우리나라의 역사적 조건이 어떤 것이며, 현재를 역사적으로 어떻게 이해할 것인가를 아는 것이 급선무라고 판단한 것이다. 그래서 그 자리에서 나는 전공을 한국사로 바꿔야겠다고 결심하였다.

데모대가 경복궁 정문을 지나 청와대 쪽으로 향하는 순간 데모대의 구호는 "한일 굴욕외교 반대"에서 "박정희 하야"로 갑자기 바뀌었다. 데모대 가운데서 한 사람이 외치면 데모 대원 모두가 따라 외쳤다. 그 순간 총성이 터지고 데모대는 흩어졌다. 이 때 실탄은 사용하지 않고 공포탄을 쏘았다.

그 다음날 학교에 나가보니 정문에 '무기한 휴업령'의 포고문이 내려져 있었고, 교문은 굳게 닫혀 있었다. 그래서 나는 그 다음날 토요일 청계천에 있는 고서점에 가서 진단학회에서 간행한 《한국사》를 사서 고대사부터 근현대사까지 6권 전체를 통독하였다.

무기한 휴업령이 풀리고 가을에 2학기가 되어 학교에 나갔다. 이 때 한문을 배울 필요를 느껴 친구 박용운(현재 고려대 명예교수)의 소개로 답십리에 사시는 성락훈(1910~1977) 선생님 댁에 가서 한문을 배우기 시작하였다. 그때 교재가 《고문관지(古文觀止)》였는데, 《좌전(左傳)》으로부터 명나라 말기의 글까지 명문장의 고문을 가려 뽑아 놓은 책이었다. 이 책은 1695년 청나라 오초재(吳楚材) 등이 편찬하였다. '고문관지(古文觀止)'란 '이 책만 읽으면 고문(古文)은 끝난다.'는 뜻이다.

한편 1965년 6월 22일 한일협정이 체결되어 일본과의 오랜 갈등 관계가 공식적으로 종결되었다. 비록 우리 정부의 준비가 부족하여 일제강점기 동안에 우리 민족이 받은 피해에 대한 보상을 제대로 받지 못한 점에서 저자세의 협정이었으나, 이후 한일의 우호 관계를 정립하는 기반을 마련한 점과 우리나라의 경제발전의 기초 자본으로 사용되었다는 점에서 역사적 의의를 찾을 수 있다.

일본과 한국은 지리적으로 가장 가까운 관계지만 자유당 정권 아래서는 반일이라는 정치적 구호를 버리지 않았고, 그 결과 미국을 통해서만 새로운 문화를 받아들였다. 이는 당시 유학생의 파견 경향을 보아서도 충분히 입증이 된다. 일본 측으로 보면 일본은 미국과 우호 관계를 맺고 있으면서도 한국과 관계를 정상화하지 못해 국제적 외교 역량이 제한되었다고 할 수 있다. 그러나 한국에서 군사정권이 들어서자 이승만 정권의 반일 외교관계는 친선관계로 전향하였다. 이는 어떻게 보면 역사상 순리로 돌아섰다고 말할 수 있다.

1966년에 나는 서울대학교 대학원에 진학했다. 나는 사범대학을 졸업하였으므로 중고등학교 2급 정교사 자격증을 취득하였고, 교사로서 복무하여야 할 의무가 있었다. 그러나 나는 대학원에 진학하기로 결심하였다. 내가 대학원에 진학한 것은 당시 한국사 연구가 너무나 기초적인 문제도 연구되지 않은 상황을 감안, 그 일에 투신하고자 함이었다. 군 입대도 대학원을 마치는 동안 연기되었다.

1966년 봄에 나는 청양에 내려가 군입대 신체검사를 받았다. 군의관이 내 손가락을 보고는 이를 고쳐서 군대에 입대한다고 하면 1년 시간을 주겠다고 하여, 나는 무종(戊種) 등급의 판결을 받아 다시 신체검사를 받도록 되었다. 그러나 그 다음 해 나는 육군사관학교 교관요원 시험에 합격하여 2년 후에 육군사관학교 교관으로 가게 되었다. 그래서 더 이상 신체검사는 받지 않았다.

1966년부터 중형이 서울 동대문구의 묵동에 와서 배 밭을 경영하였다. 이 때부터 작은형 내외와 어머니 그리고 나, 이렇게 네 식구가 묵동 배 밭에서 살았다. 형은 돼지를 기르기도 하였다. 돼지 6~7마리를 키우기 위해서는 서울 시내 음식점에서 음식물 찌꺼기를 저녁마다 자전거로 날라야 했다. 청량리에 있는 음식점을 돌면서 이를 수거하였고, 때로는 종로 1가에 있는 한일관까지 와서 수습해갔다. 드럼통에 담아 자전거에 싣고 날랐다. 당시는 차가 많지 않아서 자전거로 이를 나르는 일이 가능했다. 형님이 바쁜 일이 생기면 내가 대신 자전거로 나르기도 했다.

여름철이면 온 배 밭은 하얀 배꽃이 피어 참으로 아름다웠다. 밤에는 마치 우리가 무릉도원에 살고 있다는 생각을 떠올리게 하였다. 배가 호두알만큼 자라면 하나하나의 열매에 봉지를 씌워야 했고, 봉지는 밤에 식구들이 신문지로 만들었다. 병충해를 위해 소독을 네다섯 차례 하였다. 가을에는 배가 익으면 이를 따다가 청량리 시장에 갖다 팔아야 했는데, 이는 형님이 리어카로 실어다 팔았다. 먹골배는 당시 배 가운데서 가장 맛이 있었다. 상큼하고 달았다. 까치가 쪼아 먹은 배를 먹으면 더욱 달고 맛이 있었다. 늦

은 겨울철에는 배나무 가지치기를 하였다. 앙상한 나뭇가지 사이
에 하얀 눈이 포근히 내리면 그 설경도 좋았다. 우물은 배나무 옆
에 펌프를 묻어서 이용했다. 배 농사를 지은 지 1~2년이 되자 형
님은 일류 기술자가 되었다. 배나무는 300그루 정도 되었고 30년
된 나무도 있었다.

구양수의 〈상강천표〉

그 무렵 나는 성락훈 선생님으로부터 《고문관지(古文觀止)》에서
송나라 대 문장가인 구양수가 자기 아버지의 묘비석문을 지은 〈상
강천표(瀧岡阡表)〉라는 한문을 배웠다. 구양수는 '구양'이 성이고,

작은형 가족사진   1998년 작은형의 회갑 때 온 가족이 제주도를 여행하였다.

'수'가 이름이다. 그는 고문체의 대가로 당·송 8대가의 한 사람으로 알려져 있다. 그런데 구양수가 네 살에 아버지를 여의고 어머니의 도움으로 자란 환경과, 그의 어머니가 시집오기 전에 시어머니를 여읜 것이 우리 어머니의 경우와 비슷했다. 나는 이 글의 내용을 어머니에게 자세하게 말씀드렸다.

아아! 슬픕니다. 나의 아버지가 상강(瀧岡)의 땅에 묻힌 지 60년이 되어서야 그 아들 수(修)가 비로소 그 무덤에 묘표를 세우니 이는 감히 그 시간을 늦추려 한 것이 아니라 아마도 기다림이 있었던 것 같습니다. 저는 불행히도 낳은 지 4살 때에 아버님을 여의었고, 어머니께서 수절하면서 스스로 서약하고 삶이 가난하여 스스로 옷과 먹을 것을 마련하여 저를 키우고 가르쳐 어른이 되게 하였습니다. 어머니께서 저에게 다음과 같이 말씀하셨다.

"너의 아버지는 관리생활을 청렴하게 하면서도 남에게 베풀기를 좋아하였고, 손님 모시기를 기뻐하여 받는 봉급이 비록 박하였으나 항상 남기지 않도록 하면서 말씀하시기를 '이것으로 나의 누가 되지 않게 하시오' 했다. 그러므로 돌아가실 때에 한 조각의 기와를 덮을 집이 없고, 곡식을 심을 한 두둑의 땅이 없었으니 어디에 거처하며 무엇을 믿고 스스로 수절을 할 수 있었겠느냐?

나는 너의 아버지에게서 한두 가지 좋은 점을 발견한 것이 너에게 기대를 가진 까닭이다. 내가 너의 집 큰며느리가 되었을 때에 나의 시어머니를 섬기지 못했으나, 너의 아버지께서 능히 봉양했음을 알았다. 네가 일찍이 아버지를 잃고, 어리었기 때문에 네가 성공하리라고 내가 확신할 수는 없었어도 너의 아버지의 행실로 보아 반드시 그 뒤끝이 있을 것을 알았다. 내가 시집을 와보니 너의 아버지가 겨우 어머니 상을 벗은 지 1년이 되었다. 명절 제사와 기제사 때에는 반드시 눈물을 줄줄 흘리면서 말하기를, '제사를 풍성하게 올림이 살아서 박하게 봉양함만 못하다'고 하였고, 간간히 술과 음식을 들다가도 눈물을 흘리면서 '옛적에는 항상 부족하더니 지금은 남음이 있는데 이를 어찌 돌아가신 아버지께 봉양할 수 있겠는가?' 하였다. 내가 처음 한두 번 볼 때에는 상을 벗은 지 얼마 되지 않아서 그러려니 하였는데, 그 후 시간이 흘러서도 항상 그렇게 하여 죽을 때까지 그렇게 하셨다. 내가 비록 시어머니를 모시지 못하였으나 이를 보고 너의 아버지가 능히 할머니에게 봉양하였음을 알았다.

너의 아버지가 관리가 되었을 때 밤늦도록 촛불을 켜 놓고 관문서를 작성하였다가는 여러 번 찢어버리고 탄식하기에 내가 물었더니 '이는 사형의 옥사(獄事)라.'고 하면서, '내가 살려 보려고 하여도 할 방법이 없다.'고 하셨다. 내가 '사람 목숨을 구할 수 있습니까?' 하였더니, 너의 아버지께서 대답하기를 '살려 보려고 하였어도 할 수 없으면, 죽은 자나 나나 모두 한이 없겠다. 하물며 구해보려고 하여 성공한다면야 얼마나 좋겠냐마는, 이 일이 성공한다면 구해보지 않아서 이미 죽은 사람에게는 얼마나 한이 되겠는가?' 하셨다. 대체로 항상 살려보려고 구해도 오히려 사람을 죽이는 실수가 있는데 세상에서는 항상 사람 죽이기를 구하고 있다. 네가 젖을 먹을 때 너를 안고 옆에 서 있는데 너를 가리키면서 탄식하기를 '점쟁이가 나에게 어느 해에 죽을 것이라고 하였으니, 장차 나의 죽음에 그 사람의 말이 맞는다면 이 아이가 성공하는 것을 내가 보지 못할 것이다. 내가 죽은 후에 마땅히 나의 앞의 말을 이 애에게 전해 주시오.'라고 하셨다. 평상시에 집안 사람들에게 가르치기를 항상 이 말을 가지고 했으므로 내가 자주 들어 귀에 익숙해져서 알고 있는 것이다. 너의 아버지가 밖에서 하는 일은 내 능히 다 알 수 없으나 집안에서 하는 일이 꾸밈이 없고, 하는 바가 이와 같으니 이는 진실로 본마음에서 우러나오는 것이다. 아아! 그 마음 씀이 어진 사람보다 두텁지 않겠는가? 이것을 보고 너의 아버지의 후대가 반드시 성공할 것임을 알았노라.

그러니 너는 힘쓸지어다! 대저 부모의 봉양은 반드시 풍요로운 것이 중요하지 않고 얼마나 효성스러운가에 달려 있으며, 이로움은 비록 남에게 널리 베풀지 않아도 그 마음 씀이 어짊에 후한가에 달렸다. 내 능히 너를 가르칠 수 없지만 이는 너의 아버지의 뜻이니라." 하셨다.

이에 수가 울면서 기록하여 두어 감히 잊지 않았다. ……

내가 위 글을 알기 쉽게 풀어서 어머님께 설명하여 드렸더니, 어머니의 눈가에 눈물이 흘렀고, 나도 눈물을 흘렸다. 이는 비록 구양수와 그 어머니의 이야기지만 우리 집의 사정과 비슷하여 어머니와 나에게는 참으로 감명을 주는 좋은 글이었다.

나는 1968년 음력 10월 5일(양력 11월 24일) 신령 윤씨 병국(1919~1989)과 전주 이씨 정규(1925~)의 6남매 가운데 차녀인 영진(玲珍) 양과 결혼을 하였다. 내가 가정교사를 하던 학생의 누나였다. 아내는 수도여자사범대학 졸업반이었고 역사를 전공했다. 나는 이미 석사학위 논문을 제출한 상태였다. 우리는 용두동에 있는 협성중고등학교 강사로 9월부터 함께 근무하고 있었다. 복도에서 그녀가 살며시 지은 미소는 '천년의 미소'로 나의 가슴 속에 남아 있다. 보금자리는 답십리 세 방을 한 칸 얻어 살림을 차렸다.

결혼하고 14일이 되던 음력 10월 18일(12월 7일) 토요일이었다.

윤영진(尹玲珍, 1945~1968)

이날 밤에 나와 아내는 연탄가스를 맡았다. 나는 앞집에 기숙하고 있던 생면부지의 서울 문리대 사학과 출신 모 씨의 헌신적인 도움으로 메디컬 센터에 입원 조처되어 3일 만에 다시 살아났다.

10일이 지나서야 아내가 죽었다는 사실과 내 고향 마을의 산에 묻혔다는 사실을 알게 되었다. 대학교 1년 선배인 박노욱 씨가 장례절차 관계의 일로 밤중에 시골 우리 고향까지 내려왔었다는 사실도 며칠이 지나서야 알게 되었다. 내가 집에 누워 있는 동안 장인어른과 장모께서 문병을 오시고 한약을 지어 오셔서 먹도록 하였으나 나는 아내의 죽음을 전혀 눈치를 채지 못했고, 왜 내가 누워 있는지조차 알지 못했다.

나는 나를 살려주신 분을 만나서 한번 식사대접을 하였으나 성명을 기억하지 못하고 있다. 당시 그는 회사에 취직하였고, 나보다 4~5년 나이가 많은 선배처럼 보였다. 그 당시에는 나만 살았다는 것이 그리 기쁘지 않아서 그 분에게 제대로 감사의 마음을 전하지 못하였다. 아마 그 분도 나의 심정을 이해하셨을 것이다. 10년 전부터 뒤늦게 수소문을 해 보았지만 생명의 은인을 찾을 길이 없다.

나는 그 후 혼인 신고를 하였고, 족보에도 아내의 이름을 올려 놓았다. 이것이 내가 할 수 있는 최소한의 길이라고 생각하였다. 그 뒤 처가는 미국으로 이민을 갔으나, 지금까지 장모님과 처남들은 나를 사위와 매형으로 생각하고 있고 나도 처가로 생각하여 서로 연락을 유지하고 있다. 나의 아들과 딸이 의사가 된 것도 내가 1989년에 1년 동안 아이들을 데리고 미국에 파견교수로 갔을 때 의사인 처남과 처제의 영향을 받은 것 같다. 처제는 한국으로 우리 부부가 먼저 귀국하게 되자 1년 동안 나의 아이들을 잘 보살펴 주었다.

연탄가스로 아내를 잃은 뒤부터 나는 불교를 믿기 시작하여 인생의 무상함을 스스로 극복해야 했다. 그리고 성락훈 선생님으로부터 원효 성사의 《대승기승론소》를 배웠고, 이후 틈틈이 한문으로 된 불경을 혼자서 읽을 수 있게 되었으며 불교의 인연설을 굳게 신봉하고 살아오게 되었다. 불교를 믿기 시작하면서 나는 제2의 삶을 살고 있다.

1969년 2월 나는 서울대학교에서 〈반계 유형원의 사회개혁사상의 이념〉이란 논문으로 석사학위를 받았다. 이 논문에서 나는 유형원(1622~1673)의 훌륭한 점을 밝혔다. 당시 성리학에서 중심 화두였던 하늘의 이치[天理]를 우리 사회에 어떻게 실현할 것인가를 놓고 그가 일생을 바쳐 연구한 결과물이 바로 《반계수록》이다. 유형원은 모든 사람이 자기 몫을 차지할 수 있는 사회를 건설하는 방책을 연구하여 이 책에 제시하였다. 그 방법이란 《경국대전》 체제를

석사 졸업식에서 어머니와 누이동생

개혁하는 것이었다. 역사를 바라보면, 인간의 법률은 인간의 목을 조이는 방향으로 나갔다는 것이다. 그래서 비교적 자유로웠던 《주례》의 정신에서 천리를 구현하는 방책을 찾았다. 그리고 중국과 우리나라의 역사를 샅샅이 뒤지고 우리나라 현실을 정확히 조사하여 이런 목적을 실현할 수 있는 합리적인 방책을 제시하였다.

유형원은 농민들이 살아갈 수 있게 당시 토지제도를 개혁하여 경작할 수 있는 만큼의 토지를 농민들에게 분배하자고 했다. 그리고 그 토지에 조세와 군역을 부과하자고 했고, 이에 교육과 관료 선발을 연계하는 방안을 제시하였다. 또한 노비세습제를 천하의 악법이라고 규정하고 그 폐지를 주장하였다. 대신 품삯제로 전환하자는 구체적인 대안을 제시했다. 그는 지방간의 격차, 신분간의 격차, 문벌의 지배, 신분의 질곡을 없애야 모든 사람이 자기의 몫을 차지하는 사회가 이루어질 수 있다고 믿었다. 그리고 이 같은 사회 개혁의 한 방법으로 왕조의 교체까지 염두에 둔 것으로 보인다.

11. 어머니의 회갑

나의 군대생활

나는 1967년 대학원 재학 중에 육사교수요원 시험에 합격하여 1969년 5월에 입대하였다. 그런데 이 해 1월에 김신조 간첩사건이 터졌다. 이는 철저한 유격훈련을 받은 특공대 31명을 북한이 남파하여 청와대를 급습하려다가 실패한 사건이다. 어느 한 지역에 출몰하였다가 다른 지역으로 이동하는 속도가 상상을 초월할 정도로 빨랐다. 그 가운데 포로로 잡힌 한 명이 김신조였다. 이 사건이 바로 남쪽에서 '실미도'로 알려진 유격부대를 양성하는 계기가 되었다. 이 사건으로 모든 장교 요원도 논산훈련소를 거치게 되었다.

5월에 나는 논산훈련소에 입대하였다. 논산훈련소에서는 모든 훈련병에게 1주일에 담배 한 갑씩을 지급하였다. 훈련의 단조로움을 느끼거나 긴 휴식 시간이 주어질 때 나는 담배를 배우기 시작하였다. 6주의 훈련을 마치고 우리 교관요원 6명과 의정장교후보생 25명은 이등병 계급장을 받았으나, 이를 곧바로 떼어버리고 6

월 중순에 광주상무대 보병학교에 가서 10주 동안 훈련을 받았다. 당시 이등병 계급장은 '논 5마지기의 값'이라고 불렀다. 왜 이런 말이 생겼는지는 잘 모르겠으나 지독히 힘들게 얻은 계급장이라는 뜻이라고 생각된다. 광주보병학교에서 제1기 준위로 임관되는 상사·중사들과 함께 같은 중대로 편성되어 훈련을 받았다. 이 때 보병학교는 마지막 기의 간부후보생과 함께 병영을 사용했다. 영천에 제3사관학교가 생겨 보병학교가 더 이상 간부후보생을 배출하지 않게 되었기 때문이다.

그동안 받은 훈련 가운데 추억에 남는 것은 완전 군장을 꾸려 배낭에 짊어지고, 송정리역까지 왕복 10킬로미터를 구보한 것과 유격훈련, 야간 행군 등을 받은 것이다. 당시 송정리까지 구보를 할 때, 앞에 있는 동기생의 등을 보면 땀을 흘려 군복이 마치 빗물에 젖은 것 같았다. 그러나 나는 그렇게 땀을 흘리지 않았다. 유격훈련은 논산훈련소의 경우보다 훨씬 강도가 높았다. 나는 남이 해내는 일은 나도 할 수 있다는 자신감을 가지고 하였더니 한결 수월하게 마칠 수 있었다. 8월 31일 광주 상무대에서 임관식이 열렸다. 육사교관 요원 6명만 중위에 임관하고 보병학교 마지막 기 후보생이 소위로 임관했다. 준위 임관식은 9월 1일자로 하게 되었기 때문이었다.

그 후 나는 육군사관학교 교수로 3년간 복무하게 되었다. 당시 함께 교육을 받고 육군사관학교에 복무한 동기생은 남대극(독일어 전공, 삼육대학교 총장 역임), 이태수(서울대 철학과교수, 서울대 대학원장 역임), 이천표(서울대 경제학과 교수), 정광(국어학 전공, 고려대 명예교수), 이태진(서울대 국사학과 교수, 현재 인문대학장) 등이었다. 우리는 1969년 9월 1일부터 육군사관학교 전임강사의 직책을 받아 근

육군사관학교 특간 3기생 교수일동 왼쪽부터 이태수. 이태진. 남대극. 이천표. 정광. 필자

무하게 되었고, 1972년 8월 31일자로 대위로 전역하였다. 입대 전 인생의 무상함을 절실히 깨닫게 된 개인적인 사건으로 말미암아 육군사관학교 교관 시절을 허허실실로 3년을 보냈다. 바둑도 이때 처음으로 배우게 되었다.

그러나 육군사관학교에서의 군대생활은 나에게 큰 변화를 가져 왔다. 내 성격이 극히 내성적이었는데 적극적인 방향으로 바뀌는 계기가 되었다. 물론 아직도 완전히 바뀐 것은 아니지만 남이 할 수 있는 일은 나도 할 수 있다는 자신감을 갖게 되었다. 그리고 조직의 중요성에 대한 인식도 새롭게 할 수 있는 계기가 되었다.

부안 김생철 씨 댁과의 인연

육군사관학교 교수로 재직 중이던 1971년 여름 나는 군복 차림으로 반계 유형원이 살았던 부안 우반동을 방문하게 되었다. 이곳을 찾은 이유는 학위논문을 《역사학보》에 싣게 되었는데 이를 수정하면서 새로운 자료를 보완하기 위해서였다. 부안에 유 모라는 반계의 후손이 살고 있다는 정보를 국립도서관(당시 소공동에 있었음) 소장 족보에서 확인하였고, 그 후손을 만나면 새로운 자료가 있을까 해서 무작정 부안으로 갔다.

부안까지 버스를 타고 가면서 만경평야를 처음으로 보았다. 차창을 통해서 양쪽에 끝이 보이지 않을 정도로 펼쳐진 광활한 들을 바라다보면서 나는 반계가 토지분배를 생각한 연유를 상상해볼 수 있었다. '만약 이런 들의 논을 몇 사람이 소유하고 있었다면 응당 일반 농부들이 경작할 토지는 없었을 것이고, 이런 상황을 해결하지 않고 보고만 있을 수 없지 않겠는가?'라고 생각하니, 반계의 개혁안이 처음 착상된 그 단서를 어렴풋이 꿈속에서 꾼 것처럼 이해할 수 있었다. 그 순간 나는 현장 답사가 얼마나 소중한가를 깨닫게 되었다.

반계가 30여 년을 살았던 부안군 보안면 우반동을 찾아갔다. 동네에는 수백 년 된 느티나무가 있었고, 느티나무 아래에는 동네 사람들이 모여서 마치 요순시대의 백성처럼 한가하게 쉬고 있었다. 동네 사람들에게 내가 방문한 사유를 말했더니 저 집에 가서 물어보라고 해서 그 집을 찾아갔다. 그 때가 오후 4시쯤이었다.

60여 세 되는 노인이 나오시기에 자초지종을 말씀드렸더니 들어오라고 반갑게 맞아주셨다. 그분은 김생철(1914~1979) 씨였고 나와 새로운 인연을 맺게 된 분이다. 그는 내가 찾으려는 유 모 씨를 알고 있는데 그가 살고 있는 동네는 여기서 10여 리 떨어진 곳이니 오늘 밤은 자기 집에서 묵고, 내일 같이 가자고 하셨다. 나는 그 순간 참으로 운이 좋다고 생각했다. 그리고 이 날의 경험은 내 자료 조사 방법에 새로운 방식을 더하는 계기가 되었다.

김생철 씨는 한학에도 조예가 상당했다. 저녁밥을 나와 겸상으로 앉아서 먹은 뒤 다락에서 간찰 집을 꺼내더니 이 편지는 노봉(老峯, 민정중의 호, 1628~1692)의 편지고, 이 편지는 우암(尤菴, 송시열의 호, 1607~1689)의 편지이며, 이 편지는 기옹(畸翁, 정철의 아들 정홍명의 호, 1592~1650)의 편지라고 한 장 한 장을 넘기면서 소개해 주셨다. 나는 그 순간 혹 나에게 물어보면 어떻게 하나 하고 걱정하고 있었다. 나는 당시 간찰에 씌어 있는 글씨를 한자도 읽을 수 없었기 때문이었다.

그 다음날 나는 유 모 씨를 만나 반계의 생질 양섬(梁暹)이 쓴 반계의 행장을 그로부터 얻을 수 있었다. 그는 원본을 나에게 그대로 주었다. 나는 이 자료를 경인문화사에서 재 영인한《반계수록》에 붙여 소개하고 원본은 그분에게 우송해 주었다. 그리고 그분의 소개로 반계를 모셨던 동림서원 유적지가 있는 마을에 가서《동림서원지》가 있음을 확인하고 바로 서울로 돌아왔다.

추후 고문서 내용을 통해, 반계가 자기 할아버지와 함께 병자호란을 치른 다음 해인 1637년에 부안에 내려가 판 토지의 위치가 김생철 씨 댁과 같음을 확인하였다. 고문서에 당시 대나무가 있었다고 한 점으로 보아 틀림이 없다. 반계가 토지를 파는 문서를 직접 썼는데 이 문서는 우리나라에서 가장 훌륭하고 특이한 글로 씌

어진 문서이다.(나의 글 〈미완의 명저 반계수록〉,《문헌과 해석》 13, 2000 참조)

2년 뒤에 내가 전북대학교 전임강사로 취임하여 박물관 민속부장을 맡으면서 그 분 댁의 문서를 조사해서 부안 김씨 고문서 자료를 학계에 소개하였다.(〈나의 고문서탐방기〉,《한국사시민강좌》 29, 일조각, 2001 참조) 그 뒤로도 나는 김 씨 댁을 십여 차례 방문하였고, 1979년 5월에는 그분이 편찮으시다는 말씀을 듣고 찾아갔다. 김생철 씨는 의식을 잃고 계셨고, 말을 하지 못하고 계셨다. 그래서 염불을 해드려도 좋으냐고 가족들에게 여쭈어 봤더니 좋다고 해서 《반야심경》을 암송해 드리면서 편안한 마음을 가지도록 하였다. 그리고 집으로 돌아왔더니 그 날 밤에 돌아가셨다는 부고를 받았다. 그의 아들 김종덕 씨는 나와 동갑으로 아버지가 돌아가신 후 나와 각별한 친구처럼 지낸다. 2006년 그가 아버지 비문을 청하기에 다음과 같이 써 주기도 했다.

扶安(부안) 金公(김공) 諱(휘) 生喆之墓(생철지묘)
配(배) 咸豊(함풍) 魯氏(노씨) 祔左(부좌) 壬坐(임좌)

공(公)의 자는 우일(字一)이고, 호는 소성(小惺)이며 휘(諱)는 생철(生喆)이고 족보의 이름은 연철(淵喆)이시다. 공은 교리공 휘 석필(錫弼)의 15세손이고, 나주목사를 지낸 휘 홍원(弘遠)의 12세손이며 우반동에 정착한 휘 번(璠)의 10세손이시다. 공의 고조는 휘 용관(用觀)이요 고조비는 창녕조씨(昌寧曺氏)며 증조는 휘 봉구(鳳九)요, 증조비는 문화류씨(文化柳氏)이고 조는 휘 시술(時述)이요, 조비는 장택고씨(長澤高氏)이며, 선고는 휘 형두(炯斗)요 선비는 언양김씨(彦陽金氏)

이시다. 공은 1914년 12월 29일에 태어나서 1979년 5월 16일에 졸하니 향년이 66이시다.

배위(配位) 함풍(咸豊) 노씨(魯氏) 휘 순덕(順德)은 성택(聖澤)의 따님으로, 1919년 11월 2일에 태어나서 2004년 3월 6일에 졸하니 향년이 86이시다. 슬하에 삼남삼녀를 두었고, 손자녀 열 명과 증손자녀 두 명 그리고 외손자녀 여덟 명을 두셨다.

공의 성품은 온화 유순하시며 겸손하셨다. 전쟁의 와중에서도 선조의 문적(文籍)을 보존함에 지극한 정성으로 지켜왔다. 부인은 인품이 극히 후덕하고 겸손하시어 평생 동안 한 번도 남을 원망하지 않고 사시었다. 두 분은 화목한 가정을 이루고 자손들을 겸손하고 후덕하게 기르시는 가풍을 남기시었다. 명(銘)으로 기린다.

명문의 뿌리 깊어 여름 실하리니
온화 후덕 겸손은 무상(無上)의 덕성이로다
그 가풍 자손들의 마음에 깊이 전하여
쌓은 공덕 씨알 되어 그 열매 기필(期必)하리라!

문학박사 한국학중앙연구원 한국학대학원 교수 낙암 정구복 삼가 짓다.

부안 김씨와 인연을 맺으면서 이웃집에 사시는 김종덕 씨의 족형 김종규 씨를 알게 되었다. 그분은 한학에 밝고, 붓글씨를 잘 썼다. 그들 선대의 고문서를 조사해 《부안김씨 우반동고문서》로 1981년에 한국정신문화연구원에서 출간했다. 그 무렵 나는 충남대학으로 자리를 떴으나 그 해제를 내가 썼다. 김종규 씨로부터

《금강반야바라밀다심경》의 글씨를 받아 10폭 병풍으로 만들어 놓았다. 이는 우리 집의 가보(家寶) 1호라고 할 수 있다. 김 씨 가문과의 관계는 지금까지 긴밀한 관계를 유지하고 있다.

조촐한 회갑잔치

1969년 9월 13일 어머니의 회갑을 시골 형님 댁에서 치렀다. 마을의 차일을 빌려다가 마당에 치고, 가까운 집안 식구들만 모여 아침을 함께 먹었다. 외갓집 인척과 집안 친척들이 많이 와주셨다. 비록 차린 것은 변변치 않아도 어머님이 굳건히 살아오셨다는 것을 알리는 기회가 되었다. 저녁에는 동네 사람들에게 술 한 잔을 조촐하게 대접하였다. 나는 당시 어머님께 자식으로서 도리를 제대로 하지 못한 것 같아 죄송스러운 마음을 지금도 지울 수가 없다.

당시 회갑연 사진을 보니 친척과 외갓집 식구, 이모, 고모들이 거의 모두 빠짐없이 와 주셨다. 외갓집 식구에게는 셋째 외삼촌이 어머님 회갑이라고 알리고, 집안 식구들은 이웃마을에 살았으니 쉽게 알릴 수 있었던 것 같다. 지금은 회갑연을 하지 않는 것이 보통이지만 이때는 회갑연을 인생의 귀중한 기회로 생각했다. 생각해보면 회갑은 인생의 한 고비인 듯하다.

1970년대에 한국 사회에는 커다란 변화가 일어나고 있었다. 정치적으로는 박정희 대통령이 장기집권을 획책하는 유신체제가 이루어져 국민의 기본권이 크게 제약을 받았다. 그리고 한국적 민주

어머님 회갑기념사진 어머니는 맨 앞줄 왼쪽에서 여섯 번째 계시다. (1969.10.23)

주의 이념이 제창되고 새마을 사업이 활성화하고 인구가 도시로
집중되는 현상이 크게 일어났다. 이런 여러 변화의 주된 원인은
경제 성장이었다.

　일제강점기에는 국민 총생산액이 연간 3%대로 증가하였고, 해
방 후에는 미국의 무상원조에 힘입어 연간 4%대의 성장을 보였다.
그러나 1961년 1인당 경상 국민소득은 62달러에 지나지 않는 아
주 가난한 나라였다. 그런데 1963년부터 1993년까지 30년 동안 한
국은 연평균 8%대의 고도성장을 달성하여, 1970년대에는 굶주림
으로부터 완전히 벗어났다. 가족계획운동으로 인구가 급증하는 추
세는 크게 꺾었다. 1971년부터 2% 이하로 증가하다가, 1985년부
터 1%의 증가를 보여 인구 증가가 정지된 상태가 되었다.

　1963년에는 농업과 임업에 종사하는 인구가 전체 인구수의
63%를 차지하였으나, 1973년에는 농업에 종사하는 자가 전 국민

의 50% 이하로 떨어졌다. 단군조선 이래 농업중심의 국가였던 우리나라가 이제 공업중심국가, 산업사회로 탈바꿈하였다. 1970년대부터 농촌의 인구는 도시로 집중되어 점점 줄기 시작하고, 거대한 도시문화가 형성되었다. 고속도로가 건설되어 교통이 원활해지고, 전국에 전기가 보급되고, 전화가 집집마다 설치되었다.

한국은 고층 아파트가 도시의 많은 인구를 수용하고 있다. 현재 한국의 수도권 인구 집중률은 60% 이상에 달했고, 전체 인구의 90.2%가 도시에 살고 있어 농어촌은 거의 붕괴 직전에 있다. 이는 사회 변화의 가장 큰 현상이라고 할 수 있다. 도시집중화로 전통문화에 큰 변화가 일어났고, 가족제도에도 엄청난 변화가 생겼다. 이런 변화가 한국의 민주주의 발전에 기여한 측면도 있지만 농어촌은 완전 붕괴 직전에 다다랐다. 농촌에서는 아이의 울음소리를 듣기가 대단히 어려운 상황이다. 국가적인 대책을 세워야 할 상황임에도 정치권은 손을 놓고 있다. 농촌 출신의 인사들이 농촌에 투자를 할 수 있도록 하는 특별 조처도 고려하여 볼 만한 일이다. 농토 소유를 무한정 제한하는 것은 농촌경제를 우리 안에 가두어 인위적으로 고사시키는 결과를 가져올 수 있다.

나의 결혼

사촌동생이 공주고등학교를 다니고 있었기 때문에 숙모님이 공주에 나오셔서 밥을 해 주고 계셨다. 그런데 1971년 겨울철에 숙모님이 참한 규수가 있다고 소개해 주셔서 만나 보았다. 상대를 처음 보는 순간 인상이 좋아 결혼의 상대자로 마음을 굳혔다. 그

나의 결혼사진 주례로 성락훈 선생님을 모셨다.
(육군사관학교 화랑호국사, 1972. 2. 20)

리고 여러 차례 만나보니 검소하고 부지런하며 한 번 약속한 것은
반드시 지키고 매사에 주도면밀하기에 서로 결혼하기로 합의를 보
았다. 나는 내 개인적인 사정을 숨김없이 모두 다 이야기 했다. 우
리는 1년 남짓 사귀고 그 다음 해 1972년 2월 20일 육군사관학교
화랑호국사에서 결혼식을 올렸다. 주례로 성락훈 선생님을 모셨다.
아내 황선자(黃善子)는 아버지 황천석(黃千石, 1900~1967)[22]과 어머니
전주 이씨 순례(1907~1995) 사이에서 4남 1녀로 태어났다.

당시 나는 재산이 전혀 없었다. 집식구가 결혼 준비를 아주 간
략하게 하고 현금으로 70만 원을 가지고 왔다. 이는 집을 얻는 데
사용했다. 어머니를 모시기 위해 방이 두 칸 있는 집을 얻어 신접

살림을 중량교에 차렸다. 어머니 방에는 막내 여동생이 함께 살았다. 막내 여동생은 중량교에 있는 서울 우유조합에 다니고 있었다. 3개월 동안 어머님을 내가 모셨는데, 아내는 음식 솜씨가 좋아 어머니의 입맛에 잘 맞추어 드렸다. 그 해 10월 집사람의 중신으로 남동생 결혼이 이루어졌다. 어머니는 막내 동생의 살림을 도와주어야 한다고 시골로 내려가셨다. 막내 동생은 그 다음해 낙지리 홍개골에 오두막집을 짓고 살림을 냈다. 그 뒤로 돌아가실 때까지 막내 동생이 어머니를 모시게 되었다.

전북대학교 교수 취임

나는 1972년 8월 31일에 대위로서 전역을 하였고, 곧바로 계성여자고등학교 역사 교사로 근무하여 3학년 졸업생의 한국사 수업을 6개월 동안 맡았다. 그리고 다음 해 1973년 3월에는 전북대학교 교수에 부임하여 교양국사와 한국사강독을 주로 맡아 가르쳤고 박물관의 고고부장도 맡았다. 당시 김광언 교수가 민속부장을 맡고 있었기 때문에, 나는 고고부장을 맡았으나, 고고학에 전문지식이 없는 나는 단국대학교 정영호 교수님의 교시를 받아 전주시와 완주군 지표조사를 수행하였다. 이 때 전주에 있는 백제 시대의 고달사지 유적을 찾아냈다. 김광언 교수는 농기구를 열심히 수집하였다.

3년 뒤 김 교수가 인하대학교로 옮긴 뒤에 나는 박물관의 고고·민속부장을 겸하였고, 민속부장으로서는 고문서 자료 수집을 처음으로 하게 되었다. 민화를 수집해 놓았으며 남원군, 임실군, 김제

우리집 4형제와 둘째 누님 1980년에 전북대 교정에서 찍은 사진이다.

군의 지표조사도 수행하였다. 이 때 마애불 8∼9점을 찾아내 학계에 보고하기도 하였고, 남원의 만복사지를 2년 동안 주도하여 발굴하였다.

　내가 전북대학교 교수로 부임한 뒤부터는 어머니의 생신을 형제 남매들이 매년 돌아가면서 차려드리는 방법을 택하였다. 이는 고려에서부터 조선전기까지 부모의 제사를 자식들이 돌아가며 지내던 방식을 본뜬 것이었다. 그리고 형제 남매들이 일정한 계금도 모았다. 이러한 일에는 안사람들의 적극적인 협조와 동의가 필요하다. 그래서 예부터 우리 속담에 '집안이 잘 되려면 남의 집 식구가 잘 들어와야 한다.'는 말이 생긴 것이다. 아내도 내가 자란 과정을 잘 알고 있어서 흔쾌히 따라주었다. 대단히 고마운 일이었다.

　나는 개인적인 계금 밖에도 별도로 금액을 더 보태서 냈고, 계금은 10여 년 동안 거두어 충분히 모아졌을 때 중지되었다. 그리고 어머님이 관절염으로 다리가 불편해지자 어머니가 계신 곳에서 생일을 차려드리는 게 좋겠다고 하여, 말년에는 주로 막내 동생 집과 큰형님 댁, 공주 작은형 댁, 우리 집에서 차려드렸다.

1973년 전북대학교에 부임하면서 학교 앞 덕진동에 기와집 단독주택을 전세로 얻었는데 전세금이 30만 원이었다. 독채라고는 하지만 방은 두 개뿐이었다. 그 뒤 전세금을 내고 남은 돈과 빚을 내어 이웃의 집터 65평을 120만 원을 주고 마련했다. 처남 황건용 씨로부터 돈을 빌렸다가 그 뒤에 갚았다. 1977년 여름에 서울에 사시는 작은형이 내려오셔서 집을 직접 지어주셨다. 작은형은 내가 내려오기 전 해부터 배 밭농사를 그만두고 벽돌을 쌓고 벽을 바르는 전문기술자로 직업을 바꾸셨다.

집은 건평 27평으로 방은 세 개를 마련하였다. 내 서재와 안방 그리고 아이들 방 한 개를 마련하였다. 땅값까지 모두 쳐서 540만 원이 들었다. 당시 어머님은 장평면 중추리 동생의 집에서 어린 조카들을 돌보아주고 계셨다. 어머님이 혼자 다니시지 못하였기 때문에 항상 아들이나 손자·손녀가 모시고 다녀야 했다. 혼자서는 바깥출입을 자유롭게 하지 못하셨다.

내가 전북대학교 교수가 된 뒤부터 할아버지와 아버지 기제사의 축문은 내가 쓰도록 큰형님께서 허락하여 주셨다. 축문하면 대부분 《가례편람(家禮便覽)》에 있는 "유세차(維歲次)…… "로 시작하는 한문으로 된 축문에 날짜와 신위의 명칭 그리고 제주(祭主)의 이름만을 써 넣는 형식을 취한다. 이는 글을 지을 줄 모르는 사람을 위해서 그 형식을 마련한 것이다. 또 내용이 한문으로 되어 있어서 듣는 사람이 이해하지 못한다.

조선조에도 우리 선인들은 이런 틀에 메이지 않고 자유롭게 축문을 지어 읽었다. 단지 한문으로 글을 지을 줄 모르는 대중을 위하여 축문의 형식을 만들어 놓은 것이다. 이런 형식으로 축문을 지어 읽은 것은 최근 1~2백 년 사이의 일에 지나지 않는다. 내용은 해가 바뀌어 기일을 당하니 슬픔을 이길 수 없어 음식을 정성껏 차려 놓았으니 흠향하시라는 게 전부이다.

국한문을 사용하는 이 시대에는 축문은 각자가 적절하게 지어서 읽어야 한다고 생각했다. 전 국민의 90퍼센트 이상이 글쓰기와 읽기를 할 줄 알고 있는 것은 우리나라의 큰 자랑거리라고 할 수 있다. 축문을 쉬운 우리말로 지어서 읽으면 제사에 참여하는 사람에게도 그 의미가 전달될 수 있다. 한문의 축문은 마치 내용을 모르고 외워대는 주문과 같을 뿐이다.

한글 축문에서는 우리가 생전에 돌아가신 분과의 많은 추억이 있는 경우 진솔한 감정을 표현하는 글을 쓸 수 있다. 그래서 할아버지와 아버지 제사 축문은 내가 한글로 지었고 할머니나 증조할아버지 그리고 증조할머니의 경우는 우리가 생전에 전혀 뵙지 못해서 별다른 이야기를 할 수 없음으로, 종래의 형식을 그대로 사용하여 간단하게 축문을 썼다.

축문은 제사를 지내는 사람과 신위의 영적 교감을 언어로 표현하는 유일한 길이므로 중요한 의미를 가진다. 그리고 우리말로 축문을 지었기 때문에 어머님은 어떤 내용으로 썼는지 알고 싶어 옆에 앉아 축문 읽는 것을 들으셨다. 나는 우리말로 다음과 같은 형식으로 축문을 썼다. 축문은 제주인 형님의 글로 내가 대신 썼을 뿐이다. 그 한 예를 들어보면 다음과 같다.

아버님 기제 제문

해가 바뀌고 계절이 변하여 금년 음 7월 26일 오늘 아버님의 기일을 당하니 먼저 아버님에 대한 그리움과 슬픔, 그리고 아쉬움의 깊은 정을 이길 수 없습니다. 이 자리에는 어머님, 그리고 저의 형제 자매들과 사촌이 참석했습니다.

아버님의 영적인 가호에 힘입어 홀로 계신 어머님의 건강이 그만하십니다. 금년에 저는 회갑을 맞이하여 며칠 전에 가까운 집안 어른들을 모시고 회갑연을 치렀습니다. 그때 응당 아버님 영전에 술을 한 잔 올렸어야 하였는데 우둔한 탓으로 이를 미처 하지 못한 것을 끝내 죄송스럽게 생각하니 용서하여 주시기 바랍니다.

저희 가족과 동생을 포함하여 전 가족이 무사함도 전적으로 아버님이 도와주신 덕으로 믿습니다. 아버님의 손자 손녀들 중 큰손자 형순이도 열심히 사업을 하고 있으며, 저의 막내아들 운순이는 장교로 임관되어 군복무에 충실하고 있고, 저의 막내딸 경순이는 아들을 낳았습니다. 동생 구영이의 큰 딸 유순이는 아들을 낳아 시집 어른들의 귀여움을 받고 있으며, 둘째 아들 창백이는 열심히 사업을 하고 있으며, 구복이의 큰딸 현숙이는 서울대학에 입학하였으며, 구철이의 두 딸은 금년에 대학을 졸업할 예정입니다.

아버님이 돌아가신 지 벌써 45년이란 세월이 지났으나 아버님에 대한 기억은 더욱 새롭기만 합니다. 세상은 많이 변하여 자동차를 가지지 않은 집이 거의 없을 정도이고 집집마다 전화를 놓아 국내는 물론 외국까지도 통화를 하며, 외국 나들이를 옛날 국내여행보다 오히려 더 쉽게 합니다. 금년에 저도 집식구와 함께 동남아 여행을 다녀왔고 구복이는 중국을 다녀왔습니다.

금년은 날씨가 고르지 못하여 좁은 국내가 비가 오지 않아 가뭄에

272

시달리는 지역과 비가 너무 많이 와 홍수의 피해를 입은 지역으로 구분되고 있습니다. 엄청난 대형사고가 빈발하고 있으나, 국가의 기틀은 점차 확고하게 잡혀 발전하고 있고 세계적인 국가로 비약적인 발전을 하고 있습니다.

아버님의 보금자리에 온갖 잡초가 너무나 무성하여 띠가 제대로 살지를 못하므로 새로이 고운 잔디를 입혀 드리려고 금년에 제초제를 사용하여 온갖 잡초를 죽였습니다. 그리하여 일시나마 겉보기에 흉하지만 1~2년만 참으시면 고운 잔디로 잘 단장하여 드리겠습니다.

작년 연말에 구복이가 아버님의 꿈을 꾸고 어머님의 신경통 특효약을 구해다 드려도 아직 효험을 보지 못하고 있는데 다시 한 번 현몽하셔서 어머님의 병을 고칠 수 있는 방도를 일러 주시기 바랍니다.

아버님이 지금까지 살아계셨더라면 얼마나 좋을까 하는 아쉬움이 간절하고 또한 어머님이 홀로 살아가시는 정경을 생각하면 아버님을 일찍 여읜 슬픔이 더욱 가슴에 복받쳐 와서 눈물을 마음속으로 조용히 흘리고 있습니다.

오늘 정성껏 음식을 차려 놓고 햇과일을 고루고루 차려 놓았으며 구복이가 가져온 가양주 산수유 술을 올리니 마음껏 흠향하여 주시옵고 앞으로 아버님의 가호가 계속 있기를 바랍니다.

1995년 음 7월 27일 불초 구세 올림

할아버지와 아버지께서 생전에 술을 좋아하셨다고 하여 큰형님께서 제사에 참석한 모든 사람, 어린이까지 술을 한 잔씩 올리게 하였다. 이는 어린아이들에게 제사에 실제로 참여하는 의미를 느끼게 하는 좋은 방침이었다.

축문을 쓰는 방식

머리말 : 세월이 흘러 ○○○○년 ○월 ○일 오늘은 할아버님, (또는 아버님)의 기일을 당하니 슬픔이 가득하여 눈물이 옷깃을 적십니다. 할아버님이 돌아가셨을 때에는 저희들이 어려서 상을 제대로 살펴 드리지 못했는데 해가 지나 저희들 나이가 들고 철이 드니 할아버 지를 여읨이 더욱 슬퍼집니다. (그 뒤로 생전의 추억을 적기도 함)

본 문 : 오늘 이 자리에는 ○○ 등이 참석하였습니다. (그리고 1년 동안 있었던 각 집안의 애경사를 보고 드림)

이런 좋은 일들은 할아버님의 영령이 보살펴주신 덕분으로 믿습니다.

맺음말 : 저희들이 정성껏 음식을 장만하였으니 술과 음식을 마음 껏 흠향하여 주십시오.

성락훈 선생님의 별세

성락훈 선생님(1910~1977)을 처음 뵙게 된 것은 내가 대학교 3학년 2학기를 맞이하던 1965년 10월이다. 선생님은 한문원전을 읽 도록 지도해주신 분으로서 내 학문의 바탕을 이루게 해주셨다. 나 는 10년 동안 선생님으로부터 유교, 불교, 도교 경전과 역사서 등 을 두루 배웠으나 재능이 없어 거의 암송하지를 못하고 있다.

1976년에 나는 전북대학교 박물관의 고고·민속부장을 겸하여 완주군 지표조사를 1년 동안 실시하고 12월 30일 집에 돌아왔다. 두 달 전에 선생님의 간경화증이 재발하여 병원에 입원하셨다. 한

번 문병을 다녀왔으나, 선생님이 퇴원하셨다는 소식을 듣고 1월 1일 양력설에 올라가서 세배를 드리고 와야 할지 31일에 올라가서 세배를 먼저하고 간다고 양해를 구해야 할지 망설이다가, 31일 아침에 고속버스를 타고 서울로 향하였다.

10시쯤 댁에 도착하여 선생님을 뵈었는데 선생님께서는 통증을 심하게 느끼고 계셨다. 아들들이 오랜 동안 병간호를 하느라고 수고를 하여서 아들들을 내보내고 선생님과 둘이서 있게 되었다. "선생님 염불을 하여드릴까요?" 했더니 그러라고 고개를 끄덕이셨다. 이미 선생님은 말씀을 하지 못하셨다. 그래서 《반야심경》을 염불하여 드렸더니 얼굴색이 평상을 되찾는 듯 변하는 것을 느꼈다. 그래서 선생님 서가에 꽂혀 있는 《금강반야바라밀경》(금강경)을 꺼내 토를 붙이지 않고 읽어 내려갔다. 1시간 반 만에 독경을 끝냈더니 선생님이 서랍을 당기려고 하시어 열어드렸다. 무엇을 집으려고 하여 서랍을 보니 명함이 있기에 꺼내 드렸다. 그랬더니 명함을 금강경 속에 끼워놓으셨다. 몸이 불편하여 직접 암송하지는 못하지만 제자인 내가 독송을 한 것을 자신이 읽었다는 신표로 남기려는 뜻으로 보였다.

선생님은 통증을 많이 잊으신 듯했다. 그래서 나는 종로에 있던 선학원에 전화를 하여 우리 선생님은 불경에 해박한 지식을 가지신 분이니, 좋은 경전을 가지고 와서 염불해 달라고 하였다. 한 시간 뒤 승려가 와서 독경을 해주었다. 둘째 아들이 "우리 아버지는 돌아가시지 않을 터인데 왜 그런 경전을 염송하느냐?"고 돌려보내라고 하기에 나는 승려를 돌려보냈다. 그리고 오후가 되니 그날을 넘길 것 같지가 않아서 유풍연 교수, 김용걸 교수, 조준하 교수를 불렀다. 이들은 곧바로 달려 왔다. 새벽부터 아들딸들이 방을 지켰고, 아침이 되어 우리는 잠시 나가 아침 식사를 하고 왔는데, 선생님은 1977년 1월 1일 오전 10시 30분쯤 조용히 숨을 거두셨다.

선생님이 돌아가신 날은 양력과 음력으로 따져서 자신의 생일이었다. 그리고 장례 절차를 모두 선생님으로부터 평소 들은 대로 해드렸다. 첫째, 선생님께서는 고향 선산보다는 서울 근교에 묻히고 싶다고 하셨다. 그래야 제자들이 자주 올 수 있다고 판단하신 것이다. 그래서 광주군 광주공원 묘원에 모시기로 아들들과 합의를 보았다. 그리고 제자들이 집불(상여의 끈을 제자들이 잡고 출상하는 것)하는 형식을 취하였다.

선생님이 돌아가시자 많은 석학들이 국보가 돌아가셨다고 애석해 했다. 1월 3일 발인을 하는데 제자들 가운데 당시 대학교수들이 30명 되었다. 이들의 대부분은 학교에서 가르친 제자들이 아니라 사적으로 가르친 다른 학교의 제자들이었다. 제자들의 조사(弔辭)는 내가 하는 것으로 결정이 되었다. 나는 이틀 동안 잠을 한숨도 자지 못해서 여관을 빌려 간단하게 조사를 작성하였다. 그 조사의 요지는 다음과 같았다.

선생님이 우리들의 곁을 홀연히 떠나시니 하늘이 무너지는 것 같습니다. 선생님의 학문의 넓음과 깊음은 감히 저희들이 평할 수 없습니다. 주위의 명사들이 국보가 가셨다고 하시는데 그분들의 머리에서 선생님의 추억이 곧 지워질 것입니다. 그러나 저희들의 마음속에 남은 선생님에 대한 그리운 정은 시간이 지날수록 더욱 깊어만 갈 것입니다. 극락왕생하시기를 부처님께 충심으로 간절히 기도를 드립니다.

선생님의 장례를 모시고 나서 어머님께 선생님이 돌아가셔서

이렇게 장사를 지냈다는 말씀을 드렸더니, "더 사실 수 있는 나이인데 너무 일찍 돌아가셨구나." 하시면서 얼굴에 수심이 가득하였다. 그리고 1년 뒤에 평소 선생님께 들은 대로 사시(私諡)를 문장공(文長公)으로 올리는 비문을 노산 이은상 선생이 짓고, 배길기 씨가 글씨를 써서 제자들이 비석을 세웠다. 추석이나 설이면 지금까지 몇 사람이 성묘를 가고 있다.

'사시'란 사적으로 올리는 시호를 뜻한다. 옛날 학문이 깊은 학자나 공이 많은 관료가 죽으면 왕은 그에게 알맞은 이름을 내렸는데, 이를 시호라 한다. 그런데 왕조가 없어졌지만, 옛날에도 사적인 시호가 있다는 것을 수업 시간에 들었다. 그래서 내가 "선생님 어떤 시호를 받고 싶으신가요." 하고 여쭈었더니, "'문장'이라 하고 싶다." 하셨다. 글월 문(文), 긴 장(長)의 문장(文長)이다. 그런데 "문 자는 무슨 문이고, 장 자는 무슨 장입니까?" 여쭈었더니, "박학다문왈 문(博學多聞曰 文)이요, 교회불권왈 장(敎誨不倦曰 長)"이라는 뜻을 알려주셨다. 이는 학문을 널리 하여 학식이 깊다는 뜻에서 문(文) 자를 쓰고, 남을 가르침에 게을리 하지 않았으니 장(長)이란 글자의 시호를 받고 싶다는 뜻이다.

2008년 1월 1일은 선생님이 돌아가신 지 30주기가 되는 날이다. 이를 추모하기 위한 문집을 만들기로 제자들이 합의를 보아, 내가 그 총무직을 맡아 원고를 수합하고 교정을 보았다. 8월 20일 경에 《방은성락훈선생30주기 추모문집 - 한국학의 인문학》을 경인문화사에서 출간하였다. 이 책은 제1부 선생님에 대한 회상기와 제2부 논문으로 되어 있다. 9월 7일 11시에 후손과 제자들이 묘소를 참배하여 선생님의 영전에 고유제 겸 봉정식을 올렸다.

12. 칠순과 수의

어머니의 수의

1978년 어머니는 칠순을 넘기시자 1979년 윤 6월에 손수 삼베를 떠서 공주에 사시는 작은어머님 댁에서 수의를 만드셨다. 수의는 원래 집안 아주머니들이나 동네 아주머니들이 모여서 만드는 법이나 어머님은 이를 전문가에게 맡겼다. 윤달은 어느 날이든지 손이 들지 않기 때문에, 옛날부터 윤달이 든 해에 수의를 만드는 오랜 전통이 있었다. 형제들이 비용을 마련하였고, 어머님은 작은어머니와 함께 공주 장에서 손수 삼베 등 옷감을 고르셨다. 수의를 당사자가 미리 준비한다는 것은 죽음을 미리 준비하는 우리 조상들의 예지에서 나온 오랜 전통이었다. 20여 년 동안 소중하게 큰형님 댁에 보관하면서 가끔 통풍을 하였다가 2000년 12월 25일 장례 때에 입고 가셨다.

어머니는 속옷인 중의 적삼, 겹으로 된 바지, 저고리, 그리고 두루마기, 버선, 장갑, 그리고 두 겹으로 된 이불까지 빈틈없이 수의를 준비하셨다. 장례식장에서 수의가 참으로 예술적으로 만들어졌고, 정갈하며 몸에 꼭 맞는 것을 확인하였다. 이를 보고 어머님의 죽음에 대한 준비가 철저하셨음을 다시금 깨닫게 되었다.

《명심보감(明心寶鑑)》의 팔반가(八反歌)

《명심보감(明心寶鑑)》은 명나라 범입본(范立本)이 편찬하고, 상·하 2권에 모두 20편으로 분류한 것으로 알려졌으나 이보다 앞서 고려 충렬왕 31년에 민부(民部) 상서 겸 예문관제학을 지낸 추적(秋適)이 편찬했다고 전해지는 《명심보감초(明心寶鑑抄)》에는 19편이 수록되어 있음이 밝혀져 고려시대에 우리나라에서 편찬된 책으로 확인되고 있다. 생활에 필요한 기초적 윤리와 지식을 주기 위해 명언(明言)과 가언(嘉言)을 뽑아 만든 초급 교과서이다. 대개 《천자문》, 《동몽선습》을 배우고 나서 배우는 교재로 널리 사용되었다.

후대의 《명심보감》 증보편을 보면, 22편으로 〈팔반가(八反歌)〉가 실려 있다. 이는 부모에 대한 효도가 자식에 대한 사랑과 견주어 소홀히 함을 여덟 가지의 구체적인 예를 들어 노래하고 있다. 비록 여덟 가지가 자기 자식과 부모를 견준 점에서 진부한 감은 있으나 오늘날 효가 사라져 가고 있는 상황에서 우리에게 경각심을 줄 수 있다고 생각하여 소개한다. '팔반가(八反歌)'라 함은 여덟 가지를 반성하는 노래라는 뜻이다.

(1) 어린 자식이 내게 투정을 하는데도 내 마음은 기쁨을 느끼고,

부모가 나에게 화를 내면 나의 마음은 오히려 언짢아진다.

한쪽은 기쁘고 한쪽은 언짢으니 아이를 대하는 마음과 부모를 대하는 마음이 어찌 이리 다를 수 있는가?

그대에게 권하노니, 오늘 어버이의 노여움을 사거든 마치 아이를 대하는 마음처럼 대하라!

幼兒或詈我(유아혹이아)하면 我心(아심)에 覺懽喜(각환희)하고 父母(부모)가 嗔怒我(진노아)하면 我心(아심)에 反不甘(반불감)이라.

一懽喜一不甘(일환희일불감)하니 待兒待父心(대아대부심)이 何懸(하현)고

勸君今日逢親怒(권군금일봉친노)어든 也應將親作兒看(야응장친작아간)하라.

(2) 어린 자식들이 천 마디 말을 해도 그대는 항상 듣기를 싫어하지 않고, 부모님은 한 번만 입을 열어도 문득 참견이 많다고 한다.

이는 참견이 아니고 걱정이 되어서 말하는 것이며, 흰머리가 되도록 오랜 인생을 살았으므로 아는 것이 많음이라.

그대에게 권하노니 노인의 말을 공경하여 받들고, 어린 아이들로 하여금 부모님의 말이 옳으니 그르니 따지지 말게 하라!

兒曹(아조)가 出千言(출천언)하되 君聽常不厭(군청상불염)하고 父母(부모)가 一開口(일개구)하면 便道多閑管(편도다한관)이라.

非閑管親掛牽(비한관친괘견)이오 皓首白頭(호수백두)에 多諳諫(다암간)이라.

勸君敬奉老人言(권군경봉로인언)하고 莫教乳口爭長短(막교유구쟁장단)하라.

(3) 어린 자식들의 오줌 똥 더러움은 그대 마음에 싫어하지 않으면서, 늙으신 어버이의 눈물과 침이 떨어지는 것은 도리어 미워하고 싫어하는구나.

그대의 여섯 자 몸뚱이는 어디에서 왔는가? 아버지 정기와 어머니의 피가 그대의 몸을 만들었도다.

그대에게 권하노니, 늙어 가는 사람을 공경하고 대접하라. 젊었을 때 너희를 위하여 힘줄과 뼈가 닳도록 고생하셨노라.

幼兒尿糞穢(유아뇨분예)는 君心(군심)에 無厭忌(무염기)로되 老親涕唾零(노친체타영)은 反有憎嫌意(반유증혐의)로다.

六尺軀 來何處(육척구 래하처)오. 父精母血 成汝體(부정모혈성여체)라.

勸君敬待老來人(권군경대로래인)하라. 壯時爲爾筋骨敝(장시위이근골폐)니라.

(4) 그대가 새벽에 시장에 가서 시루떡과 인절미를 사는 것은 보았지만 부모에게 드린다는 말은 별로 들리지 않고 자식들에게 준다는 말을 많은 사람이 말하는구나.

부모는 아직 맛도 보지 않았는데 자식은 벌써 배가 부르니 자식에 대한 마음은 부모에 대한 마음에 비교할 수가 없구나.

그대에게 권하노니 떡 살 돈을 많이 내어 흰머리 부모를 받들어 봉양할 지어다! 노인을 봉양할 날은 얼마 남지 않았느니라.

看君晨入市(간군신입시)하여 買餠又買餻(매병우매고)하나 少聞供父母(소문공부모)하고 多說供兒曹(다설공아조)라.

親未啖兒先飽(친미담아선포)하니 子心(자심)이 不比親心好(불비친심호)라.

勸君多出買餠錢(권군다출매병전)하여 　供養白頭光陰少(공양백두광음소)
하라.

(5) 저자의 약 파는 가게에 오직 어린아이 살찌는 약은 있어도 부
모를 건강하게 하는 약은 없으니 이 두 가지 차이를 어떻게 볼 것인
가?

아이도 병이 나고 부모도 병이 났는데 아이의 병을 고치는 것을
부모의 병 고치는 것보다 우선하는구나!

자기 넓적다리 살을 베어 공양해도 그것은 역시 부모의 살이니
응당 그래야 하느니라.

그대에게 권하노니 두 부모의 목숨을 극진히 보살펴라!

市間賣藥肆(시간매약사)에 　惟有肥兒丸(유유비아환)하고 　未有壯親者(미
유장친자)하니 　何故兩般看(하고양반간)고.

兒亦病 親亦病(아역병 친역병)에 　醫兒不比醫親症(의아불비의친증)이라.

割股(할고)라도 還是親的肉(환시친적육)이니

勸君極保雙親命(권군극보쌍친명)하라.

(6) 부하고 귀할 땐 어버이를 봉양하기 쉽지만 어버이는 항상 미
안한 마음을 가진다.

빈천한 땐 아이를 기르기가 어렵지만 아이는 굶주리거나 추위를
당해도 큰일이 나지 않는다.

한 가닥 마음이 두 갈래로 나뉘니 아이를 위함은 끝내 부모를 위
함과 같지 않다.

그대에게 권하노니 어버이 모시기를 아이 기르듯 하라. 모든 일

을 집안이 넉넉지 못해서 그렇다고 핑계대지 말라!

富貴(부귀)엔 養親易(양친이)로되 親常有未安(친상유미안)하고
貧賤(빈천)엔 養兒難(양아난)하되 兒不受饑寒(아불수기한)이라.
一條心兩條路(일조심양조로)에 爲兒終不如爲父(위아종불여위부)라.
勸君養親(권군양친)을 如養兒(여양아)하고 凡事(범사)를 莫推家不富(막추가불부)하라.

(7) 어버이를 봉양함에는 단 두 분뿐인데도 언제나 형제가 서로 미루어 다투고, 기를 아이는 비록 열 명이나 되어도 모두 그대 혼자 다 떠맡는다.

아이가 배부르고 따스한가는 늘 물어보면서 부모가 굶주리거나 추위를 당함에는 관심조차 두지 않는다.

그대에게 권하노니 어버이를 봉양함에 힘을 다하라! 그대를 기를 때 입을 것과 먹을 것을 그대에게 다 빼앗겼느니라.

養親(양친)엔 只有二人(지유이인)이로되 常與兄弟爭(상여형제쟁)하고
養兒(양아)엔 雖十人(수십인)이나 君皆獨自任(군개독자임)이라.
兒飽暖親常問(아포난친상문)하되 父母饑寒不在心(부모기한불재심)이라.
勸君養親(권군양친)을 須竭力(수갈력)하라 當初衣食(당초의식)이 被君侵(피군침)이니라.

(8) 어버이는 지극히 사랑하나 그대는 그 은혜를 생각지 않고 자식이 조금만 효를 해도 그대는 곧 그 이름을 드러내려고 한다.

어버이 대함에는 어둡고 자식을 대하는 일에는 밝으니 어르신들

이 자식 기른 마음을 누가 알겠는가?

그대에게 권하노니 부질없이 자식들이 효도하리라 믿지 말라. 아이들의 모습은 그대를 보고 배우니라.

親有十分慈(친유십분자)하되 君不念其恩(군불념기은)하고
兒有一分孝(아유일분효)하되 君就揚其名(군취양기명)이라.
待親暗 待兒明(대친암 대아명)하니 誰識高堂 養子心(수식고당양자심)고.
勸君漫信兒曹孝(권군만신아조효)하라. 兒曹樣子 在君身(아조양자 재군신)이니라.

나의 큰형님과 큰형수님은 비록 《명심보감》을 배우지는 않았지만 누구보다 더 어머님에게 효성이 지극했다. 그래서 이를 보고 배운 큰집의 조카들 7남매는 모두 부모에 대한 효성이 지극하다. 모두 결혼하여 화목한 가정을 이룩하였다. 큰형님은 어려서는 고생을 하셨지만 만년 복을 받으셨다. 그러나 불행이도 이런 지극한 효성을 다 받지 못하고 2004년 70세의 나이로 돌아가셨다. 참으로 안타까운 일이었다.

충남대학교로 옮김

1979년 10월 26일 박정희 대통령이 중앙정보부장 김재규에 시해되었다. 그 전 날인 10월 25일, 나의 일기장에는 다음과 같은 글이 씌어 있었다.

1979년 10월 25일 맑음

아침에 남원 만복사지에서 6시에 일어났다. 학생들과 함께 아침을 먹고 어제 파 보았던 불좌대 밑의 지층 조사를 하고 실측을 했다. 오후 7시에 전주로 가는 버스를 탔다. 9시쯤 책을 가지러 연구실에 들어갔다. 정문 수위실을 지나는데 형사 3, 4명이 수위와 함께 앉아 있었다. 학생들의 동태를 감시하기 위한 것이었다. 이를 보는 순간 나에게는 역겨운 생각이 들었다. 그래서 나는 한참을 지나 무심코 무언의 포효를 외쳤다. "어떤 놈 하나 ○○○!"라고. ……

26일 대통령의 시해의 보도를 보고는 어제의 나의 행동을 뉘우쳤다. 내가 그렇게까지 한 것은 그가 죽지 않고는 유신체제가 해결될 수 없었기 때문이었다. 26일 전국에 비상계엄이 선포되었다. 이후의 여론은 김영삼, 김대중, 김종필 3김 씨 가운데 한 명이 정권을 잡으리라는 소문이 퍼졌다. 그래서 속칭 '3김 시대'라는 말도 생겼다. 그러나 12월 12일에는 계엄사령관인 정승화 대장이 보안사령관 전두환에게 체포되는 쿠데타가 일어났다. 전두환을 포함한 이 쿠데타 세력을 당시 '신군부'라고 일컬었다. 신군부는 유신체제 유지를 위해 7년 동안 독재체제를 유지했으나 정치적 개혁이 점진적으로 이루어지기도 했다.

1973년 전북대학교 사학과에 부임할 때, 나는 전주를 제2의 고향으로 삼아 그곳에 정착하리라 마음을 먹었다. 전북대학교에 재직한 7년 동안 내 아이들이 모두 이곳에서 태어났다. 그러나 사학과의 교수 채용 문제로 나는 당시 총장과 알력이 있었고, 학생운동 관계로 1980년 7월에 합동수사반에 잡혀가 1주일 동안 감금되어 조사 받고 나왔다. 결국 1980년 9월, 나는 전북대학교에서 충남대학교로 학교를 옮겼다.

1979년 12월 12일 계엄사령관을 체포 구금한 전두환은 자신의 집권 계획을 서서히 준비하고 있었다. 그러자 1980년 4월부터 학생들은 신군부 집권을 반대하는 운동을 시작하여, '어용교수 퇴진하라'는 총장 축출운동을 벌였다. 당시 교수협의회 회장 장 모 교수는 학생들의 요구를 정면으로 거부했다. 4월 중순부터 학생들은 전두환 집권을 막기 위해 운동의 방향을 선회하였다. 학생들은 강당에서 철야 농성을 벌였다.

나는 당시 역사학을 전공하는 교수로서 학생운동의 정당성을 인정하고 있었다. 그러나 교수는 학생의 부형과 같은 심정과 새로운 역사를 창조해야 한다는 선도자의 임무를 동시에 가지고 있었기 때문에 교수 신분으로 학생들의 데모를 권유할 수는 없었다. 당시 3개월 동안 끊었던 담배를 답답한 심정에서 다시 피웠다.

5월 6일 전북대학교 전체 교수협의회 정기 총회가 열려 협의회 회장을 다시 뽑도록 예정되었다. 나는 전체 교수협의회에서 중구난방으로 논하기에 앞서 문과대학 교수회의에서 일단 학생들의 시국관에 대한 성명을 내는 것이 좋겠다고 생각하였다. 그래서 며칠 전에 문과대학 긴급교수회의를 요청해 놓았다.

아침 일찍 출근을 하여 문과대학 교수회의에 상정할 초안을 작성했는데 아침에 이를 송준호 교수에게 보여드렸다. 송 교수는 펜을 들어 과격한 표현을 쫙쫙 긋고 온건한 표현으로 수정해 주었다. 교수회의에서 송준호 교수의 발의로 초안을 잡은 5개항의 결의문이 통과되어 이를 게시판에 공개하였다. 그 주요 요지는 민주화를 향한 학생들의 정신은 교수들도 지지하지만 그 수단과 방법 또한 민주적이어야 한다는 것이 주된 요지였다.

오후에 총 교수협의회가 개최되었고, 신임 회장으로 공과대학 이강문 교수를 각 대학 이사들이 간선으로 추천하였다. 그는 정년 퇴임이 1년밖에 남지 않은 원로 교수였고, 가톨릭 신자로서 교수와 학생들의 신망을 두루 받고 있었다. 나는 당시 문과대학 교수협의회 이사였기에 그 간선에 참여하였다. 회장으로 당선된 이 교수는 그 날 아침에 문과대학 교수회의에서 통과시킨 결의 내용을 전체 교수들의 만장일치로 수정 없이 통과시켰다. 또한 교수협의회는 앞으로 학생들의 농성을 푸는 중책을 맡게 되었다.

신임 회장은 교수들에게 농성장에 가보고 싶은 분은 자기와 함께 가자고 하였다. 송준호 교수, 나, 박승태 교수 등 5~6명이 신임 회장을 모시고 농성장에 갔다. 나는 당시 불교학생회 지도교수였고 교수협의회 간사였기에 따라갔던 것이다. 송준호 교수가 교수협의회에서 합의한 시국대책 5개항을 설명해주었더니 학생들의 반항이 거세었다. 말인즉 문과대학은 대학 중 대학인데 현 시국을 제대로 파악하지 못하고, 고작 학내 문제만을 다루었다고 불만이었다. 자신들의 지금 상황은 학내 문제가 중요한 것이 아니라 신군부의 집권을 막기 위한 것이라는 것이었다. 송 교수는 "에이, 버릇없는 놈들"이라 하면서 혼자 퇴장했다. 그 때 교수협의회 회장은 눌러 앉아 있을 수도 나갈 수도 없는 난감한 처지에 놓였다.

내가 학생들 앞에 나가서 학생들을 타일렀다. 그 요지는 다음과 같다.

"학생들이 여러 날 농성을 하다 보니 신경이 과민해진 것 같다. 여러분의 생각에 오늘 전체 교수협의회 결정 사항이 흡족하지 않은 것 같다. 그러나 여러분이 반드시 알아 두어야 할 일이 몇 가지 있다. 우선 전체 교수들의 합의를 얻으려면 중도를 택해야 한다.

교수에 따라서는 이보다 더 과격한 의견을 가진 분도 있고 더 소극적인 분도 있다. 전체 교수협의회에서 이를 통과한 의미는 지난번 교수협의회의 결정사항과는 크게 다른 점이다. 그래서 학생과 교수가 모두 존경하는 정년퇴임을 곧 앞둔 노교수를 신임 회장으로 모셨고, 또한 학생들의 문제를 해결하는 중책을 교수협의회가 맡도록 되어 있다는 점을 여러분은 알아주어야 한다."

그리고 이어서 신임 회장이 학생들은 농성을 풀고 학교의 수업을 계속하지 않으면 안 된다, 데모를 할 때에는 하더라도 교수들과 시국을 함께 논의하면서 강의는 지속되어야 한다고 하자, 학생들이 이에 동의하였다. 그날 즉시에 농성을 풀면 학생들이 구금될 가능성이 있으니 그 다음 날 농성을 풀겠다는 약속을 받고 교수들은 나왔다.

그 다음 날 농성이 풀리고 수업이 다시 시작되었다. 3일 후에는 문과대학 학생회에서 교수와 학생의 공개토론회가 합동강의실에서 열렸다. 그런데 나는 수업을 마치고 조금 늦게 참석하여 뒷자리에 앉았더니 학생회장이 나를 지목하여 의견을 말해달라고 했다. 우선 제목을 지정해 주지 않아서 나는 우리나라의 학생운동사에 대하여 그 역사적 배경과 의미를 설명해 주었다. 그 요지는 다음과 같았다.

"1896년의 독립협회 운동은 수구적인 정치를 개혁함에 기여하였고, 1919년의 3·1운동은 민족의식을 확대함에, 1929년의 광주학생 운동은 일본인의 차별적인 식민정책에 대한 민족적 각성을 일으켰고, 1960년의 4·19혁명은 이승만 독재정권을 무너뜨려 민주주의 국가정신을 세움에 기여하는 등 고비 고비마다 학생운동이 국가의 방향을 돌려놓았다. 그 이후의 학생운동은 여러분이 비록 모른다고 하더라도 여러분이 태어난 이후의 일이기 때문에 언급하지 않겠다. 여러분이 지금 주장하는 것은 유신체제의 후유증을 하루아침에 없애버리자는 것인데 유신체제는 10여 년의 역사를 가진 것이다. 이를 하루아침에 없애자고 하면 여러분의 운동 또한 후유증을 낳을 것이다. 벼랑도 똑바로 직각으로 깎아내면 벼랑이 무너지는 것과 같다."고 결론을 맺었다.

학생들은 내 이야기에 "그럼 후유증이 무서워 운동을 자제한다면 등산도 하지 말라는 말입니까?"라고 물었다. 그래서 나는 다음과 같이 답변을 했다. "후유증이란 것을 오해하고 있다. 등산을 할 경우 5박 6일에 해야 할 코스를 급하다고 하루 만에 마쳐서 하산하자마자 큰 변을 당하는 것을 후유증이라 한다."고 답변을 했다.

5월 16일 학생들이 오후에 가두시위를 한다고 하여 교문에 나갔더니 '평화적인 데모는 막지 않겠다고 하여 도청 앞까지의 가두시위에 대한 합의를 경찰 측으로 부터 얻어냈다'고 하였다. 그 순간 나는 '아차 학생들이 모종의 술수에 넘어갔다'는 생각을 하였으나 이를 현장에서 돌릴 수는 없었다. 아나나 다를까 학생들이 후문을 지나 철도를 건너자 학생이 도착하기도 전인데 앞에 세워둔 경찰차가 뒤집히더니 불에 탔다. 저놈을 잡아라하고 학생들이 달려갔으나 이미 준비된 극을 막을 수는 없었다.

그리고 교문 앞에서 800미터쯤 떨어진 금암동 로터리에 이르니 평화적인 시위대에 경찰이 페퍼포그를 쏘아댔고 학생들은 기차 선로 위의 돌을 집어던졌다. 순식간에 시위는 극렬해졌다. 그 순간 헬리콥터가 선회하였는데 이는 항공사진을 찍고 갔음을 예감했다. 여기에는 데모를 유도한 모종의 술수가 분명히 있었다.

데모 현장에서 학생들에게 "돌을 던져 경찰의 머리통을 깨뜨린다고 민주화가 달성되겠느냐?" 하면서 말리면 그 학생은 돌을 놓지만 그 동안에 다른 학생은 돌을 집어 여러 차례 던졌다. 데모 현장에서는 한 학생에 대한 교수 역할도 하기가 어렵다고 생각했다. 시위가 소강상태에 이르기에 나는 연구실로 돌아오는데 사학과 복학생 전모 군이 얼굴을 씻고 다시 시위에 참석하려 하기에 내 연구실에 데리고 가서 한참을 이야기하다가 돌려보냈다.

그 다음날 아침 5월 17일 전군지휘관회의가 열렸다. 16일의 학생들이 투석하는 모습을 찍은 서울, 전주 등의 사진 자료가 이용되었을 것 같았다. 이어 전국에 비상계엄령이 결의되고 선포되었다.

그 다음날인 5월 18일에는 광주민주화운동이 일어났다. 광주민주화운동은 학생과 대학교수, 시민이 일으킨 민주화투쟁이었다. 이 운동을 시민운동으로 확산시킨 데에는 전남대학교 교수들의 역할이 컸다. 5월 14일 교수가 앞장서 학생과 함께 가두시위를 벌인 것이 시민에게 크게 영향을 미쳤다. 특히 전남대학교 송기숙, 이상식 교수들의 역할이 민주화운동의 불을 지폈다. 광주민주화운동으로 고귀한 생명 191

1980년 5월 14일 전남대학교 교수 학생 가두시위
출처 : 이상식 저, 《역사 교수가 겪은 80년 광주 – 5·18 역사의 증언》

명이 사망하고, 852명이 부상당하였다. 이 밖에도 천여 명의 사람들이 구속 수감되어 고문과 구타 등 인간 이하의 취급을 당하는 엄청난 희생을 치렀다.

이때 광주는 교통이 완전히 차단되었다. 뉴스를 보면서 전남대학교 역사교육과의 이상식 교수가 크게 걱정이 되었다. 이 교수는 전남대학교의 교수로서 학생운동에 깊이 간여하고 있었음을 알고 있었다. 또 역사의식이 투철하여 전남대학교 교수협의회의 시국선언문을 기초하였고, 광주민주화운동을 이끌었다. 그는 광주민주화운동으로 4개월 동안 감금되어 모진 고문을 받았고, 당시의 사실을 《역사의 증언》이란 책으로 써서 출판했다.(이상식, 《역사교수가 겪은 80년 광주－5·18 역사의 증언》, 전남대학교 출판부, 2001)

당시 언론이 통제되어 광주의 소식을 정확히 알 수 없었다. 들리는 소문에 따르면 광주에서 경찰이 총을 버리고 걸어서 전주로 도망쳐 와서 참혹한 현장을 말해주었다는 등, 경상도 출신의 공수특전단에 소주를 먹여 총을 쏘게 하였다는 등, 입으로 전하는 소식이 전부였다. 그 무렵 천주교 학생회에서 나에게 시국에 대한 강연을 부탁해서 나가서 응했던 일도 있었다. 광주의 민주화운동이 끝나고 전주와 교통이 재개되는 날 첫차로 나는 광주의 이상식 교수를 찾아가 위로해 주고 돌아왔다. 그리고 광주의 처참했던 시위 현장인 광주역을 돌아보는 순간 참으로 마음이 착잡했다.

그해 7월 나는 학생운동과 관련되어 합동수사반에 끌려가 1주일 동안 감금되어 조사를 받았다. 당시 전북대학교 교수 5~6명이 이미 체포 구금되었고, 몇몇 교수가 구금될 것이라는 소문이 돌았다. 그 가운데에는 나의 이름도 포함되어 있었다. 그런데 6일이 지나도 아무 소식이 없어 의아하게 생각하고 있었다.

그런데 금요일 아침, 나는 낯선 전화를 받았다. 합수반이라고 하면서 나에게 물어볼 말이 있으니 잠깐 만났으면 좋겠다는 것이었다. 그래서 학교 연구실에서 만나자고 하였더니 학교는 곤란하고 집을 방문하겠다고 하였다. 나는 순진하게도 잠깐 만나자는 말에 집 식구에게 누구에게서 전화를 받았다는 이야기도 하지 않고 집을 나갔다. 그러자 바로 집 뒤에 세워둔 지프차에 실려 보안사로 갔다.

첫날은 약간의 신원을 묻더니 조서를 쓰라고 했다. 조서를 써놓자 한두 시간 뒤에 40살 쯤 먹은 사복 입은 사람이 와서 쓴 조서를 읽어보고는 질문을 던졌다. 아마 계급이 상사쯤 되는 것 같았다. 첫 번째 조서로 국가관과 시국관을 쓰라고 했다. 나는 "전북대 학생들의 시위는 권력의 과도한 집중을 우려한 것에서 나왔다. 여기에는 용공적인 성향은 전혀 없고 그 동기는 순수하다고 생각한다."고 썼다. 그 수사관이 읽어보더니 "교수님은 학생운동의 동기에 대해서 쓰셨군요?" 하더니 자기가 묻고 싶은 것은 '가두데모를 어떻게 생각하느냐'는 것이라고 했다. 그래서 나는 당시 가두데모를 하다가 잡혀 온 학생이 있는데, 이를 처벌하여야 한다고는 할 수 없어 그 질문에 대해서는 묵비권을 행사했다.

두 번째 조서로는 어용교수 퇴진에 대한 의견을 쓰라고 했다. 수사관의 질의는 '학생들이 총장을 퇴진하라는 것은 부당하다고 생각하는 교수가 있는데 나의 생각은 어떠냐'는 것이었다. 그래서 나는 그렇게 생각하는 사람도 있고 이렇게 생각하는 사람도 있다고 답변을 했다.

오후의 조서는 학생과 접촉한 일을 쓰라고 했다. 이에 교수 학생 공개토론회에서 한 내용을 중심으로 작성했다. 이어진 질문은 농성장에는 출입한 적이 없느냐는 것이었다. 한 번 갔다고 했다. 그랬더니 "학생들로 하여금 농성을 풀라고는 하지 않으셨군요?" 하고 물었다. 이미 교수들을 잡아다가 조사를 해서 알 터인데 굳이 묻는다고 생각하여 묵비권을 다시 사용했다.

다음 질문은 학생데모에 몇 번을 참석했으며, 학생들의 데모를 진정 막으려는 뜻에서 참여하였는지를 묻는 유도 질문이었다. 그렇다고 말했더니 그것이 실증이 되게 쓰라고 하였다. 나는 앞에서 말한 경위를 썼더니 "그 학생의 이름을 기억하고 있느냐"고 물었다. 그래서 그 이름을 대었는데, 그는 듣고서 바로 메모를 했다. 그 순간 '아차, 내가 실수를 했구나' 싶었다.

저녁 식사가 나오고 지하 감방에 우리는 따로 감금되었다. 그날 5명이 함께 들어 왔다. 그러나 누구인지는 나중에 유치장에서 나올 때에 확인된 것이다. 전북대학교 교수 4명과 군산대학 교수 1명이었다. 전북대학교 교수는 교수협의회 회장, 박승태 교수, 한범숙 교수, 그리고 나였는데 다른 교수는 둘씩 수감하고 나는 홀로 문간방에 수감했다.

첫날 밤은 내가 이름을 댄 학생 때문에 걱정이었다. '만약 그를 잡아다가 구속하면 죄야 어떻든 나는 교수 자격이 없는 사람'이라고 생각하여 교수직을 사퇴하여야겠다고 생각했다. 둘째 날에는 가택 수색을 하여 내가 써 놓은 일기장을 압수 조사하면 도저히 풀려날 길이 없으므로 교수직을 더 이상 못하게 될 것이라고 짐작했다. 일기는 변명의 여지가 없는 증거자료이기 때문이다. 나는 일기장에 시국에 대한 견해가 진솔하게 씌어 있었고 더구나 앞에서 언급한 작년 10월 25일의 일기가 더욱 마음에 걸렸다. 아무리 생각해도 그냥 풀려날 것 같지가 않았다.

'앞으로 교수 생활이 불가능하다면 나는 어떤 일을 하면서 살아가야 할까'를 고민하다가 '목탁이나 두들기면서 죽어 가는 불쌍한 사람들에게 염불이나 해주는 승려가 되어야겠다.'고 결심하였다. 나중에 안 사실이지만 내 이웃집에 살던 하우봉 교수가 내가 구금되었다는 소식을 듣고 일기장을 찾아 자기 집에 갖다놓았다. 하우봉 교수는 당시 육군사관학교 교수였는데 전에 내가 쓴 일기 이야기를 그에게 해준 적이 있었다. 그는 내가 구금되었다는 소식을 듣고 가택수사를 염려해 재빠르게 대처를 했던 것이다. 물론 가택수사는 없었다.

일요일 아침에 집에서 아내가 보내준 옷이 들어왔다. 이를 받아보는 순간 눈가에 눈물이 핑 돌았다. 전날 밤 나는 자기 생각을 전혀 하지 않고 출가하겠다고 결심했는데 그런 사람도 남편이라고 여겨 옷을 보내주었는가 하는 생각이 들었기 때문이다. 사실 아내는 내가 여기에 구금되어 있는지 알지 못했다. 이곳으로 아내가 옷을 보낸 것은 나의 소재지를 확인하고자 한 뜻이었다. 옷이 돌려져 나오면 다른 곳으로 가 있을 것이라고 생각했다고 한다. 이는 제자들이 와서 제의한 것이었다.

일요일 저녁에는 샤워를 할 수 있었다. 샤워실 앞에는 군인이 M16 소총을 들고 지키고 있었다. 보안사의 담장이 2미터 이상이나 되었고, 그 담장 위에는 가시 망을 말아 올려놓았다. 샤워를 마치고 방에 들어가 있노라니 위 사무실에서 전통을 받는 소리가 들렸다. 내용은 무엇인지 모르겠으나 모 대학교 모 교수를 집중 수사하라는 것 같았다. 그 순간 그 대상은 나임에 틀림없다고 생각했다. 왜냐하면 5명 가운데 가장 젊은 나를 독방에 감금했기 때문이었다.

월요일 밤은 마음속으로 모든 것을 포기하고 나니 마음이 한결 가벼웠다. 식사 시간에 사병에게 바둑책이나 한 권 들여 보내달라고 하여 하룻밤에 한 권의 기보를 다 넘겼으나 제대로 기억되는 것은 하나도 없었다.

화요일 아침에 침대에서 일어나 무심코 의자에 앉았더니 의자 위에 놓아두었던 안경테가 부러졌다. 나는 순간 이를 불길한 징조라고 여겼다. 그러나 그 생각은 기우(杞憂)라고 해석했다. 왜냐하면 내가 결혼할 때 장모가 사주를 보았다는데, 내가 40세 전후에 직업에 큰 변화가 있다고 하는 말을 듣지 못했기 때문이다.

수요일 밤에는 이웃 방에 있는 교수가 엉엉 울어대는 소리가 들려 '그가 왜 그리 우는가'를 생각하느라 밤을 지새웠다. 나중에 알고 보니 '한 학생이 없던 일을 조작해서 총장에게 투서를 했다'는 것이었다.

목요일 아침이 되자 5명의 교수를 2층으로 불러 모으더니 교수님들은 큰 죄가 없는 것으로 조사되었는데 각서를 쓰라고 하였다. 엊저녁에 울었던 교수가 항의를 했다. 나는 한술 더 떠 "당신들이 교수를 조사하는데 일주일의 시간은 너무 짧았을 터이니 더 조사를 하라! 그리고도 더 찾아내지 못하면 그 때 당신들이 각서를 쓰라" 했더니, "각서라는 것은 언제 나갔다는 증거를 남기자고 하는 것이니 마음대로 쓰라"는 것이었다.

그래서 나는 더 이상 실랑이를 벌이지 않고 다음과 같은 요지로 각서를 썼다. "학생지도를 열심히 하다 보니 혐의를 받아 1주일 동안 수감을 받은 곤욕을 당하였으나, 그렇다고 앞으로 학생지도를 소홀히 할 생각은 추호도 없다." 그러나 나중에 알고 보니 각서의 내용은 전달되지 않고 각서를 받았다는 사실만 보고되었다.

집에 돌아오니 여러 명의 학생들이 찾아와서 "선생님 큰 고생을 하였으니 큰절이나 받으세요!" 하기에 나는 "큰 일은 무슨 큰 일이냐"고 했다. 그런데 내가 이름을 댄 학생이 왔기에 사연을 말하면서 "자네 무슨 연락을 받지 않았나?" 하고 물었더니 자기의 주소는 이미 옮겨져 있어 전혀 찾을 수가 없을 것이라고 하였다.

나는 이런 신변에 일어난 일을 어머니에게는 전혀 말씀드리지 않았다. 시골에 계신 어머님이 이런 일을 모르고 지내시는 것이 마음 편하실 거라는 뜻에서였다.

1980년 8월 초 징계 교수를 3등급으로 구분하여 조처하라는 문교부 장관의 공문이 내려 왔다. 1급 교수는 파면, 2급 교수는 보직을 주지 말고 해외 파견을 시키지 말며 연구비를 지급하지 말 것 등의 제재를 가하고, 3급 교수는 총장이 경고문을 발송하여 각서를 받도록 되었다. 나는 3급에 속해 있었다. 전북대학교 박물관장인 이강오 교수는 나에게 절대로 각서를 쓰지 말라고 하였으나 학장이 우리 사학과 학생의 아버지인데 신경을 쓰게 하고 싶지 않아서 각서를 써 주었다.

그 무렵 사학과 한국사 교수 채용에 친분이 있는 사람을 임용하려고 하여 이에 반대했던 나는 전북대학교 총장과 갈등이 심하였다. 그런데 때마침 충남대학교 사학과에 나의 전공에 맞는 교수 자리가 있다고 하여 최근묵 교수의 주선으로 자리를 옮기게 되었다. 충남대학교 사학과 학과장 정기돈 교수 외 모든 사학과 교수가 다방에 나오셔서 만났다. 이 때 내게 있었던 이야기를 말씀드리고 사학과 교수님들이 모두 찬동해 주시면 오겠고, 교수님들의 합의가 만약 안 되면 이를 포기하겠노라고 말씀을 드렸다.

나중에 들은 것이지만 나에 대한 이야기를 직접 들었기 때문에 총장에게 그 내용을 보고하고, 총장님의 결심에 따라 결정을 했다고 한다. 당시 총장은 서울대 부총장을 지냈던 서명원 씨인데 그 말을 듣더니 그런 교수가 좋은 교수라고 쾌락해 주서서 1980년 8월 말 전출 발령을 받았다. 9월부터 충남대에서 강의를 맡았다.

1980년 12월 20일 전주에 있던 집을 2,800만 원에 팔았다. 4년 동안 4배로 재산이 불어났다. 그 계약금을 가지고 집식구와 함께 집을 구하러 대전에 와서 하루 종일 돌아다니며 집을 보았다. 그 다음 날 아침에 충남대학교 후문의 자리에 집터를 샀고, 서울에 있던 작은형이 이 집터에 집을 짓는 일을 맡아주었다. 집터 120평에 1,200만 원, 집 25평을 짓는 데에 2,500만 원이 들어갔다. 집에 상점을 두 개 만들었다. 당시 충남대학교 후문에는 세 개의 가게가 있었고, 만여 명의 학생이 출입하였다.

그 무렵 누이동생이 서울 신림동에서 가게를 하고 있었는데 경기 침체 때문에 매달 적자를 보고 있어 몸이 크게 야위었다. 그래서 누이동생에게 내려와 분식점을 열게 하였다. 여동생 내외는 열심히 일하여 3년 뒤에 전북대학교 앞에 가게를 마련하여 떠났고, 큰형님이 농사짓는 일이 너무 지겹다고 하여 대신 가게를 하게 되었다. 나머지 가게 하나는 막내 남동생 구철이가 나와서 운영하였다. 나는 선화동에 전세 집을 얻어 전전하면서 살았는데, 대전에 살 집을 마련하기 위해서 갈마동에 65평의 대지를 마련했다.

1984년 12월 23일 생질 민경수 군이 나를 만나러 대전에 왔다. 사연인즉 '인생의 허무함을 느껴서 출가하겠다'는 것이었다. 나는 그를 만류하였다. 그리고 마침 불교 승려들이 대전 시민회관에서 불우이웃돕기 서예전을 연다고 하여 생질과 함께 갔다. 인도(引導) 스님이 선무(禪舞)를 추다가 달마 스님의 화상을 10분 안에 그려서

누이동생 가족사진 2008년 10월 막내 여동생의 회갑기념 사진이다.

이를 팔고 있었다. 나는 20만 원을 주고 이를 한 폭 사서 족자를 만들어 지금까지 거실에 걸어두고 있다.

그림에는 "만리풍취 산부동 천년수적 해무량(萬里風吹 山不動 千年水積 海無量)"라는 시가 씌어 있다. 이는 "만 리에서 불어오는 바람에도 산은 움직이지 않고, 천년 동안 비가 와서 쌓여도 바다는 늘어나지 않는다."는 뜻이다. 이 뜻은 사람마다 달리 해석할 수 있으나 나는 "엄청난 어떤 시련도 나의 한 마음을 움직이지 못하며, 인간이 아무리 많은 공덕을 쌓아도 만족하지 말라!"라고 해석하고 있다. 또한 이 달마화상도에는 "불심선풍 대도무문(佛心禪風 大道無門)"이라는 경구도 씌어 있다. 인도 스님의 이 달마도는 지금까지 우리 집을 수호해준 정신적인 버팀목 역할을 해 주었다고 생각한다. 그 의미는 값으로 따질 수 없으며 우리 집 가보(家寶) 2호이다.

그리고 우리 집 거실에는 붓글씨를 잘 쓰는 조 모라는 중학교 친구로부터 받은 "일체유심조(一切唯心造)"라는 큰 족자를 걸고 생활의 신조로 삼고 있었다. 이는 세상 일체의 현상이 자기 마음먹기에 따라 달렸다는 《화엄경》의 중심 사상이다. 대전에 살던 중학교 동창 홍 모라는 친구가 오랫동안 병을 앓고 있는데 우리 집에 왔다가 그 족자를 가지고 싶어 하기에 주었다. 그는 이 족자로 마음을 굳게 먹었다고 하니 참으로 반가운 일이다.

내가 대전으로 온 것을 계기로 형제들이 이곳에 모이게 되었다. 1985년 남동생이 대전으로 먼저 이사를 하였고, 1987년 작은형이 서울에서 공주로 이사했다. 작은형님은 당뇨병을 심하게 앓으면서 고된 노동을 하고 있었다. 그래서 작은형님은 집을 팔고 나는 갈마동에 사둔 대지를 팔아서 함께 공주에 여관을 샀다. 나는 작은형을 여관업으로 전업하게 해드렸고, 작은형은 열심히 일해서 은행에서 빌린 돈을 3년 동안에 모두 갚았다.

1988년에 큰형님도 대전으로 이사를 오면서 우리 형제들은 대전에 모이게 되었다. 여기에 일찍이 공주에 자리를 잡은 사촌동생이 살고 있어, 어머님과 숙모님의 만남은 더 자주 이루어질 수 있었다. 설 명절에 집안 식구들이 모여 윷놀이가 벌어지면 어머님과 숙모님이 꼭 참석하셨다.

한국정신문화연구원 교수로 옮김

나는 1983년에는 한국정신문화연구원 파견교수로 1년 동안 근무를 하였다.('한국정신문화연구원'은 2005년 2월 1일부터 '한국학중앙연구원'으로 개칭되었다.) 이는 내가 박사학위 논문을 준비하기 위하여 신청한 것인데 이것이 계기가 되어 1984년에 한국정신문화연구원 교수로 오라는 청을 받았다. 이성무 교수의 집요한 요구가 있었다. 마지막에 이 교수가 '국가에 헌신한다고 생각하라'고 하는 말에 더 이상 거절을 하지 못하고 오게 되었다.

충남대에 온 지 얼마 되지 않아 자리를 옮긴다는 것이 대단히 미안했지만, 전국의 고문서 수집·정리라는 국가적 임무를 수행하기 위해서라는 명분으로 충남대학교 사학과 교수들의 양해와 동의를 얻어, 1985년 3월에 자리를 옮겼다. 서명원 총장이 승인을 해주지 않다가 자신의 퇴임을 기하여 1984년 2월 말에 승인을 해주어 자리를 옮긴 것이다.

큰 아들 기영이가 1983년에 초등학교 6학년이었기 때문에 중학교 배정을 대전에 신청해 놓았으나 이를 포기하고 서울로 옮겨야 했다. 기영이는 당시 서울 서초동에 살고 있는 사촌 여동생 명순네 집에 10월부터 기숙하였다. 4개월 동안 기영이는 혼자 서울 유학을 한 셈이다.

내가 1984년 3월에 서울로 오면서 집은 서초동 무지개 아파트 33평을 4,800만 원을 주고 사게 되었는데, 여기서 5년 동안 살았다. 이 무렵 아파트 관리위원의 부정이 있다고 하여 주민들의 요구로 아파트 9동 대표로 봉사하기도 했고, 능인선원에 나가서 지광 스님으로부터 지산(智山)이라는 법명도 받았다.

1985년 2월 나는 서강대학교에서 〈고려시대의 사학사상〉이라는 논문으로 이광린 교수의 지도를 받아 문학박사 학위를 얻었다. 이 논문은 김부식의 사학사상을 유교적 관점에서 논하였다. 김부식은 한국의 근대사학을 수립한 단재 신채호 선생에 의하여 사대적 사상가로 혹평을 받았고, 문벌귀족으로 폄하되었으나 실은 그는 과거를 통해 자신의 능력으로 관직에 오른 유학자이며 당시 유학은 고려 사회를 선진사회로 이끌려는 사상운동가였음을 밝혔다.

박사학위를 받는 날에는 어머님과 형제들도 모두 참석하였으며, 나의 6학년 담임선생님과 장학생으로 뽑아주셨던 김기만 선생님, 9촌숙인 정갑용 선생님도 참석하셔서 축하를 해주셨다. 정갑용 선생님은 내가 국민학교 2학년 때의 담임선생님이었다. 그리고 연구원 교수들도 참석해주셨다.

연구원의 등산모임 교수들이 학산(學山) 노상복 선생께 부탁하여 나의 학위 취득을 축하해 주는 글을 한문으로 지어 직접 써 주셨다. 이는 액자로 만들어 나의 집 식탁 위에 걸어 놓았는데, 우리 집 가보 3호이다.

한국정신문화연구원은 박정희 대통령이 우리나라의 경제발전 규모와 속도에 부응하는 우리 정신문화의 내용을 깊이 있게 연구하게 하고자, 한국과학기술연구원(KIST)에 준하는 연구기관으로, 1978년에 세운 것이다. 그 안에는 한국학 전문 연구기관으로 차세대 학자를 양성하기 위한 한국학대학원이 있다. 초창기에는 전국 대학 교수들이 공동으로 참여하도록 계획되었다.

나는 한국정신문화연구원에 설치된 한국학대학원에서 한국사학

나의 박사학위 기념 사진 필자의 오른쪽이 유재기 6학년 담임선생님, 왼쪽이 김기만 선생님, 정갑용 선생님, 이종 매부인 이응선 씨이다. (1985. 2. 20)

사 강의와 고문서 강의를 주로 하였고, 40여 년 동안 한국사학사를 전공하였다. 한국사학사는 한국의 역사관과 역사방법론 등 역사학의 역사를 연구하는 분야이다.

연구원에 부임하여 서초동 아파트에 이사와 지내다가 1990년부터 사택으로 옮겼다. 3년 후 서초동 아파트는 1억 8천만 원에 팔고 용인시 죽전에 있는 벽산 아파트 51평형을 분양받았다. 정년퇴임 후 내가 살 집이기도 하다.

사택은 봄철이 되면 주위의 온 산에 진달래꽃이 붉게 핀다. 별장 속 아름다운 정원 같았다. 그리고 물과 공기가 맑아 참으로 신선이 사는 곳 같아 봄이나 가을에는 어머님을 모셔오곤 했다. 어머님이 오시면 나는 될 수 있는 대로 쉬운 이야기책을 구해서 읽어드려야겠다고 마음을 먹었으나, 이를 꾸준히 실천한다는 것이 그렇게 쉬운 일이 아니었다.

한국정신문화연구원에서 나는 자료조사실장 자리를 거의 10년 동안 맡아 고문서를 수집하는 데 정열을 쏟았다. 지방을 많이 다녔고, 출장에서 돌아오는 길에는 어머님을 자주 찾아뵈었다. 이는 대전이 우리나라의 중심부에 있는 교통의 요지이기에 가능했다.

그리고 한국정신문화연구원에서 나는 1988년부터 5년 동안 고대사를 전공하는 교수 노중국 교수(계명대), 신동하 교수(동덕여대), 김태식 교수(홍익대), 권덕영 교수(부산여자외국어대학교)와 함께, 우리나라 고대의 가장 오래된 역사서인 《삼국사기》를 번역하고 주석하는 공동 연구를 계획하여 5년 동안 수행하였다. 그리고 5년 동안 더욱 보완하여 5권으로 출간하였다. 특히 원본 교감을 철저히 하여 《삼국사기》 정본(定本)을 만들었다.

또 1991년에 한국고문서학회를 만드는 데 주도적 구실을 하였다. 박병호 교수님을 회장으로 모시고 6년 동안 총무직을 수행하면서 그 기틀을 만들었고, 2001년부터 2002년까지 5대 회장을 맡고 《조선시대생활사》를 공동집필하여 일반에게 고문서의 내용을 알리는 일에 이바지하기도 했다. 이후 명예회장이 되었고, 그 학회의 관례에 따라 2008년 9월 20일에는 나의 정년기념특집호인 33집을 받게 되었다. 여기에는 영산(瀛山) 박병호 교수님이 축시를 지어 손수 쓰고 족자까지 만들어 주셨는데, 이는 앞으로 가보 4호로 전해질 것이다.

1998년에는 조동걸 교수님께서 《한국현대사학사》라는 책을 출판하여 보내주셨기에 재미있게 독파하였다. 그런데 그 책에서 한국사학사학회가 만들어졌으면 좋겠다는 제안이 들어 있었다. 마침 나도 그럴 필요성을 느끼고 있었으므로 조 교수님을 만나 학회를 조직하기로 합의를 보았다. 그리고 한국의 역사이론과 역사학의 발달 과정을 연구하고자 '한국사학사학회'를 조직·운영하는 데 힘 썼으며, 2007년부터 2008년 말까지 나는 제5대 회장직을 맡았다. 이 학회는 한국사학사, 동양사학사, 서양사학사 연구자들이 참여 하는 범 세계사를 다루는 학회이다. 현재 학회가 전문화되어 학문 이 쪼개지고 있는 상황에서 이 학회는 이를 극복하고자 노력하고 있다. 학회지인 《한국사학사학보》는 현재까지 20호가 나왔다.

제주도 여행

1983년부터 사촌 동생을 포함한 우리 형제 다섯 명은 할아버지 와 아버지를 위한 위친계를 조직하였다. 그리고 우리 형제는 사촌 동생을 늘 친형제로 여기고 서로를 아끼며 지냈다.

1984년 음력 12월 25일 숙모님의 회갑을 치렀다. 숙모님은 어머 니에게는 동서이면서 아주 다정한 인생의 반려자였다. 사촌 동생 이 숙모님의 회갑기념으로 어머님과 숙모님 그리고 큰형을 3박 4 일 동안 제주도 여행을 보내드렸다. 제주도에서 부산으로 오는 카 페리 호에서 네 사람이 모두 멀미를 크게 하였다고 한다. 어머님 과 숙모님을 여행 보내드린 사촌 동생의 효성이 갸륵하다.

앞에서 말했듯이, 나는 한국정신문화연구원으로 직장을 옮기면 서 서초동 무지개 아파트를 마련하여 살았는데, 당시 둘째 형님은 동대문구 묵동에, 둘째 누님이 은평구 응암동에 살고 계셨다. 어머 님이 해마다 한 차례씩 서울에 올라오시면 어머님의 말벗으로 누 구를 모실 것인가를 생각하다가, 잠실에 사시는 내 둘째 외숙모님

1984년 12월 27일 제주도 여행 왼쪽부터 숙모와 사촌동생, 어머니와 큰형님 (정구범 씨 제공)

을 오시라고 해서 서로 말씀을 나누게도 해드렸다. 둘째 외숙모님은 어머니보다 두 살이 많으셨고, 어머니가 어려서부터 만나 친분이 두텁고 가장 가까운 사이였다. 두 분이 옛날 이야기를 하면서 서로 웃으시는 모습이 참으로 다정스러워 보였다. 외숙모님은 식사도 조금 하시고 단정한 모습에 깔끔하신 성품을 지니셨다.

상길육영회의 부활

서병훈 씨가 자기 아버지 이름을 따서 만든 '상길육영회' 장학생으로 고등학교까지 혜택을 받은 사람은 나를 포함해 6명이 있었으나, 1985년까지 누구도 서병훈 선생님에게 세배조차 가지 않고 있었으며, 서로 어떻게 지내는지도 모르고 있었다. 육영회 동창생

306

은 청양중학교 출신으로 장재천 씨(충청남도 도청 근무), 김건진 씨(중앙일보 논설위원)가 있었고, 정산중학교 출신으로 황의갑 씨(안기부 근무), 나와 안병산 씨(동방의료기 상사 대표이사), 황광석 씨(고등학교 교사 근무)가 있었다. 1986년 내가 이들에게 연락하여 계 조직을 만들어 매달 회비 3만 원씩을 거두어 기금 1천만 원이 모이면 중단된 육영회를 살리자고 하였다.

상길육영회는 형제 다음이라 할 정도로 동창 가운데서는 가장 가까운 사이인데, 집안에 무슨 문제가 생겨도 서로 모르고 지내면 안 된다고 생각하였다. 그리고 서병훈 씨로부터 받은 은혜를 갚는 길은 중단된 육영회를 다시 살리는 길이라고 생각하였고, 다른 사람이 동의하여 계모임을 조직하였다. 회장에는 황의갑 선배를 모시고, 내가 3년 동안 총무를 보면서 3년 만에 1천만 원에 가깝게 기금을 키웠다. 물론 회의비는 일체 지출하지 않고, 자장면을 먹으면서 돌아가면서 냈다. 식사비는 주로 안병산 회원이 많이 냈다.

그래서 서병훈 선생에게 우리가 육영회를 다시 시작하겠다고 하였더니 선생께서 "너희들이 무슨 돈이 있느냐"고 하시면서 5천만 원으로 장학회 법인을 만들라고 하셨다. 당시 청양에 살고 있던 서병훈 선생님의 국민학교 동창인 모씨에게 법인체 인가 등록을 맡겼다. 그러나 법인체 등록서류가 여간 복잡한 것이 아니어서 지체되다가 갑자기 닥친 선생님의 집안 사정으로 말미암아 그 계획은 무산되어 버리고 말았다.

우리들이 모은 기금으로 청양군 안에 있는 중학교에서 2명씩을 뽑아 등록금을 주는 장학 사업을 3년 동안 실시하여, 6명의 학생을 고등학교까지 졸업하도록 하였다. 그러나 그 뒤로 이 사업은 다시 중단되었다. 그 이유는 농촌지역은 이미 의무교육으로 중등교

1983년 서병훈 선생님 회갑 기념사진 선생님 내외분과 상길육영회 회원 뒷줄 왼쪽부터 김건진, 황의갑, 황광석, 필자, 안병산 씨이다.

육이 무상으로 실시되고 있으며, 경제가 발전하여 등록금을 장학금으로 주는 일이 별로 의미가 없다는 일부 회원들의 의사가 있었고, 이자율이 낮아져 기금에 대한 이자가 많지 않았기 때문이었다. 나는 이 육영회를 계속하자는 주장을 굽히지 않고 있으나 이를 다시 살릴 희망은 거의 없어 참으로 안타깝다.

어머니 모시고 국내 여행을 하다

나는 1986년에 운전면허증을 땄다. 원래 색맹이어서 운전면허증을 따리라고는 생각도 못 했는데, 좌회전의 녹색 신호등이 파란색으로 바뀌고, 좌회전 신호를 화살표로 바꾸어 색맹인 많은 사람

308

들에게 운전면허증을 준다는 뉴스를 보았다. 아내와 함께 자동차 운전면허시험에 응시하였는데 나는 신체검사 가운데 색맹 검사에서 걸렸다. 검사하는 여자 직원이 나보고 거리에 나가서 신호등 공부를 하고 오라고 마지막 기회를 주었다.

나는 거리에 나가서 신호등이 바뀔 때마다 색깔을 응시하였다. 노란색과 빨간색을 구별하는데 노란색이 좀더 진하다는 느낌이 들었다. 그러나 이를 보다가 생각하니 한심한 생각이 들었다. 내가 시험에 안 되는 편이 차라리 나을지 모른다는 생각이 머리를 스쳐 지나갔다. 안 되는 것을 억지로 할 필요는 없다고 생각하고 다시 검사장에 들어갔다. 검사는 신호등 세 가지 색깔을 번갈아 보여주면서 이를 구별하는 것이다. 첫 번째 보여주는 색깔을 보고 나는 짐작으로 빨강이라고 했더니 담당자가 노랑이라고 하였다. 기준점을 알게 되어 이후 서너 차례 반복해서 모두 맞추어 합격했다. 운전면허증을 따고 첫 차로 프레스토 AMX 스틱을 샀다.

1987년 아내와 상의하여 어머님과 장모님의 여행 계획을 짰다. 어머님과 장모님 그리고 숙모님을 모시고 여행하기로 하였다. 숙모님은 어머님의 둘도 없는 친구요, 말벗이며, 가장 가까운 분이었을 뿐 아니라 장모님과도 잘 아는 터였기 때문이다. 장모님과 숙모는 우리가 결혼하기 전부터 알고 지내는 사이였고 우리의 인연을 맺게 해주신 분이다. 장모님은 어머니보다 두 살이 많으셨다.

1987년 여름방학을 틈타 우리 내외는 세 분을 모시고 보은의 법주사와 경주의 문무대왕릉, 감은사, 석굴암, 불국사를 구경하고 밀양 표충사를 거쳐 오는 길을 택하였다. 석굴암으로 걸어올라 가는데 어머님이 신경통으로 무척이나 힘들어 하셨다. 그래서 "어머님, 제가 업어 드릴까요?" 했더니, "애야, 남들이 보는데 어떻게?" 하시면서 굳이 사양하셨다. 어머님 때문에 쉬엄쉬엄 천천히 갔다. 옛날에 그토록 잘 걸으시던 어머님이 이제 이렇게 불편한 모습이 되었음을 보고, "나무가 고요히 머물고자 하나 바람이 그치지 않고, 자식이 봉양하고자 하나 어버이는 기다려주지 않는다.(樹欲靜而風不止 子欲養而親不待)"는 옛 말이 떠올라 몇 번이나 되씹었다. 그리고 나는 어머니에게 지옥에 가 있는 사람을 모두 구제한 뒤에 지옥을 떠나겠다는 염원을 한 분이 바로 지장보살이라는 이야기와, 이 세상 모든 사람이 당하는 고통을 해결하는 방도를 깨우쳐 주신 분이 석가모니 부처님이라는 이야기, 내세를 관장하는 아미타불 이야기, 그리고 자신의 이름을 부르는 사람의 모든 소원을 들어주기

위해 신통력을 갖추기를 염원했던 관세음보살 이야기 등 아주 기초적인 불교 이야기를 해드렸다.

어머님은 명부전에서 지장보살을 보고는 "참으로 착한 마음을 가지셨군!" 하셨고, 관세음보살의 이야기를 들으시고는 '과연 그럴까?' 하는 눈빛을 보이셨다. 이 여행은 어머님이 불교와 가까워질 수 있는 기회였고, 내가 여행이라고 보내드린 것은 이것이 전부였다. 간식은 주로 과일과 음료수였는데 이는 아내

경주 여행 기념 사진 (1987. 8. 20)
왼쪽부터 어머님, 숙모, 장모님, 아내이다.

가 맡았다. 장모님은 말이 없는 조용한 분이셨다. 심성이 착하셨고, 남에게 불편을 주는 일은 전혀 하지 않으셨다.

어머님은 일행이 좋게 짜였다고 생각하셨고, 비록 화려한 여행은 아니었어도 흐뭇해 하셨다. 숙모님 또한 모처럼 좋은 구경을 했다고 하셨다. 숙모님도 조용한 성품이나 어머니가 농담을 건넬 수 있는 격의 없는 분이셨다. 장모님도 난생 처음 좋은 구경을 했다고 칭찬해 주셨다. 세 분이 한 방에서 유숙하고, 모두 술은 한 잔도 못 드셔서 오직 과일을 간식으로 준비해 드리면 되었다. 음료수는 가끔 커피 한 잔씩을 드셨다.

나는 석굴암의 아미타불에게 이 세상에서 질병을 앓고 있는 분들이 모두 고통을 이겨낼 수 있는 지혜를 갖도록 도와주시어, 스스로 그 고통을 이겨낼 수 있게 해 달라고 빌었다. 그렇게 되면 우리 어머님도 당연히 그 가운데 포함될 것이기 때문이었다. 나는 자기 논이 가뭄에 바짝바짝 타들어갈 때 자기 논에만 비 좀 내려달라고 열심히 빈다고 해서 비가 내리는 것이 아니고 온 들에 비 좀 내려 달라고 빌어야 한다는 스님의 설법을 듣고, 그 뒤로 절을 찾아 기원을 할 때에 반드시 이런 방식을 따랐다.

1980년 정권을 장악한 전두환은 제4공화국의 헌법 운용을 정지시키고, 계엄령 아래에서 새로 만든 국가보위비상대책위원회(약칭 국보위)를 운영하여 정권을 장악하였다. 즉, 1980년 8월 27일 유신헌법에 따라 통일주체국민회의에서 전두환은 11대 대통령으로 선출된 것이다('장충체육관선거'라고도 부름). 10월 22일 제5공화국 헌법을 공포하여 임명된 81명의 국가보위입법회의가 국회의 기능을 대신하였는데, 이 헌법에 따라 정치활동이 제한적으로 재개되어, 1981년 2월 11일 대통령 선거인단을 선출하고, 이를 통해 민정당(민주정의당)의 전두환이 12대 대통령에 당선되어(1981. 2. 25) 7년 동안 통치하였다.

이 때 야간통행금지가 전면 해제되고(1982. 1. 5), 중·고등학생의 교복이 자율화되었으며, 연좌제가 폐지되었다. 1960년 4·19혁명으로 대학에서는 학도호국단이 폐지되었으나 고등학교에는 남아있었는데, 1986년 3월부터는 고등학교에서도 폐지되고 학생회가 부활되었다. 1980년대 초에는 농업 인구가 전 국민의 28%로 감소되어 산업화사회로 완전히 전환되었음을 알 수 있다.

전두환 정권은 정치활동 규제자 555명을 점차 해금 조처하여, 1985년에는 제3단계로 김대중, 김영삼, 김종필 등 14명을 풀어주었다. 정치활동 규제가 비민주적인 처사였지만 이를 단계적으로 해금한 것은 고도의 정치적 고려에 따른 것이었다.

전두환 대통령은 외국과 통상외교를 수행하려고 1983년 서남아시아를 순방하다가 미얀마(버마)의 아웅산 사건(1983. 10. 9)으로 서석준 부총리 등 17명의 각료와 보좌관을 순식간에 잃어버리는 참사를 당하기도 했다. 이 사건은 북한이 저지른 일이었다. 그러나 북한과 교류를 완전 중단하지 않고 꾸준히 이어 나갔다. 남북한 고향방문단의 성사(평양·서울에서 151명씩 3일간, 1985. 9. 20)와 12년 동안 중단되었던 남북적십자 본회담의 개최(1985. 5. 29)를 예로 들 수 있다. 또한 연간 8%의 고도 경제성장을 유지한 것, 1988년 24회 올림픽의 유치 등 국가 운영에 기여한 바도 크다.

전두환 정권의 강압적인 탄압과 각종 제재에도 국민들의 성원에 힘입은 민주화운동은 지속되었는데, 그 중심에는 대학생들과 교수, 언론, 천주교 정의구현 사제단, 김영삼, 김대중 등 야당 정치인들의 끈질기고 피눈물 나는 활동이 있었다. 이들은 1986년 초부터 개헌 서명운동을 벌이거나 가두시위, 시국선언문 발표 등을 통하여 민주화운동을 지속하였다. 결국 1987년에는 민정당 대표 노태우의 6·29선언으로 대통령직선제 헌법을 채택하게 되었고, 국민투표에 따라 제6공화국 헌법이 확정되게 되었다. 이 헌법체제는 지금까지 유지되고 있는데, 대통령 선거는 직선제의 5년 단임제를 골자로 하고 있다. 이 헌법에 따라 1988년 대통령 선거가 치러졌고, 민정당의 노태우가 민주당의 김영삼 후보와 평화민주당의 김대중 후보를 누르고 대통령에 당선되었다. 이는 민주투사들이 양보하는 미덕이 없었기에 두 후보 모두 패배한 것이다. 대통령에 출마하기 위해 정당을 급조하는 일이 그 뒤에도 계속되었는데 이는 없어져야 할 관행이다.

1980년대의 국제 상황은 하루가 다르게 변하였다. 중국의 실권자 등소평(鄧小平)은 모택동(毛澤東) 사상을 수정하여 실용주의 정책을 쓰기 시작했다. 그의 실용주의는 "검은 고양이든 흰 고양이든 쥐를 잡는 고양이가 좋은 고양이다."라는 말로 대변되고 있다. 그는 이미 동아시아 국가연합주의를 계획하고 있었으며 웅대한 새 중국 건설의 주인공이었다. 중국에서 사회주의체제 유지와 시장경제체제를 혼합한 새로운 경제체제를 도입함으로써, 사회주의 국가체제에 자본주의를 접목하는 역사적 대 실험을 하고 있었다.

반면에 북한은 김일성의 주체사상으로 공산주의사회 안에서 발전 저력이 가라앉아 죽은 사회가 되어가고 있었다. 그 단적인 예를 들면, 김일성이 후계자로 아들 김정일을 지명하여 부자세습이 이루어진 점과(1984. 8), 이웅평 대위가 미그 19기를 몰고 휴전선을 넘어 귀화한 점, 탈북자가 속출하고 있는 점을 들 수 있다. 경제가 침체되고 정치적 자유가 전혀 없는 폐쇄된 사회체제를 고수하고 있으며, 대남 정책은 강온의 방법을 구사하고 있다.

1988년에 소련의 공산당 서기장으로 선출된 고르바초프는 공산주의 체제의 실패를 선언하고, 자본주의 체제로 전환하겠다고 선언하여 소비에트 공화국의 붕괴를 가져오기도 했다.

노태우 대통령은 대학 안에서는 처형되어야 할 원흉으로 지목되고 있었으나 5공 비리의 청산, 헝가리와 국교 개통, 러시아와 국교개통, 중국과의 관계 개선으로 국제적 관계를 넓혀놨고, 남북한의 유엔 동시 가입 등 유연한 정책을 실시함으로써, 유신체제의 후유증을 풀어가는 데 기여하였다. 그러나 국제적 개방정책은 농민층으로부터 거센 반발을 불러일으키기도 하였다. 국민연금제를 실시하고(1988. 1. 1), 지방자치화에 대한 제도적 개혁도 이루어 내었고, 사회의 저력이 크게 확대되어 갔다. 이로써 우리나라는 역사발전의 원동력이 다양화되었다고 할 수 있다.

13. 팔순 잔치와 고향을 떠남

어머니의 팔순 잔치

1988년 9월 13일 어머님이 팔순을 맞이하셨다. 그런데 큰형님은 이 무렵 지게 지는 것을 면해야겠다고 생각하여 대전으로 이사하기로 결심하였다. 그래서 45년 동안 살았던 고향을 떠나게 되었다. 동네 사람들에게 작별의 인사를 겸하여 대접을 하려고 개를 다섯 마리 잡아서 팔순 잔치를 벌였다. 어머님은 누가 왔다가 식사를 못하고 갔는가를 살피시기에 여념이 없었다. 이 때 외사촌들이 모두 왔다. 또한 연구원에서 매일 점심시간에 나와 같이 앞 뒷산을 함께 오르던 허창무, 박영은, 박흥기, 노상복 씨가 청양 산골 마을에까지 왔다. 노상복 씨는 어려서 자기 어머니를 여의었기 때문에 나의 어머님을 보고는 눈물을 흘렸다. 서울에서 오신 손님들에게 "식사는 잘 하셨느냐?"고 꼼꼼히 물어보고 살펴주시느라 정작 어머님은 식사를 제대로 못하신 것 같다.

《부모은중경 (父母恩重經)》

어머님의 팔순 잔치에 하객으로 내 고향을 찾은 학산(學山) 노상복 선생은 한학을 하셨고, 퇴계 학통의 마지막 종장(宗匠)인 중재(重齋) 김황(金榥)의 제자이다. 나는 학산 선생을 자료 조사실 전문위원으로 모시고 있었는데, 학산 선생이 《부모은중경》 가운데 부모의 은혜를 게송으로 읊은 글을 10폭의 글씨로 써 어머니 팔순기념 선물로 주셨다. 학산 선생의 뜻과 정성이 담긴 참으로 값진 선물이었다. 학산 선생은 20세에 49세의 자친을 여의어 남의 어머니 회갑연에 가면 항상 자신의 어머니를 생각하여 눈물을 흘린다고 한다. 우리 어머니 팔순 잔치에 와서도 뒤에 가서 자기 어머니를 생각하고 눈물을 흘렸다고 한다. 참으로 이 시대의 보기 드문 효자라고 부를 만한 분이다. 학산 선생은 연구원을 정년으로 떠난 뒤에도 연구원의 한국학대학원에 청계서당을 열어 많은 제자를 기르는 데 지금까지 헌신하고 있다.

《부모은중경》은 부모님의 은혜가 얼마가 두터운 것인가를 서술한 것으로, 당나라 때 중국인이 만든 위경(僞經)으로 알려져 있다. 이 병풍의 글씨를 써 주시면서 학산 선생은 자신의 부모님의 은혜를 깊이 생각하였을 것이다. 나는 이 10폭의 글씨를 후일 병풍으로 만들어 어머님을 모시는 막내 동생 집에 두고 기회 있을 때마다 펴 보곤 했다. 그리고 어머님의 유품으로 현재 동생 집에 소중하게 간직하고 있다.

《부모은중경》은 어머니가 자식을 몸 안에 품고 있던 열 달 동안의 은혜를 서술하고, 낳은 뒤의 부모님의 열 가지 은혜를 게송

학산 노상복 씨가 써준 부모은중경(父母恩重經) 병풍 사진

으로 읊고 있는데, 그 요지는 다음과 같다. 첫째는 어머니 태 속에서 안겨 보호 받은 은혜요, 둘째는 출산에 이르러 고통을 감내한 어머님의 은혜, 셋째는 아들을 낳고 아픔의 고통을 잊은 은혜, 넷째는 단 것은 토해 자식에게 먹이고, 쓴 것은 당신이 직접 먹는 은혜, 다섯째는 자식을 마른자리에 눕히기 위해 자신이 진 자리에 자는 은혜, 여섯째는 젖을 먹여 기른 은혜, 일곱째는 씻고 씻겨도 깨끗하다고 생각하지 않는 은혜, 여덟째는 먼 곳에 간 자식을 걱정하는 은혜, 아홉째는 자식의 악업을 대신 받으려 하는 은혜, 열째는 자식을 매우 아끼는 은혜이다.

1987년에 나는 장철수 교수와 함께 강화군 내가면 황청리 마을 민속조사에 참여하였다. 최성원 씨 댁의 호의로 마을의 문헌조사, 마을의 역사를 수집하는 데 많은 도움을 받았다. 10차례 이상 강화도 황청리 마을을 답사했다. 역사학 전공을 하는 학생들을 데리고 돈대(墩臺) 조사, 묘소 조사, 증언 채취 등을 하였다.(한국정신문화연구원,《한국의 향촌민속지 – 인천시 강화군 편》Ⅲ)

한국정신문화연구원에 있는 동안 나는 두 번의 장례위원장을 맡았다. 한 번은 나와 동갑이고 등산 모임의 친구였던 배한식 교수의 장례였다. 그는 계명대학교 교수에 취임하고도 사표를 내고 10년 동안 미국에 유학을 하여 사회학 박사와 경제학 박사를 취득하고 연구원 교수로 부임하였다. 장래가 촉망되는 교수였는데 1988년 5월 9일 교통사고로 사망했다. 그의 어머니가 고향에 살아계신데 그 분에게 알리면 쌍 초상이 난다는 그의 장형 말씀에 따라 알리지 않고 김천시 개령면 동부동 고향 마을 뒷산에 장사를 치렀다. 대강당 앞에서 노제를 지내는데 비가 구슬프게 내렸고, 국악의 대가인 최종민 교수가 그가 평소 즐겨 부르던 '친구여'(하지영 작사, 이호준 작곡)를 불러 장례식에 참여한 사람으로 하여금 눈물을 흘리게 하였다.

그 가사는 다음과 같다.

친구여! 꿈은 하늘에서 잠자고 추억은 구름 따라 흐르고
친구여! 모습은 어딜 갔나? 그리운 친구여!
옛일 생각이 날 때마다 우리 잃어버린 정 찾아
친구여! 꿈속에서 만날까 조용히 눈을 감네
슬픔도 기쁨도 외로움도 함께 했지
부푼 꿈을 안고 내일을 다짐하던 우리 굳센 약속 어디에
꿈은 하늘에서 잠자고 추억은 구름 따라 흐르고
친구여 ! 모습은 어딜 갔나? 그리운 친구여!

그가 세상을 떠나고 1년 뒤 우리 등산 모임에서는 그의 추도비를 세웠다.

그리고 1998년 9월 13일 김철준 교수가 6대 연구원 원장으로 부임하여 1월 17일 순직하였다. 연구원장(葬)으로 운동장에서 장례식을 치를 때에 나는 장례위원장 직을 맡았다. 당시 부원장과 대학원장을 미처 임명하지 못했기 때문이다. 장지는 포천군에 있는 순안군민공동묘지로 잡았다. 참으로 허망하고 안타까운 일이었으나 인력으로는 어찌 할 수 없는 노릇이었다.(나는 연구원 30년사를 편찬하면서 그들의 약전을 썼다. 30년사는 곧 발간될 예정이다.)

어머님은 막내 동생 구철이 분가하자 막내 동생의 집에서 함께 사셨다. 동생의 살림을 키워 주려는 뜻이었고 어린 조카들을 돌보아 주셔야 했기 때문이다. 동생은 1988년에 대전시 유성 구암동에 집을 지어 어머니에게 독방을 마련해 드렸다. 공주에 사시는 작은어머니가 자주 오셨고, 마침 큰형도 대전에 살고 중형도 서울에서 내려와 공주에 살았다. 그래서 어머니가 공주에 자주 가시기도 했다.

미국에 교환교수로 감

나는 1989년 8월에 미국 캘리포니아 주 로스앤젤레스의 UCLA에 가족을 데리고 1년 동안 교환교수로 가서 1990년 8월에 돌아왔다. 어머니께서는 받아 보신 편지를 잘 보관하셨다가 내가 돌아오고 얼마 뒤에 다시 돌려주셨다. 그 편지는 다음과 같다.

그리운 어머님께

어머님! 저희들 여섯 식구는 무사히 미국에 도착을 하여 두 칸의 방이 있는 집을 셋방으로 구하고 짐도 이제 풀어 놓았습니다. 미국까지는 비행기로 10시간이 걸렸는데, 이는 상거리에서 갓점까지 하루에 한 번씩 갔다가 오는 거리로 따진다면 10년 동안을 매일 걷는 거리보다도 멀답니다. 일본 땅을 지나 태평양이란 이 세상에서 가장 큰 바다를 건너서 왔습니다.

어머님! 비행기를 타고 오는데 우리는 구름 위의 세계를 보았습니다. 비행기 아래에 하얀 구름이 편편하게 깔려 있고, 구름 위로는 다시 새로운 하늘의 나라가 있습니다. 저 멀리 앞을 바라다보면 구름이 산을 만들고, 꽃도 만들고 있습니다. 그런데 이 구름의 나라에는 사람이 살고 있는 흔적은 보이지 않고 있으며, 동물도 뛰어 다니는 것을 볼 수 없고, 나무와 풀 한 포기도 볼 수가 없습니다. 또한 시내도 보이지 않고 흐르는 물도, 활활 타오는 불도 전혀 보이지 않습니다. 또한 구름 위의 나라에는 이 세상의 더러운 것도 없습니다. 아마 구름 위의 세상을 극락이나 천당으로 생각하는 사람도 있을지 모르겠습니다만 저는 어머님이 계시는 고향 그곳이 바로 극락이라고 생각합니다. 어머님이 계시지 않는 세상은 아무리 좋은 세상이라도 저에게는 즐겁지 않기 때문입니다.

엊그제 기영이는 고등학교에 입학을 하였고, 현숙이와 현희는 중학교에, 대영이는 국민학교에 입학을 하여 학교에 다니고 있습니다. 그리고 이곳 날씨는 고향의 날씨와 비슷합니다. 그리고 미국이라고 하지만 한국 사람이 하도 많아서 한국에서 살 수 있는 물건은 모두 쉽게 살 수가 있습니다. 쌀값은 한국보다 더 쌉니다. 어제는 집식구와 함께 시장에 가서 우선 필요한 물건을 샀습니다. 저희들 모두 잘 있으니 어머님 너무 걱정하지 마십시오.

어머님! 오늘은 이만 쓰고 앞으로 자주 제 소식을 전해드릴게요.
안녕히 계십시오.

미국 캘리포니아 주 로스앤젤레스에서

1989년 9월 10일, 아들 구복 올림

나는 미국에 가기 전에 심한 좌골신경통으로 500미터만 걸으면 앉아 쉬어야 할 형편이었다. 3년 전부터 이런 증상이 나타났는데 엑스레이를 찍으니 척추 3, 4번의 뼈에 이상이 생겨 연골이 튀어 나와 신경을 누르고 있는 '디스크'라고 했다. 추나 요법으로 치료하는 역삼동의 '자생한의원'에 가서 허리 늘리기 등의 물리치료를 받고, 한약을 먹었더니 한동안 통증이 없었다. 그런데 얼마가 지나면 다시 도져 고통이 심해졌다.

미국에 가서 전 장모님에게 침을 맞아도 별로 차도가 없었다. 그런데 "자네 나이가 들어 원기가 허약할 수도 있으니 한약도 함께 먹어보라."고 권유하며 녹용이 든 한약을 한 재 지어 주셨다. 그런데 이 약을 반쯤 먹었더니 마치 거짓말처럼 통증이 완전히 없어지고 좌골신경통이 깨끗이 낫게 되었다. 지금까지 건강한 몸으로 살아가게 되었으니 참으로 천우신조라고 하지 않을 수 없다.

로스앤젤레스에 가서 세 달쯤 지냈을 때 충남대학교에서 친하게 지냈던 김길환 교수가 갑자기 전화를 걸어와 만났다. 그는 동양철학을 연구하다가 사모님이 미국에 건너가 살자고 하여 사표를 내고 미국에 가신 분이다. 충남대학교에서 서명교수로 내가 전북대학교에서 당한 것과 같은 어려움을 치른 분이다. 대전에 나갔다가 내가 로스앤젤레스에 있다는 말을 듣고 찾아오신 것이었다.

5~6년 만에 만나서 반가웠다. 나는 그의 집에 가기도 했고, 그분은 나에게 여러 가지 미국 생활에 대한 중요한 정보를 주었다. 그때 신세를 진 것을 감사드린다.

미국에서 우리는 주거지를 두 번 옮겼다. 다운타운에 살다가 한달 뒤에 100리쯤 떨어진 해안 도시인 토렌스로 이사를 갔다. 이곳은 백인들이 많이 사는 깨끗한 도시였다. 김건진 씨의 부인과 아이들이 거기에 살았기 때문에 그의 소개로 그곳으로 이사를 갔다. 방이 두 개가 딸린 2층 집이었다. 한 달에 집세를 600불을 내야했다. 주말에는 태평양의 해안에 아이들을 데리고 가서 수영을 즐기곤 하였다. 집 주위에는 공원이 있고, 큰아들과 큰딸이 다니는 고등학교, 둘째 딸이 다니는 중학교, 막내아들이 다니는 초등학교가 모두 집 근처에 있었다.

나는 미국에 1년 동안 머물면서 그곳의 초등학교, 중학교, 고등학교 교육내용과 교육하는 방법 등을 알게 되었다. 초등학교에 가서는 어린이들에게 '한국문화의 특성'이라는 강의도 하였다. 그리고 집 앞에 있는 공원에서 손님을 초대하여 불고기를 구워 먹기도 하였다. 그리고 주말에는 불교 사원에 가서 특강도 하면서 1년을 즐겁게 보내고 왔다.

어머니의 단발

1990년 8월 말에 미국에서 돌아와 어머님을 찾아뵈었더니 어머님이 60여 년을 길러왔던 낭자머리를 자르셨다. 그 연유를 여쭈어보았더니, 어머님은 머리감기가 불편하고, 숙모님의 권유가 있었

322

다고 말씀해 주셨다. 그래서 "잘 하셨습니다."라고 말씀드렸다. 내가 생각하기에는 어머님이 지금까지 시골에 사셨기 때문에 낭자를 하는 풍속을 따르신 것이고, 도시에 나와 사시면서는 이곳 풍속을 따르신 것 같다.

어머니가 낭자머리를 하신 것이 유교에서 흔히 말하는 "신체발부는 부모에게서 받은 것이니 이를 훼손하지 않음이 효도의 시작(身體髮膚 受之父母 不滅毀傷 孝之始也)"이라는 생각에 따라 실천하신 것은 아니었다. 남자들은 머리를 깎는 것이 이미 관습이 되었고, 이제는 머리를 자르는 것이 효도와 전혀 관계가 없기 때문이다.

어머님은 단발을 하자 손가방에 참빗 대신 플라스틱 머리빗을 넣어 가지고 다니셨다. 낭자에 꽂았던 비녀도 더 이상 필요 없게 되었다. 그리고 흰 고무신 대신에 간편하게 낮은 구두를 신으셨다. 비록 정신적으로 신여성이 된 것은 아니었지만 의복과 신발은 신식을 따르신 것이다.

1994년은 나의 모교인 장평국민학교가 개교 60주년이 되는 해였다. 한때는 재학생의 수가 약 1천여 명에 달하는 면소재지의 큰 학교였다. 그런데 60주년 행사에 참석했을 때 모교의 학생이 200명도 채 안 된다는 사실을 알게 되었다. 더구나 1학년 학생이 열몇 명이라는 사실을 알고 이렇게 나가면 언젠가는 폐교되겠다는 생각이 들었다. 그 때 백암 박은식 선생의 말씀이 불현듯 머리에 떠올랐다. 바로 '나라는 망해도 역사는 씌어져야 한다.'는 말이다. 그래서 나는 학교가 없어질 때 없어지더라도 학교의 역사를 남기자는 제안을 하여 장평초등학교의 60년사(史)를 쓰기로 합의하였다. 내가 《장평국민학교60년사》를 1년 동안 집필하였고 사진 자료는 총동문회장인 김창수 씨가 적극 도와주었다.

박정희 대통령 때인 1970년부터 우리나라의 농촌인구가 도시로 집중되어 농촌에는 노인만 사는 현상이 벌어지고 있었다. 나는 이런 상황이 계속되면 앞으로 곧 폐교가 될 초등학교가 많이 나올 것이라 생각하고, 이런 학교의 역사를 써서 기록으로 남기는 선례를 만들자는 뜻에서 모교의 역사를 1년 동안 정리하여 1995년에 펴내었다. 이는 내가 역사학을 하면서 현실을 중시하는 실용적 역사의식을 직접 실천한 것이다.

어머님은 구순에 이르자 나쁜 꼴 보기 전에 당신이 빨리 죽어야 한다는 말씀을 자주 하시곤 했다. 이는 아마도 자식들 7남매와 투병하고 있는 손녀가 혹시 어머니보다 먼저 떠나는 불행을 당하지 않을까를 걱정하는 마음에서 하신 말씀인 듯하다. 그러나 다행히도 그런 일은 없었다.

아버지 묘소 가꾸기

아버지와 어머니의 손자 손녀가 30명에 이르고 친손자도 7명이지만, 지금 세태의 변화로 보아서는 머지않아 조상의 묘소를 제대로 관리할 것 같지가 않아 보인다. 1996년 우리는 아버지의 묘소에 둘레 석을 하고 뗏장을 새로 입히는 일을 하였다. 그리고 어머님을 모실 자리도 옆에 마련해 두었다. 부모님의 묘소를 자손이 끊어질 때까지 지키고자 부모님 묘소 옆에 우리 형제들은 공동의 납골당을 지하에 만들고 위는 봉분으로 띠를 입히자는 데 합의를

왼쪽이 아버지와 어머니의 산소이고, 오른쪽이 우리 형제들의 납골묘이다. (1997. 4. 5)

보았다. 후손이 자기 부모의 묘소를 참배하거나 벌초를 할 경우, 옆에 있는 우리 부모님의 묘소를 버리지 않을 것으로 생각했기 때문이다. 납골당은 작은형이 설계하여 직접 공사를 하였고, 후손들이 들어갈 수 있는 공간을 많이 만들어 놓았다. 우리 형제는 부부마다 각자 이름과 생년월일을 새겨 구은 골호단지까지 마련해 납골당 안에 넣어 놓았다.

아버지의 묘소는 장평면 분향리 광명들 남측 산록에 있는데 왼쪽으로는 공주로부터 내려오는 금강 물이 멀리 흐르고, 오른쪽으로는 칠갑산에서 시작하여 지천리를 돌고 돌아 금강으로 합류하는 금강천이 앞쪽을 감싸고 흐른다. 앞에는 장평들이 훤하게 펼쳐져 있다. 저 멀리 평원을 지나서 부여 부소산의 산봉우리가 보이며, 시원스럽고 평화로운 곳이다.

1992년 12월 15일 대선에서 민주당의 김대중 후보와 국민당 정주영 후보를 제치고 당선된, 민자당의 김영삼 정권은 대통령직 인수위원회를 가동하는 선례를 만들었다. 김영삼 대통령은 취임한 뒤 군사 정권과 차별화하기 위하여 스스로 '문민정권'이라 일컬었다. 군사정권의 후유증 치유와 민주화의 기반조성에 주력하였고, 대외적으로는 세계화를 선언하고 출범하였다. 군사정권의 후유증을 치유하고자, 1979년 12·12 사태를 반란으로 규정하여 전직 대통령을 구속·처벌하는 조처를 취했다.

노태우 대통령은 1988년 대선 때 비자금 5천억 원을 조성하고 김대중 후보에게 20억 원을 증여하였다는 뇌물수수혐의 죄목으로 서울구치소에 수감되었다(1995. 10. 27). 전두환 대통령은 12·12 반란 사건과 광주에서의 시민학살이라는 죄목으로 안양교도소에 수감되었다. 이 일은 대통령 재직 때에 형사처벌이 면제되는 특권을 공소유지 기간으로 해석하여 처벌할 수 있게 된 것이다. 대법원에서는 전두환 전 대통령에게는 무기징역, 노태우 전 대통령에게는 17년이라는 형을 선고하였다(1997. 4. 17). 비록 그해 12월에 특별 사면되었지만, 이는 앞으로 군사 정변이 일어날 것을 철저히 차단한 역사적 조처였다.

그리고 국민을 위해 공직자윤리법의 제정, 공직자 재산공개법을 제정·실시하고(1993. 9), 국민고충처리위원회를 개설 운영하여(1994. 4) 일반 국민들이 당하는 부당한 처사를 쉽게 해결하게 하였다. 그리고 김영삼 대통령은 '긴급재정경제명령'을 발동하여 금융실명제를 실시하였다(1993. 8. 12). 이는 대단히 어려운 경제정책이며 자금의 흐름을 명백하게 보이도록 하는 제도로서 경제 윤리를 세우는 기초가 되었다. 또한 광주민주화운동의 13주기 추모식을 관민 합동으로 치러(1993. 5. 18) 광주민주화운동을 공식적으로 정당화하였다. 또한 군부 내 사조직인 하나회를 해체하고, 일제 잔재인 조선총독부 청사를 철거하였다. 그리고 국민학교의 명칭을 초등학교로 바꾸었다(1995. 9).

세계화 정책으로는 남북한이 유엔에 동시 가입하게 되었고(1991. 8. 6), 세계무역자유협정(WTO) 체제가 창설되자(1995. 1. 4) 이에 가입하였다. 베를린에서 열린 세계환경회의에 가입 참여하였으며(1995. 4. 5), 남북간 정상회담이 1994년 7월 20일로 예정되었는데 7월 8일 김일성 주석의 사망으로 이는 무산되었다. 그 뒤로 남북한 관계는 냉각되었다.

세계화추진위원회에서 49개 과제를 확정·발표하였다(1996. 1. 31). 경제협력개발기구(OECD)에 가입하고 외교적 순방을 통하여 국제관계를 넓혔고, 해외여행에 대한 여러 가지 규제를 적극적으로 풀기도 했다.

그러나 대형 사고나 국가적 재난에 대한 안전적인 대응책이 미숙했음을 성수대교 붕괴사건(1994. 10), 삼풍백화점 붕괴 사건(1995. 6. 29)에서 알 수 있다. 그리고 김영삼 정권은 1996년 하반기부터 경제는 불황의 터널로 빠져들기 시작하여, 국제금융기금(IMF)에 구제금융을 신청하고(1997. 11. 21), 국제금융협약에 조인함으로써(1997. 12. 1) 국가적 부도 위기를 가까스로 막아냈다. 이때 우리 국민은 어린이 저금통장, 금반지, 금비녀를 팔아 국가 경제위기 극복에 적극적으로 협력했다.

이헌창 교수는 경제의 국가규율이 해체되었는데, 이를 대체할 시장규율이 제대로 확립하지 못한 것을 우리가 아이엠에프를 당하게 된 주된 원인으로 파악하고 있다. 이전에 한보·삼미·진로 그룹 같은 대기업들이 도산하였는데, 기업의 문어발식 확장으로 말미암은 거품경제가 큰 원인이었다. 이를 볼 때 김영삼 정권은 경제 혁신에 실패하였다고 할 수 있다. 그러나 한국경제의 취약점인 정경유착으로 말미암은 비자금 조성, 경제에 대한 지나친 정치적 간여 등은 단기간에는 치유할 수 없다. 아이엠에프로 실업자가 급증하고 국가 경제성장의 후퇴가 이어지자 경제대국으로 가는 길목에서 좌초되는 것이 아닌가 하는 우려를 낳았다.

1998년에 대통령이 된 김대중은 제2의 건국이란 구호와 새천년이란 정치구호를 가지고 출범하여, 20세기 말 국가적 위기인 아이엠에프를 극복하였다. 그러나 공적자금을 적극 풀어서 많은 짐을 국민에게 빚으로 남겨주었고, 벤처기업을 육성한다는 명목으로 엄청난 재정을 소모하였다. 하지만 시민운동(NGO)의 적극화, 남북화해의 적극화, 햇볕정책 등을 추진한 것은 긍정적으로 평가할 수 있다.

김대중은 박정희 정권 아래에서 엄청난 고문과 구금 등을 당하였고, 한때 일본에서 납치되어 동해에 수장될 번하였으나 미국 정보계에서 이를 호위해주는 덕분에 살아남게 되었다. 1980년 광주민주화운동은 김대중에 대한 탄압이 한 원인이 되기도 했다. 이런 민주화의 투사가 대통령 출마 네 번 만에 대통령에 당선되어 한국의 민주주의를 반석 위에 올려놓은 공로는 아무리 칭찬해도 부족하다고 하겠다.

14. 불교에 귀의

어머니의 방

1988년 동생 구철이 유성 구암동에 집을 새로 지어서 모처럼 어머님의 방을 마련해드렸다. 텔레비전도 놓아드리고 어머님의 옷장도 마련해드렸다. 어머님이 자신의 방을 가진 것은 이번이 처음이었다. 방에 화장실도 만들었고 화장실에 가시기 편하도록 의지목도 설치하였다. 어머님은 30여 년 가까이 앓은 관절염 때문에 돌아가시기 전 몇 년 동안은 몹시 거동이 불편하셨다. 나는 1995년에 휠체어를 준비하여 드렸다. 그 뒤로 자식들의 집에 가실 때에는 휠체어를 타고 다니셨다. 어머님은 변비, 고혈압 등 복합적인 질병을 함께 앓고 싸우시면서 10년의 세월을 보내셨다. 그리고 마지막 3~4년 동안은 변비, 신경통, 그리고 외로움과 고통스럽게 싸우셔야 했다.

인간의 고독함을 이제 생각해보니 참으로 참기 어려운 일이다. 자식들이 찾는 시간은 잠깐일 뿐이다. 하루는 24시간이고 1년은

365일이다. 말이 1년이지 이 시간을 분으로 나누어 계산하면 50만 4천 600분이다. 자는 시간을 반으로 잡으면 깨어 있는 시간은 25만 2천 800분으로 어머니는 이 긴 시간을 혼자 보내셔야 했다. 혼자 고독을 삼키는 사람에게 '일각이 여삼추(一刻如三秋)'라는 말이 사용되어 왔다. '일각'은 지금의 시간으로는 15분 정도이고 '삼추'는 석 달의 가을이라는 말로, 이는 '1각을 보내기가 석 달의 가을과 같다'는 뜻이다.

물리적 시간은 일정하지만 이를 느끼는 주관적 시간은 천차만별이다. 장사가 잘되어 돈을 잘 버는 상점을 운영할 때에는 하루가 언제 가는지 시간이 빨리 가지만 손님이 찾아오지 않는 가게를 지키고 앉아 있는 사람에게는 하루가 삼추처럼 느껴질 것이다. 더구나 환자나 외로운 처지에 있는 사람에게는 하루 보내기가 몇 달을 보내는 것처럼 길게만 느껴진다. 어머니가 말년에 "세상에 사람을 볼 수 있어야지!" 하는 말씀을 듣고도 나는 당시 그 깊은 뜻을 이해하지 못했다. 이제 나의 나이가 70세에 가까우니 그 심정을 알게 되었다.

동양에서는 전통적으로 노인의 고독을 심각하게 생각하지 않았다. 효에 대해 쓴 동양의 어떤 책에도 노인의 고독을 언급한 구절이 없다. 그 시대는 대가족이었고, 자연경제 시대여서 이 문제가 심각하지 않았다. 그리고 양반의 경우에는 노비가 항상 주위에 있었고, 노인이 홀로 시간을 보내게 하는 일이 적었다. '맛난 음식으로 봉양하는 것보다도 부모의 뜻을 받들라'는 말이 있는데, 이는 부모님이 이런 고독을 느끼지 않도록 하라는 뜻이 아니었을까 생각해 본다.

어머님은 70대까지만 해도 어린 손녀 손자를 보아주셨다. 그러

어머님(좌)과 외사촌 누님(우)의 반가운 만남

나 80대 이후에는 손자 손녀들이 학교를 다니느라고 자기 일이 바쁘다 보니 어머니 옆에는 사람이 없었다. 어머니를 모신 막내 동생 내외는 가게를 보느라고 아침 일찍 나가서 밤늦게 집에 돌아갔다. 더구나 다리가 불편하셔서 산책도 못하시고 긴긴 시간을 방에서 혼자 계셔야 했다. 가끔 이웃집 아주머니가 오셔서 대화를 나눠 주는 것을 대단히 고마워하신 것을 보면 말년의 어머니는 말벗을 가장 그리워하신 것 같았다.

지금 생각하니 이 점을 깨닫지 못한 것이 참으로 어머니에게 불효를 한 것으로 생각되어 죄송스럽다. 내가 손자를 키워보니까 어머님에 대한 잘못을 새삼 뉘우친다. 노인일수록 자기의 일을 만들어 하는 소일거리를 가지는 게 이 세상에서 인생을 가장 행복하게 만드는 것임을 뒤늦게 깨달았다.

대전에서는 가끔 외사촌 누님이 찾아오셨고, 번번이 좋은 선물을 사 오신다고 우리가 가면 자세히 말씀해 주셨다. 그러면 우리는 외사촌 누님에게 감사의 전화를 드리곤 했다. 이를 통해 외갓집과 자연스럽게 소식이 오갔다.

객지에 사는 우리들이 어머니를 찾아뵙는 시간은 일 년 가운데 겨우 며칠뿐이었다. 어머님 곁에서 보내는 시간을 많이 가질 수 없었던 것이 후회스럽다. 어머님은 질병과 싸우시면서 세상만사를 귀찮아 하셨다. 인생의 즐거움을 잃어버리신 것이었다. 만년에는 "왜 나 안 죽느냐"는 말씀을 자주 하셨는데, 이런 말을 들을 때마다 우리는 인간 능력의 한계를 절감하곤 했다.

기영의 교원대학 입학

내가 미국에 교환교수로 갔을 때, 우리 집 아이들이 미국은 교육 내용과 자연 환경 등이 대단히 좋으니 유학하겠다고 하여, 세 아이들이 1년 동안 이곳에 더 있었다. 그러다 내가 경제적으로 더 지원할 수 없는 상황이 되어 모두 귀국시켰다.

1992년 가을에 기영이 보고 반드시 대학을 꼭 갈 필요가 없다고 말했다. 우리나라는 자본주의 사회이니 기업을 운영하는 것이 앞으로 성공하는 길이라고 설명하고 기술을 배우는 게 좋겠다고 했다. 기영이도 내 말을 따랐다. 그래서 앞으로 우리 사회에 자동차가 많이 증가할 터이니 자동차수리 기술을 배우는 것이 좋겠다고 하여 기술학원을 다녀서 2급 정비사 자격을 땄다. 기영이는 판교에 있는 정비소를 다니며 기술을 습득하였다.

그런데 어느 날 갑자기 "아버지! 저 대학에 갈래요." 하기에 그

필자와 아내의 생일 기념으로 찍은 가족사진
우리 부부의 생일은 음력으로 2월 12일이다. (1998. 2. 20)

이유를 들어 보았다. 정비소의 어느 사람이 너의 아버지 무엇하고 계시냐고 묻더니, "너, 어지간히 공부하기 싫어하는가 보구나?" 하더라는 것이었다. 그 애는 결국 대학을 다니겠다고 결심하여 수학능력시험을 보았다. 원서는 국내 고교 졸업생이 아니었으므로 경기도 교육위원회에 가서 써야 했다. 그런데 담당 장학사가 교원대학의 입학에는 교장의 추천이 있어야 가능한데, 한두 자리가 남아 있으니 네가 지원한다면 자신이 추천서를 써 주겠노라고 제의하였다.

점심을 먹으면서 나는 기영이를 설득했다. 교사가 어떤 직업보다도 의미가 있는 직업이라고 생각하여 교원대학을 권유하였다. 기계를 다루거나 동식물을 다루는 것보다 인간을 가르치는 교육의 사명이 대단히 의미있는 일임을 말해주었다. 교사는 경제생활이 넉넉하지 못할 터이니 네가 취미생활을 할 수 있도록 내가 도와주겠다고 약속을 했다. 기영이는 복수지원으로 컴퓨터공학과와 교원대학에 지원해서 모두 합격하였는데 결국 교원대학에 진학을 하여 교육자가 되었다.

나는 자식을 교육자로 만들었다는 생각에 참으로 기쁘고 고마웠다. 1997년에 아이엠에프가 터져 다른 전공을 이수한 졸업생들은 일자리를 구하기 어려웠던 상황이었으나 기영이는 교사로 발령을 받게 되었다. 그리고 대학에서 사귄 양연욱과 어머님이 돌아가시기 두 달 전인 2000년 10월에 결혼식을 올렸다. 며느리도 초등학교 교사이어서 우리 집에 교육자가 셋이나 있게 되었다. 기영이 내외가 대전에 계시는 할머니에게 인사를 갔을 때에 용돈을 드리게 하였더니, 어머님은 용돈이 필요 없다고 20만 원에서 10만 원을 돌려 주셨다.

며느리 양연욱(1975~)은 남원 양씨로 아버지 양승우(1938~)와 어머니 김성진(1948~)의 2남 1녀 가운데 막내이다.

불교와 인연을 맺어드림

원래 어머님은 종교가 없는 분이시다. 어쩌면 무교(巫敎)에 가깝다고 할 수 있다. 어머님은 무당굿을 하고 싶어 해서 동생이 한번 무당을 불러 굿을 해드렸다고 한다. 그리고 낙지리에 계실 때 '선거리'라는 신 내린 여자를 내 수양어머니로 삼으려 하셨으나, 내가 탐탁하게 여기지 않았던 적도 있다. 그 무당의 주문을 들어보니 "시천주 조화정(侍天主 造化定)"이라는 말이 있었다. 이는 동학이나

경주 불국사 다보탑 앞에서 쉬고 계시는 어머니 (1987. 8. 20)

천도교의 경전에 나오는 구절임을 나중에 알게 되었다.

어머님은 생활에서는 유교적 전통을 지켰으나 이는 관습에 따른 것이었다. 그리고 평소에 "이 세상에는 사람 위에 사람 없고, 사람 밑에 사람 없다."는 말씀을 자주 하셨는데, 이는 동학이나 천도교의 영향을 받은 것으로 생각된다.

어머니의 정신세계는 우리 민족이 아주 먼 옛날 국가를 처음으로 세울 때부터 있었던 하느님 숭배사상(天道思想), 산천과 수목에도 신이 있다는 전통사상, 무당의 샤머니즘 사상, 유교의 제사와 효도 사상, 나무아미타불을 부르는 불교사상, 그리고 현대 서구 사상이 혼재되었다고 할 수가 있다. 비록 여러 사상의 영향이 혼재

되어 있으나 서로 충돌하지 않고 조화롭게 작용하고 있다. 이를 한 마디로 요약한다면 우리의 민속사상이고 민중의 사유 형태라고 할 수 있다.

나는 어머님에게 불교와 인연을 맺도록 도와 드려야겠다는 생각이 들었었다. 1968년부터 불교를 믿게 된 나는 성락훈 선생으로부터 원효의 《대승기신론소》를 한문 원전으로 배우게 되어, 웬만한 불교 경전은 혼자 스스로 읽어도 해독할 수 있게 되었다. 1972년 결혼식을 육군사관학교 화랑호국사에서 올렸고, 1973년 전북대학교에 부임하여서는 불교학생회 지도교수를 맡았다. 1980년 충남대학교로 옮겨서도 사재동·이평래 교수와 함께 불교학생회 지도교수를 맡았으며, 1984년 한국정신문화연구원 교수로 옮긴 뒤에는 불교신자 모임을 조직하고 불교 교리를 10여 년 넘게 강의하여 왔다. 나의 신앙은 불교라고 공언하고 있다. 내가 서초동에 살 때에는 매주 지광 스님이 계신 능인선원에 나가곤 하였다.

어머님의 병환을 고쳐드릴 수 없게 되자, 부처님의 신앙을 통하여 고통을 줄이는 방법을 알려 드리려고 '나무아무타불 관세음보살'을 염불하시도록 하였다. 그리고 어머님에게 복잡한 교리보다도 재밌고 쉬운 불교 이야기를 해드리곤 하였다.

송 편

전북대학교 불교학생회에서 인간의 본체에 대한 강의를 할 때 나는 송편에 빗대어 이야기를 한 적이 있다. 이 이야기로 어머님에게 모든 인간은 형제와 같은 존재라는 것을 설명해드렸다.

"추석에 우리는 쌀가루를 빻아서 덩어리를 하나로 만들지요. 그 덩어리에서 조금씩 떼어내서 배속에 고물을 넣고 입을 만들어 상에 놓지요. 그 송편에 번호를 붙였다고 하면 그 번호는 우리들 사람의 이름이라고 할 수 있습니다.

그 송편이 우리 인간처럼 생각과 의식을 가지고 있다면 어느 송편은 돈을 쓰고, 빽을 써서라도 거지나 죄수의 밥상에 오르기보다는 대통령 같은 귀한 사람의 상에 오르려 하기도 하고, 어느 송편은 아예 사람에게 먹히지 않으려고 갖은 방책을 다 쓸 것 아니겠어요.

그러나 모든 송편은 대통령이 먹든, 거지가 먹든, 아니면 사람에게 먹히지 않아도 언젠가는 썩어서 하나의 근원으로 돌아갑니다. 이처럼 우리 인간은 하나의 덩어리에서 떼어져 만들어지고 죽어서는 똑같은 존재로 돌아가는 송편과 같은 형제·자매들입니다. 비록 남이라고 하여 나와 무관한 것처럼 보이는 사람도 죽으면 결국은 모두 나와 같은 상태로 돌아갑니다. 마치 바닷물에 바람이 불면 파도가 일고, 그 파도는 곧바로 다시 바다로 돌아가는 것처럼 말입니다.

우리 인간의 삶은 언젠가는 끝이 납니다. 그리고 병들고 늙는다는 것은 나만 당하는 것이 아니라 모든 인간이 피할 수 없는 것입니다. 병들고 늙음에는 자연히 고통이 따릅니다. 모든 것이 그러려니 하고 생각하면 그 고통은 줄어듭니다. 마치 어린애가 주사 맞는 것을 두려워하지만, '잠깐만 참으면 별것 아니야' 하고 생각하면 두렵지 않은 것과 같습니다. 그리고 어머님이 약 먹는 것을 대단히 싫어하시지만 조금 참고 목구멍을 넘기면 별것 아니라고 잡수시는 것처럼 말입니다."

어머님은 내 말을 들으시더니 말인즉 그럴듯하지만 어떻게 남을 나와 같이 대할 수 있겠느냐고 하셨다. 그래서 "어머님이 그렇다는 생각을 가지시게 되면 그것이 바로 남을 나와 같이 대하는 시작이고, 시작이 반이라는 우리 속담처럼 시작하면 곧 그 일을 이루게 됩니다."라고 말씀을 드렸다.

인생의 사고팔고(四苦八苦)

불교에서는 인생이 기본적으로 벗어날 수 없는 네 가지 고통이 있다고 말한다. 바로 생로병사(生老病死)인데, 이는 우리가 살아가는 과정에 따라 구분한 고통이고, 다르게 구별한 네 가지 고통이 더 있다.

1. 구부득고(求不得苦) : 구해서 얻어지지 않을 때 생기는 고통.
2. 애별리고(愛別離苦) : 사랑하는 사람을 여의거나 아끼는 사물을 잃을 때의 고통.
3. 원증회고(怨憎會苦) : 미운 사람이 생기거나 당하고 싶지 않은 일 등을 당할 때의 고통.
4. 오온성고(五蘊盛苦) : 육체의 몸과 감각기관을 가졌기 때문에 생기는 고통.

이런 고통을 당하는 것이 어쩌면 당연하다고 인정을 할 때에 인간은 그 아픔을 쉽게 이길 수 있다. 또한 자기의 욕심을 없앨 때에 인간은 자유롭고 행복해질 수 있고 구속으로부터 벗어날 수 있다.

거미 이야기

나는 《한국 전래 불교설화집》에서 읽은 내용을 어머님에게 쉽게 이야기해 드렸다.

"사람이 죽으면 염라대왕에게 모두 불려가 그가 일생 동안 착한 일을 했는지, 아니면 악한 일을 했는지에 따라 극락과 지옥으로 가는 판정을 받는답니다. 그런데 저승에서 지장보살이 옆구리에 두 개의 장부를 가지고 다니면서 분주하게 사람들의 요청을 들어 자신의 이름이 어느 장부에 올라 있는지를 알려주고 있답니다. 파란 장부에 이름이 올라 있으면 그는 착한 일을 한 사람으로 극락으로 가도록 되어 있고, 노란색 장부에 이름이 올라 있으면 지옥으로 간다는 것입니다.

그런데 어느 한 사람이 자기 이름이 어느 쪽에 실려 있는지 궁금하여 지장보살에게 합장 인사를 하고 물어보았답니다. 자신이 생각해보아도 이 세상에 태어나서 남을 위해 착한 일을 한 일이 없었으므로 아예 처음부터 노란 장부에서 이름을 찾아보라고 했답니다. 그런데 웬일인지 노란 장부에는 자기 이름이 없었답니다. 그래서 파란 색 장부를 펴보니 거기에 이름이 올라 있었답니다.

그래서 그는 하도 궁금해서 지장보살에게 물어보았습니다. '내가 무슨 착한 일을 하여서 그 장부에 이름이 올라 있답니까?', 지장보살은 장부를 다시 보더니 '당신은 일생 동안 집안에서 거미를 한 마리도 죽이지 않았군요. 그런 까닭으로 조금 있으면 거미줄이 하늘에서 내려올 터이니, 이를 타고 하늘의 극락세계로 올라가시오!' 했답니다.

조금 있다가 과연 하늘에서 가느다란 거미줄이 내려와서 그가 이에 매달려 타고 하늘로 올라가려고 하는 참인데, 이게 웬일입니까? 옆에 있던 많은 사람들이 우르르 몰려들어 그 사람의 팔과 다리에 매달리는 것이 아니겠습니까? 혼자 타고 올라가도 언제 끊어질지 모르는데 여러 사람이 매달리니 걱정이 되었겠지요. 그래서 발로 차고 손으로 뿌리쳐서 매달린 사람을 거의 떼어놓고 올라가는데 중간에 거미줄이 끊어져 그는 극락에 가지 못했답니다."

이 이야기를 해드리고 "어머님! 왜 거미줄이 끊어졌다고 생각하십니까?" 하고 여쭈어 보았더니 "글쎄 모르겠다!" 하시었다. 그래서 "저는 이렇게 생각합니다. 자기 혼자만 잘 되자고 남을 발로 차버려서 끊어졌을 것입니다. '이왕 혼자 가기도 무서운 것일진대 하늘에 올라갈 사람은 모두 같이 갑시다.' 하고 함께 타고 갔으면 아마 그 거미줄은 끊어지지 않았을 것입니다. 이것은 자신만 위하고 남을 배려할 줄 모르는 인간의 마음을 타이르기 위해서 지어진 이야기라고 생각합니다." 하였다.

그랬더니 어머님은 "어찌 한 사람도 타고 가기 어려운 거미줄에 여러 사람이 매달리는데 끊어지지 않는다냐?"라고 물으셨다. 그래서 나는 "어머님 저승길은 우리의 몸을 무덤 속에 남겨두고 우리의 마음만 가는 곳이기에 가능합니다." 하였더니, 그럴 수 있겠다고 생각하시고 고개를 끄덕이셨다.

"어머님! 돌아가실 때에는 이 세상에서 가졌던 모든 욕심을 모두 버리고 가십시오. 설령 이 세상에서 서운한 것이 있더라도 용서해주고, 너그러운 마음으로 가십시오. 죽음의 마당에서 욕심을 버리는 사람은 이런 착한 마음을 가질 수 있습니다. 그리고 돌아가시는 순간에도 '나무아미타불, 나무관세음보살'만 염불하면서 돌아가시면 이 세상에서 못 이룬 소원을 저 세상에 가서는 모두 이룰 수 있답니다."라고 말하고 나는 염불을 계속하도록 해드렸다. 그리고 염불의 내용을 쉬운 말로 설명해 드렸다.

"'나무'라는 말은 나의 마음과 몸을 모두 맡겨 의지한다는 뜻입니다. '아미타불'은 앞으로의 세상에 나타나실 부처님이시고, '관세음보살'은 세상 사람들의 모든 소원을 이룰 수 있게 도와주는 분이랍니다. 관세음보살은 이 세상 사람들이 자기 이름만을 부르기만 하면 달려가서 그 사람의 소원을 들어줄 수 있는 신통력을 갖추게 해달라고 소원을 빈 보살입니다. 관세음보살을 염불할 때에는 '나도 관세음보살과 같은 행동을 할 수 있도록 도와 달라'고 하는 마음을 가져야 합니다. 어머님은 '다음 세상에 태어나시면 교육도 받을 수 있고, 부처님의 한량없이 깊은 마음을 배울 수 있도록 인연을 맺게 하여주시오' 하는 생각을 가지고 기원하십시오."라고 말씀드렸다.

1997년 8월 13일이었다. 어머니께서 우리 집에 계시다가 대전에 내려가시는 길이었다. 나는 어머님에게 독립기념관을 구경하지 않으시겠느냐고 하여 이곳에 잠시 들렀다. 국채보상운동 90주년 특별전을 하고 있었다. 아침 10시쯤 박물관에 도착하여 2시간 동안 어머님을 휠체어에 모시고 독립기념관을 돌면서 어머님이 알기 쉽도록 흥미를 끄는 부분에 대한 설명을 해드렸다.

어머님이 박물관을 이처럼 오랫동안 구경을 하신 것은 처음이라 생각된다. 물론 온양 민속박물관도 언제 한번 구경하셨지만, 그때에는 관람객이 너무나 많아서 한가하게 어머님이 구경할 수가 없었다. 그런데 마침 독립기념관은 평일 오전이어서 관람객이 그렇게 많지 않아 어머님과 차분히 충분한 시간을 가지고 구경을 할 수 있었다. 그리고 나와서 어머님과 사진을 같이 찍었고, 간단한 점심식사도 하였다.

병고에 시달림

어머니는 고혈압, 신경통에 변비증까지 있어서 만년에는 엄청난 병고에 시달렸다. 변비증으로 일주일에 한 번 대변을 보시는데, 이를 앓아보지 않은 사람은 그 고통을 모른다고 할 정도로 심각하였다. 오죽하면 쾌변을 보는 것을 인간의 행복 가운데 한 가지로 치겠는가? 어머님은 항상 관장약을 항문에 넣어드려야 변을 보셨다.

동생은 참으로 효성이 지극하였다. 일 년 내내 장사 때문에 바빠도 항상 어머님의 시중을 불평 없이 들었고 아침에 나갈 때에는 어머니 밥상에 반찬을 충분히 준비해 전기밥통에서 식사를 스스로 하시도록 해드렸다. 매년 봄이나 여름에 한 차례 우리 집에 모셔 오곤 하였다. 서울에 오신 김에 응암동 누님 댁에도 며칠 동안 들르시기도 하셨다. 때로는 어쩌다가 아내가 "어머니도 생각을 바꾸셔야 한다."고 하면, 나는 "어른들이 생각을 바꾸기는 쉽지 않을 것이니 우리가 차라리 어머니 생각에 맞추는 게 쉽다."고 말하였다.

만년에는 식사도 맛이 없어 하셨다. 어머님은 치아가 좋지 못하였다. 어머님은 치과에 가는 것을 꺼리셨다. 옛날 젊었을 때 치과에 갔다가 무서워서 혼이 났고, 성격상 의치를 끼울 수 없다고 생각하셨다. 지금 생각하면 치과에 모시고 가지 않은 것이 후회스럽다. 어머님의 치아가 전혀 없으니 씹으실 수가 없다. 씹지 못하고

드시는 식사가 맛이 있을 리 없다. 내가 이를 치료하느라 씹지 못하고 식사를 하여보니 음식 맛을 모르겠음을 깨닫고 어머님이 식사 맛을 모르신 것이 치아가 없어서 그런 것임을 뒤늦게 알게 되었다.

어머님은 60대부터 무릎 관절이 아프다고 하셨다. 병원에 가도 노인병이라고만 하고, 민간의 여러 가지 요법을 썼으나 차도가 없었다. 말년에는 병원에서 주는 진통제로 그 고통을 잠시 잊게 하는 게 치료의 전부였다. 그런 다리를 끌고 30여 년을 사셨다. 동생 집에 계실 때에는 동생이 목욕도 시켜드리고 수발을 들었다. 우리 집에 오시면 내가 목욕도 시켜드리고 변을 보고 싶다고 하면 관장약도 항문에 넣어드렸다. 언제나 어머님 머리맡에는 소화제, 신경통 약, 고혈압 약, 안약 등이 놓여 있었다.

원래 어머님은 약을 좋아하지 않으셨는데, 약을 계속 잡수시니까 성격도 변하시는 것 같았다. 그러나 우리 자식들이 어머님을 모시기에 다행이었던 것은 식사를 잘하셨다는 점과 돌아가시기까지 치매 증상이 전혀 없었다는 점이었다. 식사를 잘하시는 것이 어머니에게는 최대의 보약이었다. 어머님은 반찬 투정도 하지 않으셨다. 동생은 어머님이 잡수실 수 있도록 음식과 요깃거리를 항상 어머니 상 위에 준비해 두었다. 말년에 어머님의 요기는 베지밀과 요구르트였다. 항상 어머님 방에는 베지밀이 떨어지지 않았다. 단지 우리들이 죄송하다고 생각하는 것은 어머니의 성품이 깔끔하셔서 며느리들이 이에 맞추느라고 신경을 많이 써도 어머니 마음에는 흡족하지 못했고, 각자가 생활에 쫓기다 보니 어머니에 대한 충분한 보살핌이 부족했다는 점이다.

어머니는 낮잠도 잘 주무셨고, 밤에도 잠을 잘 주무셨다. 밤에는 어머님의 방에 놓인 텔레비전을 보시다가 주무셨다. 이는 어머니가 세상 물정을 알 수 있는 유일한 정보원이었다.

언젠가 어머님이 돌아가시기 2~3년 전쯤 우리 집에 오셨을 때에 꿈 이야기를 해주셨다. 엊저녁 밤에 할아버지 꿈을 꾸었는데 할아버지께서 어머님 보고 "애야! 함께 가자."고 하시기에, "아버님! 저 밥 한 숟가락 떠먹고 따라 가겠습니다 했더니 어디론지 할아버지가 가버리셨다."는 것이다. 그러면서 할아버지가 저승사자 대신 오신 것이 아니냐고 물으셨다. 그래서 나는 "어머니가 곧바로 따라 가시지 않은 것이 참 잘하신 일이네요." 하였더니, 어머님은 "배가 고파서 그랬다." 하셨다. "어머니 엊저녁 식사가 적으셨어요?" 물었더니, "아니다. 꿈에 그랬다는 말이다." 하셨다. 우리 민속에 염라대왕이 저승사자(使者)를 보낼 때에 나쁜 일을 한 사람에게는 자기 심부름꾼을 보내지만, 보통 사람 사람에게는 그의 선조를 보낸다는 이야기가 전해지고 있다.

나는 오랜 지병을 고칠 수 없으니 고통을 스스로 이기는 방법으로 어머님께 '나무아미타불 관세음보살'을 자주 염송하도록 권해드렸다. 그리고 어머님이 돌아가시는 순간에도 염불을 마음속에서 그치지 않고 하시도록 권하였다. 만약 어머님이 기운이 없어 염불을 하지 못하신다면 우리가 옆에서 도와드릴 터이니, 염불하겠다는 마음가짐만 놓지 마시라고 자주 말씀드렸다.

막내 동생 집 조카딸 기남이가 할머니 읽으시라고 '나무아미타불 관세음보살'을 크게 사인펜으로 써서 벽에 붙여 드리기도 하였다. 어머님이 그 짧은 염불마저도 가끔 잊어버리면 이를 읽으실 수 있도록 도운 것이다. 그리고 찾아뵙지 못할 때에는 전화를 걸어 어머님 안부를 여쭙고, 그냥 끊기가 민망하여 "어머님, 나무아미타불 관세음보살을 세 번 염불해 보세요." 하곤 하였다. 그런데 어느 날은 전화로 "어머님 염불을 해 보세요!" 하였더니, 조금 하시다가 "이젠 염불도 할 힘이 없어 못 하겠다."라고 말씀하셔서 기력이 매우 쇠약해졌음을 알게 되었다.

또한 외손자 민경수가 외할머니의 염불을 적극적으로 도와드렸다. 그는 외할머니에게 백팔염주도 사 드리고, 또 염불이 녹음된 테이프도 사 드려서 자주 들으시도록 하였다. 그리고 막내딸과 사위가 독실한 불교 신자여서 어머님이 불교 신앙생활을 잘 할 수 있도록 도와드렸다.

만년에 이른 인간에게 종교만큼 큰 도움을 주는 것은 없다. 종교는 우리의 심성을 바르고 착하게 인도할 뿐만 아니라, 생활관습을 일정하게 규제하며 선행을 유도한다. 종교 활동은 인생의 가장 값진 행위 가운데 하나라고 할 수 있다. 인생으로서 종교를 가지지 못한 자는 인생의 값진 보물을 간직하지 못한 것과 같다고 할 수 있다. 종교처럼 인간을 도덕적으로 만드는 힘은 어떤 학문에도 없다. 기독교의 사랑, 그리고 불교의 자비와 그 실천 운동은 참으로 값진 것이다.

나는 인생에서 죽을 때까지 종교와 접하는 인연을 갖지 못한 분들에게 인간으로서 중요한 체험을 하지 못했다고 생각한다. 한국 사람의 대부분은 유교적 신앙을 종교로 생각하고 있으나, 종교는 현세와 내세를 연결해주는 역할을 하는 것이다. 이에 비하여 유교는 현세만을 강조할 뿐, 인간이 죽은 뒤 내세에 대한 가르침이 없다. 유교는 친족 중심의 실천윤리일 뿐 종교가 될 수는 없다. 그러나 유교가 일부 종교적 기능을 수행하고 있는 점이 있다면, 이는 제사를 통하여 과거의 부모 영혼과 만날 수 있다는 생각이며, 착한 일을 하면 복을 받고 악한 일을 하면 화를 당한다는 복선화음(福善禍淫) 사상이라 할 수 있다. 조선조 500여 년 동안 유학자들이 종교 없이 살아온 이유는 유교가 이 같은 종교성을 갖고 있었기 때문이라고 생각한다.

불교 신앙을 갖기 전에 어머님의 종교성은 다음과 같다고 본다. 그 종교성은 도덕성이라고 하여도 좋은 것으로, 이는 어머님이 남겨주신 인생의 교훈이었다. 그러나 이는 적극적인 선행이 아니므로 나는 어머님께 불교 신앙으로 보다 적극적인 선행을 쌓도록 권해 드렸다. 어머님의 생활신조는 다음과 같았다.

첫째, 절대 남에게 해로운 일을 해서는 안 된다. 차라리 내가 손해를 볼망정 남에게 손해를 끼쳐서는 안 된다. 어머님은 시골에서 남에게 곡식을 돈을 받고 줄 때에도 말을 넉넉하게 주었고 덤으로 한두 줌을 더 주었다. 쌀 말을 넉넉하게 주기로 동네에서 잘 알려졌다.

둘째, 부지런하고 검소하게 살라. 어머님의 생활에는 버리는 것이 거의 없었다. 장리의 빚을 지지 않기 위하여 끊임없이 노력을 하였고, 이런 어머님의 절약 정신으로 장리 빚을 지지 않고 버는 만큼 축적을 이루어 우리 집안은 시간이 지나면서 조금씩 나아지는 발전을 하였다. 경제적 비축이 있었다면 부지런한 대가로 소득을 늘리기도 하였고, 절약을 통해 시골에서 재산을 늘렸다. 이런 정신은 두 형님들에게 그대로 전수되었다. 많은 소득이 있어도 씀씀이가 헤프면 돈을 모을 수 없다. 한푼 두푼 모은 돈의 가치는 대단히 소중한 것이다.

셋째, 형제는 서로 우애하고 친족 간에 화목하게 지내라. 부모에 대한 효도는 형제 사이에서는 우애로 나타나는 것인바, 이는 우리 형제들이 어머님의 뜻을 잘 받아들여 이제까지 살아온 덕목이다.

346

넷째, 정직하게 살라. 어머님은 일생을 정직하게 살아오셨고, 우리들은 잘못을 했을 경우 정직하게 말씀드리면 용서해 주셨다.

다섯째, 가족을 위해 먼저 힘써라. 어머님은 스스로 가족을 위해 봉사하는 정신으로 살아오셨다.

이는 우리 집안의 가훈이라 해도 좋은 것이다. 어머니는 이 같은 가르침을 말이 아니라 몸으로 실천하여 행동으로 보여 주셨다. 늘 어머니는 자신보다는 가족을 위해서 살아오셨다. 당신의 행복이 무엇인지, 취미가 무엇인지를 모르고 오직 가족만을 위해서 애쓰셨다. 우리 자식들은 이런 어머님의 정신을 가족의 차원에서 지역과 국가, 그리고 일반 사회로 넓혀서 실천해야 할 것이다.

서병훈 선생님의 별세

2000년 9월 24일 나에게 장학금을 주어 중학교부터 계속 공부를 할 수 있도록 도와주신 서병훈 선생님의 부음을 받고 삼성병원으로 갔다. 선생님은 중풍(고혈압)으로 쓰러졌으나, 10여 년 동안 사모님의 극진한 간호로 많이 기운을 차리셨다. 최근 15~16년 동안 해마다 설이 되면 육영회 동창들 6명이 선생님 댁으로 세배를 갔다. 서병훈 선생님은 나에게 가장 많은 은혜를 주신 선생님 세 분 가운데 한 분이시다.

서 선생님의 장지인 청양읍에 내려갔다. 육영회 동창생인 장재천 씨도 장지에 참석했다. 묘를 쓰고 마지막 제사를 올릴 때에 상길육영회 동문 대표로 나는 다음과 같은 조사를 써서 읽었다.

조 사

선생님이 돌아가셨다는 소식을 접하고 마음의 한 귀퉁이가 무너지는 것 같았습니다. 제가 그 순간 제일 먼저 걱정한 것은 선생님께서 얼마나 고통을 느끼시다가 돌아가셨을까 하는 것이었습니다. 문상을 가서 비로소 저의 소견이 좁았음을 통감했습니다. 일생 동안 남에게 해로운 일은 전혀 하시지 않으시고 오직 남을 위해 무엇을 어떻게 봉사할 것인가만을 위해서 살아오신 그 착한 선생님이 편안하게 임종하셨다는 것을 들었을 때 천도가 무심하지 않음을 다시금 확인했습니다.

선생님과 인연을 맺게 된 것은 지금으로부터 45년 전, 제가 중학교 1학년으로 상길육영회 장학생이 되었을 때입니다. 선생님을 처음으로 뵙게 된 것은 43년 전 선생님의 선고 빈소에서였습니다. 온화한 선생님의 모습을 본 느낌이 지금까지 마음속에 남아 있습니다. 그 뒤로 선생님을 자주 찾아뵙지는 못하였으나, 거의 매년 세배를 드리러 댁에 찾아가서 선생님과 환담을 나눈 것도 20여 년이 됩니다. 이렇게 따지면 선생님과 가까이 지낸 사람 중 자녀들을 제외하면 저희들이 가장 오랫동안 인연을 맺은 가까운 사람일 것입니다. 그뿐이겠습니까? 앞으로 시간이 지나 선생님에 대한 추억이 다른 사람들의 마음속에서 점차 지워져도 저희들 육영회 회원은 선생님에 대한 추모의 정을 이 세상 다할 때까지 간직할 것입니다.

선생님이 저희들에게 베풀어주신 은공으로 저희들 육영회 회원 여섯 명은 중·고등학교를 다닐 수 있었고 저희들의 오늘이 있게 된 것으로 믿습니다. 선생님이 육영회를 만드신 것은 돈이 많아서가 아니라 선친에게 효도하려는 마음과 선생님이 어렵게 공부했던 처지를 생각하시는 착한 마음, 그리고 고향을 잊지 않으시는 숭고한 마음에

348

서 나왔다고 생각합니다.

저희들은 선생님의 은공에 보답을 하지 못해 항상 마음속으로 죄송스럽게 생각해 왔습니다. 그 은공을 선생님께 갚을 수 있는 길은 중단된 상길 육영회를 부활하여 영원히 존속시키는 일이라고 생각하여 왔습니다. 이런 마음가짐은 저희들이 이 세상을 마칠 때까지 변하지 않을 것입니다.

선생님은 저희들의 영원한 스승님이라고 생각하고 있습니다.

선생님께서는 착한 8남매를 곱게 키우셨고 천수를 다하셨다고 남들은 이야기하겠지만, 사랑하는 사모님과 자식을 남겨두시고 어찌 홀연히 떠나십니까? 현세에서 다시는 선생님을 뵐 수 없다는 생각과 선생님의 환한 미소를 지으시던 모습을 다시 뵐 수 없다는 생각이 저로 하여금 눈물을 흘리게 합니다.

이렇게 선생님을 마지막으로 이별하는 자리에서 오직 드릴 수 있는 것은 선생님이 자란 아름답고 조용한 고향, 그리고 선친의 옆으로 돌아오셨으니, 영령께서는 편히 잠드시라는 말씀밖에 없음이 안타까울 뿐입니다. 육영회 여섯 명 모두의 마음을 합쳐 명복을 빕니다.

2000년 9월 26일 정구복 올림

어머님께 서 선생님이 돌아가셨다는 말씀과 장례식에 참여하여 장사를 잘 마치었고, 조사를 읽었다는 말씀을 드렸다. 어머님은 그분에 대한 고마움을 항상 잊어서는 안 된다고 거듭 말씀하셨다.

15. 영면과 장례

어머니와 나눈 마지막 대화

2000년 12월 3일(일요일) 나는 대전에 볼 일이 있어 내려갔다가 어머니 곁에서 잠을 자게 되었다. 나는 어머니에게 요즘 하고 있는 일과 내가 오늘 오게 된 까닭을 말씀드렸다. 그리고 나서 어머니에게 용돈을 드렸더니, 너무 많다고 하셔서 10만 원은 동생에게 주고 20만 원을 드렸다. 그러자 어머니께서는 지갑에 넣어둘 수 없다고 하시며 장롱에 넣어두셨다. 그리고 나는 항상 그러듯이 어머님이 필요로 하시는 것을 확인하고 이웃 가게에 나가 휴지, 베지밀 두 박스, 카스테라를 사다 드렸다.

저녁을 먹고 들어갔으나 어머님께서 베지밀을 주시면서 먹으라고 해서 받아 마셨다. 그리고 어머님은 나의 가방에 또 한 통의 베지밀을 넣어 주시면서 내일 가다가 먹으라고 챙겨주셨다. 나는 잠이 들기 전에 어머니와 나무아미타불을 함께 염불하였다.

"어머니 요즘 필요하신 것이 있어요?" 했더니, "아무 것도 없다." 하셨다. 어머니가 화장실을 가신다고 해서 어머니를 부축하여 모시고 갔다. 어머니께서는 대단히 고통스러워하셨다. 화장실에는 동생이 가로 막대를 설치하여 주어, 어머니는 이를 짚고 가셨다. 소변을 보고 나오시면서 "어휴" 한숨을 내쉬셨다. 다시 어머님을 부축하여 자리까지 모셔드렸다. 자리에 누우시면서 어머니는 "왜 이리 안 죽는지 모르겠다."고 하셨다. 자주 들었지만 그 때는 참으로 듣기에 민망했다.

그래서 나는 어머니에게 "사람이 사는 것은 여행하는 것과 같습니다. 걸어가다가 피곤하면 좀 쉬는 것이 우리의 죽음과 같다."고 말씀드렸다. 그리고 "어머니, 쉬었다가 다시 갈 때에 반드시 챙겨야 할 것이 있습니다." 하였더니, "그게 뭔데?"라고 물으셨다. "그것은 바로 어머님의 마음에 있는 부처님을 놓치지 말아야 한다는 것입니다. '나무아미타불 관세음보살'을 세 번 외워보시지요!" 하였더니, 두 번을 염불하다가 "야 그것도 힘이 든다." 하셨다. 그래서 나는 한 번 더 염불을 해드렸다.

그리고 어머님이 10시 반쯤 잠이 드셔서 코를 고셨다. 나는 이 생각 저 생각을 하다가 11시쯤 잠이 들었다. 새벽에 잠을 깨니 5시 30분이었다. 내가 일어나니 어머님도 잠에서 깨셨다. "어머니, 저 출근을 위해서 올라가겠어요." 했더니 아침을 안 먹고 떠나는 것을 어머니는 못내 안쓰러워 하셨다. 그러나 나는 가다가 사먹겠다고 하고 어머니 손을 잡았다가 놓고 살그머니 집을 나왔다. 이것이 어머님과의 마지막 대화임을 우둔한 이 자식은 미처 알아채지 못했다.

어머님의 영면과 임종

2000년 12월 15일(금요일) 오후 5시쯤에 핸드폰으로 어머님이 병원에 입원하셨다는 말을 듣고 황급히 내려갔다. 신희(동생 구철의 딸)가 울면서 전하는 말을 듣고 1시간 30분 만에 대전 성심병원에 도착하였다. 어머님이 문 밖으로 나오시다가 낙상을 하셨다는 것이다. 응급실에 들어가 보니 완전히 의식을 잃으신 상태이고 산소호흡기를 끼고 계셨다.

조금 지나 4형제와 전주에 사는 여동생 부부가 모였다. 손발을 만져보니 차가웠다. 형제들이 모두 함께 손발을 한참 동안 비벼드렸으나 좀처럼 회복할 기미가 없었다. 형제들이 상의하여 중환자실로 옮겨드렸다. 그런데 면회는 시간이 아침 6시, 8시, 12시, 그리고 오후 5시, 10시로 한정되어 있었고, 그 시간도 30분 동안만 가능했으며 한 번에 두 사람밖에 들어올 수 없었다. 또, 들어올 때에는 반드시 가운을 입고 들어와야 한다고 하였다.

간호사가 근원적인 치료를 할 것이냐, 임시 응급조처를 할 것이냐고 묻기에 근원적 치료를 해달라고 부탁하였다. 간호사가 보호자는 보호자 대기실에 있어야 한다고 하여 우리는 전화번호를 적어주고 급한 상황에는 연락을 해달라고 특별히 부탁을 하였다. 그리고 전주 여동생 부부와 함께 대기실에서 밤을 새웠다.

어머님은 이틀 뒤에 의식을 약간 회복하였으나 말씀은 하지 못하셨다. 매일같이 공주의 작은 형님이 면회를 오시고 대전의 형제들도 면회를 하였다. 상황이 좋지 않음을 실감했으나 가족 모두 마음을 다해 회복을 기대하였다.

12월 19일 아내와 함께 병원에 내려가서 밤 10시에 면회를 하였다. 우리는 하룻밤을 대기실에 잤다. 20일 아침 5시에도 면회를 갔으나 잠에 드셨기 때문에 깨우지 않고 상경하였다. 약간 기력을 회복하시는 것 같았고 사람을 알아보시는 것 같았다. 그 뒤로 자주 전화를 걸어 상황을 점검하였다.

12월 22일 금요일 10시쯤 둘째 형님의 전화가 걸려 왔다. 어머님의 회복이 불가능하다고 판단하여 퇴원을 하기로 큰형님과 상의가 되었다고 하기에, 형님들과 동생의 의견에 따르겠다고 하였고, 23일(토요일)에 퇴원하여 어머님을 동생 집으로 모셨다. 나는 다음 주 초에 내려갈 계획이었다.

12월 24일 일요일 새벽 2시 30분에 급히 내려오라는 큰형님의 전화를 받고 아내와 함께 대전에 내려가니, 새벽 4시 30분이었다. 이미 3형제가 옆에 있었고, 아침 9시쯤 서울 응암동에 사는 둘째 누님과 매형이 도착하였다. 10시쯤에는 숙모와 사촌동생, 작은 형수, 사촌 제수씨가 도착하였다. 한참 동안 숨을 쉬다가 가래가 끓어올랐는데 보리차를 먹여 드렸더니 재채기를 하셨다. 가래가 입 안으로 나와서 휴지로 씻어냈다.

한두 시간 동안 두세 차례 가래를 토해내시더니 끓던 숨소리가 작아졌다. 어머님을 불러 봐도 전혀 알아듣지 못하셨다. 12시쯤 전주 여동생 부부가 도착했다. 어머님의 숨쉬는 소리가 더욱 한없이 가팔랐다.

나는 보리차를 끓여달라고 하여 어머님의 입술에 발라드리고, 목에 한두 숟가락을 떠넣어 드렸다. 그리고 손발을 만져보니 아직 체온이 있어 계속 주물러 드렸다. 물수건으로 얼굴을 씻어 내니 입술에 붙어 있던 딱지가 하나둘 떨어졌다. 이마를 만져보니 열이

354

오르는 듯하여 찬 물수건으로 식혀 드리고, 얼굴이며 목이며 손을 물수건으로 씻겨 드렸다. 병원에서 산소 호흡기를 꽂느라고 입술에 난 상처의 딱지도 말끔히 떨어져 나갔다. 아무리 "어머니" 하고 불러보아도 의식을 전혀 차리지 못하셨다. 나는 밥을 먹을 수 없어 숟가락을 들지 않았다. 어머님의 생각을 하니 도저히 입에 음식을 넣을 수 없었다.

12시쯤 작은어머님이 깨끗한 옷으로 갈아입혀 드리자고 하여, 속옷부터 치마저고리까지 어머님이 아끼시던 비단 저고리와 치마를 꺼내 입히고 기저귀도 갈아드렸다. 숨이 가쁜 어머님의 모습을 보고 작은어머님은 "좋은 때를 찾으시느라"고 이러신다고 말씀하셨다.

그 순간 우리들은 '나무아미타불'을 계속 독송해 드렸다. 나는 어머님을 위해서 《천수경》, 《금강경》, 《반야심경》을 한 번 독송해드렸다. 그리고 종이쪽지에 "나무아미타불, 나무지장보살, 극락왕생"이라고 써서 어머니 가슴의 품안에 넣어드렸다. 임종을 지켜보면서 죽음의 고통이 인생의 사고(四苦) 가운데 하나라고 설파한 부처님의 참뜻을 실제로 확인할 수 있었다.

2000년 12월 24일(일요일) 오후 4시 45분에 어머님은 다시는 깨어날 수 없는 깊은 잠에 드셨다. 온 친족이 지켜보는 가운데 자신의 방에서 자식들의 염불 소리를 들으며 사바의 세계에서 저 열반의 세계로 가는 배를 타고 떠나셨다. 어머님의 손이 차가워지더니 숨이 뚝 끊어졌다. 그러다 어머니는 1~2분 뒤에 다시 몇 숨을 쉬는 듯하더니 영영 숨을 거두시었다. 마치 물에 빠진 사람이 몇 번 물 위로 솟구쳐 오르다가 폭 빠져 들어가는 것과 같았다. 체온은 발에서부터 점차 떨어지더니, 30여 분 만에 순식간에 온몸이 싸늘

해졌다. 매형이 숨을 거두었다고 하시면서 홑이불을 얼굴 위에 덮었다. 향년 92세였다. 비록 10여 시간 동안 임종을 지켰으나, 어머님이 떠나가신다는 확신을 갖게 된 것은 겨우 몇 시간 전이었다. 아마 자식으로서 갖게 되는 기대 때문에 상황을 정확히 보지 못한 것 같다.

24일 오전에 둘째 누님이 가지고 온 어머님의 사진을 확대하여 영정사진을 만들었다. 오후 6시에 어머니가 입원하셨던 대전 성심병원 장례식장 5빈소를 계약하고 앰뷸런스를 불러 영안실에 모셨다. 어머님이 살아계실 때 "내가 죽거든 바로 영안실 냉동실에 넣지 말라."고 평소 당부하셨으나, 집에서 장례를 치를 수 없는 형편이어서 그 말씀을 따르지 못해 죄송스러웠다. 밤에 전주에서 금선암 주지와 대원사 주지 스님이 오셔서 철야 독경을 해 주셨다.

장례와 49재

빈소에 전화를 가설하고 지관을 찾아가 하관 시간을 잡았다. 발인 시간이 26일 오전 9시로 정해졌다. 20년 전 아버지 면례 때에 쓴 흰 중단을 어머님이 미리 빨아 두셨으므로 4형제는 이를 입었다.

가까운 친척과 친지에게 전화로 어머님의 사망을 알렸다. 김경수 박사가 곧바로 와서 여러 가지 일을 도와주었고, 전주에 있는 매부가 금선암에 계시는 스님을 모시고 와 염불을 해 주셨다. 밤부터 문상객이 찾아왔다. 밤에 향불을 계속 피우고 독경을 하면서 날을 새웠다.

25일 월요일 아침 8시, 스님 두 분이 오셔서 염불을 해주고 돌아갔다. 집안 친척들이 모여들었고 아침 10시부터 연구원의 조문객이 도착하였다. 영하 10도의 날씨에 눈까지 내려서 서울에서 온 직장 동료들과 친지들이 많은 고생을 했다고 한다. 나는 무사히 조문객들이 돌아갈 수 있기를 기원했다.

　11시에 염을 잡수실 계획이어서 영안실이 있는 아래층으로 내려갔다. 스님이 토끼띠는 보지 말라고 했다. 어머님의 시신이 염하는 장소로 나오고 입은 옷을 찢어 가제로 씻겨 드리는데 팔이 아직 굳지 않았다. 그리고 수의를 입히기 시작했다. 수의는 어머님이 칠순 때에 만든 것으로 22년 동안 큰형님 댁에서 큰형수가 소중하게 보관해 오신 것이었다. 속옷, 치마, 저고리, 두루마기를 입혀 드리고 버선을 신고 장갑을 끼고 이불을 덮었는데 하나도 빠짐이 없이 풍족하게 해둔 어머님의 지혜가 무척이나 깊으심을 깨달았다. 버선은 둘째 누님이 수의에서 빠졌다는 말씀을 듣고 만들어 오셨다.

　고운 삼베 도포를 입혀 드리고는 상주들을 들어오게 하여 입에 쌀을 한 숟가락 담아 큰형에게 "천 석이요!"라고 외치면서 어머님 입에 넣으라고 하였다. 다음 작은형이 둘째 숟가락을 입에 넣어주고 "이천 석이요!"를 외치고, 내가 "삼천 석이요!"라고 외쳤다. 그리고 주머니에 동전 한 닢을 넣고 "일천 냥이오!" 하고, 삼천 냥까지 넣어드렸다. 이는 죽은 분이 저 세상에서 풍요롭게 사시고 저승 가는데 용돈으로 쓰라는 의미를 지닌 민속적 전통임을 확인할 수 있었다. 그리고 종이 한지를 접어 차례로 놓고 일곱 마디를 꽁꽁 묶는데 그 방식이 절묘하였다. 우리 선조들이 이룩한 오랜 전통문화의 정수(精髓)였다.

나는 임종 시 어머니의 가슴에 염불을 써 넣었던 종이쪽지를 입관하는 순간 쓰레기통에서 찾아서 관 옆에 다시 끼워 넣었다. 염을 하는 분들이 이를 쓰레기통에 버렸다. 어머님의 관 위와 밑에는 스님들이 가지고 온 다보탑다라니판을 놓았다. 그리고 염을 하는 동안 스님이 독경을 해주셨다. 한 시간에 걸친 염을 보면서 장의사들의 수고로움에 감사하였다. 우리들 상주는 성복제를 지내고 굴건상복을 입었다.

박병호 교수님을 필두로 한국정신문화연구원의 교직원 일행이 버스로 오셔서 조문을 받았다. 그리고 충남대학교 교수들의 조문도 받았다. 밤새도록 향불을 피우면서 독경으로 날을 샜다.

12월 26일 월요일 8시 30분에 영결식장에 내려가 발인제를 지냈고, 9시 5분에 장례식장을 출발하였다. 어머님의 시신을 모신 캐딜락 영구차와 45인승 버스 한 대가 영결식장을 출발하였다. 영정은 막내 매부가 자기 차로 모셔 영구차를 인도하여 갔다. 관광버스 한 대에 상주 등 40여 명이 타고 장지로 출발하였다. 갓점 당숙에게 묘를 파는 일을 부탁하고 집안 청년들을 10여 명 보냈다.

각종 축문은 재당숙 인용 씨가 써 주었고, 성분제 축문은 국한문으로 내가 지었다. 묘소 앞에 가서 노제를 지내면서 문상을 받았다. 공주 형님들의 친구와 인근 사람들 50여 명의 조문을 받았다.

20여 년 전 아버지 묘소를 면례할 때에 그 좌측에 미리 준비해 두었던 석관에 어머님을 모셨다. 떼를 떠놓고 삽으로 흙을 팠다. 햇살이 나면서 날씨가 풀어졌다. 묘소를 꾸미고 성분제를 올렸다.

28일(목요일)에는 맑은 날씨 속에서 삼우제를 지냈다. 아침 상식을 지내고 묘소에 가서 술을 올리고, 1시에 정산에 있는 음식점에서 점심식사를 하고 올라왔다. 형제·남매들은 앞으로 더욱 화목하게 지내자고 다짐하였다. 나는 아내와 함께 큰 누님을 천안 고속버스터미널에 바래다 드리고 밤 9시쯤에 집으로 돌아왔다.

29일(금요일) 저녁 전주에 가는 참에 전경목 박사로부터 전화를 받고 문상을 오신 송준호 교수를 판교에서 만났다. 송 교수와 나는 전경목 박사의 차로 전주로 내려갔다. 내일 전주 모악산 금선암에서 있을 49재에 참석하고자 함이었다. 밤 9시에 전주에 도착하였다. 49재는 7일마다 재를 올리는 불교식 제례이다. 불교에서는 사람이 죽으면 그 영혼이 49일 동안 허공에 떠돌다가 저승에 간다고 생각하여, 극락왕생을 기원하는 천도재를 7주 동안 지낸다.

마지막 49재가 치러지던 날에는 모든 자식들이 참석하였다. 2001년 2월 9일 아침 10시부터 전주 모악산 금선암에서 거행되었다. 마지막 천도재에는 아버지의 영혼을 모셔다가 그 영혼을 목욕시키는 의식과, 아버지와 어머니의 영혼을 모두 극락왕생하게 하는 의식이 있었다. 모든 의식이 끝나고 이어서 탈상을 하였다. 그곳에서 상복을 벗어 불에 태웠다. 그동안 아버님에게 불교를 전해 드릴 수 있는 기회가 없었는데, 어머님의 49재를 통하여 극락왕생을 비니 마음이 한결 가벼워졌다. 나는 탈상을 한 뒤 상표(喪表)를 3년 동안 옷에 달았다.

어머님이 돌아가신 뒤로 꿈에서라도 한 번 보고 싶어 밤늦도록 어머니를 생각하면서 잠이 들어도 어머님은 좀처럼 꿈에 나타나지 않으셨다. 어머님이 평소 좋아하시던 음식을 보면 어머님 생각이 나고, 팔순을 넘긴 할머니를 보면 어머님 생각이 떠오른다. 1998년 작은 형님의 회갑 때 내가 "어머니, 이제 5년만 더 사시면 저의 회갑도 보시게 됩니다."라고 말씀드렸었다. 그 때 어머님은 "애야,

네 회갑까지를 어떻게 보니?" 하시더니, 이렇게 쉽게 가시고 말았다. 어머님께서는 자신이 가실 때를 미리 아셨던 것 같다.

어머님이 남겨 주신 마음은 우리 형제자매들의 가훈으로 삼을 것이며, 이제 회갑 후 맞이하게 되는 저의 제2의 생은 더욱 남을 위해 살겠다는 약속을 어머님 영전에 올렸다.

어머님이 돌아가시자 곧이어 어머니 곁에서 어머니를 보살펴 주던 막내 동생 구철의 넷째 딸 기남이도 죽었다. 그 애는 암으로 투병을 해 왔다. 그리고 2005년 1월에는 큰형님이 폐암으로 돌아가셨다.

어머님 1주기 제문

해가 바뀌고 세월이 흘러 어머님의 첫 기일(忌日)(소상 음력 11월 29일)을 당하니 슬픔을 금할 수 없습니다. 평소 좀더 잘해드렸더라면 하는 후회를 지울 수 없습니다. 평소에 저희들이 잘못한 것을 모두 너그러이 용서하여 주십시오.

가실 때에는 그렇게 쉽게 가시는 것을 "나 왜 안 죽느냐?"고 자주 하시던 말씀이 저희들을 슬프게 하였습니다. 어머님이 가신 후 그 불쌍한 조카 딸 기남이도 세상을 떠났습니다. 그리고 금숙이 결혼식도 치렀습니다. 이 밖에는 저희 7남매 집안이 모두 평안합니다. 어머님을 꿈에서라도 한 번 뵙고 싶어 밤새도록 어머님 생각을 하다가 잠을 자도 꿈에서도 뵐 수가 없으니, 아버님 옆자리가 편하신 줄로 믿습니다.

어머님마저 세상을 뜨시니 저희 7남매는 이제 천하에 고아가 된 기분을 지울 수 없습니다. 어머님의 자리는 외갓집과 저의 집을 잇는

다리 역할과 형제들 간의 구심점으로서 너무나 소중한 자리였음을 알게 되었습니다. 어머님이 떠나가시니 왠지 형제들도 서로 떨어져 있는 것을 더욱 실감하게 됩니다. 어머님이 42살에 아버님을 여의시고 결혼생활 기간의 2배가 넘는 50년 동안을 홀로 사시면서 7남매를 키우시느냐고 얼마나 많은 고생을 하셨습니까? 먹고 싶은 것을 아껴서 자식을 먹이고 자식들이 행여 빚을 질까봐 먹을 것도 제대로 못 잡수신 것이 얼마나 오랜 동안이었습니까? 어린 자식들이 남에게 실수를 하면 홀어미 밑의 자식이기 때문이라는 욕을 먹지 않게 하기 위하여 저희들을 엄하게 키우셨습니다.

그런데 말년에는 자식들이 살 만큼 사니까 이제는 어머님의 건강이 좋지 않으셔서 삶의 즐거움을 잊으신 시간이 대단히 길었습니다. 머리가 하얗게 센 노인 할머니를 보면 문득 문득 어머님 생각을 하고 어머님이 좋아하시던 음식을 보아도 어머님 생각이 납니다. 인생이 항상 함께 살 수는 없고 언젠가는 헤어져야 한다는 것을 알면서도 어머님을 여윈 슬픔을 지울 수 없어 눈물을 흘립니다.

비록 어머님이 돌아가셨지만 저희 7남매는 어머님의 평소 가르침을 마음속에 깊이 그리고 오래오래 간직하여 실천하겠습니다.

어머님, 아버님! 오늘 이 자리에는 자식들 7남매 내외와 손자, 손부 손녀들과 작은 어머님과 사촌, 외손자들이 참여하였고, 정성껏 음식을 장만하였으니 마음껏 흠향하여 주십시오.

2001년 음력 신사년 동짓달 29일

효자 구세 올림

자식은 부모님 살아계실 때엔 효도를 하고 돌아가시면 제사를 지극 정성으로 모신다. 그 제사에 아무리 가난해도 빠뜨릴 수 없는 제수가 있는데 바로 대추와 밤이다. 왜 대추와 밤인가? 대추는 꽃 하나가 피면 반드시 열매를 맺고서야 떨어진다는 점에서 집안에 후손이 끊어지지 않음을 상징하고, 밤은 땅속에 들어갔던 최초의 씨 밤이 아름드리나무가 되어도 절대로 썩지 않고 남아 있어서 언제나 '근본'이 살아있음을 상징하기 때문이다. 제사의 근본은 정성이다. 형식은 그리 큰 문제가 아니다. 제사를 어린이의 산 윤리교육의 현장이 되도록 노력해야 할 것이다.

부모님 묘소 가꾸기

부모님의 묘소에 묘비를 세웠고, 비문은 다음과 같이 내가 썼다.

앞면
영일(迎日) 정(鄭)공(公) 윤용(允溶)
달성(達城) 서(徐)씨(氏) 옥순(玉順)의 묘비

제2·3면
영일 정씨의 시조는 감무공 극유(克儒)이고 그 17세인 시명(始明)공이 낙향하여 갓점에 터를 잡으셨다. 선고의 고조는 이원(以源) 고조비는 전주 유씨이며, 증조는 운석(雲錫) 증조비는 안동 김씨이고, 조는 순택(舜澤, 1864~1932) 조비는 남원 양(梁)씨이며, 고는 태흥(泰興, 1883~1965)이고 비는 파평 윤씨 상룡(相龍, 1863~1926)의 딸 일병(日炳 1888~1925)이시다. 27세인 선고는 2남 1녀 중 장남으로 1911년 8월 2일 출생하여 1950년 7월 27일 졸하셨다. 호적명은 창식

(昌植)이고 족보명이 윤용(允溶)이다. 15살에 서옥순과 결혼하여 7남매를 두었고, 친외 손자 15명과 손녀 15명을 두셨다.

선비는 달성 서씨 병철(丙喆, 1874~1935)과 결성 장씨 재선(在善, 1879~1918)의 장녀 사이에서 1909년 9월 14일 태어나셔서 17세에 시집 오셔 42세에 홀로되셨다. 어린 자식들을 키워 결혼시키고 집안을 일으키셨다. 2000년 11월 29일 졸하시어 좌측에 합장되었다.

명(銘)으로 기린다.

공의 성품은 착하고 효성스럽고 우애로웠다. 부덕은 근면하고 성실하셨다.

가훈을 실천으로 후손에 남기셨도다. 풍광이 좋은 선산에 긴 잠 드셨네.

셋째아들 문학박사 한국학중앙연구원 한국학대학원장 구복 삼가 짓다.

부모님의 비석과 비석 세우던 날의 참배 모습

제4면

장남 구세(求世) 자부 전주(全州) 이강천(李康天)

차남 구영(求榮) 자부 단양(丹陽) 우영순(禹榮淳)

삼남 구복(求福) 자부 창원(昌原) 황선자(黃善子)

사남 구철(求喆) 자부 광산(光山) 노용순(盧龍順)

장녀 옥저(玉姐) 사위 양주(楊州) 조연희(趙年熙)

차녀 경애(瓊愛) 사위 여흥(驪興) 민우기(閔于基)

삼녀 명옥(明玉) 사위 김해(金海) 김용상(金龍相)

손자 형영(亨永) 한영(翰永) 창영(昌永) 운영(鴨永) 기영(基永) 대영
(大永) 건영(健永)

증손자 국진(國震) 용진(龍震)

외손자 조중일(趙重日) 중찬(重贊) 중삼(重三)

　　　민경일(閔庚日) 경대(庚大) 경수(庚水) 경국(庚國)

　　　김태관(金泰官)

2005년 3월 19일 아들 조카의 위친계금으로 비를 세우다.

364

맺음말

20세기 한국역사의 특성과 역사적 과제

20세기는 한국의 역사상 최대의 변화기였다. 이런 변화는 세계사적으로도 찾기 힘들며, 앞으로의 역사에서도 유일할 것으로 생각된다.

왕조체제에서 망국을 겪고, 식민지에서 광복과 분단을 거쳐, 자유민주주의와 자본주의의 기틀을 마련하여 대한민국을 건국하였다. 그 뒤 6·25전쟁이 일어났고 이승만 독재정권을 무너뜨린 4·19혁명이 있었다. 5·16 군사 쿠데타가 일어난 뒤 산업화로 경제가 성장했으나 유신체제라는 질곡에 빠지기도 하였다. 박정희 독재정권 이후 또 다시 신군부가 집권했으나, 문민정부가 출현하여 민주화·도시화 등이 시작되었다. 이런 사건이 발생한 것은 단순히 그 시기에 문제가 있어서가 아니라, 오랜 역사적 원인이 그 안에서 작용했기 때문이다. 그럼 이런 사건들이 나오게 된 데에는 어떤 역사적 원인이 있었는지 고민해 볼 필요가 있다. 그러기 위해서는 우선 20세기 한국 역사의 특징을 살펴보아야 한다. 20세기 한국 역사의 특징은 다음과 같이 정리할 수 있다.

첫째, 20세기 전반기는 일본제국주의의 지배를 받아 국가발전에 엄청난 손실을 가져왔다. 정치, 경제, 사회, 문화, 사상, 학문 등에서 국가가 주권을 행사할 수 없었고 개인적 활동도 자유롭지 못했다. 자유로운 근대화 과정이 뒤틀렸다. 전반기에는 우리의 국가가 없었기 때문에 국가건설을 위한 계획은 꿈도 꾸기 어려웠다. 게다가 이 시대를 살았던 대부분의 사람들에게는 근대적인 교육의 기회도 주어지지 않았다. 정치가는 독립투쟁을 위해서 사랑하는 가족을 버리고 정든 고향을 떠나 해외로 나가 독립운동에 몸을 던졌다. 그리고 1918년부터 독립운동에 공산주의의 이념이 도입되기 시작하였다. 학자들은 망국의 원인을 조선조의 사대정책으로 돌려 유교문화를 부정하고, 한국적인 정신을 찾으려 고대사 연구에 몰입하였다. 이 영향은 지금까지도 국민의 가슴 속에 강하게 남아 있다.

20세기 후반은 전반기 역사의 후유증을 심하게 앓아 왔다. 새로운 국민국가의 형성, 이념적 갈등과 대립, 투쟁과 조정, 경제건설, 식민지 유산의 청산, 일제 식민의 역사학의 극복과 민족주의 역사학의 수립, 그리고 이런 후유증을 극복하면서 개방된 세계사의 조류를 바쁘게 수용해야 했다. 국민의 근대화 작업도 이루어졌다. 모든 국민의 교육화가 추진되었다. 서양문화를 수용하면서 국민의식은 전통적인 의식과 현대적 의식이 혼합되어 정신을 차릴 수 없었다. 한국의 근대화 작업은 정치에서는 민주화, 경제에서는 산업화, 정신문화에서는 민족주의적인 문화가 주요 과제였으나 정신문화와 윤리에서는 아직도 혼돈상태라고 하여야 할 것이다. 근대화의 후유증은 세대 간의 의식의 격차, 황금주의의 만능화, 도덕과 윤리의 타락, 도시화로 말미암은 농어촌의 붕괴, 가족제도의 변화, 독신층의 증가, 노년층의 증가와 유아출산의 저조 등으로 말미암은 인구 구성의 불균형, 교육에 쏟는 지나친 열정 등이 우리사회에 심각하게 나타나고 있다.

둘째, 20세기 후반 한국의 역사는 세계사에 적극적으로 참여했다. 한국은 공산주의와 자유주의가 대치한 상황에서 유엔에 의하여 총선거가 치러진 최초의 국가였으며, 38°선인 155마일의 휴전선에 수십만의 군대가 항상 대치하고 있는 준 전시적 상황은 독재정권의 등장을 가능케 하는 원인이 되었다. 누구도 이런 상황에서 이토록 경제가 발전하고 민주주의가 발달하리라고는 예측하지 못했다. 우리는 경제적 약소국에서 중진국 대열로 뛰어 올랐다. 제3세계에서 자본주의 혁명을 이룩한 최초의 국가가 되었다. 30년 동안 연 8%의 고도 성장을 유지해 왔다. 그리고 독재정권을 국민의 힘으로 무너뜨리고 빠르게 민주주의를 발달시켜 왔다. 민주주의의 요체는 역사발전의 주체인 국민 한 사람 한 사람이 행복과 권리를 추구하고 실현하는 것이라는 점에서 앞으로도 계속 추진해야 할 우리의 역사 방향이라고 할 수 있다.

유류가의 급등, 외국 경제의 변동은 우리 경제에 엄청난 충격을 주고 있다. 외국과의 관계를 고려하지 않고는 국내의 문제를 논할 수 없는 세계화의 시대에 우리는 놓여 있다. 이런 상황에서는 민족주의가 수정되지 않고는 살아남을 수 없다. 그러나 우리는 우리가 누구이고, 세계의 다른 나라 사람과 어떤 점에서 차이가 있는가에 대한 관심을 갖지 않을 수 없다. 사실 중국과 일본과는 우호 관계이면서도 역사 전쟁, 영토 문제로 심각한 문제를 안고 있다.

셋째, 20세기의 한국사는 제국주의의 유산인 남북분단을 해결하지 못하고 다음 세기에 숙제로 남겼다. 우리와 유사한 분단국가였던 독일은 통일이 되었으나 우리나라와 대만만 통일을 이룩하지 못했다. 북한 정권은 인민을 굶어죽이고 있으며, 귀와 입을 완전히 틀어막고 있다. 그리고 북한의 대남 정책에도 근본적인 변화가 없다. 일각에서는 경제적 문제 때문에 통일을 원하지 않는 견해도 있다.

또한 분단 때문에 생긴 이산가족의 문제, 전쟁 중에 죽은 사람의 유해 송환 문제가 아직도 완전히 해결되지 못한 채 역사의 과제로 남겨져 있다. 남북 분단의 문제는 우리만의 힘으로 되는 것이 아니라 주위의 관심국가인 강대국의 협조가 절실히 필요하다. 그러므로 우리는 남북 관계에 국민적 관심을 집중하고 외교적 역량을 함께 키워나가야 할 것이다. 그리고 우리에게 기회가 주어지면 어떤 희생을 감수하더라도 통일을 달성해야 할 것이다.

넷째, 한국은 다종교의 사회이다. 각종의 종교가 공존하면서도 종교 간의 큰 갈등이 없이 공존하고 있다. 또한 다양성이 중시되고 있고 다문화가 공존하고 있다. 서로 인정하고 때로는 소통하면서 조화롭게 발전을 계속하고 있다. 이는 우리나라가 가지고 있는 가장 큰 문화적 유산이며, 앞으로 발전할 수 있는 가능성을 보여주고 있는 현상이라고 할 수 있다.

다섯째, 빠르게 도시화가 진행되고 산업은 농업중심사회에서 중공업사회, 정보사회로 급변해 왔다. 도로의 건설, 통신장비의 보급 등으로 이제 우리는 지리적 한계를 극복할 수 있게 되었다. 그러나 그동안 지나친 개발로 우리의 국토가 너무 파괴되었다. 환경을 보존하고 이를 잘 가꾸는 것도 이미 중요한 국가적 과제로 떠오르고 있다. 전국의 산에 나무를 잘 가꾸는 일과 청정한 수자원을 확보하는 일은 앞으로 후손에게 우리가 물려줄 수 있는 큰 물질적 유산이라고 할 수 있다.

여기까지 20세기 한국역사의 다섯 가지 특징을 살펴보았다. 그럼 20세기 한국 역사가 안고 있는 문제는 무엇인지 살펴보고 이를 극복할 우리의 과제를 생각해 보겠다.

현재 우리나라가 당면하고 있는 문제로 경제발전과 문화발전의 수준이 균형을 이루고 있지 못한 것을 들 수 있다. 우리나라가 선진화하기 위해서는 무엇보다 문화적 수준을 높여 선진국으로 진입하여야 한다. 이는 기본적으로 개인의 문제이기도 하면서 국가적으로 추구되어야 할 과제라고도 할 수 있다. 앞으로 어떤 국가로 나가야 할 것인가에 대한 의견 수렴과 논의가 좀더 적극적으로 이루어져야 할 것이다.

세계화 시대에서는 우리 역사와 문화를 중심으로 세계의 지식과 정보를 적극적으로 수용할 때 한국 문화가 창출될 수 있다. 세계화가 외국의 것을 그대로 답습하는 것은 아니다. 겉만 따라가는 것은 반드시 엄청난 큰 실수를 가져올 것이다. 그러므로 모든 국민이 영어를 배워야 반드시 성공한다는 것은 엄청난 착각이다.

우리는 우리나라의 발전을 목적으로 하기보다는 세계 역사의 발전을 목적으로 해야 한다. 우리는 인류의 공영을 위해서 노력해야 할 것이다. 지구의 환경문제, 전 인류의 평화문제가 바로 우리의 중심 과제여야 할 것이다. 지금까지 우리 역사가 세계 역사의 조류에 따라온 역사였다면, 앞으로는 세계사의 조류를 창출해가는 역사가 되어야 할 것이다.

우리 어머님

나의 어머니는 1909년에 태어나 20세기라는 급변하는 역사의
파도 속에서 살아오셨다. 17세에 결혼하여 7남매를 낳아 기르셨고
오랜 동안 가난과 싸우면서 가족을 지켜내야 했다. 어머니에게는
교육의 기회가 주어지지 않았고, 사회의 변화를 따라갈 수 없었으
며 역사의 변화에 떠밀려가는 삶을 사셨다. 이는 미국이나 일본,
유럽의 선진국에서 태어난 사람과 크게 다른 점이다. 어머니의 삶
이 개인 생활에 국가의 힘이 얼마나 크게 작용하는가를 단적으로
보여준다고 생각한다.

우리 어머님은 90년 평생을 자식들을 위해서 사셨다. 10살 때에
당신의 어머니를 여의고 새어머니 밑에서 어머니의 사랑을 제대로
받지 못하며 자라셨다. 결혼하면 시어머니를 정성껏 모시어 사랑
을 받아보겠다는 '꿈'도 결혼 직전에 시어머니가 될 나의 할머니
의 별세로 깨졌다. 가난한 집에 시집을 오셔서 홀로 되신 시아버
지와 시할아버지 두 분을 모셨다. 그러나 어머니에게 큰 힘이 된
것은 시아버지인 나의 할아버지의 사랑과 아버지의 따뜻한 마음씨
였다. 어머니는 우리 7남매를 키워 모두 결혼을 시키셨다. 아버지
를 42살에 사별하고 50년이란 긴 세월을 병고에 시달리면서도 자
식을 위해 사셨다.

우리 어머니는 학교 교육을 전혀 받지 못했고 사회적으로 활동
하지 않아서 대부분 가정에 얽힌 이야기를 여기에 담았다. 그래서
이 책을 어쩌면 가족사라고 말할 수 있을 것이다. 하지만 단지 가

족사에만 머물지 않고 어머니의 마음과 의식을 소상히 드러내려고 노력하였다.

어머니는 비록 배우지는 못했어도 마음씨는 남에게 되도록 폐를 끼치지 않으려고 노력하고, 힘닿는 데까지 착하게 살고자 힘쓰셨다. 그래서 어머니를 접한 사람 가운데 어머니를 나쁘게 평한 사람은 누구도 없었다. 그리고 어머니는 참으로 부지런하셨다. 이런 근면성은 가난한 가정을 끌고 오면서 자식들에게 전해져 모든 자식들이 근면했다. 그리고 우리 형제자매들은 누구한테도 나쁜 사람이라는 평을 듣지 않고 살아 왔는데, 이것은 바로 어머님이 가족생활에서 보여주신 행동이 우리들에게 전해진 것이다.

나는 어머니의 이런 뜻을 따라 내 주위의 문제를 가능하면 좋은 방향으로 풀어가도록 힘썼다. 아파트의 동 대표, 중고등학교의 발전위원회 위원, 집안의 종중 문제 등도 마다하지 않고 봉사했다. 또한 연구하는 일에도 쉬지 않았으며 현실의 문제를 해결하고자 적극적으로 활동했다. 학회의 발전을 위해서 노력하였고, 그 새로운 전통을 확립함에 신경을 썼다. 육영회를 키워보려고 무진 애를 썼으나 안타깝게도 이는 뜻을 이루지 못했다. 이렇게 적극적으로 활동한 것은 아마도 어머님이 못 다하신 사회활동을 내가 적극적으로 해야 한다는 의식이 작용한 게 아닐까 한다.

어머니의 정신세계에는 유교, 무교(巫敎), 불교, 그리고 전근대, 근대, 현대의 속성이 모두 함께 조화롭게 어우러져 있다. 어머니는 하늘님의 도움을 굳게 믿고 사셨으며, 유교의 효와 자애를 실현하려 하였고, 불교의 인연설을 의심하지 않았다.

가족의 의미

가정은 우리 사회의 기초단위이다. 가정이 모이면 지역사회이고, 지역사회가 크게 확장되면 국가이며, 국가를 더 넓히면 인류사회가 된다. 국가는 인간이 경제·정치생활의 기본 단위로서 아직도 중요한 역할을 하고 있음은 가족과 다름이 없다. 우리나라는 20세기 전반기를 일제의 식민지 지배를 받아왔다. 그동안에 우리는 엄청난 희생을 당했고, 국가 건설과 발전의 꿈을 그릴 수 없었다. 그리고 근대화라는 아주 중요한 시기 30여 년을 빼앗겼고, 우리 사회는 여러 가지로 뒤틀렸다. 그 뒤 3년 동안의 해방공간은 우리가 국가를 건설할 기회였지만 세계의 냉전 구도 속에서 조국은 분단되었다. 그러나 다행한 것은 1948년 유엔의 협조로 자유민주주의 대한민국을 탄생시킨 일이었다. 비록 자유당 독재, 유신체제 등으로 민주주의가 엄청난 시련을 겪었지만 자유민주주의는 현재 위대한 대한민국에서 활짝 꽃을 피우고 있다.

조선 후기부터 우리나라는 가난으로 생활에 어려움을 겪었으나, 농업중심 국가에서 경제적으로 산업화를 이룩하여 이제 경제대국의 축에 끼게 되었다. 우리는 누구나 그 혜택으로 세계 여행을 많이 하고 있다. 한국의 기업이 세계적인 기업으로 성장했다. 이런 기업을 계속적으로 키우기 위해서는 사주와 관리인, 노동자가 모두 힘과 슬기를 모아야 할 것이다. 매년 일어나는 노동자의 파업이나 임금 인상은 회사의 장래를 위해서 자제되어야 한다. 노동자도 실업자에 비하면 기득권층이라고 할 수 있다. 경영자는 모든 직원을 가족원처럼 생각하여야 할 것이다.

우리는 가족문화와 연계된 국가문화를 건설함에 우리의 전통을 계승할 것은 계승하고 버릴 것은 과감히 바꾸어야 할 것이다. 대체로 우리에게는 국가의 기능과 역할 등에 대한 개념과 이상, 꿈이 약한 편이다. 이를 보강함이 현재 우리에게 주어진 과제라고 할 수 있다. 비록 국가의 기능이 전보다는 많이 축소되었지만 아직도 개인생활을 규제함에 막강한 힘을 가지고 있다. 단지 국가론이 배타적인 개념이어서는 안 된다. 현재의 국가론은 다른 국가를 존중하여 전 인류를 생각하는 국가여야 한다.

나는 40여 년 동안 우리나라의 문제점을 알기 위해서 한국사를 전공해 왔다. 더구나 우리나라 역사학의 발달사를 연구해왔다. 우리나라 역사학의 문제점은 과거에 집착된 연구라는 점이다. 역사는 우리가 현재를 살아가는 데 필요한 중요한 수단이다. 그러나 역사의 전통이 근대화라는 명분 아래 단절되고 있다. 그러나 민중의식 속에서 전통의 맥은 끈끈이 이어지고 있다. 이 책에서는 어머니의 이야기를 통해 전통과 현대를 이어보려는 노력을 했다. 특히 가족을 통하여 이어지는 역사의 전통을 서술했다. 우리는 역사 허물기보다는 우리는 역사 쌓기 운동에 힘을 쏟아야 할 것이다.

그리고 2008년 8월 31일자로 한국학중앙연구원 교수에서 정년퇴임하였다. 39년 동안의 교수생활을 명예롭게 마치게 됨을 부모님 영전에 감사드린다. 나는 어머님을 생각하면 없던 힘이 생겨났다. 내가 무사히 마칠 수 있었던 것은 부모님이 몸소 실천으로 보여주신 가훈과 음덕을 입은 것으로 생각한다.

나는 2008년 8월 23일 정년퇴임 기념 고별강연회를 가졌다. 이 자리에는 나의 가까운 친족, 초등학교, 중학교, 고등학교, 대학교 동창대표를 한 사람씩 초대하고 평소 나를 아껴주던 사람들을 극히 제한하여 초대하여 나의 일생에 대한 연구를 발표했다. 나의 고별 강연은 나의 제자들이 마련한 자리였다. 그 제목은 '한국인의 역사의식'이었다. 그 내용은 이 책에 부록으로 실었다.

부 록

한국인의 역사의식

　먼저 경향 각지에서 저의 고별강연을 위해서 이렇게 찾아주신 여러분께 참으로 감사하다는 인사를 드린다. 학문에 대한 이야기만 하자니 너무 딱딱할 것 같고, 마지막 고별강의이니 학문 이야기를 하지 않을 수도 없어 학문의 이야기와 제가 살아온 주변 이야기를 섞어서 해보려 한다.

　저는 정년퇴임을 10년 전부터 준비해왔다. 정년퇴임을 하게 되기까지를 저는 마라톤으로 생각하고 살아왔다. 이제 골인 지점에 들어서니 참으로 감개가 무량하다. 인생으로 태어나서 저는 학자의 길을 걸어 왔다. 공부하기 시작한 지 59년이 되었고, 역사를 공부하기 시작한 지는 47년이 되었으며, 대학에 교수직으로 연구생활을 한 것은 39년이 되었다. 제가 살아오는 과정에는 개인적인 많은 고비와 시련이 있었지만 이를 무사히 넘기고 명예로운 정년퇴임을 하게 된 것은 주위의 많은 분들의 격려와 협조의 덕분이라고 생각한다. 저를 낳아 길러주신 부모님, 나를 공부할 수 있도록 도와주신 선생님, 나의 가족, 형제자매, 형수님, 그리고 주위의 친지 동료, 제자들 여러분의 성원과 국가의 발전에 감사를 드린다.

오늘의 제가 있기까지 특별히 저를 지도하여 주신 세 분의 스승님이 계시다. 국민학교 6학년 담임선생님이신 고 유재기 선생님, 장학금을 대어 주신 고 서병훈 선생님, 그리고 한문을 가르쳐주신 고 성락훈 선생님이다. 세 분과는 생전은 물론 지금까지 그 후손과 인연을 맺고 있다. 먼저 선생님들의 영전에 정년퇴임에 임하여 엄숙히 고개 숙여 감사를 드린다.

모든 인간은 시대의 산물이다. 저는 일제강점기의 말기인 1943년에 일본에서 태어나서 광복, 6·25전쟁을 겪고 자랑스런 대한민국의 역사와 함께 살아왔다. 나라는 우리 삶의 커다란 울타리이다. 저는 참으로 좋은 시기에 태어나서 일생이 참으로 순탄했다. 만약 제가 태어난 시기가 몇 십 년 전이거나 몇 십 년 후였다면 저의 생애는 전혀 달랐을 것이다. 학문을 하는 길이 자본주의 사회에서는 가장 소망스러운 길은 아니다. 그러나 제가 택한 학문하는 길이 싫다고 생각해 본 적이 한 번도 없다. 저의 봉급이 적다고 생각해 본 적도 없다. 오히려 내가 하고 싶은 일을 하는데 봉급을 준다고 생각하니 참으로 값질 뿐이다. 이런 좋은 직업은 교수직 빼놓고는 없다.

저는 대학에 들어와 처음에는 서양의 역사를 공부하려 하였다. 한국사로 전공을 바꾼 것은 역사의 현장에서였다. 즉 1964년 6월 3일 '한일굴욕외교회담 반대데모'의 맨 앞에 섰다. 그때 우리나라의 발전을 살펴볼 때 외국에 대한 지식보다 우리 현실에 대한 정확한 이해가 더 긴요할 것이라고 생각했다. 1972년 육군사관학교 생도를 대상으로 한 저의 한국사 첫 수업에서 저는 강의 제목을 '사관생도에게 왜 역사관이 필요한가?'로 잡았다. 그 강의의 요지는 '역사관은 인생관을 만들어 주며 이는 우리 역사를 만들어가는 방향타와 같다'는 것이었다.

그 뒤 저는 한국 역사학의 문제점을 알기 위해서 역사학의 역사를 40여 년 동안 연구했다. 역사학의 역사를 '사학사(史學史)'라고 한다. 사학사를 연구한 동기는 우리나라의 역사학의 문제점을 찾기 위해서였다. 이 부분에만 몰두할 수 있었던 것은 한국학중앙연구원 한국학대학원에서 이들 과목만을 주로 강의하였기 때문이다. 이에 대하여 참으로 본원에 감사드린다. 처음 연구는 조선후기의 역사학의 연구에서부터 출발하였다. 점차 거슬러 올라가 한국고대사학사까지 다루었다. 제가 연구를 시작할 때까지만 해도 사학사만을 전공하는 학자는 거의 없었고, 한국사학사는 아직 기초가 정리되지 않은 상황이었다. 그래서 원석을 캐는 기분으로 연구해왔다.

저는 39년 동안 거의 직장에서 1킬로미터 안에 있는 곳에서 거주하였고, 일요일에도 연구실에 나왔다. 그래서 아내에게 점수를 많이 잃었는데 앞으로 정년퇴임하면 이 점수를 끌어올리는 데에 좀더 신경을 써야겠다.

물론 전북대학교와 충남대학교에 재직하고 있는 동안에는 지역문화와 역사자료를 수집, 정리함에 노력하였다. 이 때에 《전주시 및 완주군 지표조사보고서》를 출판하였고, 남원군과 임실군 편을 준비하다가 떠났다. 전북대 박물관의 보직을 맡아서는 전북지방

고문서를 수집, 파악하기 시작했다. 충남대학교에 재직할 동안에는 '천안시 지표조사' 작업과 '서천군 지표조사'를 하였다. 그러나 이 사업은 제가 떠나자 중단되었다.

그리고 1984년에 본원으로 옮겨 와서는 도서관 자료조사실장을 10년 동안 맡으면서 전국의 고문서 조사에 진력하였고, 각 문중의 고문서를 《고문서집성》 체제로 출판하기 시작하여 현재 90여 책이 출간되었다. 고문서의 조사 연구는 한국사학계의 새로운 기초 자료가 되었고, 나의 사료학 이해에도 도움을 주었다.

제가 그동안 쓴 사학사 논문은 《한국고대사학사》 1책, 《한국중세사학사》 2책, 《한국근세사학사》 1책, 모두 4책으로 모두 간행하여 정리되었다. 현대사의 문제는 《우리 어머님》에서 다루었다. 이렇게 보면 저는 한국고대로부터 현대까지의 역사를 다루었다고 할 수 있다. 모든 시대의 역사학을 연구한 것은 제가 능력이 있어서가 아니라 한국사학사의 줄기를 찾다보니까 고대의 역사학까지 올라 간 것이다.

역사를 한강 물의 흐름에 비유한다면, 광나루의 물맛을 보고는 왜 그 맛이 어디서 생긴 것인지를 좀처럼 알 수 없어 물줄기를 거슬러 올라가다 보니까 고대사까지 올라간 것이라 할 수 있다. 그 결과는 어느 한 시대의 역사학에 대하여도 깊이 있게 연구하지 못하는 결과를 낳았다. 그래서 저의 연구 성과는 곧바로 묻혀버릴 부끄러운 업적들이다.

본 강의에서는 제가 연구한 것 가운데 역사의식을 중심으로 말씀드리겠다.

우리는 누구인가? 한국인의 정체성은 무엇인가? 세계인에게 한국인을 어떻게 설명할 것인가? 만약 질문에 대한 답으로 한국인의 사진을 보여준다면, 이는 한국인의 겉모습만 보여주는 것이다. 그 사람의 일생 경력을 말해 주어도 그 사람의 속마음까지 다 보여줄 수는 없다.

우리를 설명하는 방식은 여러 가지가 있겠지만 한국인이 지내온 과정을 역사적으로 설명하지 않고는 올바르게 설명했다고 할 수 없다. 모든 인간은 역사적 산물이기 때문이다. 우리의 정신세계인 의식과 무의식 속에는 오랜 역사 과정의 것들이 복합적으로 들어 있다.

인간은 동물 가운데 어제와 오늘, 그리고 내일을 생각하는 유일한 존재이다. 지나온 과거란 단순히 기억으로 있을 것이 아니라 오늘과 내일을 활동하는 기초가 된다. 다시 말해 오늘과 내일을 살아가기 위해서는 지나온 역사가 그 반성과 설계의 기초 자료가 되는 것이다. 이렇게 볼 때 역사관은 인생관을 형성하는 중요 요소이다. 역사관은 역사학자만이 가지는 것은 결코 아니다. 역사관은 모든 사람이 가지고 있다고 할 수 있다. 일반 사람의 경우 그 내용이 체계적으로 정리되지 않았을 뿐이다.

역사관이란 역사의 의미와 발전과정, 역사의 효용성 등을 설명하는 시각이다. 그런데 한 시대의 역사관은 당시의 사상 경향이 크게 작용한다. 역사관은 과거의 역사를 보는 관점일 뿐만 아니라 현실의 역사에 실현하고자 하는 문제의식과 관련된다. 현실에 대한 문제의식이 곧바로 자기의 역사관으로 투영된다. 이런 현재에 대한 문제의식이 과거의 역사와 관련지어질 때에 이를 '역사의식'이라고 한다.

역사의식에는 개인적인 것도 있지만 시대마다 많은 사람에 의하여 공유되는 것도 있다. 역사의식은 오랜 동안 지속되어 겉으로 보이지 않는 힘으로 작용하기도 한다. 예를 들어 우리나라 운동선수가 일본과 경기를 할 때에는 기필코 승리하여야겠다는 의식이 있는 것이나, 경제와 문화의 대국인 일본을 경시하는 유일한 나라가 한국이라는 점을 들 수 있다. 이런 행동들은 일제 강점기의 식민사관을 극복하여야 한다는 민족주의사관의 영향과 고대와 중세에 우리나라는 일본보다 선진 국가였다는 역사의식이 만든 결과이다.

중국의 경우 사마천은 기원전 1세기경 《사기(史記)》를 쓰고 '중국은 세계의 중심 국가이며, 문화의 국가이고, 이웃의 모든 국가는 문화가 뒤진 야만국가'라고 말했다. 여기서 그가 중화주의라는 화이론적 역사관을 가졌음을 알 수 있다. 중국인은 외민족의 지배를 수백 년씩 받으면서도 중화사상을 버리지 않았다. 16세기 그리고 18세기 중엽 서양인들과 교섭하면서도 그들을 조공을 바치는 야만인으로 보았다. 그들의 문화를 인정하지 않아 근대화에 뒤진 것도 중화사상의 결과였다. 지금도 중국인의 의식 속에는 이런 중화사상은 지속되고 있다. 그리고 일본의 경우 1868년 막부체제에서 천황제로 개혁하는 명치유신을 단행하여 천황의 절대 신성성을 강조하였다. 그리고 국민은 신의 후손이기 때문에 국가에 대한 충성을 강조하여 제국주의의 확장으로 국민을 이끌었고, 개인이 '가미가제(神風)'라는 비행기를 타고 자살하는 항공대를 운용하였다. 이런 것이 가능했던 것은 신도사상 때문이었다. 이렇게 다른 나라도 나름의 역사의식을 가지고 있다.

한국인의 시대적 역사의식의 큰 흐름을 말해 보겠다. 한국역사의 큰 흐름을 문명사적인 관점에서 1.고유한 문명의 시대(고대), 2.중국 문명의 영향을 받은 시대(중세), 3.서양문명의 영향을 받은 시대(근대)로 나눌 수 있다.

첫 번째로 고유문명의 시대는 기원전 700여 년부터 기원 후 10세기(고려 초)까지 1700년의 역사시대로서, 이를 고대라고 한다. 둘째로 중국문명의 영향을 받은 시대는 기원 전후에 한자문화를 수용한 시기부터 1894년까지의 1900년 동안을 중세라고 할 수 있다. 셋째의 서양문명의 영향을 받은 시대는 17세기 초로부터 지금까지 400년의 시대를 말한다.

각 시대가 중첩되는 것은 새로운 문명의 접촉시기를 시작의 시기로 잡고, 마지막 시기를 앞 사상이 사회를 이끌어온 주류의 역할을 한 시점으로 잡았기 때문이다. 앞선 시대의 사상이나 역사관은 다음 시대 주류의 지배사상에서 밀려나 민중의 역사의식으로 남게 된다. 한 시대가 끝났다고 해서 이전 시대의 역사의식이 완전히 소멸되는 것이 아니라, 민중의 의식 속에 가라앉아 계승된다.

한국 고대인의 역사의식

고대의 독자적인 문명은 청동기를 쓰던 때부터 시작되었다. 이때에 최초의 국가가 만들어지기 시작하였다. 대체로 사람들은 이 당시 국가로는 고조선만 있었던 것으로 알고 있으나 이는 문헌사학의 맹점에 기인한 것이다. 중국에 알려진 그리고 우리 역사에 남은 국가가 고조선일 뿐이다. 이름을 전하지 않는 수많은 성읍국가가 있었다고 이해해도 문제가 되지 않을 것이다.

당시 우리는 우리의 독자적인 언어가 있었으나 문자는 없었기 때문에 중국문명을 수용한 뒤에야 한자로 역사가 기록되기 시작하였다. 당시의 유물 유적을 통하여 이 시대상을 이해할 수 있다. 대표적인 유적은 지석묘(고인돌), 고분, 주거지, 금석문 등이다. 지석묘는 우리나라에 약 3만 개가 남아 있다. 세계의 지석묘 가운데 5분의 3을 우리나라가 가지고 있을 정도로 압도적으로 많다.(지석묘는 유네스코의 세계문화유산으로 지정된 바 있다.)

이 시대의 역사정신은 우리나라의 신화로 전해지고 있다. 우리나라의 신화의 기본구조는 하늘님의 아들이 내려왔다는 아버지 중심의 '천손강림신화'이어서 중국의 어머니 중심의 '감응신화'와 다르다.

이 때는 성읍국가를 세운 후 철기문화의 보급으로 국가의 영토를 확장하여 인근 국가를 통합하는 과정이 있었고, 새로 정복한 백성을 자국민화하는 일이 가장 중요한 일이었다. 여러 나라가 벌인 정복사업에 성공한 최후의 나라가 고구려, 백제, 신라였다. 이들 국가는 독자적인 관직체계, 정부조직, 신분조직을 바탕으로 국가를 운영하였는데, 이를 뒷받침하는 역사관은 '천도(天道)사상'이라고 할 수 있다.

천도사상은 비록 철학적으로 체계화되지는 못했지만 하늘님의 후손이라는 의식은 고대인의 삶의 방식이고 살아가는 길[道]이었다. 이는 광개토대왕릉비의 비문에서 확인된다. 천도사상은 중국의 상제인 천제 개념과는 다른 하늘숭배 사상이다. 이 천도사상은 자기가 살고 있는 나라를 천하라고 인식하였고, 하늘의 신 아래에는 지신, 인귀 등 계층적으로 낮은 신들을 모두 포용하고 있었다.

이런 계층적인 다양한 신 개념은 외래의 문화를 받아들임에도 포용적인 성격을 띨 수 있었다. 이는 유불도를 포함한 현묘한 도(道)가 나라에 있다고 표현되기도 하였으며 그 구체적인 예는 김유신(595~673)의 정신세계를 통해 확인된다.

한국 고대인의 천도사상과 천도의 역사관은 중세의 유교사관에 의하여 극복되어 사회의 주류사상에서 밀려 났으나, 완전히 없어진 것이 아니라 민중에게 가라 앉아 현재까지 우리에게 전해지고 애국가와 태극기의 철학적 원리에까지 영향을 미치고 있다.

안타깝게도 삼국시대에 기록된 우리 역사서는 현재 하나도 전해지지 않는다. 1145년 고려 중기의 김부식(1075~1151)이 쓴 《삼국사기》가 우리나라 고대의 역사서로 남아 있을 뿐이다. 《삼국사기》는 한국 중세의 역사서이기 때문에 고대의 우리나라 역사정신을 유교식으로 덧칠을 해 놓았다. 그래서 고구려, 백제, 신라가 700년 동안 독자적인 통치체제와 통치방식으로 유지해 온 역사의식이 유교식 표현으로 가려져 있다. 여기서 유교적 관점을 벗겨낼 때에만 고대인의 정신세계를 찾아 낼 수 있다. 이는 문헌실증의 역사학에서 벗어나 문맥에 따른 재해석을 통해 찾아낼 수 있다.

한국 근대사학을 정립한 신채호(1880~1936) 선생은 우리의 고유한 사상을 찾기 위해서 중세의 사학을 부정하고 고대의 역사정신을 선랑(仙郞), 또는 신수두문화로 규정을 했지만 이는 현재 죽은 이론이 되었다. 나는 삼국이 독자적인 관제와 통치제도를 가지고 700년의 역사를 유지한 것을 천도사상이라고 파악했고 이를 '천도사관'이라고 일컬었다. 이는 광개토대왕의 비문과 진흥왕 순수비의 비문 등에 전하고 있으며 고구려, 백제, 신라의 고분벽화에서도 그 자취를 읽어낼 수 있다.

한국 중세인의 역사의식

중국 유교문명은 기원 전후부터 한자문화를 수용하면서 함께 우리에게 알려졌다. 이는 통일신라 때에 적극적으로 수용되었다. 8세기 말 신라의 중국 국비유학생은 한때 140명에 달하였다. 당시 당나라 태학의 정원이 8천 명이었는데 신라 학생이 1백 명 이상에 달한 것은 대단히 큰 비중을 차지한 것이다. 당시 일본의 유학생은 한 명도 없는 상황이었다. 이는 19세기 말 서양에 보내진 일본 유학생이 9백 명에 달하는 데에 비하여 한국의 유학생은 겨우 1~2명이었던 상황과 비슷한 현상이었다. 다른 점이 있다면 신라에서는 이런 최고의 지식인을 국내에서 제대로 활용하지 못했으나, 일본은 이를 국가 발전에 적극적으로 활용했다는 점이다.

신라의 골품제와 관료조직은 이런 해외 지식인을 활용할 수 없게 하였다. 마침내 신라에는 '호족 시대'라 불리는 내란이 전국에 일어났다. 신라는 경주 일원을 지배하는 성읍국가보다 조금 큰 일개의 호족의 지위로 되돌아갔다. 신라 경순왕이 나라를 고려 태조에게 바친 것은 당시 호족들의 귀부와 같은 형식이었다. '역사의 조류를 거역하고 지배층이 자기 체제를 유지하려 하다가는 그 체제가 붕괴될 수밖에 없다'는 값진 역사적 교훈을 여기에서 얻을 수 있다.

고려 초에 고대의 혈족 중심의 신분체제가 개편됨에 따라 유교적 정치이념이 주류 사상이 되었다. 고려 초 성종(재위 981~997)은 3성 6부제의 중국 정치제도를 수용하고 정치운영을 유교적인 방식으로 운영하면서 고대의 역사정신을 극복하게 되었다. 이는 역사발전의 활력소가 되었다. 이런 운영방식 가운데 구체적인 예가 과거제도의 실시이다. 과거제도의 실시는 전국의 능력 있는 사람을 발탁하여 관리로 등용하는 제도로서 문치사회를 이룩하였다. 또한 군주가 신하의 건의를 중시하도록 하는 대간제도를 운영하였다.

지식인으로 하여금 중요한 국가의 현안 문제를 제시하도록 하여 해결하였다. 이로써 지방의 내란을 극복할 수 있었으며 그 뒤로는 역사에서 내란 없이 왕조의 교체가 이루어질 수 있었다. 일본은 이런 국가 운영방식을 수용하지 못해 고대의 극복과정이 없었다. 강력한 고대의 율령제 국가가 무너진 뒤 중앙국가체제를 유지하지 못하여 무인이 지배하는 지방분권적인 막부체제로 들어서게 되었다.

우리나라는 중국인의 통치제도와 방식을 수용하였을 뿐만 아니라 이를 지킬 수 있는 보편적인 유교와 불교의 사상이 사회를 이끌게 되었다. 이를 중세보편주의 사상이라고 부를 수 있다. 이들 중세의 사상은 외부의 문명에 닫힌 고대의 자존적 문명의 성격을 스스로 포기하게 되었다. 이와 함께 고대의 자존적 세계관인 천하개념도 포기되었다. 우리나라를 중국을 중심으로 칭하는 '동국' 또는 '해동'이라고 표현했다. 또한 독자적 역사관인 천도사상은 보편적 예와 악, 그리고 교화를 강조하는 보편 문화와 사상으로 완전 대체하게 되었다.

고려와 조선조의 역사를 중세로 본 이유는 비록 왕조 간의 법제적, 사회적, 문화적, 경제적 변화가 있었던 것은 사실이지만, 크게 보아서는 유교사회, 문치사회로의 진입, 대간제도, 경연제도의 운영의 방식에서 공통성을 찾을 수 있기 때문이다. 또한 군주와 신하가 함께 나라를 다스린다는 사상도 일치한다. 이처럼 중국문명의 수용은 국가통치력을 강화하였으며 고대에 왕실 친인척과 수도에 살고 있는 사람만이 정부의 요직을 차지하던 골품제 사회를 극복했다. 학문을 하는 지방의 인재를 중앙정부에서 흡수했고, 지식인을 존중하는 사회가 중세의 특징이었다고 할 수 있다.

유교는 법보다는 예치를 더욱 중시하였으며, 명분을 중시하였다. 우리 풍속을 중국식으로 바꾸는 것을 정치의 목표로 삼았다. 이를 보통 사대적이라고 부르며 가치가 없는 것으로 이해되고 있지만 이는 중세의 보편주의적 속성을 제대로 이해하지 못하는 것이다. 각 시대의 역사와 문화에는 그 나름대로의 독자적 가치를 가지고 있다. 중국에 사대를 한 조공·책봉체제는 우리나라보다 인구와 강역에 있어서 수십 배나 큰 중국과 평화공존관계를 가져온 외교 관행이었다. 그 결과 중국인과 한국인은 전쟁을 하지 않고 1300년 동안 평화관계를 지속해왔다. 이는 두 나라가 상대방의 국가를 독자적 국가로 인정하였기 때문이었다.

중국문명의 이해는 역사와 사상, 문화를 중심으로 이루어졌으며, 이는 주로 서적을 통해 수용되었다. 고려 이후 중국에 유학생을 파견한 일이 거의 없었다. 오직 책을 통해 독자적으로 유교, 도교, 불교, 서학(천주교) 등의 사상과 학문을 배웠다. 그런데 유교는 종교가 아니라 생활을 다루는 현실 학문이었기 때문에 우리의 독자적 문화와 유사한 점이 있었으니, 저는 이를 '문화의 친연성'이라고 하였다. 제사, 효, 충, 신의, 여성의 정조 등은 유교가 들어오기 전에도 우리문화에 그런 요소가 있었다는 점이다. 이런 문화의 친연성 때문에 유교문화를 거부반응이 없이 받아들이게 되었다. 현재의 유학사상을 다루는 철학자들은 이 점을 인식하지 못하고

386

있다.

예컨대 《삼국사기》에 고구려와 백제, 신라에서 시조의 사당[始祖廟]으로 기록된 자료가 있다. 이를 유교문화를 수용한 결과라기보다는 고대 문화의 친연성에 의한 자연발생적인 공통점이라고 보아야 할 것이다.

불교문화도 중국문명의 하나로 들어왔다. 그 결과 교종은 대승불교의 전통이 강하다. 선종도 마찬가지로 중국으로부터 받아들였다. 불교문화는 우리 역사에 철학, 예술 영역을 크게 확장시켜 주었으며, 유교사관이 현세적인 것만을 강조함으로써 왕조사만을 강조한 데에서 역사의 장구함과 미래의 역사를 예견할 수 있는 안목을 키워주었고, 왕조를 뛰어넘는 오랜 역사공동체로서의 국가관을 심어주는 데 기여하였다.

중국문명의 큰 수용은 13~14세기 원나라 시대에 이루어졌다. 이는 현재 한국사학계에서는 민족주의 역사관의 영향으로 크게 강조되고 있지 않고 있다. 그러나 이 시기에 많은 학자와 문물, 전적의 교류가 엄청나게 개방적으로 이루어졌다는 점을 유의할 필요가 있다.

15세기 조선 초에는 중국문명의 방식으로 우리나라 문화를 체계적으로 정리하는 사업이 완성되었다. 한글의 창제, 법전, 역사, 지리, 농업, 의학, 문학, 음악 등에서 민족문화가 정리되었다. 그러나 독자적인 민족문화를 발전시켜야 한다는 의식은 자라지 못했다. 이 점이 한글을 창제하고도 400년 동안 국가적으로 활용하지 못한 이유이다. 이런 민족문화의 편찬사업은 중국문명의 수용으로 없어질지 모른다는 우려에서 정리된 것이며, 그 편찬은 관료학자에 의해 국가적 사업으로 이루어졌다.

조선조는 재야에 독서인 계층인 사림(士林)이 크게 성장하였고, 이들은 전국에 흩어져 있으며, 지방사회의 유교화에 기여하였다. 사림은 노비 신분층의 사역을 통하여 활동이 보장된 특권 신분이었다. 사족 양반은 《경국대전》에 그 특권이 보장된 신분이었다. 특히 조선조는 성리학을 통치이념으로 제시한 뒤로 불교와 민속신앙은 배척되어 사상적 폐쇄성을 띠게 되었다. 성리학은 개인의 도덕적 수양에는 크게 기여하였고, 모든 군주를 학자로 만들려 하였다.

정치에서는 예치(禮治)를 존중하였으나 나라를 운영할 때 왕조의 유지에 급급하였고 신분제를 유지하려 하였다. 나라를 부국강병의 국가로 만들려 하지 않았다. 부국은 백성을 생존할 수 있도록 하는 방안을 강구하는 선에 머물렀고, 강병정책은 농업중심의 국가에서는 계속적으로 유지하기 어려웠다. 그랬더라면 당시 국민의 삶이 더 고달팠을 것이다.

한국의 중세는 비록 국가의 자존성은 내세우지 않았으나 우리 역사를 유지할 수 있는 기반을 마련하였다. 훈민정음이란 국문자의 제정과 우리 문화를 체계적으로 정리하였다. 보편적인 중세 사상은 당시 우리 문화의 선진화를 이끌었다. 중국인이나 인도인이 주장한 학설을 우리의 학문으로 소화하여 현실에 적절히 이용하였다. 그리고 하늘의 권위에 의지했던 고대의 역사에서 벗어나 인간이 만드는 역사로 파악하기 시작했다. 이 점에서 유교는 합리성을 띤 것이다. 하늘이 내렸다고 하는 신라 진평왕의 옥대(천사옥대, 天賜玉帶)를 국보로 여긴 고대 사상에서 벗어나 중세 국가는 토지와 인민, 정사라든가, 또는 예악, 효와 도덕을 보배로 여겼다.

중세에는 중국문명에 대하여 지나칠 정도로 편향적인 애착을 가져 일본이나 여진은 전혀 문화수용의 대상에서 안중에 두지 않았다. 그리고 우리 문화의 독자성을 강조하지 않은 것도 보편적 관점에서 볼 때 우리 고대문화의 수준이 중국문명에 비하여 뒤졌기 때문이었다. 자주정신만으로 국가를 유지할 수 없다고 생각했을 것이다.

이런 가운데 16세기 말 왜란과 호란으로 우리 민족은 약소국가의 서러움을 절실하게 느끼게 된다. 그 결과 우리 강토의 소중함을 깨닫고 우리 역사를 알아야 한다는 의식이 역사학에서 나타나기 시작하였으니 이것이 역사지리학의 출현이다. 역사지리학은 우리 종족의 문제, 영토, 그리고 외적의 침입을 막기 위한 요새인 관방을 중시하였다. 이는 당파나 학파에 관계없이 조선후기에 풍미한 새로운 학문 경향이었다.

우리 역사와 지리를 중시하는 역사지리학은 우리나라를 산맥중심으로 파악하였다. 그리고 강의 흐름에 대한 파악, 각 지방 간 거리의 파악을 중시하였다. 이는 우리나라 지도를 정확히 작성하는 일, 지방의 역사와 문화를 정리하는 지방읍지의 편찬과 관련이 된다. 18세기 성해응(1760~1839)은 우리가 백두산의 정기를 받아 위대한 역사를 창조할 수 있다고 하였다. 그는 "백두산의 정령은 사납고 힘센 거친 사람만 낳는 것이 아니라 반드시 영특하고 기절이 뛰어난 사람을 잉태하여 낳아 우리나라를 강대한 나라가 되도록 할 것이다.(白頭之靈 不徒産雄悍豪勢之醜類 必能鍾毓胚胎 多生英偉淸秀之賢 使輔我朝無疆之治 其不偉歟)"라고 말하였다. 이처럼 그는 자국의 지신과 산의 영험을 강조하고 있다. 이는 개인의 문제가 아니라 국가발전과 관계가 있다고 파악하였다.

이런 조선 후기의 역사학을 나는 근세사학으로 규정하였다. 근세사학은 전문 역사가의 출현, 정치사에서 도덕적 평가를 내리는 역사학에서 사실의 진위 여부를 따지는 비판적 학문으로 전환하였다. 근세 역사학은 우리사회를 어떤 방향으로 나갈 것인가를 제시하지 못하였다. 그렇지만 이런 조선 후기의 사학은 서양의 지식을 수용하여 이제 중국이 천하의 중심이라는 사상에서 벗어나 우리나라를 기준으로 동서남북을 따져야 한다는 자기중심적 관점을 가지는 자각도 나타났다.

그리고 중세문화의 선진성은 다음의 예에서 확인된다. 책을 통하여 스스로 천주교를 공부하고 영세를 받으러 북경 천주교당에 간 이승훈을 보고 서양 신부들은 깜짝 놀랐다. 조선을 하나님이 주신 나라로 이해하였다. 선교사가 들어가 선교하기 전에 책을 통해 공부하여 스스로 기독교를 신앙으로 삼은 것은 세계 기독교의 전파사(史)에서 처음 있는 일이었다.

또한 조선 후기 문화의 심도는 대단히 깊었다. 마치 큰 역사의 호수와 같았다. 우리는 중국의 역사와 문화를 충분히 소화하여, 그 바탕 위에 당시의 역사기록을 상세하고도 풍부하게 남기는 문화전통을 마련했다. 그 대표적인 것이 실록과 각종 의궤류의 편찬이다. 또한 조정의 역사와 개인의 역사를 통합하고, 고조선으로부터 당시까지의 문화와 역사를 분류사적으로 정리한《동국문헌비고》을 영조 대에 편찬하였다.

그러나 조선조는 성리학이란 폐쇄적인 사상이 지배하여 다른 학문을 용납하지 않았다. 같은 유교인 양명학도 배척하여 적극적으로 연구하지 않았다. 이런 학문의 폐쇄성은 서양문명을 수용하는 데 사상적 장애가 되었다. 성리학은 정통, 종통, 가통처럼 계층적 줄서기의 질서를 중시했다. 여기에서 평등사상이 나올 수 없었고, 개방적 사회로 나갈 수 없었다. 이와 곁들여 국가 운영의 폐쇄성은 결국 나라를 식민지로 전락하게 만들었다.

한국 근현대인의 역사의식

한국인의 역사의식에서 가장 큰 변화는 서양문명의 수용으로 일어났다. 19세기 말과 20세기 전반기 서양문명의 수용은 서양을 통해 직접 배워 온 것이 아니라 일본을 통해서였고, 20세기 후반에는 주로 미국을 통해서 이루어졌다.

1894년 청일전쟁의 결과 청나라가 패퇴하고 일본이 승리하면서 중국문명으로부터 벗어나야 한다는 독립사상이 나타났고, 서양에서 직접 공부한 서재필(1864~1951)이 민중을 깨우치는 《독립신문》을 만들었다. 이 결과 많은 유학자들이 자주와 개화를 외쳤다. 이는 애국계몽운동으로 번져 교육, 신문명의 수용, 민족주의 역사의식의 확장에 크게 기여하였다. 민족주의 역사의식이 산불처럼 활활 타오를 수 있었던 것은 위의 배경이 있기 때문이다.

또 다른 배경은 1894년 갑오경장에 의하여 《경국대전》 체제가 폐지된 점이다. 특권적이거나 천민으로 취급되던 신분제가 폐지되었다. 이제 2천만 동포가 문벌, 지벌, 남녀의 차별 없이 전 민족이 역사의 중심체로 등장할 수 있었다. 다른 하나는 한글이 국가의 공식문자로 활용되었다는 점이다. 쉬운 국문자의 사용은 민족문화의 발전의 튼튼한 자산이 되었다. 그러나 중세의 중국문명을 소화해 구축한 1천 년 이상의 문화유산을 우리 글, 우리 문화로 전환하는 것은 그리 쉬운 일이 아니었다. 우리 문화유산을 한글로 옮기는 일은 아직도 채 끝나지 않은 과제로 남아있다.

20세기의 한국역사는 엄청난 변화를 겪었다. 그 결과, 우리 사회의 세대 간의 의식이 엄청난 차이를 갖게 되었다. 20세기 전반기는 일제의 강점으로 근대화가 뒤틀려 파행적인 근대화가 이루어졌고, 공산주의와 자본주의 사이의 이념적 갈등을 직접 심각하게 체험하였다.

그리고 20세기 후반 우리나라는 세계사에 기록할 두 가지 역사를 이룩했다. 하나는 경제발전이고, 다른 하나는 민주주의의 발전이다. 이런 발전을 세계의 정치 경제학자들 누구도 예견하지 못한 일이었다. 경제 발전은 우리 역사상 최대의 변화로서 농업중심의 국가에서 2차 3차 산업 중심의 상공업 사회로 전환되었고 약소국가의 지위에서 경제대국으로 성장하였다. 1960년대부터 1990년대까지 30년 동안 연간 8~9%의 경제성장을 이룩하는 신기록을 세계사에 세웠다. 이런 경제발전을 유교에서 찾으려는 가설도 있지만 이는 온당하지 않다고 생각한다. 오히려 2천 년 역사를 각 시대마다 계속적으로 발전시켜온, 보이지 않는 민족의 저력이었다고 생각한다. 이는 우리 국민은 어떠한 상황에서도 할 수 있다는 신념을 주었다. 우리 경제발전은 한편으로는 도시화의 진전을 가져왔고, 다른 한편으로는 농촌사회의 붕괴현상을 가져왔다. 또 경제발전은 우리 사회를 이끄는 기초 동력이 되었다.

한편, 우리나라의 민주주의는 준 전시상황의 환경 아래에서도 독재 정권을 두세 차례나 시민이 스스로 무너뜨렸다. 그러나 민주주의는 아직 미완의 단계이다. 민주주의 성장은 우리 역사와 세계인류의 역사를 이끄는 원동력이라고 할 수 있다.

이제는 서양문명의 수용이 우리 사회의 주류 사상이 됨으로써

2천 년 동안 한국사회를 움직여 온 유교사상은 이제 민중의 사상으로 가라앉았다. 고대의 역사의식으로부터 현대까지의 역사의식에서 자유로울 수 있는 한국 사람은 누구도 없다. 나는 이처럼 고대로부터 현대까지 집적된 중층적인 정신의식을 나의 어머니에게서 발견하였고, 이를 《우리 어머님》이란 책에서 밝혔다.

역사란 끊임없이 계속되는 것이다. 우리는 시대가 전환하면 따라서 전시대의 역사의식을 버리고 새로운 역사의식을 찾았다. 그렇다고 전시대의 역사의식이 완전히 소멸된 것이 아니고 앞에서 말했듯이 민중에게 가라앉아 전하고 있다. 우리는 고대부터 사용한 온돌문화를 현재까지 수용·발전시키고 있을 뿐만 아니라 농기구의 명칭, 곡식의 이름, 몸에 관련된 낱말 등에서 고유한 우리말을 유지해오고 있다. 또한 국민의 무의식 속에는 고대로부터 지속되어 온, 보이지 않는 역사의식이 잠재해 있다.

한국문화의 중심축

시대마다 역사의식은 전환하므로 우리 문화의 중심축이 무엇인가를 한 마디로 규정할 수 없다. 고대의 천도사관만을 우리의 사상으로 내세울 수 없다. 그렇다고 중세의 불교와 유교의 보편주의적 사상을 우리의 역사의 중심축으로 생각할 수도 없다. 현재의 서양 편향적인 역사의식 또한 우리의 것이라고 할 수 없다. 하나하나 살펴보면 우리의 역사의식이 아닌 것이 없지만 그 하나만을 우리의 역사의식이라고 내세울 수도 없다. 그 모두가 우리의 역사의식이라고 하여야 할 것이다. 굳이 어느 나라에서 생긴 것을 따질 필요는 없다. 그런 문명을 우리가 우리 사회에 수용하였으면 우리 문화라고 할 수 있다. 여기서 우리는 "일즉다 다즉일(一卽多 多卽一)"이라는 불교의 표현이 우리의 문화와 역사의식을 잘 표현해 준다고 할 수 있다.

이 같은 모습은 태극기의 철학에 잘 담겨져 있다. 태극이 음양으로 나뉘어 있으면서도 조화를 이루고 이에서 만물을 창조하며, 색깔도 흰색과 검정색, 빨강색, 청색의 다양한 색으로 다양하다. 주위의 4괘는 건괘(☰)로부터, 리괘(☲), 곤괘(☷), 감괘(☵)로 끊임없는 변화를 하고 있는데 이는 앞에서 설명한 우리 역사의식과 문화의 속성을 잘 대변해 주고 있다.

또한 한국은 다양한 종교가 공존하고 있으며 종교 간의 큰 갈등이 없이 지내온 역사를 가지고 있다. 종교만 아니라 생각을 달리하는 사람을 존중하는 자유민주의주의 사회이기도 하다. 더구나 우리나라는 높은 교육열, 쉬운 문자 덕분에 글쓰기 능력의 보편화란 큰 자산을 가지고 있다. 더구나 우리는 고대부터 세계 어느 나라의 문화이든 좋은 장점을 취합해 선진문화를 적극적으로 포용하는 역사를 가지고 있다. 이 점이 역사의 보이지 않는 힘이고 문치문화의 중심축이라고 할 수 있다.

우리나라는 중앙집권적인 국가를 2천 년 이상 중단 없이 유지해 왔던 역사를 가지고 있다. 그러나 대한민국이 수립되면서 과거의 역사와 문화 모두를 버리고 새로운 틀을 짰다. 이는 고대로부터 다양한 역사의식을 소유한 민중과 서양의 문화의식만을 추종하는 지도층은 서로 어울리지 못해 반목을 낳았다. 현재 지도층의 이런 역사의식은 국민으로 하여금 역사를 모르고도 살 수 있다고 생각하게 하였다. 역사를 등한시하는 사회 풍조를 가져왔다.

그러나 우리의 삶 자체가 역사이고 인간은 지금도 역사를 만들고 있다. 역사를 존중하고 배우지 않는 나라는 발전할 수 없다. 우리는 역사를 생활하고 가까이 하는 국민이 되어야 할 것이다. 우리는 역사의 변화와 지속을 함께 연구하여야 할 것이다.

비록 동양에서 2천 년 동안 발전시켜온 역사서술 방식이 통째로 쓰레기통에 버려졌으나, 이것을 다시 주워 오늘의 역사학에 살리는 방안은 사학사 연구자의 중요한 과제라고 할 수 있다.

한국사연구의 방향과 역사관

역사는 과거만을 다루는 학문은 아니다. 이는 시간을 축으로 줄넘기를 하는 학문이라고 할 수 있다. 역사학이 과거의 것에만 집착하면 역사가는 골동품 애호가와 다름이 없다. 역사가는 현재와 미래에 깊은 관심을 가져야 한다. 역사가는 현재 역사의 주체가 전 국민이라는 사실을 명심하여야 한다. 국민에게 역사관과 인생관을 갖게 하려면 과거의 역사도 그 시대의 전 국민의 시선으로 역사를 써야 한다.

앞으로 한국사학은 전문적 연구와 병행하여 국민에게 역사의식을 갖도록 힘써야 한다. 우리 과거의 역사 기록은 지배층 중심으로 되어 있다. 이는 비유하자면 큰 전쟁을 치르고 승리한 공을 장수 한두 사람이 독차지하는 것과 같다고 할 수 있다.

그러나 모든 사람이 역사를 만들었다는 개설서는 아직 없으며, 세계적으로도 이런 역사 서술서는 없다. 저는 15년 전부터 이런 역사를 써야겠다는 생각을 가지고 준비를 하다가 연구원의 급한 사업(국학진흥사업)을 수행하면서 중도에서 포기하였고, 대신 나의 제자들에게 올바른 역사를 생각하는 모임이라고 하여 '올사모'를 조직하여 이를 누누이 강조하고 있다.

저는 현대사를 이런 식으로 서술할 수 있다고 생각하여, 본원의 30년사를 책으로 펴내는 편찬위원장직을 맡아 전 직원이 쓴 역사서를 만들어, 지난 6월 30일 개원 30주년을 맞추어 출간하려고 노력한 바 있다. 그러나 그 원고는 역사학이 기록 중심으로 되어야 한다는 집행부의 제재에 걸려 아직 출간되지 못하였다.

나의 학문활동과 인생관

앞에서 역사관은 인생관을 규정하는 큰 틀이라고 했듯이, 본 강의를 마무리하면서 저의 역사관이 저의 인생관에 어떻게 작용했는지 사소한 몇 가지 예를 들어 말씀드리고자 한다.

저는 서병훈 선생님의 장학금으로 지금의 자리에 이르게 되었다. 그 보답을 당신에게 물질적으로 할 수가 없지만 그 뜻을 이어받아 당신이 만든 장학재단을 계승하여 발전시켜야 한다고 생각했고, 그렇게 하려고 노력을 했다. 그러나 이는 현재 중단된 상태에 있어 안타깝다.

다른 한 가지는 저는 초등학교 60주년 행사에 참여하였다가 모교가 머지 않아 폐교가 되겠다는 생각을 하고 학교사를 쓰자고 제안했다. 당시 앞으로 30~40년 안에 폐교될 초등학교가 250여 개 학교로 추산되어 그 선례를 보이자는 뜻에서 1년 동안 집필을 했다.

396

마지막 한 가지는 제가 회갑을 맞이한 해에 어머니의 일대기를 《우리 어머님》이란 책으로 써서 집안 식구에게 배포한 바 있다. 이는 많은 사람이 자신의 부모 일대기를 쓰는 일이 중요함을 깨우치려는 의식에서 공간(公刊)하기로 결정하였다.

또 세 개의 학회 조직에 참여하였다. 한국고문서학회, 한국사학사학회, 임진왜란연구회이다. 한국고문서학회는 일반 국민에게 알리기 위한 목적으로 《조선시대생활사》를 공동으로 집필하였고, 현재까지 제3책이 나왔다. 그 반응은 상당히 좋았다. 한국사학사학회에서는 한국적인 역사학이 반영된 역사개론서를 한국사, 동양사, 서양사 연구자들이 공동으로 집필하여 국민에게 읽히는 개론서를 준비 중이며 곧 책으로 출간될 예정이다.

임진왜란연구회에서도 임진왜란 7년의 전쟁사를 전 국민의 역사로 쉽게 쓰는 작업을 계획하고 있다. 앞으로 이들 학회가 영원히 존속할 수 있도록 힘을 합치기 위하여 역대 회장을 명예회장으로 모시는 전통도 수립하였다. 저는 이들 학회가 발전하도록 죽는 날까지 힘을 쏟겠다.

저는 그 동안 논문 형식을 갖추기 위해 내 뜻을 자유롭게 서술하지 못했다. 이제 정년퇴임을 함으로서 자유인이 되었다. 쉽고 가벼운 저서를 한두 권 쓰고 싶다. 그리고 힘이 남으면 실천적인 일에 봉사하고 싶다. 나의 꿈은 우리 역사를 살기 좋은 사회로 만들어 세계의 많은 사람들이 '나도 한번 대한민국 국민이 되었으면' 하고 희망하는 나라를 만드는 것이다. 이는 국가 발전의 장밋빛 꿈을 그려보고 싶다.

저는 세상에 유익한 일을 하려고 노력하며 매사를 낙천적으로 생각한다. 그리고 남을 나와 같은 존재로 이해하려고 한다. 제가 자란 곳이 낙지리(樂只里)이고, '낙지리'에서 뜻을 빌려 자호를 '낙암(樂庵)'이라고 정했다. 그리고 내가 묻힐 곳을 이미 고향 선산 부모님 곁에 형제들과 그 후손이 함께 들어갈 납골당도 만들어 놓았으며 나의 유서까지 이미 써 놓았다.

이제 남은 인생을 세상을 위해서 어떤 일을 할 것인가를 생각하면서 실천으로 옮기겠습니다. 여러분의 끊임없는 격려와 협조를 부탁합니다.

끝까지 경청해주셔서 감사합니다.

(2008년 8월 23일)

가족사항

1. 외할머니 장 씨

외할머니 장 씨(1879~1918)의 이름은 호적자료 상에 기록되어 있지 않았다. 장 씨의 아버지는 청양군 정산면 덕성리에 살았던 장재선(張在善, 1856~1914)이고, 어머니는 연안 차(車)씨(생몰연대 미상)이다. 남동생으로 기현(琪鉉, 1888~1954)과 두현(斗鉉, 1898~1970)이 있다. 두현 할아버지는 어머님의 외삼촌으로 나에게는 외외종조부이시다. 내가 중학교 2학년이었던 1956년 겨울에 어머님과 함께 찾아가 직접 뵙고, 할아버지가 쓰시는 사랑방에 할아버지와 함께 3개월 동안 묵으면서 중학교에 다닌 적이 있다. 이에 대한 호적 자료는 두현 씨의 막내아들인 장수덕(전 정산 면장) 씨로부터 얻었다.

2. 큰 이모 서정식

큰 이모 서정식(1899~1982)은 17세에 이모부 함양 박씨 흥식(1900~1979)과 1915년에 결혼하였다. 슬하에 딸 넷과 아들을 하나 낳았으나 아들은 어려서 죽었다. 네 딸은 모두 출가를 하였고, 양자를 들여세웠다. 큰딸 박용희(朴容喜, 1928~)는 가평 이씨 이종태(李鐘台, 1928~1990)와 결혼하였고, 둘째 딸 박용선(朴容善, 1935~)은 공산 이씨 이덕범과 결혼하였고, 셋째 딸 박용구(朴容球, 1937~)는 여흥 민씨 민경덕과 결혼하였으며, 넷째 박용란(朴容蘭, 1939~)은 최상진과 결혼하였다.

3. 큰 외숙 서정봉

큰 외숙 서정봉(廷鳳, 1901~1982)은 백부 서병석과 청주 한씨에게 양자로 들어갔다. 15세에 창녕 성씨 백임(成百任, 1900~1987)과 결혼하여 슬하에 3남 1녀를 두었다. 세 아들 범석(範錫, 1919~1982), 창석(昌錫, 1925~1998), 주석(疇錫, 1932~)과 딸 희석(姬錫, 1929~)을 두었다.

서범석은 초취로 풍양 조씨 조돈혁(趙敦赫, 1917~1941)과 결혼하여 장남 길원(吉源, 1937~)을 낳았고, 재취로 덕수 이씨 이종례(李種禮, 1925~)와 결혼하여 4남 3녀를 두었다. 아들은 성원(聖源, 1952~), 필원(弼源, 1955~), 홍원(弘源, 1958~), 흥원(興源, 1961~)이고, 딸은 인원(仁源, 1949~), 의원(義源, 1961~), 헌원(憲源, 1965~)이다.

서창석은 나주 정씨 정범희(丁範喜, 1929~2000)와 결혼하여 3남 1녀를 두었으니 아들 요원(堯源, 1946~), 순원(舜源, 1952~)과 우원(禹源), 딸 예원(禮源, 1949~)이다.

서주석은 평산 신씨 신영옥(申泳玉, 1938~)과 결혼하여 3남 1녀를 두었으니, 아들 용원(庸源, 1959~), 기원(基源, 1963~), 강원(康源,1965~), 딸 은호(銀浩, 1960~)이다.

서희석은 우봉 이씨 병건(李丙健, 1928~1995)과 결혼하여 3남1녀를 두었다. 아들은 기영, 한영, 호영이고 딸은 희영이다.

4. 둘째 외숙 서정기

어머니의 둘째 오빠는 서정기(廷麒, 1906~1982)이다. 13살에 파평 윤씨 진희(辰姬, 1904~1996)와 결혼하여 슬하에 2남을 두었다. 장남은 서인석(徐仁錫, 1928~)으로 대전사범학교를 졸업하고 대전고등학교, 경기고등학교 국어교사를 지냈다. 둘째는 달석(達錫, 1939~)이다.

서인석은 창령 조씨 조영애(曺英愛, 1931~)와 결혼하여 세 아들을 두었으니, 제원(齊源, 1951~), 준원(俊源, 1955~), 윤원(潤源, 1958~)이다.

서달석은 광산 김씨 김경중(敬中, 1942~)과 결혼하여 2남 2녀를 두었으니 낙원(洛源, 1963~), 능원(能源1964~), 혜라(惠羅1968~), 희정(姬晶, 1971~)이다.

5. 셋째 외숙 서정갑

셋째 외숙은 정갑(廷甲, 1921~1986)이다. 외숙모 파평 윤씨 윤석표(尹錫杓, 1922~1976)와 결혼하여 슬하에 네 아들과 세 딸을 두었다. 아들은 원석(1943~1977), 귀석(?), 민석(1961~), 이석(1961~)이고 딸은 미혜이다. 서원석은 안동 김씨 김수자(金秀子, 1944~)와 결혼하여 2남 1녀를 두었다.

6. 셋째 이모 서정희

셋째 이모는 정희(廷姬, 1927~2001)이다. 논산군 노성면 파평 윤씨 윤세중(尹世重, 1922~)과 결혼하여 슬하에 1남 5녀를 두었으니 아들은 성철(1960~)이다.

7. 넷째 외숙 서정수

넷째 외숙은 정수(廷壽, 1934~)이다. 엄기옥(嚴基玉, 1939~)과 결혼하여 슬하에 두 아들 찬석(1963~), 견석(1970~)과 세 딸 경혜, 순혜, 연미를 두었다.

8. 할머니 윤일병

할머니는 파평 윤씨로 이름은 일병(日炳, 1882~1925)이었다. 기일은 5월 26일이다. 적곡면 낙지리(樂只里)에서 시집을 오셨다. 향년 44세, 슬하에 두 아들과 딸을 하나 두었다. 장남이 창식(諱 昌植, 1911~1950)으로 우리 아버지이고, 딸인 고모는 장평면 미당리에 살던 청주 한씨 성택에게 시집을 갔고, 차남은 문식(玟植, 1919~1955)이었다.

할머니의 아버지는 윤상룡(尹相龍, 1863~1926)이고 어머니는 전주 이씨 상례(相禮)이었다. 2남 3녀 가운데 할머니가 맏딸이었다. 둘째 딸은 부여군 규암면 나복리로 시집을 간 할머니이시고, 셋째 딸은 갓점 정태하(鄭泰夏) 씨의 재취로 시집을 오셨다. 그리고 아들 윤기병(尹奇炳, 1885~1924)과 윤호병(尹虎炳, 1894~1953)을 두었다. 윤기병 씨의 아들은 효중(孝重, 1907~?), 만중(萬重, 1913~?)이고, 윤호병 씨의 아들은 갑중(甲重, 1927~2005) 씨로 나의 진외당숙들이다.

9. 증조할머니 남원 양씨

증조할머니는 남원 양씨로 1866년에 태어나셨다. 1897년에 둘째 아들을 낳고 산후에 돌아가시니 향년 32세였다. 2남 1녀를 낳으셨다. 장남은 우리 할아버지 태흥이고, 딸은 우팥 청주 한씨 한도수(韓道洙) 씨 댁에 출가하였으나 후손이 없었다. 둘째 아들은 태룡(泰龍, 1897~1950)이다.

10. 종조부 정태룡

종조부 태룡은 전주 이씨 이범구(李範九, 1894~1954)와 결혼하여 4남 1녀를 두었다. 아들은 영식(榮植, 1916~1954), 희용(曦溶, 1925~1982), 만용(萬溶, 1931~1965), 호용(顯溶, 1938~1982)이다.

영식 씨는 무후하고 희용 씨는 남원 양씨 해숙(海淑, 1928~)과 결혼하여 두 아들과 네 딸을 두었으니, 아들은 구동(求童, 1950~)과 구중(求重, 1955~)이고, 딸은 숙자(1947~), 화자(1958~), 성자(1962~), 은영(1966~)이다.

만용 씨는 양근 김씨 김영식(金令植, 1935~)과 결혼하여 두 아들과 두 딸을 두었으니 아들은 구성(求成, 1957~), 구붕(求鵬, 1964~)이고 두 딸은 구자(求子, 1960~)와 월자(月子, 1965~)이다.

호용 씨는 칠원 윤씨 윤병식(尹炳式, 1942~)과 결혼하여 1남 2녀를 두었으니 아들 구황(求晄, 1970~)과 딸 선옥, 선영이다.

11. 증조할머니 평택 임씨

증조할아버지는 평택 임씨 임영준(林英俊, 1857~1917)과 재혼하여 아들 태익(泰益, 1900~1982)을 낳았다. 종조부 태익은 면천 복씨 복정녀(卜丁女, 1909~1979)와 결혼하여 3녀 1남을 두었다. 큰딸은 안동 김씨 김화진(金華鎭)에게, 둘째 딸은 동래 정씨 정황영(鄭黃泳)에게, 셋째 딸은 창령 황씨 황종성(黃鐘性)에게 출가하였다. 아들은 달용(達溶, 1939~)이다.

달용 씨는 고령 신씨 신형식(申衡植, 1939~)과 결혼하여 3남 2녀를 두었다. 아들은 구조(求助, 1961~), 구춘(求春, 1969~), 구상(求祥, 1970~)이고, 딸은 연옥(連玉, 1966~)과 명화(明和, 1972~)이다.

12. 숙부 정만식

숙부 만식(萬植), 족보에는 문용(玟溶, 1919~1955), 집에서는 문식이라 불렀다. 1943년에 숙모 전주 이씨 이재순(李宰順, 1924~)과 결혼하여 슬하에 1남 3녀를 두니 큰딸 구형(1944~), 둘째 딸 명순(明順, 1948~), 아들 구범(求範, 1950~), 딸 명례(明禮, 1953~)이다.

구형은 전주 이씨 이창규와 결혼하였고, 명순은 김해 김씨 김영조와 결혼하였으며, 명례는 전주 이씨 이준근과 결혼하였다. 구범은 전정자와 결혼하여 슬하에 1남 3녀를 두니 딸은 혜영, 지영, 자영이고, 아들은 수영이다.

13. 큰 누나 정옥저

큰 누나는 자라서 공주시 신관면 신관리에 사는 양주 조씨 조연희 (趙年熙, 1922~1987)와 결혼하여 슬하에 3남 2녀를 낳았다. 아들 조중일(趙重一, 1957~), 딸 조중자(趙重子, 1960~), 딸 조중란(趙重蘭, 1962~), 이들 조중찬(趙重贊, 1967~), 아들 조중삼(趙重三, 1970~)이다. 조중일은 최경순과 결혼하여 1남1녀를 두었고, 조중란은 황인식과 결혼하여 1녀1남을 두었으며, 조중찬은 박현주와 결혼하여 1녀1남을 두었다.

14. 둘째 누나 정경애

둘째 누나는 자라서 여흥 민씨 민우기(閔于基, 1932~)와 결혼하여 슬하에 네 아들을 두었다. 민경일(閔庚日, 1953~), 민경대(閔庚大, 1958~), 민경수(閔庚水, 1960~), 민경국(閔庚國, 1970~)이다. 민경일은 행정학박사 학위를 받았다. 민경일은 김종애(金鍾愛, 1955~)와 결혼하여 두 딸을 두었고, 민경대는 이화현(李和賢, 1962~)과 결혼하여 세 딸을 두었고, 민경수는 김복희(金福姬, 1965~)와 결혼하여 두 딸을 두었으며, 민경국은 윤경임(尹京任)과 결혼하여 아들 호겸(好謙)을 두었다.

15. 고모부 한성택

고모부 한성택은 본관은 청주이고, 한백석(韓百錫)의 4남이었다. 장평면 미당리에 살았으며, 슬하에 두 딸을 두니 석래(晳來, 1951~)

와 석춘(晳春, 1956~)이다. 석래는 청양군 정산면 해남리 김성현(金盛顯)과 결혼하여 2남 2녀를 두었다.

16. 큰형 정구세

큰형은 자라서 전주 이씨 이강천(李康天, 1940~)과 결혼하여 슬하에 2남 4녀를 두었다. 딸 심순(心淳, 1959~), 아들 형순(亨淳, 1960~), 딸 영순(英淳, 1962~), 딸 정순(貞淳, 1965~), 딸 경순(庚淳, 1969~), 아들 운순(1972~)이다. 형순이는 1987년 백경옥(白慶玉, 1962~)과 결혼하여 1남 2녀를 두었으니, 딸 다혜(多慧, 1987~)과 민혜(旻慧, 1989~)와 아들 국진(國震, 1991~)이다. 장녀 심순은 박복균과 차녀 영순은 박승식과, 3녀 정순은 우원식과 4녀 경순은 오장진과, 둘째 아들 운순이는 오상미(吳尙美)와 결혼하였다. 큰형은 칠순을 지내고 2005년에 별세하였다.

17. 둘째 이모 서정순

둘째 이모 정순(廷順, 1915~1974)은 어머니보다 7살 아래의 여동생이다. 뒷날 부여군 은산면 가곡리(고보실이라 불렀다). 기계 유씨(兪氏) 병문(炳文, 호적 이름은 兪寅爕, 1914~1975)과 결혼하여 1녀 1남을 두었다. 딸은 재희(1940~), 아들은 유재명(1943~)이다. 재희는 어머니가 중신을 하여 전주 이씨 이응선(1941~)과 결혼하였다.

18. 둘째 형 정구영

둘째 형은 자라서 단양 우씨 영순(榮淳, 1940~)과 결혼하여 슬하에 2남 1녀를 두었으니, 딸 유순(裕淳, 1966~), 아들 한순(翰淳, 1969~), 아들 창백(昌白, 1970~)이다. 유순이는 정문환(丁文煥)과 결혼하였다.

19. 정구복

구복은 자라서 뒷날 창원 황씨 황선자(1945~)와 결혼하여 슬하에 2남 2녀를 두었으니, 아들 기영(1973~), 딸 현숙(1975~), 딸 현희(1977~), 아들 대영(1979~)이다. 기영은 어머님이 돌아가시기 2개월 전에 양연욱(1975~)과 결혼, 아들 용진(龍震, 2005~)을 두었고, 현숙은 김지훈(1971~)과 결혼, 아들 준(俊, 2007~)을 두었다.

20. 동생 정구철

구철은 자라서 노용순(1951~)과 결혼하여 딸 다섯과 아들 하나를 두었다. 딸은 동숙(東淑, 1973~), 금숙(金淑, 1975~), 지숙(智淑, 1977~), 기남(1980~ 2001), 신희(信熙, 1982~)이고, 아들은 건영(健永, 1989~)이다. 동숙은 최병배와, 금숙은 김민철과 결혼했다.

21. 누이동생 정명옥

명옥은 김해 김씨 김용상(金龍相, 1945~)과 결혼하여 1남 2녀를 두었다. 딸은 김진숙(1975~)과 김보영(1977~)이고, 아들은 김태관(1979~)이다. 진숙은 김광호와 결혼하였다.

22. 장인 황천석

장인 황천석(黃千石, 1900~1967)은 장모 전주 이씨 순례와 결혼하여 4남 1녀를 두었다. 장남은 선용(1929~2002)이고, 차남은 건용(1935~), 3남은 선홍(1939~1968), 4남은 선웅(1942~), 막내가 선자(1946~)이다. 건용은 초등학교 교장으로 정년퇴임하였고, 선홍은 경찰로 근무하다가 순직하였다. 선웅은 고등학교 교사로 봉직하다 퇴직하였다. 손자 손녀는 손용에게서 순자, 순애, 순갑, 순기를 두었고 건용에게서 순남, 순옥, 순천, 순범을 두었다. 또 선홍에게서 순직, 순철을 두었고 선웅에게서 순명, 순아, 순영을 두었다.

참고문헌

한국정신문화연구원 편, 《한국민족문화대백과사전》, 1990.

공주대학교박물관·공주시 편, 《공주의 역사와 문화》, 1995.

한글학회 편, 《한국땅이름큰사전》 상·중·하, 1991.

《영일정씨세보》상중하 3책, 회상사간, 1981.

공주문화원 편, 《공주의 지리지·읍지》, 2001.

정구복·김창수, 《장평초등학교60년사》, 1995.

이기백, 《한글판 한국사신론》, 일조각, 1999.

한영우, 《다시찾는 우리 역사》, 경세원, 1997.

이헌창, 제3판 《한국경제통사》, 법문사, 2003.

한국역사연구회 편, 《한국역사입문》 3 근대·현대편, 풀빛, 1996.

강만길, 《한국근대사》, 풀빛, 1984.

강만길, 《한국현대사》, 풀빛, 1984.

이광린, 《한국사강좌》 V 근대편, 일조각, 1981.

양동안, 《대한민국건국사》, 현음사, 1981.

김영명, 《한국현대정치사》, 을유문화사, 1992.

조선총독부 중추원, 《신구대조 전국행정구역개혁일람표》, 1914.

이상식, 《역사교수가 겪은 80년 광주 5·18 - 역사의 증언》, 전남
　　　대학교출판부, 2001.

유영익, 《이승만 연구》, 연세대출판부, 2003.

박명림, 《한국 1950년 전쟁과 평화》, 나남출판사, 2002.

정구복, 〈미완의 명저 반계수록〉, 《문헌과해석》 13, 2000.

정구복, 〈나의 고문서탐방기〉, 《한국사시민강좌》 29, 일조각, 2001.

한국정신문화연구원 편, 《한국의 향촌민속지 - 인천시 강화군 편》
　　　Ⅲ, 1996.

《방은 성락훈 선생30주기 추모문집 - 한국학의 인문학》, 2008.

W. C. 비즐리 저, 장인성 역, 《일본근현대사》, 을유문화사, 1996.

E. O. 라이샤워 저, 이광섭 역《일본근대화론》, 소화, 1997.

송성유·석복현 편, 《북경대학과 한국삼일독립운동》, 중국 홍콩사
　　　회과학출판사, 2003.